本书系黑龙江省哲学社会科学研究规划项目（项目编号：22FXB102）、黑龙江省高校基本科研业务费黑龙江大学专项资金项目（项目编号：2023-KYYWF-1509）阶段性成果。

俄罗斯
近代民事诉讼制度研究

A Study of Modern Russian Civil Procedure System

宫楠 著

法律出版社
LAW PRESS·CHINA
北京

图书在版编目(CIP)数据

俄罗斯近代民事诉讼制度研究 / 宫楠著. -- 北京 : 法律出版社, 2024
ISBN 978-7-5197-9014-1

Ⅰ. ①俄… Ⅱ. ①宫… Ⅲ. ①民事诉讼-司法制度-研究-俄罗斯-近代 Ⅳ. ①D951.251

中国国家版本馆 CIP 数据核字(2024)第 072604 号

俄罗斯近代民事诉讼制度研究
ELUOSI JINDAI MINSHI SUSONG ZHIDU YANJIU

宫 楠 著

责任编辑 韩满春
装帧设计 李 瞻

出版发行 法律出版社
编辑统筹 学术·对外出版分社
责任校对 李慧艳
责任印制 胡晓雅 宋万春
经 销 新华书店

开本 710 毫米×1000 毫米 1/16
印张 19.5 **字数** 300 千
版本 2024 年 4 月第 1 版
印次 2024 年 4 月第 1 次印刷
印刷 北京新生代彩印制版有限公司

地址:北京市丰台区莲花池西里 7 号(100073)
网址:www.lawpress.com.cn
投稿邮箱:info@lawpress.com.cn
举报盗版邮箱:jbwq@lawpress.com.cn
销售电话:010-83938349
客服电话:010-83938350
咨询电话:010-63939796

书号:ISBN 978-7-5197-9014-1
定价:88.00 元

凡购买本社图书,如有印装错误,我社负责退换。电话:010-83938349

前　言

法谚有云，制度是历史的产物，任何司法制度的确立都需要民族内生的发展动力，法律发展从传统走向近代化乃至现代化的历史起点、过程、条件以及主体选择是各不相同的，因而法制演进进程中不能不打上特定民族或国度的印记，从而具有特定的发展过程的诸多具体历史个性，法律发展的国际化与法律发展的本土化，乃是同一个过程不可分割的两个侧面。本书通过审视俄罗斯近代民事诉讼制度历史嬗变和发展，通过对俄罗斯古代司法体制的传统形态、近代诉讼法制发展与改造及其基因性品格对现代诉讼法治建设的影响加以论述和分析，力求形成一个较为全面的论证体系，试图重新认识一个民族的法律传统、法律思维以及风俗习惯对于本民族法律演进的影响，了解司法体系改革的困难性与复杂性，反映出因应时代完善诉讼法制而作出不同路径选择的客观规律。

应该说，对于俄罗斯民事诉讼制度现代化和转型研究，国内外学界已经形成了较为丰富的成果，但是对于俄罗斯法治的关注，如果仅仅囿于紧随立法的步伐，那么就会陷入“亦步亦趋”却总是“雾里观花”的视觉盲区，亦会对俄罗斯未来法治之走向，知其然而不知其所以然。其原因就在于忽视了对俄罗斯社会法律传统和民众法律意识维度的探究，未将现代俄罗斯法治变革放至历史的维度去全面审视。鉴于此，有必要全面系统地探讨俄罗斯近代民事诉讼制度的形成及其历史意义,揭示其演进特征、内在规律性以及对他国诉讼法制建设的影响,系统考察现代俄罗斯民事司法改革中承袭自 1864 年《民事诉讼条例》中的传统制度基因,以期通过对俄国传统法制基因的解析以及制度创新的审视,汲取俄罗斯民事司法体系和制度历史嬗变中的规律和方法,对我国正在进行的司法改革有一个理性而深刻的认识。

俄国民事诉讼法制近代化构成了俄罗斯民族国家法治进程中诉讼传统与现代法治建设的纽带,发挥着承前启后的重要作用,对其认知需要从历史性、系统性和科学性的维度进行整体把握。对其研究不仅涉及各时期法典中所记载的条文,也包含整个俄罗斯不同历史时期社会背景、传统文化、法律移植和司法改革的多方位理解和分析。传统上,俄罗斯诉讼法史将十月革命前的民事诉讼制度发展分为三个时期,其以彼得一世改革为近代化发端,以 1864 年司法改革为契机,尤其是以亚历山大二世颁布的富有自由主义和民主主义色彩的 1864 年《民事诉讼条例》为标志,其创制旨在消除旧有司法体制的弊端,疏通资本主义生产关系形成过程中的民事流转渠道,实现向辩论式诉讼模式的转化,确立新的诉讼原则体系,革新证据制度和证明标准,建立治安法官制度,改革简易程序和上诉程序等具有现代性和科学性的司法制度。应该说,这场肇始于 19 世纪中叶的司法改革,真正使俄国民事诉讼法制走向成熟,并对现代俄罗斯民事诉讼制度发展产生了积极影响。

申言之,1864 年亚历山大二世所颁布的《民事诉讼条例》,堪为现代俄罗斯诉讼观念、原则和理论转型的内在立法理念和法治精神之蓝本。俄罗斯近代司法改革塑造的自由主义基因性品格,犹如承载了斯拉夫民族法治文明密码的遗传物质,哪怕我们仅仅从历史长河中截取俄国民事诉讼演进的一个片段,亦可以发现其蕴含的旺盛生命力,能够穿透时空并在钢筋混凝土般的集权主义禁锢下发芽生长,并历次于被"反改革"所扑灭的灰烬中涅槃重生,它克服了法律虚无主义和法律否定主义,建构了俄罗斯民族国家的社会机体,启发了民智和法治意识,法庭不再是沙皇统治权力的延伸,而成为公民制度的学校。

现在,1864 年资产阶级民主性质司法改革的经验不仅作为俄罗斯宝贵的法治文明遗产,它穿越时空也成为重新凝聚独联体国家民族传统和共同信念的一面旗帜,应该说,这有着深刻的政治历史原因,尤其是在苏联解体各成员国纷纷抛弃原有的社会主义法律制度的时代背景下，而这次曾被誉为 19 世纪最为成功并产生过巨大影响的 1864 年司法改革，在沙皇集权时代帮助实现了行政权与司法权的相对分离，并通过法官终身任职、审判公开、陪审团审判、律师参与等制度的确立，帮助专制沙皇俄国建立起以欧洲模式为基础的司法体制。可以说，新司法体系的建立为沙皇俄国法治国家的建设奠定了坚实的基础，也树立了沙皇俄国版图内现代独联体国家民族法律传统的历史连接点，进而形成法律感情上的彼此认同，这也成为服务于后苏联时代区域法律体系一体化以及“大欧亚”战略的重要依托。

俄罗斯诉讼法制近代化进程是对民族法治传统的扬弃和对外国优秀法制经验的借鉴与本土化过程，体现出传统与创新不断融合的特质。若以法系意识方法审视俄罗斯民事诉讼近（现）代化进程，便可发现从《苏俄民事诉讼法典》创制伊始，便已承继《民事诉讼条例》之“遗风”，该部条例主干又师承于 1806 年《法国民事诉讼法典》。苏联解体以后，英美法渗入色彩日浓，俄罗斯基于《苏俄民事诉讼法典》和 1864 年《民事诉讼条例》，并辅以西方国家现代立法理念和本国法律传统与法律意识，构建出本国现代民事诉讼法制和理论体系。由此，可以认为俄罗斯民事诉讼法制具有混合法制之特质，而大陆法仍为其基本色调，英美法虽以制度移植影响了其诉讼构造，但未改变其法系意识之源流。

曾经对中国民事诉讼法制发展产生过重要影响的苏维埃民事诉讼法及诉讼理论，若追溯其本源，《民事诉讼条例》很多诉讼原则和诉讼制度被苏维埃民事诉讼立法承继下来并加以改造，如法官独立审判原则、直接言词原则、内心确信原则、不间断审理原则、辩论原则、公开原则、陪审员制度、检察长参与民事诉讼、简易程序等制度原则。这些原则和制度的影响渗透至苏维埃法律体系中，并通过借鉴与移植，影响到我国法治建设。由于中国与俄罗斯民事诉讼历史发展具有同构性，加之转型期共同面对的法律现实和社会问题，使得中俄在诉讼原则体系确立、再审功能重塑、便于民众接近司法、应对民事案件激增等问题上，形成了极强的相互借鉴模式。这也就意味着对俄罗斯近代司法改革中改革理念、制度改造、法治建设的分析、解读和反思，对我国进一步拓展司法改革的思路具有重要意义，这亦符合我国的法系传统。

总之，只有深入近代俄罗斯民事诉讼制度具体生成的历史背景及其演进的过程，才能真正认识俄罗斯近代民事司法改革的历史价值和深远影响，并由此预测未来俄罗斯民事诉讼的发展方向。论及现代俄罗斯司法制度之起源，必将溯及俄罗斯 1864 年《民事诉讼条例》与 1923 年《苏俄民事诉讼法典》，特别是十月革命前具有资产阶级民主性质的司法改革经验，这些经验被俄罗斯法学界视为宝贵的民族法律传统，在现代再次成为解决俄罗斯深刻社会问题、保障其政体真正确立的最有力工具，尤其是当俄罗斯民事诉讼面临着从职权主义向当事人主义转向的问题时，再次将注意力投向了俄罗斯近代《民事诉讼条例》中宝贵的民族传统法治经验。于是，我们在后苏联时代看到了众多近代司法制度的“涅槃”与“重生”，如治安法院、陪审法院、辩论式诉讼模式、自由心证等。近代和现代的历次俄罗斯司法改革，无论是在对本民族法制经验的扬弃抑或外国优秀法制经验本土化的过程中，在不同的路径选择中，都始终如一地将俄罗斯民事司法改革目标契合于沙皇亚历山大二世 1864 年司法改革中的训令：“建立一个迅速、公正、仁慈，向所有俄国民众平等开放的司法体系。”“提高司法权的地位，给予其当然之独立地位，以此获得民众之认同，对法律之尊重，而失去此种尊重，国家富足则无法实现。”

目　录

第一章　俄罗斯近代民事诉讼制度的古代溯源

俄罗斯近代诉讼法制度的形成与其早期独特的法律文化与规范体系历史演进轨迹是紧密相联的。按照诺曼起源说,斯堪的纳维亚文化是俄罗斯早期文化最主要的来源。原始社会罗斯部族混战时期,诺曼人的一支瓦良格人应邀入主罗斯为王,由此带来了日耳曼习惯法,用以调整各部落经济和社会关系。在古罗斯成文法典出现之前,习惯法事实上发挥着立法的功能与效用,习惯法体系当中的习惯准则,作为介于道德与法律之间的准法规范,更成为俄罗斯各个社会发展阶段社会习俗和规范体系当中不可或缺的有机组成部分,并构建出俄罗斯社会早期的争议解决方式和诉讼制度。但是,由习惯法衍生而来的自力救济、同态复仇也引发了社会的无序化发展。为了制止个人恣意和愈演愈烈的自力救济行为,并强化各地区联系,沙皇需要借助共同法(общий закон, 或称普通法)的力量将各公国联结成为整体,随着拜占庭基督教的引入,通过汇编形式形成的早期成文法将原有的口头习惯法与移植来的拜占庭法律规范融合在一起。罗斯与拜占庭的条约、《弗拉基米尔条例》以及《罗斯法典》中,包含了具有当时普遍接受的诉讼形式以及自身特点的习惯法制度。尽管,随着古罗斯国家的形成与不断发展,统治阶级更加注重新的法律规范创制，但是，习惯法仍然在国家规范体系中具有无可撼动的统治地位。在雅罗斯拉夫大公时代，基辅罗斯的国家形态得以形成，雅罗斯拉夫大公（Ярослав Мудрый）以自身的立法智慧，通过《罗斯法典》的创制实现了这一目的，并通过之后历任沙皇的立法不断巩固并加以完善。由此，也为近代俄国民事诉讼制度的形成赋予了以宗教和村社文化为底色的法律文化特征。

第一节 俄罗斯古代民事讼争解决机制的历史演进

古罗斯诉讼程序（11—13 世纪）尚未实现刑事诉讼和民事诉讼的分野，并具有鲜明的辩论主义特点。这首先反映了保证当事人在案件审理中地位的绝对平等，甚至争讼双方在诉讼中都被称为原告人。程序具有公开性和言词性。诉讼程序依照“不告不理”原则，根据利益相关人（原告）诉讼申请而启动，原告和被告在诉讼程序中均能够全面论证自己的诉讼请求。在诉讼的任何阶段都允许当事人以和解方式终结诉讼。审判者在诉讼中作为一名中立的裁决者居于消极地位。法庭根据法庭辩论并依据良知对证据作出评价，并保证诉讼在法律规定的程序中运行，判决通过言词方式作出。

一、原始部落时期的民事讼争解决机制

古罗斯国家形成的过程中，融合了斯拉夫、芬兰、可萨[①]等不同民族起源的部落。随着农业生产的发展这些部落停止迁徙，在固定的地域定居形成村庄。[②] 部落彼此独立生活和治理，为了防止敌人的袭击，一些部落将村庄（селение）加固，从而形成了小型城市（город，意为城堡，土城）。当时，波良人[③]建立了基辅城，斯拉夫人建立了诺夫哥罗德城，

---

① Хазарский，可萨人，定居于中亚的游牧民族，使用突厥语，6 世纪下半叶成为北高加索最强大的民族。

② Нестор. объясненный Шлецером. в перевод Языкова. Часть 1. С. 174. 186 и 189.

③ 东斯拉夫民族部落联盟一支，定居于第聂伯河中游右岸，后建立基辅城（Киев），从 882 年起成为基辅罗斯首都。

克利维奇人①建立了斯莫尔棱斯克城。最初，各部落在属于自己氏族的土地上生活。随着人口的增加和生产力的发展，部落之间依据实力为满足共同防卫的需要而结成联盟（союз），民族起源的共同认可、一致的信仰和传统习惯、防卫上的共同义务也就成为氏族和部落联盟形成的应有之义。之后通过部落联盟之间的征服和兼并，逐渐形成了公国（княжение, княжество）。

氏族和部落联盟在内部事务管理上，主要依靠世代相传的传统习惯。由于财产分配上实行共同所有制，尚未形成私有制观念，土地由氏族成员共同劳作，由氏族首领进行管理并分配劳动成果。此时尚未形成土地所有权，简单的生产关系未对法律的形成提出要求，也不需要法律审理解决利益冲突。在这种生活方式下，传统习惯足以帮助社会关系的确定。在家族内部此种父系家长制下的集体生活，对于具有权利保护性质法律的需求极低，对于家长和成员的尊敬和爱戴已经成为生活习惯，这足以排除侵害权利和实施不法行为的企图。这种以父系家长制为基础的权力制度，通过氏族长者实施管理权加以维系。但在家族中血缘远近的不同使成员之间的关系具有某种不确定性，也使原初社会中的社会关系处于相对不确定的状态。

俄罗斯原初社会形成的以正义与良知为基础的争议解决方式，一直保留在俄罗斯传统法律文化之中。氏族首领和家长拥有审理和解决氏族和家族内部不同主体之间争议的权力，其依据主要是正义理念（здравый смысл）和良知（совесть），这是解决争议自然而原始的基础，也是人类的固有属性。任何立法均不能违背理性和良知。无论立法者创制何种法律，包括程序法，都必须遵循这两种人类精神属性中的基本原则，虽其内容无法变更，但随着时代和社会关系不同，表现出不同的形态。原初社会中氏族首领以及家长在训诫、嘱托、愿望、意志、决定、争议解决过程中表达出的理性和良知，以习惯法的形态随着氏族发展而逐渐固定下来，其后，又随着氏族和家族的解体和重组，习惯法成为氏族成员之间最为重要的联系纽带和必须遵循的共同准则。因此，习惯法也被称为民族的理性和道德，并在一定程度上代表了原始阶段社

---

① 东斯拉夫人部落联盟，6—10 世纪形成于西德维纳河上游，第聂伯河和伏尔加河流域，主要从事农耕和畜牧。

会生活的发展水平。由于共同的理性和良知以及社会生活的相似性，各民族原始审理和解决案件的方式以及司法组织本身都极为相似甚至相同：习惯法成为诉讼程序的原始基础，最初适用的范围是氏族和家族内部，最早的法官由氏族首领或者家族家长担任。

家族或者氏族内部成员间的争议，由家长或者氏族首领通过和平调解的方式审理和解决，父系家长拥有的完全权力，成员内部认可共同的血缘关系以及彼此间的爱戴，使得调停具有完全的效力，其蕴含的神圣性质要求控诉人和被控诉人均必须无条件服从。俄罗斯原初社会解决争议的方式，长期存在于俄罗斯传统法律文化之中，甚至近现代俄罗斯立法中恢复的传统治安法官制度，仍然把促进当事人和解作为优先任务。

二、部落混战时期的民事讼争解决机制

斯拉夫部族进入部落联盟阶段后，随着各部落联盟实力逐渐增强，各部落间开始了彼此攻伐，罗斯大地处于战乱之中，也由此陷入部落混战时期。战乱造成了社会生活的巨大变化，原始的父系家长制的解决争议方式也随之发生了转变。

1. 自力救济与血亲复仇

随着社会的发展和氏族规模的扩大，某些家族之间的联系逐渐弱化，一些家族对于共同的起源逐渐失去认同感，只有部分家族依旧保持着组成氏族联盟的传统。其他不属于同一氏族的家族对其而言等同于异族，由于不能期待组成和平的联盟，又要防止异族的进攻和侵害，于是若干观念上认为自己属于同一氏族的家族，共同组成了新的社会组织——村社（община），这是一种不同以往的新型共同社会生活形态。最初的村社延续了以往的传统父系家长制，但随着一些村社解体和重组，这种内部的联系逐渐消失，虽然各个村社仍然通过内部联盟的方式结合在一起，以村社会议的方式解决社会生活重要事项，但是，一些强大的村社开始寻求对其他村社的支配，由此引发了最初形态部落联盟的解体和民族生活方式的改变。村社之间的敌对冲突破坏了原有秩序体系，而和平调停这种统一而最优的争议解决方式，在倾轧和无序的时代已经无法独立适用，与之并立的另一种更野蛮的争议解决方式——自力救济（самоуправство）随之出现。在整体失序的状态下，父系家长

的生活方式只能在家族内部保持并加以强化：家族内部成员彼此之间寻求保护，并将对家族成员的侵害等同于对整个家族的侵犯，因此，对于加害人不仅受害人本人，其近亲属亦可以对其追捕及至杀戮。这就是所谓同态复仇（месть）、自力救济和私自审讯（самосуд）的起源，其逐渐取代了之前的习惯，成为解决争议的手段。无序时代出现的私自审讯和自力救济在古罗斯很长一段时间内被广泛应用，并随着社会的发展以习惯法的方式得以确认。这一状况一直延续至社会公共权力真正确认了法定的权利保护方式，并规定了诉讼的法律形式，自此自力救济逐渐弱化，直到完全消失。

2. 日耳曼习惯法的影响

各公社为追求“霸主”地位，彼此之间冲突不断，并使社会的整体无序达到了一定程度，这就迫使各部族开始寻求强大者作为罗斯诸部落的统治者，帮助解决纷争和建立秩序，①根据《罗斯编年史》记载，“他们开始自相残杀，战火连绵，内讧不止，这个城市打那个城市，他们没有一部法典，于是他们彼此商议‘咱们给自己物色一位能秉公办事、管理我们的王公。他们就到海外见瓦良格人说：我们那里地大物博，却没有秩序，请到我们那里执政，管理我们’”。② 于是属于北方诺曼人一支的瓦良格公爵们开始以出兵解决部落纷争的方式入主罗斯，并于 862 年分别登上了王位：留里克在诺夫哥罗德，特鲁沃尔在伊兹博尔斯克，西纽斯在别洛奥泽罗③。瓦良格的王公开始在部落联盟的内部建立新的秩序，分配土地并将管理权赋予自己的代理人（наместник，意为地方长官），他们直接服从于王公的权威。④ 被破坏的部落得以统一并得到恢复。瓦良格王公作为诺曼人的一支为部落生活带来了新的日耳曼因素，并建立了新的管理体系、组织结构、习惯法、审理解决争议程序的原则。法律的发展进入确立私权阶段。生存权、财产权取代了氏族血亲复仇的习惯法，最主要的是确立了封建土地关系。

---

① 根据俄罗斯史学界观点，罗斯国家的起源分为“诺曼理论”和“反诺曼理论”，本书不对两种观点的交锋作深入探讨，仅采用《诺夫哥罗德编年史》中的观点。

② 《诺夫哥罗德编年史》，西诺达尔标准抄本，圣彼得堡，1888 年，第 82-84 页。

③ 参见［俄］О. И. 奇斯佳科夫主编：《俄罗斯国家与法的历史》，徐晓晴译，法律出版社 2014 年版，第 37 页。

④ Нестор. объясненный Шлецером, в перевод Языкова. Часть Ⅱ. С. 27.

部落的无序状态，加速了集权阶级的产生，同时，王公亦具备了创造社会的安定、维护内部秩序和实现正义的职能。而王公完成这一神圣使命的方式，就是在部落生活中引入其所熟知并具有信仰意义的正义体系，包括组织机构体系、日耳曼习惯法、争议审理解决体系。王公首先发现，具有社会规范效力的复仇传统是造成内部混乱的重要原因，必须对这一传统进行必要的限制。为此，王公吸收了日耳曼习惯法中关于复仇的规定，将其限定为自由人所拥有的特权，并且只能由控诉人及其近亲属针对加害人行使。这一制度得到王公认可后，在基辅罗斯存在了相当长时期。①

雅罗斯拉夫大公（1019—1054 年）通过编纂《雅罗斯拉夫真理》，对自力救济、私自审讯、可以复仇和追究的违法和侵权行为进行详细规定：只有在谋杀、导致伤残和个人侮辱等情况下，允许自力救济，为个人的恣意设置了界限；《雅罗斯拉夫真理》认可自由人通过个人力量追究加害人并向其复仇的权利，但这种加害复仇权只能被赋予控诉人及其近亲属。法典中补充的内容包括，根据控诉人意志实施自力救济，但是，如果没有人为死者复仇，那么政府有权要求凶手进行金钱赔偿。②因此，侵权行为的发生不仅与控诉人有关，同时也与社会产生联系：法律以刑罚威吓侵权人，为控诉人提供由法律确定的保护方式和侵权救济，但是，在本质上，之前的复仇习惯仍然被认可。《罗斯法典》以下列方式规定了连保制度（круговая порука），即每个自由人拥有依据善良意志加入共同体（сообщество，意指村社等共同体）的权利。所有成员担负相互救济的重要义务，只有凶杀和其他侵权行为发生在村社内部时，村社成员以罚金（вира）的名义支付赔偿金。如果罪犯是连坐组织中的一员，则其他成员向大公支付一半罚金，另一半赔偿金则由罪犯以人命赔偿金的名义向死者亲属支付。而这种连坐共同体又称为连坐村社（вервь）。③《罗斯法典》中规定的另一习惯法规范是村社法院或称十二人调查陪审团法院（суд двенадцати посредников）。十二人调查

---

① Историческое изображение древнего судопроизводства вРоссии. соч. Куницына. С. 1.

② Русская правда. по тексту, в сочинении Кадачова（Исследование о Русской Правде）. С. 109.（Статья 74）.

③ Русская правда，о вирах. в сочинении Кадачова（Исследование о Русской Правде）. С. 114.（Статья 89）.

陪审团法院是盎格鲁-撒克逊人、丹麦人、瑞典人和挪威人审理嫌疑人案件的古老方式,在这些民族法院首先按照习惯法,之后按照法律进行审理,原告和被告各指定6名法官,这些法官按照日耳曼法被称为诺茅顿(德语:Naemd,Nemd,Nembd)。这一制度在斯拉夫民族作为习惯法而存在,从瓦良格大公时代开始被引入基辅罗斯,因而在《罗斯法典》中继续认可了十二人调查陪审团法院。

3. 多元化的审判机构

古罗斯民事权利的保护,以及权利遭受侵害时的恢复,主要依赖于部落血亲联盟的牢固程度,其既是个人事项,也是家族或者氏族首领应尽之责。随着氏族部落的发展,其中若干氏族由其中实力较强的氏族首领统领而形成公国(княжение)。联盟氏族中个人的生活方式主要依据古老的血亲原则,虽然作为联盟首领的王公手握权力,但并不能改变原有的内在社会关系运行秩序。个人权利的保护,更多仍然是个人及其近亲属和同族人的私人事项。根据案件情节性质划分审级管辖,轻微案件和争议由家族共议解决,更为重要的案件提交整个氏族解决,最为重要的案件提交王公裁判。村社法院是氏族最早的司法机构,由于氏族成员众多,不可能每个案件都由全部成员或者大部分成员审理,因此,只能将案件交由其中部分最富有经验的成员审理,由此产生了将案件审理委托给民选代表审理的习惯。王公裁判是权利保护的最后一种手段。由于原始习惯法对于证言和判决都没有固定要求,审理案件的是大公、贵族和氏族代表,他们不是职业法官,司法审判也不是其主要职能,因此,有时会仅根据具体的案件情况作出判决。判决主要通过在世之人口耳相传,而且,为了让裁判流传时间更久,经常让儿童参与审判程序。

三、封建割据时期的民事讼争解决机制

(一)封建割据初期的统一立法

雅罗斯拉夫王公死后,依据其遗嘱,罗斯被分封给他的3个儿子,古罗斯进入"三王子联合执政时期",由此出现了封邑制度(удельная система),法律体系发展进入确立所属权阶段。自由民逐渐失去了自身的合法地位,且必须依附于封建主才能生存,因此,封建依附关系得以确立。由于大公间的内讧和争权夺利,引得外敌波洛奇人大举入侵,

同时引发了1068年基辅起义的爆发。这一情况下王公逐渐认识到法律在维护自身统治中的作用,力图通过新的法令来维护和巩固既有的制度以及自己的政权,《雅罗斯拉维奇法典》和《摩诺马赫法规》就是在维护封建世袭领地经济的背景下而制定的成文法。这两部法律承认每个王公在分封领地上的最高权威,仅在一些极其特殊情况下,才要求封邑王公必须服从于大公的权力。这一时期立法权和司法权属于大公及其他封邑王公。这种共同参与而制定的法律对于所有公国具有强制力①。这一立法方式,保证了诉讼体系的统一。基辅罗斯所有地区,直到大公权力衰弱形成几个大公国之前,都保持了诉讼体系的统一。封邑王公在自己封地内对所有子民享有最高司法权。而大公的司法权则体现在,其拥有解决封邑王公间纠纷以及召开共同立法会议的绝对权力。

(二)地方诉讼体系的形成

《罗斯法典》作为包括《雅罗斯拉夫法典》《雅罗斯拉维奇法典》《1097年法典》《摩诺马赫法规》在内的法律汇编,在整个罗斯范围内继续拥有普通法或称为共同法(общий закон)的效力。但是很快统一的诉讼体系中就分化出具有地方性质的诉讼制度,其中最具有代表性的是城市诺夫哥罗德。凭借地处通往波罗的海各条水路交叉点的便利位置,以及周边盛产当时作为最主要交换手段的贵重金属——白银,诺夫哥罗德远在莫斯科以前就成为巨大的贸易中心,与其他周边各商业城市,即汉萨同盟发生了密切联系。雅罗斯拉夫大公向诺夫哥罗德赋予了特权并颁发了恩许状(льготная грамота),之后的历代大公都对此予以承认,最终,诺夫哥罗德市民大会(вече)②借鉴了许多异域民族的法律特点,形成了独具特色的诉讼体系。较于同一时代基辅罗斯其他地区的诉讼体系,这一体系更为详细而准确,并且更具有确定性,尤其是其中包含同一时代日耳曼习惯法的许多要素。

封建采邑的权力不断扩大,除诺夫哥罗德外,在基辅罗斯其他地区,随着诸多小公国兼并发展,逐渐形成了若干大公国,各公国进而希

---

① Русская Правда имела силу закона и на севере и на юге Руси. См. также ст. 14, в соч. Калачова. С. 86.

② 维切会议是城市中的市民大会,源于氏族制度与军事民主制度,是由部落会议发展而来的,早期拥有广泛的行政权、立法权和司法权。

望获得更多的自治权力，走向封建割据，司法体系的发展也进入争夺政治权阶段。大公间的内讧和争权夺利，最终演变成为相互间征伐，外敌波洛奇人的大举入侵，使罗斯陷入混乱，封建割据势力开始遍及全国各地，司法权和立法权的统一性也随之逐渐消失，各具特点的地方诉讼体系开始形成。但是这种独立司法体系的建立仅停留在形式上，在其内核上仍然保留了共同的信仰、语言和习惯。因此，大部分公国的诉讼体系仍然保有共同基础，并获得了同步的发展。

封建割据时期地方诉讼体系的发展主要借助于特别法，称为审判条令（судная грамота），根据审判条令，总督（наместник）、州长（волостель）或地方长官须受命按照条令规定审理司法案件，条例中主要规定了诉讼程序规范，也包括民法规范，同时还规定了争讼当事人双方缴纳保证金的义务。就诉讼程序本身而言，规定了采纳证据的种类、诉讼程序、证据的收集、案件的判决和判决执行，通过成文法方式完善了诉讼程序，其中补充完善的内容包括：(1)通过条令以书面的形式将诉讼程序具体化。审判条令规定以口头形式向法院提出诉讼，由书记官（дьяк）[①]通过笔录记录下来加盖印章后形成书面文件。(2)审判条令中规定了垂直管理的规范化审级，包括初审法院已经审理解决的案件可以进行再审，如果认为下级法院法官对于争讼当事人申诉案件审理不清存在责任，上级法院可以对案件进行再审。如果上级法院仍然审理不清，还可以向公国大公申诉请求裁判。[②] (3)审判条令规定了司法组织形式，规定法院法官由所在区域居民选举产生，对所有案件行使审判权。由总督具体确定采取一审终审抑或二审终审。(4)审判条令为以和平方式解决纠纷赋予了法律形式。条令规定，向司法长官（судебный начальник）汇报案情后，当事人双方有权自行通过和平方式解决争议。除此之外，详尽规定了当事人的诉讼代理人制度，以及起诉的正当性，对于原告没有依据的诉讼主张施以警告，并对不公正的诉请科处罚金。其中规定：对于远离受审法院的当事人，以距离法院俄里（1 俄里等于 7.468 公里）作为计算当事人到庭和提交证据期限的依据，规定了现场侦查收集证据程序，以及一些证据的法律意义、法律效

---

① 14 世纪前古罗斯王公的侍从兼文书，14—17 世纪俄罗斯中央集权国家机关的负责官员。

② Акты Юридические. СПБ. Правая Грамота №3-й. С. 1485-1505.

力和彼此间相互关系，如逐户调查、证人、起誓等；最终规定了司法判决执行措施以及不同的诉讼费用标准。

（三）地方诉讼立法与域外习惯法的影响

审判条令的制定对俄罗斯民事诉讼体系的发展产生了下列影响：(1)使原本相互交叉、民刑一体的诉讼程序，实现了一定程度的民事诉讼与刑事诉讼程序分野。(2)更为详尽准确地规定了民事诉讼程序，促进了民事诉讼的快速发展和完善。(3)赋予了民事诉讼程序维护权利正义的职责。对于过错方，不仅应当承担诉讼税费，还应当对不公正（缺乏正当依据）的审判请求科处罚金。(4)在原有口头诉讼模式中，逐渐开始以书面形式代替言词形式：书记官将案件材料整理收录为审判清册（судный список），并在书记官签名和法官盖章后加以确认。其中包括收集的所有证据、对于证据的调查和评价、案件事实的认定等内容。法官依据审判案卷作出书面判决，称为公正书状（правая грамота）。通过这种方式，将诉讼程序的最重要部分纳入书面形式。同时，也保留了原有古老的言词诉讼方式，即可以通过言词方式提出控诉，通过书面记录后启动诉讼程序。法庭辩论必须以言词方式进行，原告和被告进行当庭言词对质，这一点同样贯彻在上诉审中。案件提交至大公审理时，应以口头形式向大公报告，大公有时也会根据书面报告作出言词判决。①

域外法律对于古罗斯诉讼体系发展的影响，本书并不做赘述。原因在于这一时期域外法的影响并不深刻。鞑靼汗国（татарское владычество）在这一时期直到律书制定之前对诉讼体系发展的影响微乎其微，原因在于，可汗并不干预被征服区域的内政，并且这些区域地方纠纷审理和解决方式要比鞑靼粗糙的习惯法更加完善。所施加的影响仅仅停留在拷打追债（правеж）这种鞑靼人追缴欠税的方式，后来这一手段也被适用于追缴诉讼赔偿，直到彼得大帝时代用有利于债务人的记工代偿方式代替。②

从另一方面来看，诉讼体系中吸收了日耳曼法中的司法决斗（пое-

---

① Акты Юридические. СПБ. № 13-й，1508 года. “И Дмитр. Владимир. Суд свой сказа Велик. Князю”.

② Указ 1718 года，генваря 15. Т. И. Перв. Полного собрания Законов Российской Империи.

динок, поле)作为证据方法,这一内容最早出现于1229年和1230年斯莫尔棱斯克王公姆斯基斯拉夫于日耳曼诸城签订的条约中,之后在很多罗斯与其他民族条约之中陆续出现,这些条约对于研究罗斯与周边民族国家的民事司法互动具有重要意义。① 这一时期《罗斯法典》获得了进一步的发展,其内容也获得了补充和完善。

四、中央集权制国家时期的民事讼争解决机制

莫斯科公国战胜鞑靼人解放全罗斯后,大公真正成为整个国家领土的统治者,采邑政权被削弱,伊凡三世及其子瓦西里三世都曾毫不手软地将那些企图对抗君主意志的近亲属——采邑公爵投入监狱。此时,建立中央集权国家是大公稳固政权的主要手段,而只有通过统一立法,才能强化这一广阔版图中各地区间的联系,为此,两任沙皇分别颁布了1497年《伊凡三世律书》和1550年《伊凡四世律书》(судебник),全面详尽地规定了诉讼程序的法律形式。

（一）伊凡三世时期诉讼立法的发展

虽然伊凡三世之前历代君主通过的审判条令和条例状大大完善了诉讼体系,但相对于其制定的具体背景而言,仍处于封邑制度时期,关于诉讼程序仅在《罗斯法典》中做了较为宽泛的规定。因此,著名的贵族B. E. 古谢夫依据收集到的各时期条令,经过修改、补充、汇编成集,最终创制了1497年《伊凡三世律书》。虽然这部法令仅仅是之前各时期条令的汇编,在俄罗斯法律发展史上意义有限,但在当时的历史时期,这部法典的制定,却使基辅罗斯各地区间诉讼程序上的分歧以及原有的地方痕迹逐渐消失,地方法律被普通法(共同法)所取代,进而实现了法律空间的统一。律书中规定了审级、管辖,以及法院的诉讼行为,包括传唤被告、案卷报告的形式、判决和诉讼费用等。1497年《伊凡三世律书》是《罗斯法典》的进一步发展。将各时期条令中关于诉讼程序的规定上升为法定形式,演变为真正的诉讼程序,丰富了其内在内容,克服了审判条令的缺陷,将诉讼程序纳入统一的规范之下,也为伊凡三世时期统一司法体系的构建提供了保障。伊凡三世以一名优秀的立法者视角创制基辅罗斯统一的法律空间,试图在国家各区域间建立紧密

① История Государства России. Карамзина. Т. Ⅲ. примеч. С. 244.

的联系。他没有推翻、抛弃原有的审判条令,而将各村社、地方的审判条令收集、审查、修改,据此创制自己的律书。律书中摒弃了地方因素,寻求共性,形成了对基辅罗斯各地区的统一法。

(二)伊凡四世时期诉讼立法的补充与完善

伊凡三世的继任者伊凡四世支持在一些地区引入新的司法组织规范,因此,伊凡四世和大贵族罗曼诺夫(М. Ф. 罗曼诺夫,后成为俄罗斯罗曼诺夫王朝第一任沙皇)着力改革司法机构,旨在使城市居民能够自行选举法官和地方行政长官(целовальник)[①],由他们负责审理某些特定案件,使居民免遭总督、乡长及其书记官的司法恣意。沙皇伊凡四世在自称沙皇后不久颁布1550年《伊凡四世律书》,目的是回应司法实践的要求,对1497年第一部律书进行补充和完善,进一步发展了民事诉讼体系。两部律书着重于法律形式方面[②],即程序方面,同时,司法实践中习惯法因素得以张扬,选举产生的地方行政官(целовальник)和法官在审理案件时,可以依据审判条令按照习惯法作出判决,[③]如果案件审理过程中,律书和地方条令都没有对此类案件作出相应规定,则可以在司法实践中引入新的原则、新的规范。这也在立法上认可:法律规定审判人员只能在条令、律书和敕令规定的情形中,适用相应规范。如果在案件判决时适用的法律规定不清,应向上级司法机关报告,同时,法律也并不禁止法官和地方官在缺乏法律规定时,依据公正和良知、内心确信和习惯作出判决,此时选举出的法官和地方官依据理性和良知创设

① 15—18世纪初俄国征税兼执行司法、警察等职务的人。波雅尔是大土地占有者,拥有世袭领地。他们是统治层的主体,是封建主阶级中最有特权的阶层,享有广泛的政治权力。

② 在俄罗斯哲学理念中内容与形式是对立统一的概念,在法理上通常将实体法视为内容,程序法视为形式。马克思通过对德国莱茵省议会关于林木盗窃法辩论的深层思考,进一步发挥了近代启蒙思想家的诉讼法思想,阐发了司法过程中实体法和程序法的关系。奥克斯认为实体法和程序法的关系如此密切,就像植物的外形和植物的联系,动物的外形和血肉的联系一样,二者不可分离,“审判程序和法律应该具有同样的精神,因为审判程序只是法律的生命形式,因而也是法律的内部生命的表现”。实体法“具有本身特有的必要诉讼形式”,离开了这种表现形式,法律本身无法运行,但这种形式又不能离开法律本身而存在,“如果审判程序只归结为一种毫无内容的形式,那么这样空洞的形式就没有任何独立的价值了”。马克思指出:不同性质的法其“内部生命”有着不同的含义,所以他呼吁人们“要特别注意法的内容,免得我们最终只剩下一副空洞的假面具”。可见,在马克思主义经典作家看来,实体法和诉讼形式是相辅相成的。

③ Акты, собранные в библиотеках и архивах Российской империи Археографической экспедидиею Академии наук. Экспедиция. СПБ. том Ⅲ. №123. 1622 года.

律法。因此,即使法律对某些诉讼程序未作出明确的规定,审判者仍然可以按照沙皇敕令、律书、习惯法,甚至采用亲吻十字架起誓等方式判定正义一方。当收到法律规定不清的报告时,作为上级司法机关的波雅尔(Бояр)以及衙门长官(начальник приказов),如果认为这一案件可以依据习惯、正义和良知解决争议,则无须向沙皇建议通过立法补充相关规范,而凭借内心确信直接作出判决。而波雅尔判决的依据就是司法实践中的习惯法。因此,习惯法因素在诉讼中发挥着重要作用,成为不断发展法律程序的必要补充。司法审判的合理性得到了法律的认可,并作为司法实施的必要原则,这一规范向基辅罗斯其他适用民选法官机构的区域进行推广,同时,某些地区司法权已经开始由军政长官代替总督行使,但要求其在行使司法权时,必须与辅助书记官(подъячий)共同审理,不允许其单独对任何案件作出判决。

(三)沙皇阿列克谢时期诉讼立法

沙皇阿列克谢(Алексей Михайлович)在1649年创制了《国民会议法典》,这部法典根据各时期律书、沙皇敕令、审判条令、条状和波雅尔判决制定。其中规定了法官违反审判义务的惩罚措施,诉讼中采纳的证据种类,确定了诉讼程序。① 这部法典相较以前法律更加准确和完善,在注重法律程序的同时,对程序内容进行了详尽的补充,并坚持了民族传统法律习惯和原则,因而具有成文法和习惯法双重性质。即使在《国民会议法典》颁布以后,1550年《伊凡四世律书》仍然是司法实践主要使用的程序规范,因此,沙皇进而颁布了一系列补充和完善1550年《伊凡四世律书》的敕令,此外,各地方权力机关还出台了一系列单独审判条令。相对于律书和补充敕令,这些条令更加详尽地规定了民事程序规范,甚至更加突出了地方特点作为共同规范的补充。1550年《伊凡四世律书》对普通法起到了有效的辅助作用,只有在地方审判条令或者条例状对案件审理没有特别规定的条件下,才依据律书进行审理。② 因此,司法实践上地方条例与1550年《伊凡四世律书》冲突不断,总督、乡长和税收官在行使审判权时对使用法律的恣意,致使城市居民财产损失很大,这也招致了沙皇对自己派出官吏的不满。同时,沙皇任

① 第10章不是完全属于程序内容,也包含民法内容,如所有权、债权等。

② Акты, собранные в библиотеках и архивах Российской империи Археографической экспедидиею Академии наук. Экспедиция. СПБ. Том Ⅱ. №52. 1606 г.

命的公职人员也向沙皇抱怨,居民不向其请求裁判,违法者无法被发现,同时也无法收取担保金。由此,也引发了民事诉讼体系的进一步改良。

时代越向前发展,生产力越进步,社会关系也随之越加复杂,习惯法规范亦面临着新时代和不断涌现的复杂社会关系的挑战。从《罗斯法典》到1649年《国民会议法典》,俄罗斯社会历经数百年发展,民选地方长官审理由新社会关系引发的案件时,依据内心确信实施的审判开始越发"力不从心"。对国家而言,需要统一的立法施政来维护君主权威。制定出能够确定新型社会关系本质的审理规范成为这一时代的法制主题。因此,法官的角色也已经发生改变,已经由原来司法实践中普通规范的创制者,逐渐向法律规范的适用者转变。所以,要求创制能够确定案件本质,便于法官审理案件的条令。

俄罗斯中央集权制国家时期,民事诉讼的传统特征在于:对当事人较为严苛,存在大量形式要求,对当事人征收司法税(судебная пошлина),地方行政长官和当事人积极参与案件审理,而法官在案件审理过程中参与程度较低。这些特点在法典的很多条款中体现出来,这一时期的诉讼体系都保留了古代诉讼的特点。直到彼得大帝时期法官才真正获得了审判者的地位,成为当事人的保护者,并承担了揭示客观真实、收集证据、审理和调查案件的义务,成为在诉讼中真正而积极的参与者。

第二节　俄罗斯古代民事讼争机制的法律构造

古代俄罗斯形成了独特的民事诉讼构造,管辖权、诉讼主体、诉讼行为、证据和证据审查、判决、执行等传统诉讼制度,这些维度的审视可以充分勾勒出古代俄罗斯司法体制传统形态的轮廓。

一、基本特征

(一)辩论式诉讼向纠问式诉讼转化

俄罗斯古代民事诉讼表现出辩论式诉讼向纠问式诉讼转化的趋势。俄罗斯古代民事诉讼中采用辩论式诉讼模式。庭审中由当事人担当主要角色,通过在法官面前辩论解决争议。《罗斯真理》规定,诉讼审理需根据当事人的主动申请而启动。当事人向法院口头公开提出诉讼请求或抗辩(возражение),并提交持有的证据。法官对于证据和案件情况进行调查审理后,及时作出判决,"古代罗斯法庭是地位平等对手之间正义之战的战场"①。

从15世纪俄罗斯民事诉讼中开始出现纠问式诉讼的萌芽。在1467年《普斯科夫审判条例》和1471年《诺夫哥罗德审判条例》中,诉讼程序仍保留了辩论性质,由双方当事人收集和提交证据,以证实自己诉讼请求和提出异议的真实性、合法性。法院职权干预的特征已经初现,比如规定被告必须出庭义务,法院裁判范围可以不受当事人提出的证据和理由限制,除了当事人提出证据外法院可以独立收集证据、调查案件等,可以说此时的诉讼规范已经颇有纠问式诉讼性质。②

根据《普斯科夫审判条例》,争讼案件审理从传唤被告开始。当事人应当亲自出庭以口头形式陈述和论证诉请。只有幼童、聋人和修道士可以在诉讼中聘请代理人,以当事人名义参与诉讼。由当事人向法院提供证人,证人以口头形式作出证词。经两名以上证人证明的案件事实,法庭可以直接采纳。当事人提交的书面证据由书记员当庭宣读。由于当时包括行政官员,甚至司法官员在内的大部分居民并不识字。所以注重诉讼言词性在当时具有重要意义,因为只有包括王公和书记员在内的少数人群识字的缘故,所以各种文件和书面证据都由书记员整理提供。书记员还承担司法文书制作工作。同时,为防止书记员为某一方当事人利益而不正确宣读文书,法律也对书记员宣读文件内容方式作出了详细规定。当事人陈述和提交证据之后,法官有权向当事人提出补充问题,如果现有证据不够充分,则法院可以诉讼依据不足为理由驳回起诉或者采取补充侦查措施调查案件真实。③

带有辩论和纠问特征的诉讼形式真正形成于沙皇瓦西里四世1550年《伊凡四世律书》和1649年《国民会议法典》。在最具代表性的《国

---

① См.:Дмитриев Ф. М. История судебных инстанций и гражданского апелляционного производства от Судебника до Учреждения о губерниях. М. 1859 г. С. 218.

② См.:Куницын А. Историческое изображение древнего судопроизводства в России. СПБ. 1843 г. С. 115.

③ Судебные Уставы 20 ноября 1864 года, с изложением рассуждений, на коих они основаны. С. 2.

民会议法典》中,关于诉讼形式的规定已经具有现代特征:诉讼通过原告递交“司法书”(приставная память)提起诉讼,书记官将起诉状记入案卷,委托法警将“司法书”送达并传唤被告,也可以由原告直接向被告送达“传唤书”(зазывная грамота)实施传唤。被告应当在法警第一次传唤时到庭,否则被告将被判决败诉。如果通过原告送达“传唤书”传唤被告到庭,被告3次未到庭则被判决败诉。庭审中原告提交“诉讼请求书”(исковая челобитная),而相对方则必须进行答辩,否则将无须审理而被判决败诉。原告的诉讼请求和被告的答辩需要援引证据加以证明,所有提交法院的书面或者口头的证据,均由书吏记入“司法案卷”(судный список)。法官在当事人辩论和提交证据基础上解决案件,并作出“正义文书”(правая грамота)。

《国民会议法典》中关于诉讼程序的规定在司法实践中并未获得良好的适用,很多时候沦为了滥用诉权行为的依据。因此,如对14—17世纪的俄罗斯民事诉讼程序加以总结,很难准确回答民事诉讼中辩论式诉讼因素与纠问式诉讼因素何者占据优势这一问题。值得注意的是,从古罗斯开始的几百年间,民事诉讼程序和刑事诉讼程序都没有实现分野。争议诉讼适用同一法律规范中(包括律书、会典等)普通程序规则,因此,在逻辑上可以认为,辩论式诉讼通常用以解决民事案件,而纠问式诉讼则用以解决刑事案件。因此,法院审理民事案件时拥有包括收集证据和进行居民调查在内的特殊权限。

上述事实表明,彼得一世改革前,民事诉讼保留了对抗式诉讼特征,尽管法院仍然是诉讼程序的积极参与者,但是,争讼双方当事人成为了诉讼程序主导者。这既体现在《国民会议法典》中赋予当事人捍卫自身权利的充分权能,也体现在法律“允许”当事人滥用被赋予的程序权利。

(二)直接审理向间接审理转化

俄罗斯直接审理原则萌芽于《罗斯真理》规定,当王公作为法官,可以委托王公代理人(муж княжий)代其行使司法权,①可以直接采纳证据并现场作出判决。言词审理也促进了直接审理和当事人对质审判方式的发展,如《罗斯法典》中规定了“公开审理和言词审理”,即法官应

① Энгельман И. Е. Курс русского гражданского судопроизводства. Юрьев. 1912. С. 53; Дмитриев Ф. М. История судебных инстанций и гражданского апелляционного судопроизводства от Судебника до Учреждения о губерниях. М. 1899 г. С. 6.

当直接听取当事人、见证人和传闻证人陈述，他们以口头方式在法官面前宣誓。

当时，在较大的公国诺夫哥罗德和普斯科夫，很多刑事案件通常通过市民维切会议（вече）审理，维切会议是由市民选举代表组成的，更适合采取审判者直接参与案件审理和评价证据的方式。此后，虽然《普斯科夫审判条例》第 4 条剥夺了维切会议的审判职能，但案件审理的亲历性被保留下来，王公和地方行政长官依然可以在王公官邸亲自审理案件。但在此时，证据来源和司法审判之间逐渐出现了某些中间环节。例如，书记官听取当事人诉讼申请并形成笔录，之后，法官根据由争讼当事人双方确认的笔录审理案件。[①] 由此司法实践中逐渐形成惯例，证据不是由实施司法审判的公职人员直接采纳，而是通过其他司法行政官吏固定下来后交由审判者。当时法官与法院其他工作人员之间职权范围的划分是一个极为复杂的问题。根据 1606 年《律书汇编》第 1 条规定，只能由王公、波雅尔、御前侍臣、管事、司库和书记官实施司法审判，而书记官（дьяк）则承担笔录记录的职能。

直接审理向间接审理的过渡形成于 1649 年《国民会议法典》颁布后期。这一时期的诉讼程序区分为两个阶段：法庭调查（судебное следствие）和作出判决（вершение приговора）。当事人和诉讼委托人在第一阶段必须出庭，当事人通过言词或者书面形式向法院提交证据和抗辩，当事人和法官在诉讼过程中所有陈述都由受理案件衙门书记官记录，并最终形成双方当事人签字的庭审笔录，法官据此对争议案件作出判决。所有笔录汇总成案卷，书记官签字后存档用于出现争议时查询。宣读判决时，当事人不必须出庭，参与法庭调查的一审法院或者上级法院均有权作出判决。下级法院向上级法院移交争议案件后，上级法院必须依据下级法院提交的诉讼材料对争讼案件作出判决，这为民事诉讼运行的合理性和连续性奠定了基础，但直接审理原则的基础遭到削弱。

这一时期，虽然法律规定法官必须参与庭审，受理证据并听取当事人陈述，但在司法实践中法官经常逃避自己的职责，将这一职权委托给

① Куницщин А. Историческое изображение древнего судопроизводства в России. СПБ. 1843 г. С. 119.

书记官。为此,《关于审判中取消对质;用审问、刑讯代替对质;证人及其证言、起誓;对作伪证者的处罚及税费的敕令》(以下简称《1697 年敕令》)中规定,证人应当由法官亲自询问,并在讯问后形成笔录由证人签字画押。[1] 由此可见,司法实践上书记官在案件审理过程中已经发挥着更加积极的作用,甚至高等审判院、波雅尔杜马受理的诉讼,直接取消了当事人的参与,由此司法审判中广泛形成了司法衙门的秘密审理和书面审理,导致诉讼形成裁决的依据为根据书记官个人裁量制作的案情报告。只有书记官和当事人发生直接接触,间接导致了诉讼审判由书记官裁量决定,甚至在案件提交至上级法院审理时,也很难说具有直接审理性质,因为上级法院往往根据制作好的案卷笔录进行裁判,因此也完全谈不上直接审理。

(三)言词审理向书面审理的转化

言词原则最早以法律条文形式出现在成文法中,在《罗斯真理》的"公开和言词诉讼程序"一章中规定:法官应当听取当事人、传闻证人和见证人陈述,采用言词方式宣誓,以言词申诉的方式在"集市广场"(на торгу)提起诉讼,甚至法律中对于制作笔录和作出判决,也没有规定必须采取书面形式。

后来创制的法律规范,如《普斯科夫审判条例》、1497 年《伊凡三世律书》、1550 年《伊凡四世律书》、1606 年《律书汇编》和 1649 年《国民会议法典》,书面原则被不断强化。诉讼的启动不仅限于口头申请的方式,更多要求以书面诉状的形式提出,案件审理过程中应当形成书面笔录,同判决一起编入审判清册,胜诉一方当事人获得正义书状作为判决获胜的依据。由此,言词对抗模式中出现了书面审理程序的萌芽。

1649 年《国民会议法典》的颁布,使书面审理程序更为完善,书面程序的适用集中于法庭侦查程序(судебное следствие)和判决(вершение приговора)程序。具体内容是:"当事人及其委托人必须出席法庭调查,当事人以言词或者书面形式向法院提交证据和抗辩,原告、被告和法官在法庭调查中的言词由法庭助理书记官记录下来。"[2]并

---

① Михайорв М. М. Русское гражданское судопроизводство в историческом его развитии от Уложения 1649 года до издания Свода Законов. СПБ. 1856 г. С. 116.

② Кавелин К. Основные начала русского судоустройства и гражданского судопроизводства в период времени от Уложения до Учреждения о Губерниях. М. 1844 г. С. 102.

形成审判笔录，由双方当事人签字，在此之后，助理书记官根据庭审笔录制作庭审摘要（或称审判清册），审判清册由书记官审查并签字，出现争议时法官发还助理书记官核实。判决作出时当事人并不必然参与，因为进行法庭调查的法院以及上级法院有权基于已经收集的证据，对争议案件作出判决。

书面审理最终在诉讼程序中形成统治地位，是由彼得一世的《1697年敕令》最终确立，其中强化了纠问式诉讼模式，也间接促进了诉讼直接审理原则和言词原则的发展，同时也规定了办公室书面审理和秘密审理制度。这导致司法实践中经常出现这样的情况，法庭上若干案件的原告和被告同时进行法庭陈述，书记官对他们的言词进行记录，而法官并不听取案件陈述，而是之后通过庭审记录作出审判摘要（выписка），进而作出判决。尽管当时参政院已经认识这一弊端并且规定："必须在听取当事人陈述后作出审判摘要。"但显然未能真正改变审判的书面性和秘密性。

二、当事人及其诉讼代理人

在古代罗斯诉讼制度发展的初期，每个人都被赋予了起诉以及控诉答辩的权利。但是，一些主体只在规定条件下享有起诉权和应诉权。《诺夫哥罗德审判条例》中规定，奴隶和佃农（половник）只有在自己老爷的许可下参与诉讼，实施起诉和进行应诉，且不能作为原告起诉自己的老爷。① 但是，如果老爷主张对于农奴享有人身自由支配权，则农奴可以作为被告反对老爷的主张。债务农奴（закуп）、佃农、卖身偿债的债务人（кабальный должник）偿还债主债务后，可以作为自由人有权对自己的老爷在民事案件中起诉和应诉。② 当事人有权以个人名义或者委托他人参与诉讼。教会则有权委托教会主教、公职人员、长者（старец）参与诉讼。③ 从古代到伊凡律书时期，个人可以委托自己的亲属，甚至自己的仆从和佃农作为诉讼代理人捍卫权利，而不需要书面的授权。在一方或者双方当事人由若干人组成的情况下，允许只针对自

① Акты, собранные в библиотеках и архивах Российской империи Археографической экспедидиею Академии наук. Экспедиция. СПБ. Т Ⅰ. №14.

② Русская Правда, ст. 17, в изслед. Кадачова. С. 87.

③ Акты Юридические. СПБ. №16. 1518 г.

身利益进行起诉或答辩，也可以个人代表全体的方式进行代表人诉讼。[①] 丈夫相对于妻子，儿子相对于母亲，老爷相对于奴隶，监护人相对于子女是法定代理人。

《诺夫哥罗德审判条例》中较为详细地规定了当事人及其代理人的义务。当事人诉讼中应当彼此尊重，违反该义务将处以罚金。《普斯科夫审判条例》也做此规定。代理人义务包括代理当事人提起诉讼、法庭辩论、提出证据、作出辩护，甚至包括代替当事人亲吻十字架（起誓）。[②] 因此要求代理人必须诚实可靠，对于代理人故意损害委托人利益的予以惩戒。[③]

1649 年《国民会议法典》认可因个体死亡根据遗产继承产生的诉讼承担，同时，对诉讼代理关系进行了大幅度的补充和完善：首先，失信代理人将被剥夺诉讼实施权，失信行为包括违背誓约、实施过三次虚假诉讼；[④]其次，禁止子女在自诉案件中控诉自己父母；[⑤]最后，未成年子女禁止作为被告。关于诉讼代理人还规定：首先，老爷（господ）是自己农奴参与所有诉讼（除偷盗、抢劫和凶杀）的法定代理人（необходимый представитель），但是老爷能够赋予农奴自行辩护的权利；其次，法典中规定被剥夺诉讼实施权的个人不能作为代理人。[⑥]

三、诉讼行为

古代俄罗斯诉讼体系主要衍生于习惯，并逐渐在法律上得到认可并固定下来。反过来，法律的发展又不断以新的形式丰富着诉讼体系。法律的外在驱动最终使诉讼体系在内涵和外在形式上不断完善，最终使争议解决体系在案件解决过程中获得了真正的程序（процесс）性质。

（一）起诉

自力救济作为民众生活中最为常用的救济手段逐渐获得了法律上的效力和社会权力的认可，在古代法令中都承认自力救济的部分手段

---

① Акты Юридические. СПБ. №19. 1532 г.

② Судебник Новгорода. сочинения Куницына. С. 84 и 85.

③ Указатель Законов Максимовича. Часть Ⅰ. Ук. 1592.

④ Уложение 1649 г. Глава 10. С. 188.

⑤ Уложение 1649 г. Глава 12. С. 6.

⑥ Уложение 1649 г. Глава 10. С. 132. 207 и 245.

可以作为权利保护的方式。例如，在《雅罗斯拉夫真理》中规定，如人身侵害等重要案件，受害人有权未经审判凭借自身力量追捕加害人。最初，受社会民众的文化水平的限制，法律上没有对书面形式提出要求。因此，古代诉讼主要通过控诉人的言词诉状而提起。但是，对于诉讼程序环节，如收集证据、案件调查、当事人和证人供述等仍然采用书面形式。上述诉讼行为主要通过书记官（дьяк）和助理书记官（подъяк）记录当事人言词诉状，制作作为未来判决依据的审判清册（судебный список）和笔录（запись）来实现，审判者据此作出判决即公正书状（правая грамота）来实现。当时对于记述的当事人言词诉状已经有了形式上的要求，一般采取统一制式格式。

直到16、17世纪，法律、习惯和司法实践开始对诉状的形式和内容有了更为具体的要求。比如在诉状中应当真实指出诉讼标的金额（цена иска），对于恶意谎报损失金额的，将承担败诉的不利后果，并科处罚款，①这实际上是对控诉人诚信诉讼行为的约束，也是统治者征收诉讼税的一种强制手段。在17世纪后期这一规定有所缓和，但是对于虚报诉讼标的额者仍然判决败诉，对于恶意诉讼缺乏依据者，经过侦查查清真相后，除了遭受惩罚，还将被放逐出城市。② 对于合同纠纷诉讼，必须附以文件，证明诉讼的正义性，否则将驳回起诉。1649年《国民会议法典》认可了这一原则。17世纪以后，诉状形式更为完善。1649年《国民会议法典》中规定，诉状中必须明确指出原告、被告、委托人姓名，诉讼标的额，案件本质和诉讼请求，并依据习惯要求原告必须在诉状上签名。③

（二）传唤和强制被告到庭

1. 基辅罗斯时期

在古罗斯司法机关创设初期，很多时候仍然是由原告本人将被告带至法院。《罗斯法典》规定：当原告得知自己物品被他人占有时，可以启动协同弹劾程序（свод）传唤嫌疑人，此时，争议标的物的实际占有人

---

① Судебник 1550 г. Акты, собранные в библиотеках и архивах Российской империи Археографической экспедидиею Академии наук. Экспедиция. СПБ. том Ⅱ. №52. 1606 г.

② Акты, собранные в библиотеках и архивах Российской империи Археографической экспедидиею Академии наук. Экспедиция. СПБ. том Ⅲ. №36. 1614 г.

③ Уложенеие 1649 г. глава Ⅹ. С21.

被视为被告,须告知从何人处获得此物,并有义务随同控诉人共同找寻原实际侵权人。如果被告不能立即出行,则需要缴纳 5 天的保证金。如果被告否认原告请求的正当性,则将被告带至村社法院进行裁判。① 但这一条款不适用于外国人,1264 年《诺夫哥罗德与日耳曼条约》中规定:俄罗斯人无权在其本人住宅内扣押外国人,而应当向地方行政长官控告其不法行为。②

随着诉讼体系的发展,法院中逐渐出现了被任命的特殊官员负责传唤和拘传被告、证人和相关人到庭,这些特殊官员相当于现代俄罗斯的司法警察,在当时基辅罗斯各地区其名称也各异,包括 Пристава, Доводчики, Подвойские, Позовники, Бирючи, Софияне, Дворяне и Недельщики 等。

2. 封建割据时期

领地制度(удельная система)形成以后,领地王公拥有了独立的治权。基于独立的司法管辖规则,各独立领地只能由各王公任命的司法警察行使拘传被告的权力,而被告所在地的王公也同时拥有了案件的管辖权。③ 大公给予了教会设立独立的常设司法警察机构特权,教会可以根据诉请传唤教民答辩。因此,其他领地司法警察无权进入教会村庄传唤教民。④ 司法警察以法院名义传唤被告答辩时,应当要求被告在指定出庭时间前,按照相应期间交付担保金,否则,这段期间将羁押被告直至开庭审理。传唤期间当时没有统一规定,但可以根据豁免状使某些社会阶层和个人获得特权:只能在持有豁免状载明的时间接受法院传唤,并且规定农民在劳作季节不接受法院传唤,以保证农耕生产的顺利进行。如果被告拒不到庭,则司法警察有权强制其到庭。⑤ 司法警察除被赋予传唤和拘传被告到庭职能外,也可以充当诉讼辩护人(защитник)和出庭代理人(ходатай)。被告被传唤时,应当在指定期

---

① Русская правда, ст. 86. Изслед. Калачова. С. 134.

② История Государства Российского, Карамзина. Том Ⅲ. прим. С. 244.

③ Опыт Рейца, прим. 2. – так же, см. Договор. Грамоты Князей в собр. Графа Ручянцова. С. 171.

④ Акты, собранные в библиотеках и архивах Российской империи Археографической экспедидиею Академии наук. Экспедиция. СПБ. Т. Ⅰ. № 109. 1480 г.

⑤ Акты, собранные в библиотеках и архивах Российской империи Археографической экспедидиею Академии наук. Экспедиция. СПБ. Т. Ⅰ. №131. 1494 г.

限出庭,不出庭将直接承担败诉的不利后果,原告由此获得"免于审判状"(безсудная грамота),据此可以直接执行法院的判决。[①]

封建割据时期,诺夫哥罗德作为与日耳曼诸城邦经济交往最为密切的商业中心,其诉讼体系较为发达,其传唤制度也最具有代表性:法院受理原告诉状,派遣司法警察向被告送达书面形式传唤书,文书中应当列明原告、被告姓名,案件基本情况,并传唤被告到庭。如果被告在诺夫哥罗德城则法院指定出庭时间,如果位于诺夫哥罗德周边地区则指定出庭期限,如果超期将科处罚款。如果被告故意躲避传唤,可以最多3次送达传唤书,除此之外可以在城市广场由宣诏官[②]公开传唤被告,宣布其在躲避传唤。如果这一措施仍无效果,则下达因担心被告不能出庭而要求其缴纳罚金的书状。如果被告由于合理原因不能按期出庭,则在期限届满前,亲自或者委托代理人到法院申请延期,缴纳税金后法院出具附有司法警察或者法官签名的延期书状;如果当事人未申请延期而拒不出庭,则承担败诉的后果。法庭传唤的费用根据法律的规定由争讼双方承担,如果传唤多名被告,则共同均摊。如果怀疑被告不能按期出庭,则可以要求其缴纳保证金,金额根据案件的重要程度来确定;如果被告拒不缴纳保证金或者暴力抗拒传唤,将被强制羁押,这当然也导致了当时司法警察和法院的恣意。被告在任何地点都有可能被羁押,除了教堂、王公官邸、外国商人住所等被认为具有合法避难性质的场所。

3. 律书时期

根据各时期律书规定,传唤和拘传争讼当事人接受审判的义务依然由司法警察承担。原告提交诉状(челобиная)请求法官派遣司法警察传唤被告。法官向司法警察颁发书面形式命令,称作传唤书(приставная память)。[③] 如果被告与原告居住城市不同,则原告应当首先在所在城市法院处获得司法保护状,提交给被告住所地法院,派遣司法警察传唤

① Акты, собранные в библиотеках и архивах Российской империи Археографической экспедидиею Академии наук. Экспедиция. СПБ. Т. Ⅰ. №13. 1398 г.

② 宣诏官(俄文:брюч),18世纪前,莫斯科公国时代宣诏官负责在广场宣布命令、通告。

③ Судебник Ивана Ⅲ, статьи о Приставах и о Недельщиках. Судебник Иван Ⅳ. С. 44-51.

被告,传唤书中内容包括原告诉状和被告出庭期限。传唤状由司法警察交给被告所辖地的乡长或者地方长官,并由地方官吏协助收取保证金和羁押被告,被告也可以采取担保人的方式实现担保。如果原告同时控告若干名居住地不同的被告,则规定共同出庭期限,同时,可以由其中一名被告代表所有被告参加诉讼。总督、乡长及其梯温(тиун)[①]拥有特权,只有在重要的刑事案件和大公亲自审理的案件中才可以被传唤。所有居民在从事生产时禁止被法院传唤,这条古老的原则在1642年以法律形式固定下来,从事农业生产的农民只能在每年10月1日到次年4月1日期间才可以被法院传唤。

争讼当事人之间可以根据相互协议,或者如有正当原因,也可以自行向法院申请延期状,延长指定开庭期限。被告未按期出庭,原告获得免于审判状,据此被告无须审判而被判处有罪。同时,该书状也赋予原告可以追捕被告将其扭送法院的权利,该书状由书记官制作,法官签字并盖章。[②]

4. 1649年《国民会议法典》时期

直到1649年《国民会议法典》颁布后,传唤程序才得以法定。(1)原告应当自行向法院提交传唤书,其中内容包括:①被告住址。②诉讼实质内容。③诉讼标的额。如果传唤书中诉讼标的额与诉状中争议金额出入较大,则认定原告失去诉权,同时,传唤书必须附带原告签名。④原告可以就一起或者多起案件起诉被告。(2)争讼当事人可以根据双方协议诉讼延期,并重新指定开庭日期。不出席庭审的一方当事人将承担败诉的后果。上述规定不包括农奴案件。[③]

1649年《国民会议法典》规定了,不出席庭审的后果,包括:(1)如果被告根据传唤书规定期限及时到庭,而原告开庭期限到期后一周内未到庭,则判决原告败诉,除农奴案件之外,并对同一案件永久失去诉权。如果原告因病不能到庭,可以委托代理人参与诉讼,如果无法委托代理人,可以请求法院确定其生病,此时诉讼中止。如果原告未按期出庭,则被告获得书状,使被告免于就同一事项被再次起诉。(2)如果被

---

① 11—17世纪罗斯时期替公爵或者大贵族掌管经济的执事、管事,同时可以兼任低级法官。

② Судебник. Иваннна Ⅳ. С. 41 и 70.

③ Уложение 1649 г. Глава Ⅹ. С. 103.

告未按期出庭，可以根据原告请求进行连续两次继续传唤，如仍未到庭判决被告败诉。被告在家中躲避传唤，可以在公共场所予以逮捕羁押。当事人就出庭事项签署保证书或提供担保人，只能在法院判决未送出之前。(3)官吏在司法诉讼中享有特殊的申请延期诉讼权利。1649年《国民会议法典》是对以前律书的补充和完善，既继承了律书中关于民事诉讼的基本原则，也对传唤和出庭的规定以及不出庭的法律后果予以确认和细化。

(三)法庭辩论

争讼双方当事人按期到庭后，原告在法官面前宣读诉状。法官听取诉状后，在双方在场的情况下向被告发问，要求其对原告诉状进行答辩，并提交证据证明自己主张。如果被告答辩后无法提供证明其主张的证据，可以在听取原告诉讼请求后，向法院申请给予一定期限收集证据。但是，通常情况下都是被告将提前收集的证据当庭提交。证人由双方各自邀请，并当庭向法官介绍后为其作出证言。

如果法官认为提交的证据不足以查清事实，可以要求当事人补充提交证据，并重新指定开庭期限，期限根据法官裁量决定。这也就导致了司法权滥用，即在沙皇或者大公的授意下，使某些案件被无限期地拖延下去。通常情况下，每名被告仅为自身答辩，但根据签订的委托协议，可以委托一名被告就同一案件为其他被告答辩。答辩中，被告可以承认原告方部分诉讼请求，在这一情况下，法官仅就存在争议的部分进行审理。

听取被告提供证据加以证明的答辩和抗辩后，法官转向原告要求其对被告陈述进行答辩。原告同样采用言词答辩，答辩中原告驳斥被告陈述，并提供有利于自己的证据。原告与被告的答辩和抗辩通过言词方式交叉进行，直到法官根据双方法庭辩论对案件待证事实形成内心确信，并据此使内心确信达到最大盖然性。如果通过答辩未形成足够确信，法庭可以指定当事人双方补充证据的期限。法官认为证据已经足够证明案件的真实性后，可以立即进行审查、调查证据、确定证据之间的相互关系，据此作出最后判决。①

1649年《国民会议法典》中规定，双方当事人在法庭辩论中应当言

---

① Правые Грамоты и удные списки в Актах Юридических.

辞得当,并保证彼此间以及对法官的尊重,否则法官有权进行处罚。[①] 如果被告对原告诉状不进行答辩,也未对诉讼标的额提出异议,则无须审判即可认定被告默认并承担败诉的后果。但如果未答辩是因为诉状中未提出诉讼标的额,则不承担败诉后果。在这一情况下,法官要求原告重新提供载明标的额的诉状,并将法庭辩论延期。[②] 如果书面证据不在法院所在地,则根据距离重新确定庭审期限。[③]

四、管辖权

1. 古罗斯时期

在古罗斯时期,最初的案件管辖并非按照案件性质划分,无论民事案件还是刑事案件均采取同样的审理和解决方式,所有案件均由村社法院管辖。将村社法院作为家族和平解决与大公裁判的中间方式,上级机关是王公,下级机关是家族首领。除此之外,权利保护手段中还包括当时习惯法所允许的自力救济。因此,自力救济和私自审讯、家族裁判和村社法院,以及王公裁判构成了当时的审判组织和审级制度。

但随着瓦良格公爵入主罗斯,基辅罗斯任命了总督和地方行政长官(посадник)[④]等官职,负责代替王公管理各乡和审理解决争议,王公司法权便开始逐步扩大。弗拉基米尔大公从拜占庭帝国继受东正教后,基辅罗斯开始出现统一的宗教信仰,同时,僧侣也获得了特权,有权拥有封地以及享有司法权。根据弗拉基米尔大公制定的教会条例(церковный устав),教会法院管辖的案件包括:(1)婚姻案件,缔结和解除婚姻关系,违背夫妻忠实义务,夫妻财产分配争议;(2)亲子关系案件;(3)遗产案件。

教会管辖的对象包括:(1)白僧侣(белое духовенство);[⑤](2)黑僧侣(черное духовенство);(3)外国人、流浪者、朝圣者、医生、瘸腿者、盲

---

① Уложение 1649 г. Глава Ⅹ. С. 105 и 106.

② Уложение 1649 г. Глава Ⅹ. С. 101 и 102.

③ Уложение 1649 г. Глава Ⅹ. С. 22.

④ 总督和乡长是12—16世纪基辅罗斯供养制下地方行政机关。在各县的中心城市任命总督,在县内各乡中任命乡长。管理税收、审判及处置城市附近各乡的一切案件。

⑤ 僧侣分为白僧侣(белое духовенство)和黑僧侣(черное духовенство, 或者монашествующий),前者可以结婚拥有家庭,后者则终生不能结婚。

人、神奇获得病愈的人、被老爷释放的奴隶；(4)宾馆、旅店、医院和修道院。[①] 当上述主体与不属于教会管辖的主体发生纠纷时，由教会法院和世俗法院法官共同组成的合审法院审理。其他普通案件则由世俗法院管辖。最高审级机关是王公，并由依附于他的各级行政官员，包括侍卫(отрок)、刑事法官(вирник)、总督和乡长等，来行使审判权。

2. 封建割据时期

随着封邑制度形成，王公的司法权获得了新的发展。大公作为封邑王公的首领，拥有解决王公之间纠纷的权力。诸王公在自己的封邑拥有行政管理权和司法权。只在彼此约定特殊情形中大公拥有对王公的司法权。虽然基辅罗斯大公与其他王公共享司法权，但随着各封邑王公相对于大公独立性的增强，解决彼此间争议的手段开始主要依靠与大公缔结的条约，条约对于司法权的划分进行明确约定。[②] 这些条约中规定了公断庭(третейский суд)受理的案件[③]、管辖机关冲突的案件、王公所辖的案件最终裁判权均交予大公行使。随着莫斯科公国大公实力的提升，在他与其他公国签署的条约中不断增加附属条件，使得莫斯科公国拥有最终裁判权。不同公国属民间的田界纠纷由合审法院(совместный суд 或 сместный суд)管辖，合审法院由两个公国的法官共同组成。通常侵权案件由侵权行为发生地公国法院管辖，如果案件发生后被告迁往他国，则要求其返回该公国接受审判。从这一制度中可以发现，当时的管辖原则通常根据争议客体所在地确定管辖，因此，土地所有权纠纷由争议土地所在区的王公进行审判。田界和边界案件，由争议所在地相关公国法官组成的合审法院审理。

公国各城市总督以及各乡乡长可以在自己辖区内独立于王公进行裁判。此时，自力救济和私自审讯是被禁止的，私自审讯只有在盗窃案件中人赃并获时方被允许，并可以在获取索要金钱赔偿后予以释放。

---

① Устав Владимира разсм. Проф. Неволиный, в соч. Опространстве Церковного Суда в России до Петра Великого, см. Жур. Мин. Народ. Просв. 1847 г.

② Акты, собранные в библиотеках и архивах Российской империи Археографической экспедидиею Академии наук. Экспедиция. СПБ. Т Ⅰ. №29. 1435 г.

③ Третейский суд，被译作公断庭，是指根据争议双方当事人协议仲裁解决纠纷的一种方式，古代罗斯的公断法庭最早出现在 1135 年诺夫哥罗德王公条令中，作为审理商事案件的特殊法庭。这种海关法庭由最优秀的商人组成。

如果这一情况被总督知晓，则可以从赔偿金中索要私自审讯补偿金。① 乡村只有标的额超过 1 卢布（约合 200 克白银）的民事案件，才可以交由总督及其梯温重新审理。② 少于这一标的额的案件由乡长及其梯温审理，并最终裁判。乡长可以作为辖区居民任意标的额案件的第一审级，但只允许审理民事案件，乡级行政单位刑事案件管辖权划归总督行使。总督不仅拥有刑事案件管辖权，也拥有民事案件管辖权，可以作为城市居民任意标的额民事案件的第一审级，乡村诉讼标的额超过 1 卢布民事案件的第二审级。总督和乡长的司法权及于辖区内所有居民，但是，依据特别法令以及恩许状等，一些主体不属于普通司法管辖，其中主要是指僧侣。（1）僧侣除偷盗、抢劫和杀人等犯罪，均由修道院长，即教会司法管辖。当僧侣与乡民发生纠纷时，则由修道院长或者修道院梯温，与乡长或者其梯温组成合审法院进行审理，审判在被告住所地进行，双方当事人需要到庭申诉正义或接受审讯。如果僧侣与城市居民发生纠纷，应当向城市或者修道院梯温提起控诉，由双方梯温联合审理，并由部分居民参与陪审。（2）教会依据《弗拉基米尔条例》享有司法权，僧侣所有案件交由高级僧侣审判，如果与世俗法院管辖民众发生争议，那么则组成合审法院审理。③（3）颁予个人的恩许状（жалованная грамота）在赋予王公、贵族、僧侣土地所有权的同时，也包括所辖土地上居民的治权，因此，也拥有所有民事案件的审判权，甚至也包括刑事案件。同样，获得奖功份地的僧侣也就拥有了辖区民众的审判权。但这种审判权不包括教会和僧侣案件，此类案件仍由教会法院审理，不同领地属民之间的纠纷由合审法院审理。（4）王公给近亲属颁发的豁免状，使其免受普通司法管辖，仅接受王公的裁判。（5）根据普通司法条例，由于大主教、修道院以及总督拥有司法特权，因此可以单独审理民事案件，甚至各时期条令中还经常扩大司法特权范围，规定领地内的居民，除杀人、抢劫、偷盗人赃并获外的所有案件均交由上述主体裁判。

① Акты, собранные в библиотеках и архивах Российской империи Археографической экспедидиею Академии наук. Экспедиция. СПБ. ТI. №13. Уставная Двинеская Грамота 1393 г.

② Акты, собранные в библиотеках и архивах Российской империи Археографической экспедидиею Академии наук. Экспедиция. СПБ. Т I . №123. Устав Белоз Грамота 1488 г.

③ Акты, собранные в библиотеках и архивах Российской империи Археографической экспедидиею Академии наук. Экспедиция. СПБ. Т. I . №4 (1338-1340 г.), № 5(1361-1365 г.) и №143(1506 г.).

对上述主体判决的申诉以及主体本人的控诉，由大公亲自审理裁判。(6)涉外案件管辖。根据外国人居住地、出身和阶层确定管辖权，通常情况下，外国人之间的纠纷，如果外国人都属于同一阶层，都是世俗阶层或者僧侣阶层，住址相同，由外国在基辅罗斯当地住民中的行政长官作为第一审级审理案件。如果一方为外国人，另一方为基辅罗斯人，或者居住地分属不同地区司法机关管辖，则组成合审法院行使审判权。

由此可以发现，在古代罗斯关于确定管辖存在不同原则，这些原则包括：(1)当事人居住地；(2)争议标的所在地；(3)侵权行为发生地；(4)案件类型和标的额；(5)当事人所属阶层；(6)土地所有权，即是否可以根据司法特权对所辖民众进行审判；(7)个人司法豁免权，使其摆脱普通法官管辖；(8)所属阶层，比如僧侣阶层或者世俗阶层。

3. 中央集权国家时期

在中央集权国家时期管辖权获得了进一步发展。刑事案件与民事案件随着立法发展逐渐实现分野，并由各自相互独立的机关行使，亦开始形成不同的管辖原则：集权国家初期，对于刑事案件，规定居民可以从波雅尔贵族子嗣中选出 3—4 名识字并且作风正派者，同村长(староста)和甲长(десятский)以及居民中推举出的 5—6 人共同组成法庭，承担追捕盗匪、审问、刑讯、查清罪责和施以刑罚职能。对于抢劫、盗窃等轻微刑事案件，由乡长根据县乡条例(губная грамота)、条状和刑罚清册(наказный список)实施审判权，沙皇伊凡四世时期，还规定了专门的刑事案件审判机构，确定了管辖范围，自此民事案件与刑事案件的管辖制度开始有了明显区分。

沙皇伊凡四世时期开始着手对审判官制度进行改革，由于这一时代采取“供养制”，许多城市和乡村被赏赐给波雅尔贵族(Боярин)以及其他公务人员作为供养领地。不仅包括这些主体，总督、乡长及其梯温、低级法官(праветчики)和税吏都在以沙皇特赐治权和审判权给人民带来了严酷剥削，诉讼税费成为上述主体重要的经济来源。因此，为了向底层民众提供救济手段，也是为了镇压民众，沙皇可以直接受理下述两个阶层的诉请：(1)城市、工商区(посад)、各乡居民关于遭受总督、乡长等行政长官迫害的诉请；(2)行政长官和公职人员关于居民不服从法律，不向其寻求裁判，居民拒不交出罪犯和拒绝缴纳担保金的诉请。随着社会不满情绪的加剧，1555 年沙皇伊凡四世颁布命令，城市、区

(стан)、乡居民可以自行选举行政长官,旨在底层民众中修复正义、恢复裁判秩序,并免除诉讼税费,总督、乡长和低级法官的收入由沙皇定期发放。由民间供养改为政府财政供养。村长或司法官,应当由深受爱戴、作风正派、无不良商业记录、无犯罪记录、能够依据正义和良知,及时审理案件的居民中选举而出。所有参与审判的法官都应当通过居民选举产生,选举产生的还包括负责记录案件的地方书记官,承担传唤被告、收取担保金职责的司法警察(доводчик)。民事和刑事法官的选举在固定期限内举行,选举者名单交由莫斯科沙皇审批,当选者应当在沙皇面前亲吻十字架,宣誓根据律书和审判条例审判案件、恢复正义。①

这一时期创制的关于司法审判的律书中,管辖的原则基本上承继了古代原则并有所创新。这些原则包括:(1)根据原告或者被告住所地确定管辖原则。如果当事人双方居住于同一城市或乡,则由该城或乡的司法长官管辖;如果居住地属于不同地点,则根据被告的住所地和所在阶层确定管辖。(2)临时居住地原则。临时居住于莫斯科的个人,如果居住地属于不同城市或乡,可以在莫斯科司法衙门(Московский приказ)提起诉讼。(3)合审审判原则。(4)反诉。律书第一次关于反诉给予明确规定,在同一诉讼中被告可以向原告提起诉讼,此时原告享有被告地位。(5)司法特权。司法特权仍然存在,使得一些主体摆脱了普通法官的司法审判,而直接交由沙皇管辖。② (6)名门望族案件专属管辖。专属管辖原则同样对僧侣案件和显贵阶层有效,随着莫斯科司法衙门(приказный суд)机构的建立,世俗案件中也逐渐适用这一原则,上述阶层的案件由莫斯科司法衙门管辖。(7)对于总督控诉改由所辖城市的司法衙门管辖。

总督、乡长及其梯温、城市和乡村选举出的地方行政官均能够作为第一审级实施审判。③ 律书中虽然没有规定乡长司法权力,但其权力实际上仍然依附于总督,并且对上诉权进行限制,只有标的额超过 1 卢布

① Акты, собранные в библиотеках и архивах Российской империи Археографической экспедидиею Академии наук. Экспедиция. СПБ. Т. Ⅰ. №234 и №250. С. 76.

② Акты, собранные в библиотеках и архивах Российской империи Археографической экспедидиею Академии наук. Экспедиция. СПБ. Т Ⅰ. №189. 1540 г.

③ 1550 年《伊凡四世律书》第 22 条、第 64 条、第 69 条、第 70 条。

的民事案件,能够提交总督再审。莫斯科司法衙门作为总督一审案件的第二审级,以及乡长一审案件的第三审级。但是,个别情形中,莫斯科司法衙门也可以作为一审法院受理案件,例如,受理对于总督的控诉,莫斯科居民作为原告向非莫斯科居民的被告提出的控诉,由总督和乡长确定的由莫斯科司法衙门管辖的案件。沙皇对所有案件都拥有作出终审判决的权力。

莫斯科司法衙门按照专属管辖原则受理所有特权阶层诉讼,地方衙门(поместный приказ)受理所有地方案件,世袭领地衙门(вотчинный приказ)管辖领地案件,霍洛卜衙门受理所有农奴案件,呈诉衙门(челобитный приказ)审理所有直接向沙皇提起的诉讼,上述衙门在诺夫哥罗德、莫斯科和弗拉基米尔等公国行政中心设立。上述衙门覆盖了所有社会阶层和各种类型案件,但是上述衙门仅仅设立在城市之中,衙门作为主要国家权力机关兼理行政权和司法权。

4. 从1550年《伊凡四世律书》到1649年《国民会议法典》时期

1649年《国民会议法典》颁布之前,伊凡四世作为沙皇继任者,在保留之前基层审级机构和管辖程序的基础上有所改良。原因在于,16世纪到17世纪上半叶,在很多地方仍然由政府任命而非民选官员实施司法权,尚未废除总督、乡长的城市和乡镇仍然保留着由沙皇派遣官员行使司法权。但随着居民中选举出的陪审员(судебный муж)开始越来越多地参与案件审理,行政官员的司法权被逐渐弱化,但是陪审员只能参与其所属阶层案件的审理。17世纪,一些城市的总督职位被撤销,取而代之的是军政长官(воевода),负责管理城市及其周边区域的一切事务。城市各周边乡均设立军政长官,服从于市军政长官领导。军政长官下辖书记官(дьяк),其职权类似现代的法院书记官,协助军政长官审理判决案件。罗曼诺夫王朝初期,按照城市居民(городские люди)、工商区居民(посадские люди)、乡居民(волостные люди)和农奴(крестьян)的阶层开始进行划分,重新选举代表等级阶层的法官和地方官(целовальник),这一时期地方官承担征税、执行司法、警察职能。但是,所有的司法文件仍必须经由法官和地方官签字后方能生效,但也规定了监督手段,即如果法官和书记官滥用权力,其工资和财产将遭受充公的惩罚。

从此时起,民选法官开始作为第一审级,外市居民和临时居民享有与常住居民相同的请求司法保护权，但是禁止本市居民对外市居民提起反诉，反诉只能由莫斯科衙门或者被告所属城市和乡衙门受理。如果民事案件中涉及刑事案件，则由民选法官和乡长一起审理。这一情况下，民事程序和刑事程序尚未出现分野而适用同一程序审理。

沙皇阿列克谢在1649年《国民会议法典》中规定，管辖根据起诉对象的身份、居住地以及常住地确定，被告提起的反诉由一审法院受理，禁止向沙皇直接起诉，撤销之前赋予的一切司法特权和司法豁免权。限制军政长官的司法权，同时，法典也认可了合审制原则。

俄罗斯早期管辖制度经历了古罗斯时代、封邑制度时期、中央集权国家时期，直到《国民会议法典》时期，随着社会生产力的进步获得了持续的发展。通过不断的补充、修改最终实现了刑事诉讼和民事诉讼审判机关的分立，建立了新的司法组织体系，详细地确定从中央到地方不同审级和司法管辖原则。

五、证据和证据审查

诉讼体系形成过程中，如何通过原告、被告提供的证据和反映的情况证实违法行为，使得法官在案件审理过程中对待定事实真实性形成内心确信，这就要求必须制定合理的证据规则。庭审中提出的证据和事实既是为被告进行辩护，也是对违法行为的揭露。当然，在诉讼体系形成的初期，由于形式上未作出明确的规定，因此，此时的证据规则也如诉讼体系中的其他规则一样具有不确定性。历史发展中多种民族要素，比如多神教、迷信等，都对证据体系的发展产生了重要影响。古代罗斯法律中，最早的证据规则出现在瓦良格大公奥列格与拜占庭帝国的条约中。条约中规定侵权和犯罪行为应当有明显的证据证明，原告应当通过起誓的方式证明自己诉讼请求的正义性。随着历史发展，在《罗斯法典》、伊凡律书和1649年《国民会议法典》中证据规则不断完善，并具有不同历史时期的特点。

古代罗斯民事诉讼体系证据包括：(1)自认；(2)外部特征；(3)证人；(4)逐户调查；(5)起誓；(6)书面文书；(7)神意裁判；(8)决斗。本书将根据历史不同时期证据种类的发展，审视古代罗斯证据制度的形成。

（一）自认

自认作为证据自古至今都具有完全效力。古代基辅罗斯时期家族、氏族或者部落首领对于争议案件的审理被认为具有终局的性质，嫌疑人的自认能够使审判者对案件真实产生足够的确信，并可以据此作出案件判决。《罗斯法典》中关于自认作出如下规定：如果被告对原告提起的诉讼未提出争议、未向原告提出任何证据要求，那么这种默认即被认为是自认。① 1550年《伊凡四世律书》承认自认作为证据的法律效力，将自认作为最主要的证据，可以排除案件的进一步审理而直接作出判决。② 如果原告或者被告对诉讼请求部分内容进行自认，则自认部分被认定为无争议，法官仅对诉讼请求其余部分内容进行审理。③ 而这一原则在之后的法典中得到了确认。1649年《国民会议法典》中规定，如果被告承认部分案件事实，则法官可以将自认部分内容作为判决依据，而不再要求任何证据，仅就其余部分内容调查收集证据。④ 因此，1649年《国民会议法典》认可了这一古老原则，使其具有完全的证据效力，但是对于自认的外在形式和内在条件还未在法律上加以明确规定。

（二）外部特征和起誓

在瓦良格大公奥列格与拜占庭帝国的条约中规定，是否发生侵权和犯罪行为应当排除应有的怀疑，即应当有合理的依据和罪证。⑤ 在《罗斯法典》中规定，侵权行为的特征包括斗殴导致身体上的损伤，例如，青紫斑痕和瘀血的存在足以证明某人遭受过毒打，这一证据可以理解为对应现代一般侵权责任构成要件中的行为和损害事实。律书中也对这种证据种类进行了规定。

从古代开始，俄罗斯民族就将宣誓作为证据使用。早在瓦良格大公与拜占庭帝国签订的条约中，就已经规定如果原告起诉时不能提供证据证明己方诉求正义，那么必须进行宣誓。⑥ 起誓是一种特殊的证明手段，它用于缺乏其他证据证明的情形，通常用于不太重大的案件，

---

① Русская Правда, ст. О своде-в случае запирательства.

② Судебник Иванна Ⅲ. ст. О запсях. Судебник Иванна Ⅳ. ст. 25, и дополн. К нему С. 141.

③ Судебник Иванна Ⅳ. ст. 25. Доп. Указы, С. 141.

④ Уложение 1649 г. Глава Ⅹ. С. 8.

⑤ Договор Олега с Греками.

⑥ См. Договор Олега объясненный в Древ. Русск. Правде, Эверса.

通过起誓可以确定某个事实存在或不存在。

（三）证人

证人证言在俄罗斯诉讼演进过程中一直作为主要证据使用。在《罗斯法典》的简编本中，规定了欠缺外部特征时证人证言对于案件审判的重要意义。法典把证人分为两个范畴：目击者和耳闻者。目击者即现代意义上的事实的目击证人。耳闻者是个较为复杂的范畴，是指那些从某人处听说了所发生的事情，拥有传闻信息者。有时候耳闻者也被理解为能证明当事人拥有较好名声的证人，他们应当说明原告或被告是值得信任的人。他们甚至可以对争议的事实一无所知，只需对诉讼中的某一方作出评价，因此，具有品格证人的性质。此外，《罗斯法典》并非总是明确区分目击者和耳闻者，有时耳闻者也被称为一般证人（科学院抄本第 30 条）。[①]

在采用证人证言过程中出现了对于形式要件的要求。例如，某些刑事和民事案件中对证人数量提出要求，针对轻微案件一般必须要有两名证人同时作证，如果两名证人的证言一致，那么可以作为完整证据采纳；如果是重大案件则要求 7 名证人。同时，《罗斯法典》首次对证人品格和身份提出要求：证人应当举止正派、严守教规、未因犯罪遭受过处罚，同时证人应当是自由人。轻微案件也可以允许债农作证，债农是古罗斯时代由于借债而依属于封建主的半自由农，证人应当通过起誓保证证言真实。[②] 在《斯莫尔棱斯克王公与日耳曼城市条约》中规定，俄罗斯人起诉拉丁人[③]应当有 2 名证人，一名俄罗斯人和一名拉丁人。在《诺夫哥罗德与日耳曼城市条约》中规定，在与俄罗斯人的诉讼中应当有 4 名证人，两名俄罗斯人和两名外国人，如果证人证言一致则认为证据完整，如果不一致则通过抽签决定，判定俄罗斯人抑或外国人胜诉。通常，证人的数量并不相同，根据案件的重要程度决定，当被告是外国人时，通常要求原告方提供 7 名证人，而轻微案件 2 名证人即可。

① 参见［俄］О. И. 奇斯佳科夫主编：《俄罗斯国家与法的历史》，徐晓晴译，法律出版社 2014 年版，第 52 页。

② Русская Правда, в Излед. Калачова, ст. 71. С 127. Также С. 81-83.

③ 拉丁人，原指古意大利中部拉丁姆地区的古代民族。其对历史最大的贡献就是拉丁语。这里泛指受拉丁语和罗马文化影响较深的操印欧语系语言的民族，如意大利人、法兰西人、西班牙人、葡萄牙人、罗马尼亚人等。

并不是所有诉讼中都要求证人，如果案件可以被显而易见的外部特征所证明，则无须证人。对于合同纠纷案件和依据良知作为判决依据的案件无须证人。①

一些情况中长者是证人适格的必要条件，比如在田界纠纷案件中，必须邀请了解田界长期状态的居民中的长者作为证人。如果争讼当事人双方共同援引同一证人证言，那么该证言被认可为共同认可的事实（общая правда）。如果证人不具备法律所要求的高尚品格，那么当事人可以反对这一证人出庭作证，在证明该证人不具备适格品格后，可以要求法院排除其证言。②法官询问出庭证人，通常先要求证人向上帝宣誓证言真实，此时，证人证言被记入庭审笔录。如果证人证言之间出现分歧，则争议双方有通过决斗解决争议的权利。③

从古代开始，证人都是由当事人提供或者自行到庭的。直到出现了专门的审判组织后，传唤证人的义务才由特殊的公职人员司法警察来承担。在诺夫哥罗德，如果当事人所援引的证人位于其他城市，则当事人应当根据路程，承担司法警察传唤该证人以及证人往返的旅途费用。如果路途过远，超过100俄里，则需要征得对方当事人同意。④

1550年《伊凡四世律书》中，根据身份将证人分为完全证人和不完全证人，完全证人包括波雅尔、书记官和双方共同提供的证人。他们的证言具有完全效力，无论是决斗还是宣誓都无法对抗证言的效力。⑤ 如果证人以自身证言指证某人斗殴、抢劫和借债，那么被告可以采取与证人决斗或者宣誓的方式证明自身清白。如果采用决斗的方式，那么被告享有雇用斗士代替自己参与决斗的权利。⑥《普斯科夫审判条例》中禁止证人代替自己的委托人参与决斗，但是允许代替老年人、未成年人、残疾人和神职人员证人参与决斗。

根据律书规定，证人应当按期出庭。如果证人不能按期出庭，则对原告因其出庭作证能够避免的损失承担赔偿责任。除此之外，还要承

---

① Русская правда в Изслед. Качачова, ст. 83.

② Акты, собранные в библиотеках и архивах Российской империи Археографической экспедидиею Академии наук. Экспедиция. СПБ. Т. Ⅰ. №103（до 1477 г.）.

③ Судебник Иван Ⅳ. ст. 15-19. Судебник Иван Ⅲ. о послухах.

④ Судебник Новгорода. Грам. "А кто с кем пошлется на послуха".

⑤ Судебник Иван Ⅳ. ст. 114, 115.

⑥ Судебник Иван Ⅲ. о послухах и послущистве.

担部分诉讼税费。证人只能在确实为目击者的情况下如实作证。证人应当通过宣誓的方式证明证言真实。[①] 当事人针对对方证人作出的反对自己的证言,有权向证人提出决斗。如果己方证人作出的证言反对自身主张,有利于对方当事人,那么这一证言则被认为具有完全的证据效力。[②] 如果证人就同一个案件作出相互矛盾的证言,那么一方当事人可以向对方当事人提出决斗,以此来解决矛盾。如果证人由于自身的作证行为遭受某种损失,则有权向邀请自己出庭作证的当事人请求补偿。证人如果因病或者正当原因无法出庭,应当提供书面证言并签名。这一书面证据与证言具有同等效力。当事人援引证人证言应当指出证人名字,如果不能确定证人姓名,则这一援引不予采纳。[③]

在 1649 年《国民会议法典》中对于古老的证据原则予以认可,将证人作证前宣誓作为普通规则。如果原告援引的证人中哪怕仅有一人作出相反证言,那么原告也要被判决败诉。如果当事人援引公认真理,也就是双方都认可的证言,那么在这一情形下,只要大部分共同证人的证言一致即可被采纳。被告可以援引原告父亲和母亲证言作为证据,具有完全效力,可以据此直接作出判决。但是,禁止援引妻子证言,即妻子禁止作证。农奴和霍洛普(холоп)[④]不能作为证人反对自己的主人及其子女。根据法典,田界争议长者证言具有重要意义。神职人员作为证人可以依据自己的神职而无须宣誓,东正教信徒根据教会传统宣誓,而外国人根据自身信仰宣誓。[⑤]

(四)逐户调查

这一证据种类具有古罗斯独特的时代特点,目的在于通过对知情者的询问了解案件事实,并根据当事人和证人的品性和行为,来判断当事人陈述以及证人证言的真伪。这一证据种类出现在专门司法机关形成之后,直到 15 世纪才在法律中具体规定。在 1467 年《普斯科夫审判条例》中,最初将逐户调查作为刑事案件证据,直到《1590 年审判条例》才将其适用于民事案件中,用于探查案件真实:(1)根据法官的指令,通

---

① Судебник Иван Ⅳ. ст. 99.

② Судебник Иван Ⅲ. о послух. и послуш. Суд Иван Ⅳ, ст. 15. 18 и 20.

③ Судебник Иван Ⅳ. ст. 15. 18 и 19.

④ 霍洛普是指从 10 世纪到 18 世纪俄罗斯国家的一种封建依附者,主要指奴隶。

⑤ Уложение 1649 года. Глава Ⅹ. ст. 158,159,160,169,174,177 и 237.

过询问乡村居民或者间接知情者，了解与案件有关的相关事实；(2)调查集中于对证人证言的查证，从而肯定或者否定待证事实。

大公通过补充敕令的方式确定了这一证据方法，并进一步规定：如果大部分被调查者证言有利于原告或者被告中的一方，则可以据此判断有利证人数量占优势一方胜诉；如果人数相等，则需要展开第二轮调查，这轮调查将会扩大范围，询问其他未调查的居民。对于虚假证言，通常会在每100名居民中挑选5—6名身体结实者接受身体处罚。除此之外，虚假证言造成当事人损失的，还需要进行补偿。调查应当排除原告或者被告预先设置的干扰，因此禁止询问其亲友或者朋友，防止事先与被询问者恶意串通。[①] 当庭审中当事人需要引用多数当地不具名居民证言时，需要向法院请求颁布司法命令，据此要求村长和司法警察进行调查，或者向地方法官申请调查状，并对居民进行公开调查，不允许实施秘密调查。同时，在具备相应条件的情况下，居民应当提供书面证词，如果不识字可以由神父代写。询问证人时，证人应当首先通过亲吻十字架起誓。[②]

如果当事人引用调查中部分居民的证言，并指出他们的姓名，对方当事人亦认可这些证言，那么这些居民将获得证人身份，其证人证言将作为定案依据。如无双方认可，则仍然依据最后调查结果和其他证据进行裁判。村长进行调查时，应当监督被调查人是否事先串通，持衙门(приказ)出具的调查状，该状中主要内容是要求村长或者地方法官持此状采取调查方式查明案件真相，并以书面形式签字盖章后委托衙门内设的司法警察送达，但是司法警察全程不参与调查程序。[③]

17世纪仍然保留了调查原有的形式，但是扩大了适用范围。无论是在民事案件中，还是在刑事案件中都具有直接证据的效力。因此，如果某个村庄或者居民区作为调查结果的证言都反对一方当事人，那么其就应当承担败诉后果。如果不是所有人，但是至少有50—100名善良居民提出反对证词，那么该当事人将被要求缴纳诉讼赔偿押金，并在大公作出最后判决前将被监狱收押。

在1649年《国民会议法典》中，基本保留了逐户调查的规定，但是

---

① Дополнительные Статьи к Судебнику Иванна Ⅳ. ст. 108, Указ 1556 г. авг. 21.

② Дополнительные статьи к Судебнику Иванна Ⅳ. ст. 107-119, Указ 1556 г. авг. 21.

③ Дополнительные указы к Судебнику Иванна Ⅳ. ст. 107-119.

做了部分补充。其要求只有在双方当事人之间缺少共同证人,以及缺少直接有效证据导致事实真伪不明时,才能采用调查的方法。一方当事人同意调查,另一方即使反对,调查也同样正常进行。被调查人在接受调查前必须进行宣誓,东正教徒按照东正教会传统,外国人按照自己信仰传统,多神教按照多神教传统宣誓。被调查人言辞应当以书面形式记录下来,并由本人和神父签字,不识字者可以捺印。如果通过调查被认为过错一方提出上诉,那么可以从持对立证言的居民中,每百名选出两名进行当面对质,如果人数少于百名则选出一人,并根据对质的证言作出判决,但同样严禁实施秘密调查。[①]

(五)书面文书

发达诉讼体系中最重要的司法证据是书面文书,无论在证明内容的稳定性、正当性抑或确定性上都具有优势地位。但是,书面文书只能是在诉讼体系发展到一定水平,民众教育达到一定程度时才能广泛使用。因此,这一证据种类相对于其他证据较晚出现。

司法实践中民事案件适用的书证包含不同的形态和内容。所有的书证,如果其真实性不容置疑,则被认为是直接证据。如果真实性遭到质疑,那么法官要求补充其他证据方式证明其真实,或者在缺乏证人证言时,有时也会要求当事人宣誓作为补充证明手段。[②] 除此之外,如果怀疑提供书面文件的真实性,则由制作文书书记官承担证明义务。记载司法管辖区居民财产的特殊司法文书被归入书证之列,以此来检验诉状中提出的诉讼标的额是否准确。田界纠纷时,以田契作为书证确定土地所有权。如果怀疑田契的真实性,则要求询问在田契上签名的田界勘测人以及村社中的长者。

如果提供的书证不足以证明当事人正义,那么根据法官要求,当事人应当提供其他证据,也可以援引证人证言加以证明。书证可以不提交原件,仅提交审判清册或者复制件,由法官指定期限提交原件审查,复制件和清册留置作为证据。如果书证与证人证言矛盾,那么通过抽签和起誓确定真伪。书面文件有时效规定,有效期为 15 年,比如,如果债契(кабала)的订立已经超过 15 年,那么则被认为是无效合同,任何

---

① Уложение 1649 года. Глава Ⅹ. ст. 162.

② Различные Правые Грамоты и Судные Списки. Списки в Актах Юридических №5 и др. №13, и др. (1490 и 1508 год.)

人都不能凭借其行使债权，10—14 年只允许获得债契记载的本金，而不能获得利息。不超过 5 年，并且被告承认有效，原告既可以获得本金，也可以获得利息。如果被告不承认债契的真实有效，最后查明债契确为真实，那么被告将惩罚性偿付两倍的本金。[①]

（六）神意裁判

古罗斯还建立了一套独特的习惯法形式主义证明体系——神意裁判体系，首先，是水验和铁验（испытание железом и водой）。水验是指将嫌疑人扔入水中，水是最洁净的，不接受不诚实的人，因此，将人捆绑着投入水中，如果沉底则被认为是正义的，如果浮起来则被认为是有过错的，当然沉入者会被拖上来。铁验用于缺乏其他证据证明的场合，而且用于比水验更为重大的案件，手握烧红的铁块，看其是否会被烫伤，烫伤一段时间后是否会痊愈，以此判断是否有罪。上述审判方式来源于日耳曼习惯法，但是，水验的结果恰恰相反，日耳曼习惯法中认为，浮上者为胜诉者。[②] 其次，是司法决斗（法庭决斗）。决斗中的胜者将赢得诉讼，因为人们认为神会眷顾正义的一方，司法决斗作为解决案件的方式，最初源于原始的自力救济和私人审讯。随着国家权力的发展，私人复仇性质的习惯逐渐被终止，但是并不能彻底根除，并逐渐演变为司法决斗的特殊形态，诉讼体系的历史演进中我们经常不难发现自力救济的痕迹。最后，从古代开始，俄罗斯民族就将宣誓作为证据使用。早在瓦良格人大公与拜占庭帝国签订的条约中，就已经规定如果原告起诉时不能提供证据证明己方诉求正义，那么必须进行决讼宣誓。决讼宣誓是一种特殊的证明手段，它用于缺乏其他证据的场合，通常用于不太重大的案件，通过起誓可以确定某件待证事实存在或不存在。

《罗斯法典》中规定了可以作为民事案件证据的神意裁判。这一证据方式主要适用于：原告不能提供对抗被告的适格证人，同时又拥有有利于自己的对方罪证。这一情形下，原告有权要求被告接受考验，如果被告经受住了考验，那么就应该认为被告是无罪的，除此之外，还能获得特别的补偿。如果原告的诉讼标的额不超过半格里夫纳金币，那么需要经受铁验；如果不超过 2 格里夫纳银币，则需要经过水验。[③] 神意

---

① Уложение 1649 года. Глава Ⅹ. ст. 254，256，259.

② 参见何勤华主编：《德国法律发达史》，法律出版社 2000 年版，第 35 页。

③ Русская Правда，в Исслед. Калачеваст 68. С. 125.

裁判直到律书时代才逐渐从法律规定中消失。

(七)决斗

司法决斗作为解决案件的方式,最初源于原始的自力救济和私人审讯。法律规定了参与司法决斗的主体,允许参与决斗的情形,双方使用的武器以及司法决斗的程序。以此来减少私人复仇的"意味",减轻自力救济造成的危害后果。司法决斗不仅允许男人参与,也允许女人参与。虽然每个人都应亲自参与决斗,但是根据当时的社会传统,决斗应当是公平的战斗方式,由专门武士对武士,而不是武士对普通人,因此,也就允许儿童、老人、病人和残疾人,甚至是妇女雇用武士代替参与决斗。根据1467年《普斯科夫审判条例》规定,妇女之间可以进行决斗,并且允许雇用武士代替决斗。被告有权向作出不利于自己主张证言的证人提出决斗。但是,决斗只针对一名证人而非全部证人。[①] 外国人禁止与俄罗斯人进行决斗。[②] 决斗主要是在证据不足的情况下,作为一种特殊的证据种类,以此来解决案件。无论是在1497年《伊凡三世律书》还是在1550年《伊凡四世律书》中,都有关于司法决斗的规定。其中,增加了关于证人之间提出司法决斗的规定,即证人有权向对方证人提出决斗,甚至,同一方当事人的证人由于证言的分歧,也可以彼此间提出决斗。僧侣可以雇用武士代替自己参与决斗,名人显贵也被赋予了雇用他人参与决斗的权利。[③]

律书规定,决斗只能由决斗者、审判官、书记官和司法警察在场,不允许有旁人参与。决斗前会先询问当事人是否有代为决斗人,决斗时穿着头盔和护具,武器为粗木棍。决斗的结果具有下列意义:被击败者是被告,则需要满足原告的诉讼请求,并向司法警察缴纳决斗税,被告一方雇用武士或证人参与决斗失败也需要承担相应结果。原告失败则被驳回起诉。[④] 僧侣根据审判条令逐渐被禁止参与决斗,并且随着诉讼体系的不断完善,司法决斗逐渐被证人证言和逐户调查所代替,在上述证据不足时,采取抽签的方式解决争议。直到1556年敕令及其后续法律中,司法决斗被彻底废除,司法实践中只能适用严格意义的证据,包

---

① Судебник Псковский. Грамота, изд. 1847 г. В одессе, С. 18.

② Договоры Мстислава с Немецкими городами. 1229 г.

③ Судебник Иванна Ⅳ. С. 13,14,17,19.

④ Судебник Иванна Ⅳ. С. 9-20.

括证人证言,逐户调查和起誓等。①

六、判决

在俄罗斯早期民事诉讼体系形成过程中我们可以发现从言词形式到书面形式逐步过渡的明显特征,而判决则是诉讼体系中最早过渡到书面形式的程序。不仅是在伊凡律书时期,甚至在更早的司法条令时期都要求有审判笔录,以书面形式反映整个诉讼程序、法庭辩论以及证据收集。将所有证据汇编形成报告(доклад),与整个庭审的记录一起制成审判清册(судебный список),法官依据审判清册作出判决。判决内容中反映整个庭审程序,称作公正书状,制作后交与原告。如果一审法官无法解决案件,或者无权作出最终裁判,抑或当事人以判决不服为由提起上诉,则可以向上级法院上诉;如果上级法院亦无法解决,则可以请求大公审判解决。不服判决的上诉程序中,提交莫斯科司法衙门解决的案件,通常不允许较少案件单独上诉,通常一审法官将4—5个案件的审判清册同时提交。

二审程序中,法官先行审阅一审审判清册,而后进行庭审,清册中内容包括原告诉状及其提交的证据,被告的答辩及其证据。二审庭审时,通常会先询问双方当事人,清册中记载内容是否与一审情况一致,如果当事人认可清册中记载的内容,那么法官立刻作出判决,此时,不允许提交和审查新的证据,仅对诉讼程序进行审查,因此二审法官的审判期限通常都很短,以司法命令的形式要求法官判决当事人有罪或无罪。如果双方或一方当事人认为清册中内容不真实,那么邀请陪审员(судные мужи,由居民中的德高望重者自愿担任)审理案件。二审中不允许提交和采纳一审未提出的证据,仅依据一审证据作出判决。② 法院向胜诉当事人出具公正书状,内容包括:(1)原告姓名,及其诉状内容;(2)法院诉讼行为,包括传唤被告、听取答辩、指定庭审日期、收集和审查的证据;(3)判决结果和判决的依据。③

从伊凡三世律书时代开始,在司法实践中就出现了关于再审

---

① Дополнительные статьи к Судебнику Иванна Ⅳ. в актах Исторических. С. 78.

② Уложение 1649 года. Глава Ⅹ. ст. 21.

③ Акты Юридические. СПБ. №6. 1490 г. ст. 56.

(пересуд)和重审(суд с головы)的规定。重审程序由不服判决的当事人启动,启动后原有审理程序归于无效,重新开始审理。当法院判决有利于过错方而作出错误判决,并向原告出具公正书状时,当事人可以请求启动再审程序。再审程序启动后,先前判决无效,并归还当事人被执行财产。重审区别于再审,重审主要针对代理人恶意滥用代理权限,损害委托人利益,针对已经完成的诉讼程序的审查,而非消灭原有审判结果。再审在审判实践上,主要针对当事人关于诉讼程序错误提出的上诉。

1649年《国民会议法典》规定,法院作出终审判决,当事人请求重审的,如果法院最终驳回诉讼请求,将会向申诉人给予一定处罚。除了上述方式,当事人也可以采取和解的方式解决纠纷。但应当向管辖的司法机关提供和解协议。1649年《国民会议法典》承认当事人在法院判决前当事人双方以和解方式解决争议的权利,只需要向受理法院提交和解申请即可。①

七、判决的执行

基辅罗斯时期对于判决的执行,无论执行保障措施还是作为执行主体的公职人员,都没有任何相关法律规定。在由氏族首领担任裁判者的时代,其言词作为命令具有完全的效力。在此之后,则是通过村社集体强迫被判定有罪者执行判决。

瓦良格大公奥列格与拜占庭帝国签订的条约中规定,有罪者应当完全执行判决,如果不能支付全部赔偿,应当交出全部财产作为赔偿并起誓再无财产,不允许他人帮助其偿付赔偿。关于执行顺序,《罗斯法典》中规定,如果商人赊销商品,并且由于其过错导致商品毁损灭失,则商品主人可以根据自身意愿处置债务人;如果毁损是由于意外不可抗力而发生,则债务人应当分期偿付债务。商人向若干名债权人偿债,如果债权人中有外国人,则应当先向外国人偿付,其余财产向俄罗斯人偿付。先满足王公的债务请求,而后满足个人。如果债权人已经从债务人获得了大量利息,那么将失去获得本金的权利。② 无力支付的债权

① Уложение 1649 года. Глава X. ст. 121.

② Русская правда в изслед. Калачова ст. 85.

人，其妻子及其子女将丧失自由成为奴隶，如果只有一名债权人，则直接成为对方奴隶；如果有数名债权人，则作为奴隶在市场上被贩卖，用所获购买金进行偿还。

随着社会风俗的改变，终身为奴逐渐被临时做工偿债所取代，债务人可以通过做工偿债赎买自己，或者可以通过他人赎买获得自由。在封邑制度时期，根据判决追索赔偿金由特定的公职人员承担，称作执行官（праветчик，意为拷打追债者），债权人委托执行官通过强制手段包括刑讯拷打、执行判决追缴债务。如果债务人确无财产还债，可以将其充当债权人债农，直到还清债务才能获得自由。土地所有权案件的执行有时直接由法官或者由其指定他人承担。[①] 根据《诺夫哥罗德审判条例》规定，法院为胜诉方指定判决履行期限，期限届满后可以借助司法警察强制败诉方执行司法判决。当事人在获得确定土地所有权的公正书状后，可以直接据此接管土地所有权。

根据关于律书的补充敕令，如果被判决有罪方财产不足以满足原告诉讼请求，债权人充当原告债农，直到赎买获得自由。赎买后应当由原告送至法院。《1555 年敕令》中更为详细地确定了适用拷打追债（правеж）执行法院判决的方式，拷打追债通常采取用棍子击打腿部的方式。拷打追债不能超过一个月，之后可以延长一个月期限用以筹款。如果没有任何财产，或者拷打追债超过一个月，卖身给原告债权人作为卖身债农做工还债。卖身还债只能在原告不同意债务人债务延期，且无任何财产，无法缴纳债务支付保证金的情形下，禁止原告将债务人作为奴隶。

1649 年《国民会议法典》遵循了判决执行的古老原则，但赋予了部分其他意义。法典中确定了偿还债务的顺序，首先满足外国人和国家，其次是个人。执行的方法包括：（1）拷问追债；（2）作为原告债权人卖身债农，以工代偿；（3）变卖民事案件中过错方的动产和不动产以满足原告诉求。

1. 依据法典，适用拷打追债的对象包括从贵族到平民的所有阶层。对于 100 卢布的债务规定是一个月，债务多于或者少于 100 卢布时，按照相应的数额计算日期。期限届满后，过错一方债务人成为债农，并摆

---

① Юридические записи Т. Ⅰ. ст. 158.

脱拷打追债程序。程序结束后,法院为原告制作债务登记册,由其交与地方长官协助执行。①

2. 如果被拷打追债人拥有房屋、店铺、农奴和动产,拷打期限届满后,原告可以直接索要相应价值的财产偿还债务,如果原告拒绝这种执行方式,可以变卖被执行人财产以所获价金抵偿,其余部分归还原所有人。对于赋役农民,不能剥夺其房屋,但可以做工还债的方式来偿还。

3. 社会阶层也决定了偿还方式。如果债务人是纳税的赋役农民、哥萨克,如果没有财产偿还,以做工还债方式偿还时,根据性别,男性一年折抵 5 卢布,女性一年折抵 2.5 卢布。沙皇射击军享有特权,可以根据沙皇颁布恩许状豁免折抵债务徭役。

同时,《罗斯法典》中还规定了其他保证执行法院判决的措施,如向杀人者追缴罚金时,可以由专门官吏——罚金征收官,带领一批侍从前往被判刑人家中,耐心坐等缴纳罚金,天天大吃大喝,正因如此,犯罪人不得不尽快缴清罚金以摆脱令人讨厌的客人。②

第三节　俄罗斯古代民事讼争裁判的法律渊源

拜占庭法、日耳曼习惯法与斯拉夫民族传统习惯,在俄罗斯诉讼法制成文法化的历史形成中彼此交织,形成了古代俄罗斯诉讼法制发展的独特历史轨迹,虽然上述习惯法通过《罗斯法典》以成文法形式被国家认可成为国家强制力保障实施的裁判规范和社会规范,但并未改变其习惯法的本质,只是被赋予了法律的表现形式。随着社会的发展,习惯法越发难以解决复杂社会关系中出现的各类纠纷,依据理性和良知实施的审判开始越发“力不从心”。对于国家而言,此时需要制定能够确定新型社会关系本质的审判规范,而这一时期法典则拥有法律和习惯法的双重性质。

---

① Уложение 1649 года. Глава X. ст. 151 и ст. 261.

② 参见[俄]О. И. 奇斯佳科夫主编:《俄罗斯国家与法的历史》,徐晓晴译,法律出版社 2014 年版,第 37 页。

一、原始习惯

古罗斯封建法律体系的形成，它的首要渊源是习惯。习惯形成于原始氏族社会关系中。当一部分习惯转化为公社或首领当然行为规范时，就开始以某种方式强制公社同族执行这些规范，由此习惯转化为习惯法。据《往事纪年》记载，当时各斯拉夫部落“都有自己的习惯，自己祖先所立之法，自己的法规”。古代人的生活方式具有初民社会规范的惯性，因此，习惯通常被理解为在长期统一重复某一事实关系基础上，形成并制定的行为准则，并成为“国家或民族人们在长久的社会生活实践中逐渐养成且难以改变的思维倾向或行为方式”①。产生于原始公社制度的习惯进入阶级社会之后就成为习惯法。法律习惯在获得国家认可之后就取得了法律地位。

911 年和 944 年俄罗斯与拜占庭帝国条约中，援引了“罗斯律法”（Закон Русский）这一术语，其含义就是指这一时期所有罗斯口头习惯法规范形成的不成文法体系。相较于拜占庭和其他外国法律规范而言，无论在形式还是内容上罗斯律法都具有独特性。成文法缺失并不意味着法律文化的落后，古代俄罗斯社会法律主要以口头形式存在，而少量成文法规范仅占司法实践中适用规范的极少部分。习惯法规范以俗语、成语、歌曲、童话等形式存在，并通过人们口耳相传。通过分析古代斯拉夫人流传的童话和神话可以发现，这一时期已经形成了关于审判和诉讼程序的基本概念。正如苏联著名诉讼法学家 А. Ф. 克里曼指出的，“俄罗斯诉讼法是在民族习惯影响下开始形成的”。因此，尽管缺少成文法渊源，而社会普遍适用和流传的古斯拉夫口头习惯法，仍然具有其独特性和较高发展水平，并具有典型的俄罗斯民族特征。

1. 和平调停

和平调停是罗斯氏族和部落联盟内部基于共同的理性和良知，而形成的解决成员间纠纷的传统习惯。由于这一时期社会生活的相似性，罗斯各氏族和部落原始审理和解决纠纷方式，以及司法组织本身都具有极大的相似性：首先，习惯法成为诉讼程序的原始基础，最初适用

① 王海军：《古代俄罗斯民商法研究：以〈罗斯法典〉时代为考察中心》，上海人民出版社 2014 年版，第 31 页。

的范围是氏族和家族内部；其次，最早的法官由氏族首领或者家族家长担任；最后，家族或者氏族内部成员间的争议，由家长或者氏族首领通过和平调停（мировой разбор）的方式审理和解决。由于父系家长制赋予家长和氏族首领的权力，以及成员内部认可的共同血缘关系和彼此间的爱戴，也使得调停具有完全的效力，其蕴含的神圣的性质要求控诉人和被控诉人必须无条件服从。

2. 血亲复仇

部落混乱时期，由于村社之间的敌对冲突破坏了原有父系家长制下的生活秩序，以"和平调停"为核心的统一为最优的争议解决方式，在倾轧和无序的时代已经无法独立适用，与之并立的另一种更野蛮的争议解决方式——自力救济随之出现。在整体失序的状态下，父系家长的生活方式只能在家族内部保持并加以强化，因此，家族成员需要在家族内部彼此之间寻求保护，将对于家族成员的侵害，等同于对整个家族的侵犯，因此，不仅受害人，其近亲属亦可以追捕加害人。这就是同态复仇（месть）、自力救济和私自审讯（самосуд）的起源，并逐渐取代了之前的习惯，成为审理解决争议的依据。无序时代出现的私自审讯和自力救济在古罗斯很长一段时间内被广泛应用，并随着社会的发展以成文法的形式固定下来。这一状况一直延续至社会公共权力真正确认了法定权利保护方式，并规定了诉讼的法律形式，自此自力救济才被逐渐弱化，直到完全消失。

3. 连保制度

连保（круговая порука）是罗斯时代村社内部成员相互担保，对犯罪行为和债务（主要指偿付税款）承担连带责任的一种法律习惯。习惯法之所以允许个人意志恣意和复仇，不仅出于权利保护的目的，也在于对侵权行为的反制措施，而连保制度则是对加害人和控诉人的救济措施，也作为氏族和村社成员的传统共同义务，这种连坐共同体又称为连坐村社①。每个自由人都有依据善良意志加入村社共同体（сообщество，意指公社等共同体）的权利，连保村社中成员的关系，可以用一句俄罗斯古谚概括，即"人人为我，我为人人"（каждый за всех и все за

① Русская правда，о вирах，в сочинении Кадачова（Исследование о Русской Правде）. С. 114.（статья. 89）.

одного)，为保护村社、个人人身和财产安全，成员间相互承担担保、保护和救济的义务。家族共同保证成员的安全和行为，以免家族成员遭受复仇和侮辱，同时也会帮助承担对于被害人金钱补偿，帮助与其近亲属的和解。同时，地主也对自己的债农、农奴承担连带责任。在《罗斯法典》中规定了对实施违法行为人的金钱追索制度，即罚金(вира)制度，作为对杀人犯逃逸时由所在村社代付的罚款，如果罪犯是连坐组织中的一员，则其他成员向大公支付一半罚金，另一半赔偿金则由罪犯以人命赔偿金的名义向死者亲属支付。

习惯法体系形成于东斯拉夫氏族联盟时期，用以调整各部落社会经济和法律关系。虽然国家统治阶级不断加强新的法律规范的创制，但是习惯法仍然在国家的法律体系中占有无法撼动的统治地位。同时，习惯法体系当中的习惯准则，已经成为社会发展不同阶段，习惯和社会规范体系当中不可或缺的有机组成部分。

二、国际条约

在9—10世纪基辅罗斯尚未形成成文习惯法汇编，国际条约作为早期最主要的将习惯法转变为成文法的方式，成为罗斯社会国内诉讼及国际贸易诉讼中早期适用的成文法。一系列国际条约中，基辅罗斯与拜占庭帝国签订的条约成为重要标志。

奥列格工公在位期间是基辅罗斯迅速发展时期，奠定了对波梁人以及其他东斯拉夫民族的统治后，开始出兵攻打拜占庭，试图获取海外市场，保障俄罗斯商路安全。取得军事胜利后，奥列格大公(907年和911年)、伊戈尔大公(941年和944年)，强迫拜占庭帝国分别签订了4个条约，条约用希腊语订立，著名史学家B. O. 克柳切夫斯基曾评价说，与拜占庭的国际条约是当时极其优秀的国际法规范，[①]其中包含了商法、国际私法、民法、刑法、继承法以及诉讼法等内容。这也成为未来罗斯成文法形成的重要来源。

条约中涵摄的法律规范具有混合性质，其中既包含斯拉夫习惯法要素，条约中称之为“罗斯律法”，也包含着大量拜占庭法，很难说何者在条约中占据优势。例如，在奥列格大公911年条约、伊戈尔大公945

---

① Ключевский В. О. О русской истории, М. ,《Просвещение》, 1993 г. С. 52.

年条约中,均规定对于实施犯罪者的刑罚既可以适用“罗斯律法”,也可以适用“希腊法”,即拜占庭法。奥列格大公911年与君士坦丁堡签订的条约成为罗斯第一部成文法渊源,其意义在于“使俄罗斯民族迈入文明行列,摆脱了野蛮人的身份,拥有了本民族规定人身安全、所有权、继承权、遗嘱效力、内部和对外交易秩序的法律”。①

罗斯与拜占庭条约在罗斯法律发展历史中起到了重要作用,促进了习惯法向成文法体系和法律概念的转化。条约中形成的规范触及了很多领域:首先是贸易关系、国际合作规范、刑法规范和民法规范。区别于现代国际条约,现代国际条约仅仅具有适用而非创设法律规范的功能,而当时的古代条约则具有造法功能,能够形成普遍适用的法律规范,特别是国际法规范。10世纪基辅罗斯与拜占庭的条约中借鉴拜占庭法,形成了具有罗斯民族特色的法律规范,大多数学者都将其视作俄罗斯成文法的起点。

三、罗斯法典

随着东斯拉夫人国家的形成,统治者开始致力于创制新的法律规范,但承袭的仍然主要是建立在氏族制度基础之上的习惯法。由此,作为由国家认可并保障实施的行为准则,传统习惯逐渐获得了法律性质,并逐渐形成了古代俄罗斯国家和社会中的裁判规范,《罗斯真理》又名《罗斯法典》,就是俄罗斯封建社会早期最具代表性的法律习惯汇编,它是根据东斯拉夫人习惯汇编而成的“罗斯律法”。《罗斯法典》分为简编法典和详编法典两个版本,由几部法典或法规组成。简编法典中包括《雅罗斯拉夫法典》和《雅罗斯拉维奇法典》。

10世纪开始,古罗斯就开始出现公爵立法,古罗斯国家是个君主制国家。公爵(又称王公或大公)是国家元首,最高立法权属于公爵,著名的法典都由公爵制定并冠以其名,其中具有重要影响的有《弗拉基米尔条例》和《雅罗斯拉夫真理》等,同时,公爵还承担审判职能。11世纪著名的主教和藏书家伊拉里奥在其《法与神启录》一书中,曾赞颂古罗斯诸王公以“法律、勇气和智慧”治国,是不无根据的。《罗斯条例和法

---

① Салтыкова С. А. Источники древнерусского права. // Российская юстиция, 1997 г. №1. С. 61.

律》是氏族各种习惯法的集合。在古罗斯首次群众运动——845 年德列夫利安人反抗索贡巡行斗争之后,女大公奥尔加着手改革,重要的措施之一是“确立条例和惩罚措施”。弗拉基米尔一世登基执政时,也曾在全国范围内颁发《国家条例》。基辅罗斯最初几代大公的立法活动,为《罗斯法典》的形成奠定了基础。[①]

《雅罗斯拉夫真理》[②]是一部适用于基辅罗斯全国的成文法典,由雅罗斯拉夫大公在位期间组织编纂制定,在他成为基辅罗斯大公前,他的领地在诺夫哥罗德,在此之前已经颁布了一部《诺夫哥罗德审判条例》,后来这部条例几经修订,1045 年雅罗斯拉夫去世时,《雅罗斯拉夫真理》才最终编纂完成。两部法律中为了限制血亲复仇和自力救济的恣意,对自力救济、私自审讯,可以复仇和追究的违法和侵权行为进行详细规定:只有在谋杀、导致伤残和个人侮辱等情况中,允许自力救济,为个人的恣意设置了界限;《雅罗斯拉夫真理》认可自由人通过个人力量追究加害人并向其复仇的权利,但这种加害复仇权只能被赋予控诉人及其近亲属。法典中补充的内容包括,根据控诉人意志实施自力救济,但是,如果没有人为死者复仇,那么政府有权要求凶手进行金钱赔偿,即可以用“命金”代替血亲复仇[③]。因此,侵权行为发生不仅与控诉人,同时也与社会发生联系:法律以刑罚威吓侵权人,为控诉人提供由法律确定的保护方式和侵权救济,但是,在本质上,之前的复仇习惯仍然被认可。《雅罗斯拉夫真理》中规定的另一习惯法规范是十二人调查陪审团法院。十二人调查陪审团法院是氏族最早的司法机构,由于氏族成员众多,不可能每个案件都由全部成员或者大部分成员审理,因此,只能将案件交由其中部分最富有经验的成员审理,由此产生了将案件审理委托给民选代表审理的习惯法,并在《雅罗斯拉夫真理》中继续认可了这一制度。

《罗斯法典》,是以基辅罗斯为代表的俄罗斯封建社会的早期法典,

① 参见王松亭:《〈罗斯法典〉形成始末——俄国法制史研究之一》,载《吉林大学社会科学学报》1994 年第 3 期。

② 1136 年诺夫哥罗德起义之后,《雅罗斯拉夫真理》和《雅罗斯拉维奇真理》正式合编在一起,称为简明版《罗斯真理》。

③ Русская правда, по тексту, в сочинении Кадачова (Исследование о Русской Правде). С. 109. (Статья 74).

也是俄罗斯历史上第一部成文法典。《罗斯法典》在整个罗斯范围内继续拥有普通法或称为共同法(общий закон)的效力。它曾是俄罗斯几个世纪法院审理案件所适用的基本法典,在俄罗斯法制史中占有重要地位。

四、教会法

从拜占庭引入基督教之后,拜占庭法律特别是其中的基督教精神对罗斯法律产生了极大影响。随着基督教影响的加深,教会司法权也随之建立并扩张,形成了世俗法庭和教会法庭分立而相互独立的状态。在基督教和教会的影响下制定了《弗拉基米尔条例》(Устав Владимира)和《雅罗斯拉夫条例》(Устав города Ярославля)确定了教会的司法权。根据两部条例,教会有权管辖反对基督教信仰、对抗教会、违反道德伦理、家庭财产和婚姻纠纷等诉讼案件。对于信徒以及教会土地上居住的民众,教会法院拥有绝对全面的司法权。

《弗拉基米尔条例》由弗拉基米尔大公制定,其中规定了东正教会所享有的特权,既包括什一税制度、教会法庭司法管辖权以及教会机构。该部法令大部分规范来自拜占庭教会法规范,被引入罗斯时,根据当时社会状况加以改造,扩大了教会司法管辖的范围。“第一,教会庇护的对象扩大了,将一些不属于神职人员的阶层,但需要教会保护的人也纳入教会管理的对象,如残疾人等;第二,教会法庭的职权范围扩大了,如破坏坟墓罪等也由教会法庭审理,这方面的犯罪在拜占庭法规中并未提及;第三,拜占庭法规中属于世俗法庭审理的一些案件也交由教会法庭审理,如违抗父母之命、遗产方面的纠纷等;第四,《弗拉基米尔条例》规定,世俗人士与教会人士之间的冲突交给由世俗法官和教会法官共同组成的法庭处理;第五,免除了主教选举城市官员和监督监狱等方面的义务。”①

《雅罗斯拉夫条例》由弗拉基米尔大公的儿子,有“智者”之称的雅罗斯拉夫大公颁布。雅罗斯拉夫大公统治时期,是基辅罗斯政治、经济、文化和军事的鼎盛时期,它把所有的东斯拉夫人联合在一起,并且

---

① 王海军:《近代俄国司法改革史》,法律出版社 2016 年版,第 23 页;乐峰主编:《俄国宗教史》(上卷),社会科学文献出版社 2008 年版,第 436-437 页。

把一些非斯拉夫的部族也包括在内，使基辅罗斯成为当时欧洲最大的国家。民族统一的进程中包含着对东正教信仰的强化和控制，《雅罗斯拉夫条例》是对《弗拉基米尔条例》的细化和完善，其中强化了王公对于教会司法的干预，其中规定一些世俗人员与神职人员之间的诉讼，主要指兼具刑事和宗教性质的严重犯罪案件，由国家权力机关代表和教会代表组成的会审法院联合审理。诉讼中的罚金和血金由大主教和王公平分。

总而言之，在罗斯社会封建司法制度形成时期，“教会司法权深入到社会生活内部，它帮助封建世俗权力巩固正在形成中的封建制度和相应的社会关系，规范了婚姻、家庭以及亲属之间的关系，帮助克服了原始部落关系的因素，用新的阶级社会的法规代替传统的公社制度的法规”[①]。而教会法规范则深入人们生活的各个方面，由此将罗马法传统与基督教精神深深地根植到俄罗斯的法律文化当中。

五、司法判例

9—10 世纪的村社法院到 11 世纪已经消失，王公及其代理人的司法权继续存在，因此，王公、市长和乡长等既是行政长官又是法官。随着大贵族土地占有制的发展，大贵族也获得了司法权。[②] 由于原始习惯法对证言和判决都没有固定要求，审理案件的是大公、贵族和氏族代表，他们不是职业法官，司法审判也不是其主要职能，因此，仅仅是有时会根据具体的案件情况作出判决。判决主要通过在世之人口耳相传，因此，为了让裁判流传时间更久经常让儿童参与审判程序。此时，判例或判决就成为日后判决的法律渊源，即以王公在特殊案件上所作出的判决形成法规。

六、审判条令

封建割据时期诉讼体系的发展主要借助于特别法，称为审判条令（судная грамота）。根据规定，总督（наместник）、州长（волостель）或

---

① 王海军：《近代俄国司法改革史》，法律出版社 2016 年版，第 26 页；［美］斯塔夫里阿诺斯：《全球通史：从史前史到 21 世纪》（上卷），吴象婴、梁赤民等译，北京大学出版社 2006 年版，第 249-250 页。

② 参见张寿民：《俄罗斯法律发达史》，法律出版社 2000 年版，第 23 页。

地方长官必须按照条令审理司法案件,而和平调解解决纠纷的传统习惯仍被审判条令保留下来,条令规定,向司法长官(судебный начальник)汇报后,当事人双方有权自行通过和平方式解决争议。除此之外,条令还详尽规定了当事人的诉讼代理人制度,以及起诉的正当性,对于原告无依据的诉讼主张施以警告,并对不公正的诉请科处罚金等带有日耳曼习惯法色彩的制度。

审判条令的制定对于俄罗斯民讼体系的发展产生了重要影响:(1)使原本相互交叉、民刑一体的民事诉讼与刑事诉讼程序实现了分野。(2)更为详尽准确地规定了民事诉讼程序,促进了民事诉讼快速发展和完善。(3)为民事诉讼程序赋予了维护权利正义的性质。对于过错方,不仅应当承担诉讼规费,还应当对不公正(缺乏正当依据)的审判请求科处罚金。(4)随着国家文书体系的发展,很多法律关系通过契照的方式固定下来,原有的言词诉讼模式逐渐被书面审理形式所代替。但原有古老的言词诉讼习惯仍被保留下来,即可以通过言词方式提出控诉启动诉讼,法庭辩论必须以言词方式进行,原告和被告进行当庭对质,这一规定并被延伸到上诉审中。案件提交至大公审理时,以口头形式向大公报告,大公亦有时根据报告作出言词判决①。

七、中央集权国家时期成文法

饱受蒙古鞑靼人的侵扰和殖民240年后,莫斯科公国的崛起使全罗斯看到了民族统一的希望,在伊凡三世带领下于1480年最终战胜了蒙古鞑靼人,将原有的各公国纳入统一的版图之内,在烈火与血泊中建立起了俄罗斯统一的民族国家。国家中央集权是大公稳固政权的主要手段,同时,伊凡三世也意识到必须通过统一立法,强化这一广阔版图中各地区间的联系。而在社会关系调整方面,君主最为重要的立法活动是设置合理的争议审理解决程序。虽然随着立法发展,最初古老争议解决方式,被后世制定的成文法典《罗斯法典》,以及之后出现的规范诉讼程序的审判条令和条例状(уставная грамота)所取代,但民事诉讼法律关系作为具体的社会关系仍然处于一种不确定的状态。因此1497

① Акты Юридические. СПБ. № 13-й, 1508 года. "И Дмитр. Владимир. Суд свой сказа Велик. Князю".

年《伊凡三世律书》以及之后的1550年《伊凡四世律书》(судебник，译作律书)，无论在名称上还是在内容上都更为重视审判程序，而之后的1649年《国民会议法典》(соборное уложение)更为全面和详尽地确定了诉讼程序的法律形式。在当时其他社会关系领域还处于相对不确定的状态的情况下，诉讼法律关系在众多社会关系中却获得独立发展，其根本原因在于，国家初创阶段社会的稳定，必须通过完备的法律手段加以保障，也正因如此，历代大公都不遗余力地强化司法领域诉讼体系的建设和立法。

伊凡三世试图在国家各区域间建立紧密的联系，为此他以一名优秀的立法者视角去创制基辅罗斯统一的法律空间。他没有推翻、抛弃原有的审判条令，而将各村社、地方的审判条令收集、审查、修改，据此创制自己的律书。律书寻求共性摒弃了地方因素，最终形成了基辅罗斯各地区的统一法。在此之后，沙皇伊凡四世在1550年颁布的《伊凡四世律书》，目的既是回应司法实践的要求，也是对第一部律书的补充和完善，进一步发展了民事诉讼体系。两部律书着重于法律形式即诉讼程序方面的完善①，习惯法因素并没有因为成文法化而弱化其地位，例如，依然保留从居民中选举地方行政官(целовальник)实施审判权的传统等。在此之后的沙皇阿列克谢(Алексей Михайлович)1649年《国民会议法典》中，仍然将习惯法因素以地方审判条令或者条例状的形式保留下来。司法实践中律书作为普通法形式的裁判规范优先适用，但在律书中缺少相应规定的条件下，可以依据地方条例进行审理②。

在上述三部法律中，习惯法因素获得了进一步的确定，选举出的地方官和法官审理案件时，可以依据审判条令按照习惯法作出判决，即法官和地方官在缺乏法律规定时，依据公正、良知、内心确信、习惯作出判决，此时的法律依靠选举出的法官和地方官良知实施。

从1497年《伊凡三世律书》到1649年《国民会议法典》，时代越向前发展，生产力越进步，社会关系越复杂，相应的，习惯法也面临着挑战，面对不断涌现的复杂社会关系，民选地方长官审理由新社会关系引

---

① 在俄罗斯哲学理念中内容与形式是对立统一的概念，在法理上通常将实体法视为内容，程序法视为形式。

② Акты, собранные в библиотеках и архивах Российской империи Археографической экспедидиею Академии наук. Экспедиция. СПБ. том Ⅱ. №52. 1606 года.

发的案件时,依据内心确信实施的审判开始越发“力不从心”。对于国家而言,需要统一的立法施政来实现君主权威,针对不断涌现的新型案件,制定能够确定新型社会关系本质的审理规范成为这一时代的主题。法典相较之前法律更加准确和完善,注重法律程序,但也坚持了民族古老的传统习惯准则。可以说,这一时期的法典拥有法律和习惯法的双重性质。

通过上述溯源性研究,我们不难发现,古代俄罗斯成文法在很大程度上受到了拜占庭法的影响,同时也如口头习惯法一样,保留了很多民族传统。最初成文法规范的出现目的是强化王公政权,扩大王公权力范围。而确定权力最好的方法就是制定成文法。成文法旨在捍卫王公利益而对抗主要适用口头习惯法的公社利益。也就是说当时两种法律渊源在社会上共同运行是与民族国家的形成为前提条件的。诉讼程序中两种法律渊源的矛盾一直存在。两种类型的法院同时共存:王公法院和维切法院(或称为人民公社法院,народный общинный суд)。相应的,王公法院主要适用成文法,公社法院更多适用口头习惯法。

综上所述,俄罗斯早期诉讼法制的形成与其独特的历史演进轨迹紧密相关。按照诺曼起源说,斯堪的纳维亚文化是俄罗斯早期文化最重要的渊源,原始社会罗斯部族混乱时期,诺曼人的一支瓦良格人应邀入主罗斯为王,由此带来了日耳曼习惯法,用以调整各部落社会经济和法律关系。随着拜占庭基督教的引入,最初的成文法将口头习惯法的独特规范与移植的拜占庭法规范融合在一起。罗斯与拜占庭的条约、《弗拉基米尔条例》以及《罗斯法典》中,不仅包含了当时普遍接受的诉讼形式,同时也具有自身独特的习惯法制度。古罗斯国家形成过程中,统治阶级不断强化新的法律规范的创制,但是习惯法仍然在国家的法律体系中具有无法撼动的统治地位。同时,习惯法体系当中的习惯准则,作为介于道德与法律之间的准法规范,更成为了俄罗斯社会发展各个阶段中,社会习俗和规范体系当中不可或缺的有机组成部分,并通过汇编的形式形成早期的成文法。

拜占庭法、日耳曼习惯法与斯拉夫民族传统习惯,在俄罗斯诉讼法制成文法化的历史形成中彼此交织,形成了古俄罗斯诉讼法制发展的独特历史轨迹。虽然上述习惯法通过《罗斯法典》以成文法形式被国家认可成为国家强制力保障实施的裁判规范和社会规范,但并未改变其习惯法的本质,只是被赋予了法律的表现形式。随着社会的发展,习惯法越发难以解决复杂社会关系中出现的各类纠纷,依据理性和良知实施的审判开始越发“力不从心”。对于国家而言,此时需要制定能够确定新型社会关系本质的审判规范,而这一时期法典则拥有法律和习惯法的双重性质。

这一时期诉讼法和司法实践发展的总体趋势是,纠问式诉讼模式(розыск)的比重不断扩大,不断侵蚀原有的对抗式诉讼模式(суд),以职权主义原则代替辩论主义原则,最终也导致了彼得一世统治的初期纠问式诉讼模式占据了全面的优势。由于封建主义的发展不可避免的引起阶级矛盾的尖锐,决定了纠问式诉讼模式逐渐取代对抗式诉讼模式不可逆转趋势,法院成为国家手中制止任何破坏既已形成秩序企图最有力的武器。

第二章 俄罗斯民事诉讼制度的近代变革

17世纪中叶俄国专制主义转向标志着俄国封建社会进入新的阶段,而司法体制长期积聚的诸如审级过多、诉讼迟缓、书面审理、秘密审理、官僚主义盛行等积弊,严重阻碍俄国经济社会发展的同时,所造成的尖锐矛盾也随克里米亚战争失败进一步凸显。因此,出于维护封建农奴制对诉讼体制变革提出的客观需要,以及深刻意识到俄国司法体制积弊难返的严重后果,沙皇亚历山大二世继位后适时地启动了全面的司法改革。1864年司法改革是在沙皇支持下由一批开明官僚制定并实施的资本主义性质改革,旨在吸收欧洲法学理论和优秀立法成果的基础上对俄国司法传统进行改造与创新。在实现俄国历史上首次将司法权与行政权相对分离的同时,广泛借鉴了欧洲先进国家的司法原则与制度,为俄国诉讼法制近代化进程和现代化发展奠定了坚实基础。①

① 参见郭响宏:《俄国1864年司法改革研究》,陕西师范大学2011年博士学位论文。

第一节　俄罗斯近代司法变革前的民事诉讼制度

随着俄罗斯帝国君主专制政体的不断发展，随之也提出了对民事诉讼制度进行根本变革的要求，以期实现君主对法院诉讼活动的有效监督。俄罗斯帝国司法改革前的历任沙皇均加强了对司法权的干预，由此也使得诉讼立法和司法实践中，纠问式诉讼行为要素比重不断增加，这演化为俄罗斯帝国前期民事诉讼法制变革的总体趋势。究其原因，是由阶级斗争尖锐化决定的，社会阶级矛盾的尖锐，使得这一时期法院的使命为充当国家手中的武器，用以坚决迅速地粉碎一切破坏现有秩序形形色色的企图。对审判机关的要求与其说是努力查明真相，不如说是震慑劳动人民，由此采取宁可错罚也不可不罚的审判思维。将司法的首要目的定位于作为一般预防手段，震慑民众的违法企图。彼得一世和叶卡捷琳娜二世时期的诉讼立法活动也是同这一政治目的相一致的。向专制主义过渡时期所特有的残酷镇压手段也体现在诉讼法中，即对“程序犯罪”的刑罚更加严厉：伪誓罪和伪证罪也存在被判死刑的可能。可以说，这一时期的诉讼程序充斥着书面审理和秘密审理，诉讼的辩论原则逐渐被纠问式诉讼原则所取代。

一、俄罗斯近代司法变革前的民事诉讼程序

俄罗斯帝国司法改革前的主要民事诉讼形式具有混合性质，根据纠问式诉讼要素和辩论式诉讼要素在审判方式中的分配权重，以何种要素在审判方式中占据优势地位，可以区分为纠问—辩论式诉讼和辩论—纠问式诉讼。这两种模式不仅包含大量纠问式诉讼行为要素，也严格遵循辩论原则。除上述两种模式外，某些类型案件中还完全适用辩论式诉讼，这种程序模式上的复杂性也必然导致司法实践运行的混乱和诉讼的迟延。

（一）纠问—辩论式诉讼

纠问—辩论式诉讼是指纠问式诉讼行为要素在审判方式中占据优势地位的诉讼方式。该诉讼方式主要特征是书面审理和秘密审理以及

职权积极干预贯彻从案件审前准备阶段到不服判决上诉的整个诉讼过程。

根据1715年《诉讼或司法讼争简要规则》规定，纠问—辩论式诉讼主要包括以下特征：首先，原告和被告开庭审理前进行书面辩论文件交换。书面辩论文件包括诉状、答辩、抗辩和反驳。其次，法院允许当事人双方确定对正确审理案件有意义的事实以及提出主张所依据的证据范围。但由于法律上缺少对辩论文件数量的限制以及由法庭自行确定提交文件期限，以至于当事人双方都趋向于无限扩大书面文件的数量，由此也造成诉讼的迟延。直到司法改革后，通过立法限定提交文件数量、指定提交文件期限以及简化诉讼文书内容的方式，才最终缓和了这一困境。除此之外，司法实践中还存在滥用回避制度的问题，案件开庭审理前当事人可以要求法官回避，并且由于法律上开放性的回避依据使得当事人可以依据任何怀疑法官与案件具有利害关系的理由请求法官回避。这也使得这一规定在当时常被利用而成为拖延诉讼的工具。

1. 沿袭古代证据法

司法改革前的诉讼程序中仍然沿用古代证据法规范，由此也产生了其独特特征：其一，不同诉讼模式证据制度混同适用的现象。例如，一方面根据辩论式诉讼理念，使得法院只能评价当事人提供的证据，而不能对当事人双方无争议的证据产生怀疑；另一方面又规定，允许法院根据自由裁量变更整个证据基础，主动调查事实。这导致法官审理案件时适用法律困难。其二，很多证据种类具有显著的纠问式诉讼特征。例如，逐户调查作为证据种类便是作为法官依职权主动调查当事人周边居民，了解案件情况的调查方式，具有鲜明的纠问式诉讼特点。其三，这一时期，尚未形成法院自由评价证据制度，因而适用法定证据理论，借助于法律规定的证据标准查明事实。法律规定了每种证据的效力价值。一些证据被认可具有完全效力或者作为法院审理案件的必要证据，其中包括自认、书面文书、双方适格证人的证明、起誓等。与此同时，也规定了具有一半效力的证据，包括第三人的书面证明、单独证人的证言等。决讼宣誓的效力被显著降低，成为信度最低的证据种类。这一时期民事案件证据种类包括自认、书面文件、勘验、专家结论、证人证言、逐户调查和起誓等。

2. 书面审理方式

法庭审理阶段主要采取书面审理方式。法庭只能在当事人提供相关行政机关证明文书的条件下才能开始案件审理，此类文书主要用以证明当事人提交书证文件以及所做证言的真实性。要求提供证明文书作为案件证据资料的补充也属于法院职权范畴。但是，证明文书的收集与制作却往往需要行政机关花费大量时间。这种对行政机关证明文书的过度依赖表明，这一时期法官缺乏司法独立性，而主动收集当事人未提交证据的法官，在实施收集相关证明行为后，也间接成为了案件利益相关人，破坏了当事人之间的平等地位。司法实践中，法官自由裁定当事人是否提交了足够材料，由此也易滋生法官的恣意。庭审的虚化导致司法审判机关不再是法庭，而是法院内部自由裁量是否承担收集证据职能的行政办公室，该机构可以通过调取或者忽视某一证明文书强化或者弱化一方当事人的证据基础，并通过这一行为影响法院判决。在1864年司法改革前的俄罗斯帝国法院，证明文件的收集成为有效的拖延和混淆诉讼的方法。由于法院证据收集上的积极角色定位还产生了另一负面后果，即造成当事人在庭审中的消极性：由于当事人一审提起诉讼时，知道法院会主动承担收集其余证据的职责，因此往往不会穷尽所有可能收集证据。而原告和被告提供的证据往往被法庭认定为初级证据，无论是否存在争议，法院都会承担继续调查案件事实方面的责任，重新调查当事人所提供诉讼材料。

法院办公室依据当事人提交的所有辩论文件制作汇报笔录（выписка），记载从诉讼开始到诉讼终结的整个过程以及案件的本质，法官根据汇报笔录形成对争议本质的认识和内心确信。汇报笔录由书记官签字后在庭审时宣读，同时对案件进行必要的说明，同时宣读的还有提供的各类证明文书。庭审并非公开进行，但允许当事人参与庭审汇报，允许其在发现汇报笔录疏漏时提出意见。法庭最后依据汇报笔录作出判决。但由此引发的消极效果是法官无法真正调查案件事实，甚至，往往书记官相对法官而言更为了解案件情况，以至于法官到庭仅仅是为了签署判决书。法庭将作出判决附入案卷并签字后，由检察长（прокурор）和司法稽查官（стряпчий）进行审查，附入判决后的汇报笔录成为完整的法庭笔录，并以判决形式送达当事人。《诉讼或司法讼争简要规则》中也有关于庭审阶段辩论性质的规定，具体表现为允许当事人在诉讼中和解,和解可以在判决作出前的任何诉讼阶段达成,达成和解协议的诉讼被认为已经终局解决。

3. 有限上诉制度

上诉法院依照当事人对司法判决提起的不服上诉以及省长和检察长提起的抗诉对一审判决进行全面审查。尽管立法者试图建立能够保障司法审判实体公正的上诉体系,但在司法实践中,为遏制无依据提起上诉的现象,规定了带有纠问性质的有限上诉制度,其中确立了“上诉数额标准”,即只能允许对符合一定标的额的诉讼提起上诉,并要求缴纳“上诉保证金”,作为无依据上诉的担保。如果上诉请求被推翻将被科处罚金。尽管规定十分严苛,但仍然很难克制当事人提起不服上诉的欲望。

4. 监督程序

除了有限上诉制度外,《诉讼或司法讼争简要规则》还规定了监督程序(ревизионное производство)。根据监督程序,法院应当依职权将案件移交至上级法院进行监督审理。这一程序具有典型纠问式诉讼特点,法院可以主动或者依据其他权力机关的申请而启动民事监督程序,并尽一切手段查明客观事实。由此,我们也不难发现苏联审判监督程序的历史萌芽。但是,由于监督程序往往导致案件审判的迟延,就连司法部都承认当时纠问式诉讼案件审理缓慢,尤其是由于形式上的复杂性,也引发了很多不必要的争议。

这一时期纠问式诉讼最重要的特点就是诉讼书面化审理,大量的书面形式要求迟滞了案件的审理,使得法庭审理虚化,案件审前准备和案件实质审理阶段各种恶意滥用诉讼权利行为,损害了向法院请求司法保护的利益相关人权益。随着书面程序的进一步发展,秘密审理原则亦成为纠问式诉讼的一个典型要素。由于法院缺乏相对于行政机关的独立性,尤其是法院办公室在诉讼文件准备过程中的不公开性和积极干预,这些与书面审理原则共同构成了司法改革前纠问式诉讼制度体系。

(二)辩论—纠问式诉讼

辩论—纠问式诉讼主要适用商事法院用于审理商事争讼,宗教事务所也适用类似程序审理教会案件。1832 年通过的《商事诉讼条例》相对于普通程序减少了对诉讼形式的规定,并使其最大限度符合诉讼经济原则。诉讼程序只能依据诉讼言词申请或者诉状启动,并且所有案件均须通过言词询问方式审理。但是,原告主动申请或者法院根据自由裁量允许书面审理的情形除外。

商事法院同时适用两种诉讼程序:言词程序和书面程序。适用何种程序取决于案件的复杂性,简单案件可以通过简易程序审理,又被称作言词审理(словесная расправа);而要求更多审判资源的复杂争议,则通常通过书面程序审理。

适用言词程序审理的诉讼审限要求较短,法院调查的对象是当事人及其诉讼代理人的言词陈述,并不受法庭辩论仪式和形式限制。言词程序允许提交简短和仅限于具体问题的专家结论。如果法院要求补充文件,那么法院应当为当事人在规定时间内提交文件创造条件。言词程序最大限度地缩短了诉讼时间,在遭遇恶意拖延诉讼的情况下,法院可以向被告下达司法命令要求必须立刻出庭,甚至也可以将开庭时间指定在节假日。《商事诉讼条例》还详细规定了司法文书和其他诉讼文件的送达程序。

在适用书面程序时,则要求案件审前准备阶段交换所有辩论文件,诉讼文件的数量被明确限制。当事人通过提交诉状、答辩、抗辩和反驳进行辩论。书记官据此制作案件报告,内容包括诉讼对象、证据、双方答辩、原告对于答辩的反驳、被告的抗辩,甚至争议中应当适用的法律。书记官将报告提交给应当作出判决的法庭。如果当事人要求参与庭审,则允许作出补充说明,但不允许提交新的证据和反驳。司法判决的上诉程序相对更为高效,同时取消了监督审,并且规定只允许通过一审法院启动上诉程序。

概言之,当时私权关系争议通过商事程序(简易程序)进行审理,其主要目的在于缩短诉讼周期。其特征表现为:诉讼只能依当事人申请启动;当事人在较短时间内交换诉讼文件,文件的数量和内容都由法律明确规定;案件审前准备阶段需要制作汇报笔录,简短清楚地阐明案件性质、事实基础和适用法律;法官根据汇报笔录作出判决,并向当事人宣读;对于判决不服可以向上级法院提起上诉。此时立法上已经明确区分了普通上诉(апелляционное обжалование)和部分上诉(частное обжалование,关于程序问题的上诉)的依据,并对上诉程序中诉讼行为期限作出了相对较短期间的明确规定。司法实践中,参与商事诉讼的当事人在辩论文件交换过程中均表现出了较强的积极性,原因在于,当事人虽然不能参与判决形成过程,但却可以通过提供案件事实依据、证据基础以及法律依据影响汇报笔录的形成,并最终影响判决。商事法院中允许言词审理的依据在于这时大多数当事人较为穷困,无法承担支付书面诉讼文件准备的服务费用。因此,根据当事人双方言词陈述形成的汇报笔录,便可以在双方签字后作为有效书面文件使用,这一程序也成为当时普通民众的最佳选择。

(三)辩论式诉讼程序

尽管在1723年《审判形式敕令》中规定了所谓的"辩论式诉讼程序",但在当时历史条件下并未能得到有效的适用,原因在于其制度设计的历史局限性以及当时法律现实的制约。《审判形式敕令》中规定,诉讼程序可以依据原告起诉状、法院决定或沙皇命令启动。原告提交的诉状中应当载明诉讼请求和证据,向被告送达诉状并在其完成答辩后,传唤原被告到庭。原告和被告的法庭辩论通过言词方式进行。法官作为中立的裁判者,只有在有必要制止当事人拖延案件审理行为时才允许积极参与诉讼。如果诉讼对象是财产,那么被告在诉讼提起后,应当通过动产或者不动产抵押进行诉讼担保,被告如果缺少担保或者无法提供保证人则必须被暂时羁押。

《审判形式敕令》规定的"辩论式诉讼程序"的特点在于:敕令中原告被赋予了相对被告的优势地位,在诉讼对象为财产权时,原告有权要求被告提供担保,甚至没有担保的情况下可以羁押被告。由此,很多情形中原告往往将这一规定作为恐吓被告的手段。被告未出庭或者未参与法庭辩论,法院则可以通过缺席审判裁决其败诉,并拒绝其提起上诉。如果原告未出庭将导致其丧失诉权。尽管这一制度具有加快诉讼审理的功能,但这一优势被允许当事人提出延期审理请求的相关规范几乎完全抵消,尤其是在缺乏延期申请具体期限指定和提交文件数量限制的条件下,当事人经常借此恶意拖延诉讼。虽然《审判形式敕令》中规定的程序形式在某种程度上具有现代民事诉讼的合理成分,但偏离了当时的法律现实,显而易见的弊端导致其在司法实践上未能得到有效适用。诉讼程序经常被意图恶意行使诉权的原告发动,其目的在于通过未来的担保措施甚至人身羁押恐吓诉讼相对方,而敕令恰恰为这一行为提供了制度前提。

二、俄罗斯近代司法变革前民事诉讼的裁判渊源

彼得一世近代司法改革中的立法进程是混乱无序而彼此矛盾的，1715 年《诉讼或司法讼争简要规则》和 1723 年《审判形式敕令》分别作为纠问式诉讼和对抗式诉讼的立法依据，在这一时期同时适用。由此也导致了法官和当事人司法实践中的无所适从，为法官恣意和司法腐败营造了温床。虽然叶卡捷琳娜二世继位后，受到孟德斯鸠和欧洲启蒙运动思想的影响，力图通过引进西方的诉讼原则和制度，改变国内司法混乱的状况，但最终却未将改革深入下去。但这些改革措施也为亚历山大二世司法改革奠定了基础，并最终孕育出了这一时期欧洲法典的重要代表——1864 年《民事诉讼条例》。

（一）《1697 年敕令》

从 15 世纪中央集权制国家形成开始，法院逐渐强化其在主动查明案件事实方面的职权，主要采用当面对质（очная ставка）的审理方式。在早期司法形成阶段，当面对质表现为一种简易的对抗式诉讼形式：当事人双方在法官面前通过言词辩论证明己方正义，法官居中裁判。但随着辩论原则的进一步发展，演变成为法官对双方当事人的质询。彼得一世是辩论式诉讼的坚定反对者，反对当事人自由处分自身诉讼权利，并将委托诉讼代理人称为“小偷以及灵魂的出卖者”，因此，彼得一世在执政初期就完成了向纠问式诉讼的坚决转向。他于 1697 年 2 月 21 日颁布了《1697 年敕令》，从而彻底废除了对抗式诉讼，取而代之的是适用于一切案件的纠问式诉讼。该敕令并没有创造出新的诉讼形式，只是沿用了莫斯科公国时期业已形成的刑讯逼供方式，并以书面审理原则代替了言词原则。但由于该敕令只是以总则形式作出抽象性规定，常因缺乏具体可操作性而被部分不良法官利用，并成为滋生司法专横的温床，尤其是，纠问式诉讼经常将刑事诉讼手段适用于民事案件审理，使得被告因遭受刑讯而被迫承认相对方诉讼请求成为一种常态。

（二）《军事条例》

鉴于《1697 年敕令》并未包含具体程序规定，其后颁行的《军事条例》（Воинсткий устав）当中的“程序分编”则成为了诉讼程序规范的重

要补充。《军事条例》原本适用于军事法院①,但根据彼得一世《1716年敕令》中有关于“军事条例效力及于所有地方行政长官”的规定,也在民事法院中开始适用。这也造成立法和实践上未对民事诉讼和刑事诉讼加以区分。虽然通常《军事条例》只有在诉讼涉及军人时才应该考虑适用,但随着发展,军事法规的效力被延伸到了民事领域。

《军事条例》中规定了法院秘密审理原则和书面审理原则等诉讼基本原则。民事案件审理时虽然允许诉讼代理,但仅限于特殊情形,如一方当事人因病无法出席庭审等情况。《军事条例》中将诉讼程序分为以下三个阶段。

1. 提起诉讼

《军事条例》强化了法官在诉讼中的指挥作用。法院依据原告提交诉状启动诉讼程序,制裁被告的不法侵害行为,以恢复原告的权利。法院在确定其是否具有管辖权后,以书面形式或者口头形式通知被告,通知内容包括原告身份,何时、何地就何案件提起何种诉请以及庭审的日期。

2. 法官评价证据并作出判决

《军事条例》吸收了当时西欧国家司法中普遍适用的法定证据制度理论,法官按照法律规定的证据标准对不同种类的证据作出评价,并根据证据的效力区分出直接证据和间接证据。由于被告自认被视为直接证据,因此司法实践中为了获得被告自认而经常使用刑讯逼供。只是审理民事案件时通常采取有限制的刑讯方式。如果法院无法获得被告的自认,则转而将证人证言作为证据。两个适格证人的相同证言被认为是直接证据。法官根据《军事条例》法定证据标准评价证人证言,男人证言效力高于女人,贵族证言效力高于平民,神职人员、受过高等教育人证言效力高于平民等。作证是证人应尽的义务,失信证人将被列入不适格证人名单,并因此失去未来诉讼中的作证资格以及作为商业契约缔结中见证人和担保人的资格。决讼宣誓也可以作为证据,适用于原告起诉依据不足的诉讼,这时法院可以要求被告作出宣誓,被告作出宣誓的情况下,可以认为其是无辜的。以往适用的司法决斗和抽签

---

① 军事法庭的法官同时也是连队指挥官,作为二等军官出任相应部队长官,法院的判决在多数场合下须得到上级长官的批准。当时还没有分设预审机关和审判机关。诉讼中也因此不分预审和庭审,案件直接交由法庭审理。

被取消。

评价当事人提出证据后,法院成员依据年龄长幼依次从年轻法官开始提出自己裁判意见。在判决出现分歧的情况下根据绝对多数原则作出裁判。裁判以书面形式作出,并由参审法官签名,之后经由监察官(аудитор)确认。监察官并非法院成员,彼得一世时期第一次将其列为编制在册的公职人员,其主要职能是监督诉讼程序的正确运行,为此需要监察官具有专业的法律知识和技能。根据《军事条例》的规定,对于民事判决不服的可以提出上诉。

3. 判决的执行

1864 年司法改革前执行程序的依据不限于司法判决,还包括其他法律文书和公证文书,甚至还包括私署文书。这一时期法律中并未明确规定执行程序,具体执行程序取决于地方行政机关和从事执行活动的机构。这一时期判决执行已经开始依照简单的程序规定进行,执行程序包括下列内容:(1)提出执行申请,执行程序通过债权人向警察机关或者法院提出执行请求启动。(2)执行程序准备阶段(прелюдией ко взысканию)。执行机关通知债务人履行执行文书中规定的给付义务或者在规定期限向法院提交异议答辩书。法院在送达通知中指定庭审日期,当事人到庭后就执行文书履行事宜听取当事人双方陈述,庭审中债务人首先对据以追索的文书真实性进行答辩,对于无异议的执行文书,在自愿履行期限届满后或者法院快速作出追索裁定后,由法院通知相关警察局执行裁定。如果债务人在这一阶段提出异议,法官有权在认定执行存在争议的情况下中止追索。此时,执行程序转入诉讼阶段,债务人有权通过普通诉讼程序捍卫自身利益。(3)强制追索。可以对债务人实施逮捕或者其他强制措施。1864 年司法改革之前,对无争议合同债务追索的执行由省级机关承担,从 1775 年起,将此类案件移交给警察机关,抵押权案件由法院承担。

(三)《诉讼或司法讼争简要规则》

《1697 年敕令》程序规范上的未尽事宜在 1715 年《诉讼或司法讼争简要规则》中获得了补充和发展。《诉讼或司法讼争简要规则》是建立在《1697 年敕令》基础之上,融合并发展了《军事条例》中的军事诉讼程序,而形成的一部具有独特特点的程序规范,这也为俄国诉讼法发展带来了崭新的诉讼形式和制度。《诉讼或司法讼争简要规则》中细化了

《1697 年敕令》中规定的诉讼原则，主要是承继了《军事条例》中的程序规范，并广泛借鉴了西方法律典籍，其中首次对重要诉讼制度和概念给出了准确定义，尽管这些定义还不完善，仍不失为俄国诉讼立法发展的重大进步。立法者借鉴了《日耳曼学说汇编》的方式，将诉讼现象和诉讼行为类型化，其中很多条文不仅包含法律规范，还包括规范制定的理论依据以及不同学说。由此可见，就立法技术而言，《诉讼或司法讼争简要规则》已达到了较高水平。

М. Ф. 布达诺夫如此概括《诉讼或司法讼争简要规则》："纠问式程序概念的适用完全找到了自己的位置，但仍然保留了个别对抗因素，诉讼双方在案件审理过程中可以表现出一定的主动性，可以交换起诉书和答辩状，以及确定争议问题和证据的范围等。显然，纯粹的纠问式程序并不存在。在《简要规则》中可以发现这样一个趋势：诉讼双方的主动性因法院权力的扩大而被压缩，但与此同时法院活动及其对案情的评价越来越严格地受到法律的规制，法官几乎没有机会表达自己的看法和主动性。诉讼当事人双方的意志和法官的意志都被吞噬了，并被立法者的意志所代替。这表明专制主义已经完全巩固，《简要规则》充分表达出要将对一切生活领域的管理都集中到一个人——独裁君主手中的欲望。"①

《诉讼或司法讼争简要规则》中的审级制度规范非常明确。头两章带有总则性质，提出了法院组织框架和某些基本诉讼原则。构建出一个严整的、之前从未存在的审判机关体系，并对管辖问题作出了明确的规定。规则中所涉及的几乎全部是关于审级制度和诉讼问题的规范。其中鲜有条文包含实体刑罚规范。从这一时期，程序法和实体法开始走向分立，但诉讼程序、程序性文书名称和效力在刑事案件和民事案件中仍然是相同的。

（四）《审判形式敕令》

《诉讼或司法讼争简要规则》和《军事条例》都规定，无论是刑事抑或民事案件审理均适用纠问式诉讼。直到 1723 年 11 月 5 日，随着司法腐败造成的司法秩序混乱逐渐加剧，彼得一世不得不颁布新的《审判形式敕令》（указ "о форме суда"）。较之以往，这一敕令取消了纠问式诉

① Владимирский-Буданов М. Ф. Обзор истории русского права. М. 2005 г. С. 526.

讼，恢复了传统的对抗式诉讼方式，并将其规定为唯一的诉讼形式。彼得一世在这一敕令中指出："由于法院存在言行失度的情况，因此在民事案件和大多数刑事案件审理中取消纠问式诉讼。"但侮辱沙皇、叛国、暴动和严重暴力案件除外。1723 年《审判形式敕令》开始主要适用于审理民事案件，而《诉讼或司法讼争简要规则》则主要适用于审理刑事案件和军事法庭受理案件。

1723 年《审判形式敕令》重新确立了法庭言词辩论，并具体规范了诉状形式：起诉状中应当载明控诉要点，诉讼请求应当清楚、明确、简短；被告有义务就每个控诉要点单独答辩说明；扩大了允许诉讼代理的案件范围；规定了一系列预防诉讼迟延措施；对民事和刑事诉讼中提起诉讼人在名称上加以区分，民事诉讼中称之为原告（истец），刑事诉讼中称之为告发人（доноситель），两种情形中的相对方都被称为被告（ответчик），名称的区分为民事诉讼和刑事诉讼的分野奠定了基础；法官根据诉状中提出各要点进行法庭调查，规定了被告提交新书面证据的期限。

无论在法庭调查阶段，还是在审前准备阶段都应当遵守辩论原则：开庭前应当给予被告不少于一周的时间熟悉诉状，准备答辩；原告应当在法庭调查开始前收集所有必要证据；当被告提出新的证据材料时，应当给予原告时间搜集必要证据。对于笔录提出形式要求：庭审笔录和证据分别单独成册，禁止对被告进行书面审理；虽然敕令将言词原则作为基本原则宣示，但是仍然规定了复杂案件可以适用特殊书面形式审理；要求法官无论是刑事还是民事案件判决必须依据言词审理结论作出，否则将遭受惩罚。

1723 年《审判形式敕令》生效后，尽管法院出于惧怕惩戒而在一定程度上减少纠问式诉讼形式的适用，但由于敕令缺少立法上的完整性，在司法实践中并未完全取代《诉讼或司法讼争简要规则》中关于诉讼程序的规定，所以该敕令颁布后不久，依据其审理案件范围就开始逐步缩小。两个敕令彼此间适用案件类型上的相互妥协，为民事诉讼和刑事诉讼的分野创造了条件，1723 年《审判形式敕令》通常用于审理民事案件，而《诉讼或司法讼争简要规则》通常用于审理刑事案件以及军事法院管辖案件。但诉讼形式上的双重性质并未得到延续，因为"无论是法令还是实践都坚决的走向了旨在强化司法干预，巩固君权统治的纠问式诉讼"。

（五）《1762年敕令》和《1765年敕令》

司法实践上法院对诉讼形式的任意适用，也必然导致诉讼拖延，使司法审判充斥着收受贿赂和司法专横。社会民众对于司法现状表达出严重的不满。因此，叶卡捷琳娜二世在建立新的法典编纂委员会时，社会各界都提出了对诉讼程序改革的强烈诉求。沙皇出于统治需要也认识到变革诉讼体系的必要性。《1762年敕令》和《1765年敕令》借鉴了欧洲启蒙运动中提出的新诉讼理念，限制了法官任意解释法律的权利，并针对索贿成风的现状，提出了民众享有平等司法裁判的权利（但是这种平等是受社会阶层限制的，即只能将案件移交同阶层法院审理解决）；规定了当事人享有要求法官回避的权利以及诉讼程序的公开性。

《1762年敕令》和《1765年敕令》再次强化了纠问式诉讼，规定了书面审理程序，并再次取消了言词辩论。正如M. Ф. 弗拉基米尔斯基-布达诺夫所指出的，"叶卡捷琳娜二世的法典编纂委员代表反对《审判形式敕令》中所规定的对抗式诉讼。但是，这没有什么可惊讶的，因为，对抗式诉讼的确也仅仅留下使诉讼程序复杂和拖延的形式而已，案件只有通过法官纠问式的裁量才能解决"[①]。根据《1762年敕令》和《1765年敕令》的规定，法院应当及时向当事人宣读作出判决，一方当事人当庭提出判决不服的情况下，应当在一周内向法院提出不服判决申请。在此之后，法院通过上诉程序将案件提交上级法院审理。在向上级法院提交诉状后，上级法院根据案件材料制作报告（экстракт）并由双方当事人签字，之后法院依据报告通过上诉程序进行书面审理。

（六）《治省章程》

叶卡捷琳娜二世对法院组织的发展作出的贡献是毋庸置疑的，《治省章程》是其中的代表性成果。《治省章程》在制定复杂而明确的等级法院体系的同时，还详细地规定了法院的活动方式。在这部法律中，对判决和裁决的多审级申诉体系规定得极为详尽。例如，对县法院的裁决可以向县高级法院申诉，而对县高级法院作出的裁决，可以向省高级法院申诉。参政院仍作为最高审级法院。在《治省章程》中，民事诉讼和刑事诉讼的分立更为明显。建立了专门的刑事和民事审判机关。县高级法院、省议会和高级农民特别法院都分别设立了刑事审判司和民

① Владимирский-Буданов М. Ф. Обзор истории русского права. М. 2005 г. С. 112.

事审判司。省一级司法体系的最高审级是刑事审判厅和民事审判厅。管辖权严格按照等级原则划分,但这并不意味着诉讼法规范中存在等级差异。诉讼的提起和按审级审理的程序原则上还是不存在等级差别的。叶卡捷琳娜二世的《治省章程》创建的等级法院体系在保罗一世时期有所精简。三个等级法院的最高环节——县高级法院、省议会、高级农民特别法院被撤销。等级法院的最低环节——县法院、市议会,初级农民特别法院被直接并入了省高等审判院。尽管实施了一系列法院组织改革措施,但司法体系仍然机构臃肿,因循拖延和行贿受贿风气盛行。

三、俄罗斯近代司法变革前民事诉讼制度之弊端

俄罗斯民事诉讼制度近代化研究,离不开1864年司法改革的历史审视,若无《民事诉讼条例》的创制,也无法称其为一场伟大的改革。《民事诉讼条例》旨在根除俄罗斯帝国司法中出现的一系列缺陷与弊端,以此实现司法改革的任务与目标。国务委员将当时民事司法弊端归结为案件审理迟缓,现实中书面审理程序与1723年《审判形式敕令》中规定的辩论式程序互不调适。其原因可以概括为:(1)对诉讼程序异同缺乏深刻理解,导致程序法规范表达上的缺陷;(2)警察权和司法权的混同;(3)管辖制度不确定性;(4)等级法院的存在;(5)传唤到庭方式不协调导致的混乱(包括送达、法庭公告和报纸公告);(6)提交抗辩、提起部分上诉、实体上诉以及出庭期限过长,缺乏统一规定;(7)追加第三人参与诉讼规范缺位;(8)民事案件审理不适当的使用刑事案件纠问式诉讼程序;(9)简单案件和小额案件诉讼程序存在缺陷;(10)存在过多诉状形式要求,缺少内容规范;(11)当事人提交辩论文件的数量缺少限制,造成大量文件提出拖延诉讼。

尽管现代俄国学者更多将当时民事司法体系种种负面表现,归结为法官个人职业素养和道德水平低下,司法部各机关薪俸微薄,这些一定程度上的确是滋生司法腐败的重要原因,但当时立法者更多将诉讼体系的种种弊端,归结为制度原因,这表现在以下方面。

(一)程序体系复杂

多种诉讼程序和复杂诉讼类型的存在,导致利益相关人在捍卫自身利益时不得不面对大量的审级,由此也导致诉讼的迟延和程序适用

的“迷茫”。根据统计，当时司法程序主要分为四种主要类型——所有权案件、行政案件、债权案件和损害赔偿案件（人身和财产）。除上述四种主要程序外，还包括16种特殊程序、调解程序，以及一系列适用于俄罗斯帝国某些地方和民族的专门程序。根据统计，当时俄国存在63种民事案件诉讼程序。除此之外，18—19世纪上半叶俄罗斯帝国的多类型司法组织结构，同样成为导致民事诉讼中多种程序与诉讼种类并存的重要原因。由于诉讼规范的适用必须借助一定形式的法院组织方能实现。因此，诉讼规范与司法组织之间存在紧密互动关系。此种分类复杂性也存在历史原因，即争讼参与者的法律地位和诉讼请求性质的不同，当时的法理和实践上都坚持不能适用统一程序审理不同类型民事案件原则，如区分债权和票据争议、土地所有权争议等。可以将俄国缺少统一诉讼程序的原因归结为：一方面是由于地方自治机关长时间同时兼理行政和司法，拥有较大的地方自治权力；另一方面权力机关虽然对现行诉讼程序并不满意，但很难实施全国性的统一变革，因而选择把更多注意力转向了为所关注案件设立特别程序，并最终形成了这种对诉讼参与人造成诸多不便的诉讼模式。也造成司法实践中在起诉时，首先需要根据诉讼内容、诉讼对象、原告和被告的等级地位确定诉讼种类，因此经常出现既可以适用主要程序，也可以适用特别程序的情况。因此，诉讼中最为复杂的问题常常是如何确定诉讼的管辖，甚至常常也导致当事人案件未审理前，已经经历漫长诉讼仅仅是为了确定管辖问题。

（二）司法权与立法权混同

法庭审理要求必须严格遵守法律明文规定，但在法律规定不清或者某些法律条文之间出现矛盾的情况下，法院必须向参政院寻求对现有法律规范的明确解释。而在参政院发现立法漏洞或者不完善之处时，参政院亦应当向立法机关询问。例如，《俄罗斯帝国法令全书》规定：如果法律规定不清，下级法院无法审理解决的案件，应当向省级领导机构（губернское начальство）汇报，省级机关不明可以向参政院汇报（《省级机构法》第281条）；同时规定，只能在适用法律遇到困难或对法律文义不明的情况下才能向上级机关提出问询（《省级机构法》第746条），参政院并不因法律未明确规定而直接提审案件，对于复杂案件可以提出对现有规范补充或修订的提案，或者编纂立法草案，由参政院提交立法委员会,立法委员会就各独立案件提出释法意见并反馈给参政院(《省级机构法》第227条)。上述规范表明,当时立法权与司法权混同,这也是司法改革前权力体系的缺陷所在。

(三)警察机关参与民事侦查

除此之外,行政机关对司法审判的干预导致司法权缺少独立性。其中,法院与警察机关间的关系便突出体现了这一点。根据1857年版《俄罗斯帝国法令全书》第10卷第2编第1条的规定,非讼案件或称为无争议案件(безспорное дело)的执行由警察机关根据《警察程序法》承担,由于警察机关承担部分司法功能,因此有时被称为警察法庭(полицейский суд)。事实上,当时大量争讼和非讼案件均由警察机关审理。受理案件类型主要包括两类:第一,警察机关依据法律规定应当审理的案件(如期限届满的债权诉讼、财产损害赔偿诉讼);第二,根据原告请求或者上级机关指令审理的案件。

警察机关使用的民事诉讼程序,称为民事侦查程序(гражданское следствие)。民事侦查的目的在于借助不同的证据种类、事实和资料揭示或者调查构成诉讼对象事件的真实性。同时,民事侦查程序也是警察法庭诉讼行为的主要依据,作为揭示民事案件真实毋庸置疑的主要手段,不仅要查明导致损失和伤害事实的真实性,还要采取公平的惩罚措施。警察机关不仅审理其职权范围内的民事案件,同时也干预法院职权范围内民事案件审理。例如,当发现法院案件审理迟延,可以派遣宪兵官督促案件尽快审理,甚至很多时候,宪兵官直接在法院代替法官审理,仅仅为了快速解决案件,但这带有极大的随意性,表现了国家行政权力的恣意。通过不熟悉案件的公职人员的命令解决案件,不仅损害当事人的利益,也造成权力界限不清和司法的混乱。

发生法律效力的判决完全由警察机关执行,法院仅仅实施监督权,通过监督保障措施确保判决的执行,这种监督往往通过督促方式实现。但由于警察机关与法院没有隶属关系,因此这种措施缺乏足够力度,导致往往无法对判决执行实施有效监督。在警察机关同时兼理其他社会公共安全事务时,很难将执行工作放在首要位置,往往由于时间和经费的限制导致执行不力。另外一个原因在于案件的审理和执行需要经过若干审级,层层下达,例如,参政院作出判决,交由高等审判院,高等审判院交由县法院,县法院交由地方或者市警察局,警察局又委托给私人执行员(частный пристав),因此,判决执行程序极其缓慢,缺少加快审理的制度保障措施。

(四)司法权缺乏独立性

法院虽然在组织机构上独立于总督,但后者却具有干预司法的职权。根据法律规定,总督有权审理关于诉讼审理迟延的申诉,并对法院审理迟延行为和程序错误给予警告;除此之外,法院对涉及国家机关的判决必须经由总督确认,甚至一些总督主动寻求领导司法机关,例如,曾有人向彼得格勒公爵苏瓦洛夫申诉彼得格勒商事法院,他竟下令逮捕了所有法院成员,虽然事后经由司法部解救并化解了危机,亦可见当时司法权处处受到行政权的挑战。①

(五)司法腐败严重

由于司法人员工资较低,司法机关往往想方设法利用职权索要贿赂,特别是法院同时担任买卖合同、抵押和田契等文书的登记证明工作,由此导致腐败成风,直到这一职权交由公证机关(нотариус)行使方有所缓解。正如当时法学家所描述的,"没有法院,只有服从上级领导毫无责任感的贪腐官僚,丝毫不知道良知、权利"。②

(六)书面程序和纠问式诉讼的"盘剥"

法定证据规则、诉讼对法院行政办公室制作和提供书面证明的依赖性、书面审理、法院积极质询调查事实、执行程序效率低下,这些都成为阻碍当事人实现自身权利的障碍。由于上述缺陷的存在,严重迟延了案件的审理,甚至很多案件被拖延数十年,例如,1831 年仅彼得格勒省就有 120,000 个案件未审结,甚至仅一个里克夫斯基县法院就有 64 个案件 20 年尚未审结。

19 世纪中叶以前,俄国经济生活日趋活跃,民事流转逐渐加快,私人权利和利益讼争随之日益复杂,由于当时落后的诉讼形式并不符合社会的需求,也由此导致了民众的不满。最主要问题集中在大量的司法审级设置以及管辖的混乱,程序类型的复杂阻碍了民众向法院要求保护自身合法权益的诉求;警察权和司法权的混合,导致民事诉讼中被引入秘密审理和书面审理等纠问式诉讼要素;未建立起合理的证据体

① Судебная реформа, под ред. Н. В. Давыдова и Н. Н. Полянского. С. 208.

② Судебная реформа, под ред. Н. В. Давыдова и Н. Н. Полянского. Т. 1. С. 178.

系和证据评价体系,仍适用古代证据规则,如决讼宣誓等;当事人缺少获得专业法律援助的权利。地方长官兼理司法:地方管理体系在半个世纪中都未曾改变,县级长官作为县警察局长,同时主管本县初级法院,但该法院并不是审判机关,而是警察机关。县下面是区。为管理国有农场设立了乡。乡政权由乡长、各村村长、文书组成。上述行政长官都享有干预司法的职权。

我们可以得出结论。随着19世纪上半叶俄罗斯帝国司法改革的展开,不同诉讼模式都得到了广泛适用,司法实践上存在不同原则的复合,这也为我们探讨混合模式诉讼提供了依据。在一些情形中,具有纠问—辩论模式的特殊形态。而在另一些情况中,则表现为辩论—纠问模式的特征。不同原则的复合不是静态的,其形态变化取决于案件类型,对于触及国家利益的案件,则适用于纠问式诉讼制度占有优势的诉讼程序审理。而对仅涉及私权关系的案件,则通过辩论原则占优势的诉讼模式或者甚至可以完全使用辩论式诉讼审理。但是历史的现实条件决定了司法改革前的诉讼形式明显更多趋近于纠问式诉讼。这一时期的诉讼法表现出了言词原则、公开原则、直接审理原则、处分原则、辩论原则、自由评价证据等属于辩论式诉讼的原则。同时,也具有部分纠问式诉讼模式原则特征:法院积极参与诉讼,程序的书面性,办公厅秘密审理,根据法定证据理论间接调查法律事实等。

第二节　俄罗斯民事诉讼制度近代改革的历史基础

任何事物都具有其产生、发展和演化的具体历史背景。法律作为社会关系的调节器并不是独立于社会之外存在和发展的,它与社会发展紧密联系,并随着社会经济条件改变而转变。诉讼法规范的发展是由包括社会要素、经济要素、国家司法领域实施法政策在内的诸多要素共同作用的结果。

19世纪中叶,以农奴制为支柱的俄罗斯封建专制主义已经深陷危机,与欧洲之间的差距逐渐拉大,这在克里木战争时期表现尤为明显。"克里米亚战争显示出农奴制俄国的腐败和无能"(列宁语——笔者注)。

腐朽的国家制度和社会制度导致俄罗斯帝国军队的惨痛失利。伴随经济危机而来的,是社会矛盾的激化,农民暴动频发,杀戮地主和庄园管理人,大量农民逃亡,百姓对政权怨声载道。有关即将解放农奴的消息广为传播,屡禁不止。

19 世纪中叶的俄罗斯由此而经历着系统性危机,而能够摆脱危机的出路不是全面改革就是革命。整个社会关系体系的变革不可避免地导致包括诉讼法在内的整个法律体系变革,并最终形成了新型司法体系,也引发了从诉讼原则到内容的根本变革。因此,分析影响俄罗斯帝国民事诉讼法快速发展的社会条件,可以帮助我们更好地把握诉讼法发展的规律性。

一、民事诉讼制度近代改革的经济基础

资产阶级民主性质的民事诉讼程序最主要的经济前提,是大量企业主体积极参与形成的市场经济以及鼓励私营经济发展的政治环境。可以说,民主性质的民事诉讼程序的社会前提是与社会经济主体结构具有直接联系的,即在社会结构中存在较大比例的中产阶级,这些拥有经济利益的中产阶级随时准备通过诉讼程序捍卫自己的合法权益。亚历山大二世改革后,俄罗斯逐渐走上了资本主义发展之路。但私人所有制经济发展仍然缓慢,大部分所有权仍然集中在少数统治阶级代表的手中,大部分国家居民事实上被剥夺了个人所有权,经济领域对经营活动的各类行政干预仍然广泛存在。

19 世纪下半叶俄罗斯从封建社会向资本主义社会转型过程中,所有权结构和社会生产方式随之转变。在农民阶级中,除了大批日益贫困和破产的贫农以外,逐渐分化出了富农阶层。他们或者通过租种地主和国有土地成为土地经营者,或者通过开办企业、酒店和旅馆成为企业主,或者通过收购和转卖农产品以及放高利贷成为商人和高利贷者,甚至更富裕者成为拥有数万乃至数十万卢布的大工厂主。他们构成了新兴的农村资产阶级,也奠定了农村新兴资产阶级的主义基础。

民事法律关系发展的另一重要衡量标准是银行业的发展速度。国家经济中工业企业数量增长可以不牵涉私人法律关系发展,但银行业的活跃发展却可以体现出企业对信贷资本的大量需求,从而间接反映出民事流转的活跃。从 1733 年到 1864 年这段较长历史时期,俄罗斯

只有少量的国家银行可以提供贷款，但1864年司法改革后到1913年10月1日，俄罗斯帝国已经设立了2139个贷款机构。这一时期银行体系的积极发展也间接证明了民事法律流转主体数量的大量增长，相应地提出了建立新的不同于封建社会诉讼原则的资本主义民事司法体系的要求。

19世纪下半叶资本主义快速发展也引发了国家财政体系的重大变革。1852年，政府开始筹备财政改革。其直接动因是克里木战争失败导致国家窘迫的财政状况。改革刺激了经济的活跃，从1854年到1857年，贷款数额增加了两倍，直至1857年1月1日达到7亿卢布。国家财政支出结构也随之发生改变：历史上俄罗斯财政支出体系中对军事力量的支出始终占有优势地位，这一切与国家地缘政治地位紧密联系。在19世纪初，俄罗斯帝国的国防支出已经占到国家财政支出预算的60%，但到19世纪末，军事和海军部的支出下降到占国家支出的1/4。[①] 这意味着，国家在经济和社会领域扩大了财政支出比例，尤其是对国民教育、社会救济、铁路建设等领域的支出，也间接提高了民事流转领域的需求。根据统计1860—1890年，俄国的生铁产量增加了2倍，钢产量和棉纺织的产量都增加了3倍，煤炭增加了19倍，石油产量猛增200多倍。此期间，俄国的整个工业产量增长了6倍，铁路线增长了3.5倍。国家逐渐增强了经济实力，扩大了生产和贸易流转，同时，经济和工商业的发展也不可避免地导致了民事案件数量的剧增。这种国家经济社会生活剧烈转型的同时也必然伴随着法律的变革。

二、民事诉讼制度近代改革的社会基础

民事诉讼性质重大变革的前提是1861年农奴制改革，俄罗斯大批普通民众在法律上获得了独立地位。应该说，农奴制的废除是俄罗斯19世纪中叶最重大的历史事件。农奴制作为长期存在的封建残余，成为向资本主义生产关系积极转型的限制性因素。农奴的解放为建立自由市场提供了充足的人力资源，这亦是资本主义发展的主要条件，这成为消除封建等级特权之路上的重要里程碑。随着资本主义的发展逐渐

---

① Пушкарева В. М. История мировой и русской финансовой науки и политики. М. 2003 г. С. 118.

让数百万农民积极参与到改革后的经济活动中。

19 世纪中期俄国封建经济仍然占有统治地位,这也妨碍了生产力的进一步发展。由于资本主义萌芽的基础是专营权和占有权,而非建立资本和竞争,因而这也使得俄罗斯经济与社会落后的状况不断加剧。手工业工场和工厂中广泛充斥着强制劳动。农奴阶层社会地位的持续恶化导致了反封建活动日益活跃。在克里米亚战争中国家遭遇到毁灭性打击,暴露出了俄罗斯经济、技术和军事的落后。政府因财政资金的不足和战争的失败遭遇到了巨大的财政赤字。为了使俄罗斯摆脱经济萧条的窘境,也必须要求废除农奴制。

1861 年 3 月 3 日,亚历山大二世正式签署了改革法令和废除农奴制度的特别宣言,通过敕令永久废除了农奴制,农奴获得解放恢复了人身自由后,可以通过贷款赎买土地并拥有土地所有权。为了推进改革,每个行省都建立了特别机关:省农民事务公署、县法官大会、和平仲裁人。俄国 1861 年农奴解放法令颁布后,赎买土地的措施并没有真正改善农民的状况,原农奴身份的农民成为对地主仍负有义务的临时债农,仍处于地主监督之下,并为地主服劳役。

由于农奴制改革得不彻底,使大部分土地仍然由无能力耕种的地主掌握,低效的土地耕作仍然广泛存在,少地农民成为俄罗斯社会矛盾的焦点。政府强制性指令仍充斥于国家经济生活中,非市场性的传统行政管理制度仍然根深蒂固。而无地农民作为承担临时义务的债农仍未摆脱对地主阶级的依附,村社内部相互担保(круговая порука)制度束缚了农民的自由流动,劳动力市场的形成遭遇了极大的困难。可以说俄罗斯资本主义在农村经济中是在沿着普鲁士式的发展道路艰难前行。但不论如何,农奴制改革为俄罗斯资本主义发展创造了条件。

三、民事诉讼制度近代改革的政治基础

亚历山大二世农奴改革、地方和城市自治机关改革是司法体系和司法程序改革的前提基础。民事诉讼改革的重要政治前提是获得法律意义上自由的农民,因为民事诉讼是建立在双方当事人在法律和法院面前地位平等及其他的民主原则基础之上,只有存在法律上自由的公民,承认并保护公民权利和自由的国家才能实现。政治上的自由化意味着意见的多元化,国家中可以存在政治上反对的声音,这反映在私法

领域即“法无禁止即为可行”。当然，专制政体下的俄罗斯谈到政治上完全自由是不可能的。亚历山大二世当政后，社会和民众要求社会生活活跃和言论出版自由的呼声日益强烈。但无论社会团体和民众呼声多么强烈，在19世纪专制政体下，现代意义中社会生活不可分割的自由是不可能实现的。

随着农奴制改革逐步地展开，其他领域改革也随之跟进。其中最具政治意义的改革就是地方自治机关的改革。需要注意的是，大部分欧洲国家在向资本主义转型过程中，对地方自治制度的改革是逐步深化的。而俄罗斯地方自治体系改革的特点就在于其采取自上而下的方式。1864年1月1日颁布的《省级机关和县地方机关条例》规定了省级和县级行政单位各阶层选派代表制。农民通过各阶层选派代表制获得了相应政治地位，地方机关也由此成为选举产生的机关。选民被分为三个选举阶层（俄文：курия，俄罗斯帝国资产阶级选举制中并非按地区而按选民阶层等所划分的选民单位）：各县大地主阶层；城市中的商人、工厂主、拥有不动产者和商业机构所有者；农民。归属前两个阶层者要拥有一定资质：财产资质、教育程度资质、居住时间资质等。因此，等级制限制着资本主义转型国家民众的选举权，农民阶层只能通过多级选举制实现选举权与被选举权。

主要的地方自治机关包括省级和县级地方会议，由地方管理局负责执行地方会议作出的决定。地方机构的职权范围包括基础教育、卫生、商业管理、家畜疾病的防治、统计和救济等领域。经费主要来自森林、工厂和房屋等不动产税收，其最主要来源是土地税。地方机关建立的目的是吸收新阶层的居民参与地方管理。

城市改革主要根据1870年6月16日的《城市条例》实施的，当时在俄罗斯共有509个城市建立了新的城市各阶层自治机关——城市杜马。杜马任期为4年，城市管理局作为杜马执行机关。选举权依据财产资格以及是否缴纳税款确定，也就是说工人阶层、部分公务人员和知识分子被剥夺了选举权利。根据《城市条例》的规定，具有俄罗斯国籍年龄超过25周岁在城市中拥有不动产、商业机构或者企业的城市居民有权参与城市杜马选举。城市杜马直接服从于参政院，而不是地方行政机构，由省长监督其决策的合法性。城市自治机关的权限应当符合地方自治制度的规定权限。根据《城市条例》的规定，下列职权事项属于城市社会管理机关的管理对象:城市公共事业、居民粮食供给、卫生保健、防火、发展贸易和工业、慈善救济事业、建立剧院和图书馆等。

除上述措施外,亚历山大二世政府还采取了其他一系列改革措施,包括国家监督体系改革,建立国家银行,改革军队征兵制度等,通过缩短部队服役年限,取消体罚,引入义务兵役制,建立军事管辖区完善军事体制。亚历山大二世上述改革的结果,使得农奴从法律地位上获得了解放,发展了地方和城市自治制度。但是,在当时,俄罗斯社会政治现代化并没有就此获得快速发展,国家并没有就此走上改良君主专制政体道路上去。这是因为,改革并没有触及法治国家和公民社会的根本问题,由此导致了国家与社会,权力与权利难以协调一致地发展。

四、民事诉讼制度近代改革的法律基础

对俄罗斯帝国民事诉讼制度的体系化研究,离不开对这一时期诉讼法主要渊源的分析。俄罗斯国家与法的理论中,法与国家概念具有同构性,法律为转化为现实社会规范并成功发挥其功能,应该具有其外在的表现形式。这种“法的外在表现”称为法的形式(форма права),有时也称为法的渊源(источники права),概念“法的形式”被视为概念“法的渊源”的同义词。俄罗斯帝国通过立法方式创设的法律并不是民族意识和传统的表达,而是专制政体的统治者意志的体现,带有任意创设的性质,而统治者的地位是高于法律的。

(一)近代俄国民事诉讼的主要法律渊源

在不受限制的君主专制政体中,很难清楚地划分法律和政府命令之间的界限。因为无论是立法权抑或行政权,所有权力都集中在君主手中,他既可以颁布政府命令,也可以创制法律,并且两者具有同等强制效力。

1906 年前的俄国学术界将沙皇通过参政院颁布的命令亦视作法律,前文所述各类敕令便是这一时期法律主要表现形式。而在司法实践中,参政院的判决经沙皇确认后即获得法律效力。解释法律和解决法律冲突的职能由参政院承担,参政院的司法解释对于司法实践具有强制效力。参政院某些获得沙皇确认的决议也同样具有法律地位。

19 世纪中期,政府试图通过完善立法机制解决法律与行政指令界限

不清的问题,但这一尝试最终并未取得成功。直到 1906 年 4 月 23 日通过颁布俄罗斯帝国新版基本法,才确定只有 3 个机关拥有确认法律规范的权限:国务会议(государственный совет)、国家杜马(государственная дума)和沙皇,并规定沙皇敕令只能作为行政命令,而非作为俄国法律渊源的事实上的法律,最终以此实现了法律与行政命令的分野。

根据俄罗斯法学家 Г. В. 维尔纳茨斯基的分类标准,立法文件区分为以下类型:(1)条例(устав),规定某一部门法领域调整其运行的常设规范,条例又被称作规定某些行政管理领域程序的法律。例如,海关条例、矿产条例和贷款条例等。因此,条例反映了上述机关的具体运行机制。如果条例被仅仅限制为调整某一领域部分事务,那么则被称作训令、指示(наказ),也就是说训令的本质是条例中的某一部分。(2)章程(регламенты)、规章制度(учреждения)。规章制度是规制行政机关和权力机关的组织构成、公务活动程序和对象的国家法。(3)沙皇敕令(указы),是广泛适用的法律文件形式,颁布的动机具有偶然性,涉及生活某一较窄领域,但是一些敕令具有广泛而深远的意义。[①] (4)规章(положения),是规定国家机构以及其他机关的活动程序。除上述立法文件外还包括部长会议(совет министров)颁布的临时规程(временные правила)和决议(постановления),参政院的司法解释(разъяснения)和国务委员会的意见(мнения)等。上述大多数法律规范只有在沙皇确认之后才能获得法律效力。之所以这一时期保留着多种不同形式的法律规范,很大程度上是由于当时多个国家最高行政管理机关并行的特点所决定的。

(二)近代俄国的立法程序

法律规范特点很大程度上是由立法程序自身特点所决定的。俄罗斯帝国立法程序由四个阶段构成。

第一个阶段:立法发起阶段。请求颁布新法的权利,在形式上属于俄罗斯帝国所有臣民。1835 年建立的申诉委员会(комиссия прошений),其最主要的职能就是接受各方意见编纂立法草案。草案在经沙皇批准之后提交国务委员会审议。1884 年,原申诉委员会改组成为仅具有接

① Вернадский Г. В. Очерк истории права Русского государства18 – 19 вв. (Период империи). М. 1998 г. С. 168.

受和移交申诉职能的行政办公厅,不再接受普通公民提交的立法建议和法律草案。国家杜马建立之前立法提案权由沙皇、政府、各部部长、参政院、东正教最高会议、贵族会议和商业行会承担。从1906年起,立法提案权由国家杜马和国务委员会承担。

第二个阶段:立法草案审议阶段。法律编纂前通常需要较长准备时间,详细研究立法对象,收集和分析事实材料,研究相关域外法律。在此之后,立法委员会向相关具体机关公布立法草案,并听取讨论意见。

第三个阶段:立法草案确定阶段。立法草案由沙皇最终确认,从1906年起,为了加快法律的审批程序,通常会以部长会议决议或国务委员会确认意见的形式颁布立法草案。

第四个阶段:法律颁行阶段。法律草案经由沙皇确认后,提交参政院正式公布。法律公布是法律发生效力的必要条件。法律通常以政府法令全书或政府指令的形式颁布,但是在司法实践上通常由各机关自行颁布而非参政院颁布。

概言之,这一时期由于缺乏统一的立法形式要求,由此产生了不同种类性质的法律渊源,相伴而生着大量的法律漏洞以及法律规范间的重复与冲突。

(三)俄国民事诉讼近代化改革的主要法律来源

1864年各类司法条例的颁行是俄罗斯帝国近代司法改革主要立法来源,其中共涵摄四部条例:《司法组织条例》、《民事诉讼条例》、《刑事诉讼条例》和《治安法官处罚条例》。其中《司法组织条例》和《民事诉讼条例》是本书主要研究范围,其主要功能在于调整法院组织机构和民事法院诉讼程序。司法条例颁行前,有关诉讼程序的相关条文主要规定在《俄罗斯帝国法令全书》第10卷第2部分,大部分条文是对1649年《国民会议法典》中不同时期法令简单汇编和机械性组合。

司法条例的创制经历了一系列复杂的编纂过程。1848年沙皇尼古拉一世委托Д. А. 布鲁多夫制定民事诉讼程序改革报告,并于1849年提交了改革基本方案。在Д. А. 布鲁多夫看来,现有民事诉讼体系损害了地主阶级的经济地位,由于缺少有效的司法保护而破坏了国家经济活动的基础。草案中还提出:应当规定具有一定限制的辩论式民事诉讼程序,作为向欧洲诉讼模式靠拢的一种方式,恢复17—19世纪被破坏的当事人独立地位;允许当事人及其诉讼代理人参与庭审,并对提交的证据和不服上诉承担法律责任;取消警察机关实施民事案件侦查的职权;司法判决执行权由警察机关移交给专门承担执行职能的司法执行员;微小案件通过治安法院简易程序审理。尽管草案试图借鉴欧洲辩论式诉讼,但仍然保留了对诉讼程序的行政监督和证词书面形式的要求。这一草案旨在通过对民事诉讼程序和司法组织的自由化改造满足对私有关系个人利益保护的需要。他在提交带有自由主义色彩的民事司法改革草案的同时,也提交了理念上相对更为保守的《刑事诉讼条例》,而且其中也并未取消法定证据制度和书面审理的规定,甚至他还因为担心在民众法律意识薄弱和法律文化低下的情况下会损害俄罗斯的司法体系而反对建立陪审法院。

在Д.А.布鲁多夫草案中保留了旧司法体系的两个重要原则,即对诉讼程序的行政监督以及等级法院原则。因此,该草案不能认为是一部旨在打破旧体制的资产阶级性质的法律草案。但该草案使贵族法官在很大程度上获得了独立,弱化了法院办公室行政官吏对诉讼程序的干预,提倡建立贵族法官选举制,并且提出被选举人应当具有较高的财产资质以及应当具有高等教育背景的要求。因此,后世学者认为,布鲁多夫草案奠定了司法权与行政权相分离的基础,废除了办公室秘密审理,引入了贯彻公开原则和言词原则的辩论程序,建立了律师制度、两级法院实质审理制等制度。①但由于该草案本身结构缺乏严谨性以及其中过多的形式要求,因此,1864年司法条例最终只吸收了其中的自由主义性质的诉讼原则,但对草案本身并未予以采纳。但亚历山大二世在给予参政院的训令中,仍然高度评价了诉讼条例草案:"审视这一草案,我们可以发现,他完全符合我们将俄罗斯法院转变为迅速、公正、仁慈,对于所有民众平等的法院体系的初衷,提升了司法权的地位,并给予其相应的独立性,由此必将使民众产生对于法律权威的尊重,不如此国家的富足则无法实现,这应当成为我们从上到下所有机关行为的指导原则。"②

随着1864年司法条例的颁布,新型司法体系在俄罗斯最终形成。

① Джаншиев Г. А. Основы судебной реформы М. 2004 г. С. 69.

② Судебные уставы 20 ноября 1864 года с изложением рассуждений, на коих они основаны. Ч. 1. Уст. Гражд. суд. СПБ. 1867 г. С. 28.

正如 E. B. 瓦西科夫斯基所指出的，司法条例是俄国在司法领域迈出的伟大一步，建立了农奴制废除之后新的司法秩序，并加速了已经腐化的旧司法诉讼体系的瓦解，建立了完全不同于旧体系的新型司法体系。

1866 年司法条例开始在莫斯科和彼得堡地区颁行，并逐步扩大适用到帝国其他地区，直到 1899 年司法改革的预期目标最终基本实现时，其影响已经扩展到周边众多国家，包括芬兰、波兰、立陶宛和乌克兰等国家和地区，并成为这些国家诉讼立法的主要来源。这一扩张趋势在 1889 年遭遇反改革运动反扑，诉讼条例适用范围开始因此显著缩小，这一时期已经被撤销的地方行政长官和城市法官开始被逐步恢复，并通过 1889 年《地方行政长官条例》规定了带有强烈行政干预色彩的诉讼程序。俄罗斯也随之倒退到大量诉讼规范彼此冲突，县级法院、商事法院、教会法院、行政法院和外事法院运行混乱的状态。

司法条例的最终通过，实现了俄罗斯实体法与诉讼法的分野，形成了具有独立法律渊源的诉讼法规范以及相对于实体法较为完整和精细的法典结构。此时的民法典草案刚刚初创且尚未通过，因此结构松散、体例过时的民法规范与具有资产阶级民主性质的民事诉讼法形成了鲜明对比。

俄罗斯帝国时期，司法实践也可以作为诉讼法的渊源，参政院通过撤销原判程序对具体法律规范作出的司法解释，对下级法院具有等同于法律规范的强制力。

综上所述，俄罗斯帝国 19 世纪下半叶的全面改革促进了国家和社会生活的活跃，逐渐形成了早期的劳动力市场，发展了资本主义生产关系。由此，资本主义民主性质的民事诉讼法典编纂也被提上了国家议事日程。但由于缺少真正实现资本主义改革的经济、政治和社会条件，以及民众较低的法律意识水平，导致君主专制政体下的自由主义民事诉讼改革，难以朝着提高司法公正和民主化目标有效展开。

第三节　俄罗斯民事诉讼制度近代变革之走向

18 世纪以来俄国司法体制中积聚的问题因克里米亚战争的失败而进一步凸显：审级过多、诉讼迟缓、书面审理和秘密审理问题突出、司法缺乏独立性、官僚主义盛行。1861年农奴制度废除后更加彰显出司法改革的必要性和紧迫性。沙皇亚历山大二世继位之后，意识到了俄国司法体系弊端丛生，鉴于此，适时地启动了司法改革。俄国19世纪下半叶司法改革是沙皇支持下由一批开明官僚制定并实施的资本主义性质改革。1864年司法改革是在吸收欧洲法学理论和司法实践的基础上结合俄国本身的司法传统经过改造和创新后的成果。司法改革在俄国历史上首次实现了司法权与行政权的相对分离，重点在于调整法院机构设置，为俄国引入了一整套现代的司法原则与制度，为俄国法制现代化的发展奠定了坚实的基础。[①]

一、独立民事司法体制的构建

1864年司法改革是俄罗斯彼得一世时代“欧洲化”进程的延续，如同这一时代的众多改革一样，司法改革深受欧洲立法观念和法学理论影响。《民事诉讼条例》的编纂是以《法国民事诉讼法典》为模板，同时借鉴了《奥地利民事条例》和《瑞典民事诉讼法》中的制度和规范。其中，治安法官制度的创立则是受到英国司法模式的影响。

（一）司法权与行政权分离

司法权与行政权相对分离是1864年改革最大创新之处。俄国历史上司法权长期丧失独立地位，行政干预司法是普遍存在的现象。彼得一世以前，俄国司法主要由行政机构来负责，政府官员既是行政官员，也是法官。彼得一世继位之后，为改变俄国司法落后的状况，决心以《瑞典民事诉讼法》为模板推行司法改革，力图通过司法改革实现司法权与行政权的分离。但彼得一世的目标并未最终实现。省长仍然掌握司法权，由省长的助手省法官负责司法事务，其治下省政委员会负责全省的司法事务。[②] 叶卡捷琳娜二世的司法改革则为俄国建立了一种以等级为基础的司法体系，但仍未改变作为行政官员的省长掌控司法权的本质。省长负责监管全省的司法，刑事判决必须经省长批准之后才能生效。叶卡捷琳娜二世深受孟德斯鸠思想的影响，但并未通过司

---

① 参见郭响宏：《俄国1864年司法改革研究》，陕西师范大学2011年博士学位论文。

② 参见[苏联]Б.Б.卡芬加乌兹、[苏联]Н.И.巴甫连科主编：《彼得一世的改革》（上册），郭奇格等译，商务印书馆1997年版，第385-386页。

法改革真正确立分权思想。[①]

1861 年布特科夫小组将司法权与行政权分离作为司法改革的基本原则。他们认为,如果行政权与司法权集中在个人手中,那么不仅会束缚权力体系的合理发展,行政机构干涉司法审判也会导致司法不公,引发人民的不满。亚历山大二世认可了开明官僚的这一主张,分权原则被写入了 1862 年司法改革基本原则,即"司法权与行政权,行政机构和立法机构相分离。司法权由法院独立行使"[②]。国务会议的大多数成员支持这一原则。1864 年颁布的《审判机关章程》第 1 条重申了"司法权与行政和立法权相分离"的原则,并具体列明了行使司法权的各类法院。因此,除未加以改革的教会法院、军事法庭等司法机构外,任何行政机构都不能干涉法院的审判权。

(二)法院机构和法官选任机制的变革

1. 法院体系的革新

为了真正实现司法权的独立,必须改革原有法院体系,以利于俄罗斯新型司法体系的形成。1864 年 11 月 20 日,由全俄最著名的法学家组成的编纂工作组共同起草的《法院机构法》颁布。此时司法改革的意义已经不仅限于法律领域,已经事实上成为俄罗斯分权改革的第一步,基本实现了行政权与司法权的分离。1864 年司法改革构建的新体系中消除了法院等级性质,建立了公开性的辩论式诉讼模式,法院拥有独立审判权,不受行政权干涉,执行权由法院下辖司法警察承担,律师和陪审团参与诉讼。根据行政区划,审级结构上形成了治安法院体系和普通法院体系并行的二元法院体系,采取二级法院实质审理制。地方法院体系由治安法官、治安法官大会(съезд мировых судей)组成;普通管辖法院由区法院、高等审判院组成。参政院作为最高司法机关承担根据申诉实施再审、撤销发生法律效力判决、作出司法解释、保证法律司法实践统一适用的职能。

这一时期参照英国治安法官制度建立了新型的司法机关"治安法院"。这一机关的成立具有两个重要原因:农奴制的废除以及司法权、

---

① 参见郭响宏:《俄国 1864 年司法改革研究》,陕西师范大学 2011 年博士学位论文。

② C. C. Wilson, *Basic Principles of* 1862: *the Judicial System*, *a Translation and Commentary*, p. 102-123.

行政权的分立。农奴制废除之前农奴几乎占农民总数的一半，由于未被解放的农奴依附于地主并尚未拥有私人财产，使得不存在建立审理小额动产民事案件法院的必要，包括轻微刑事犯罪、微小民事案件在内的各类讼争完全可以通过警察机关解决。为消除农民的依附性，排除警察机关对司法案件的干涉，必须要用新型司法机关来代替原区警察机关审理轻微案件。当时欧洲国家普遍采用的一种法院组织形式——治安法院，走进了立法者的视野，该司法机关旨在使“大部分案件通过和平调解，或者在当事人第一次出庭时，依据当事人双方的言词陈述，在无需缴纳诉讼税费的情况下通过简易程序解决”①。

根据俄国文献，“当时的俄罗斯到处都充斥着要求现场快速解决的争讼。这就要求在距离争讼当事人较近的地方设置专门审理此类案件的法官。但是，如果此类案件由警察机关或司法权与行政权混合的法院负责审理，那么现有司法体系的运行不畅将会导致无休止地审理以及大量时间和金钱的浪费。但如果直接轻微案件的审判权移交给区法院，那么，毫无疑问大量案件的涌入会远远超出其能力范围，那么这也同样剥夺了当事人寻求救济甚至是启动诉讼的可能。当为一个标的额微小或亟须解决的案件当事人奔波数百里，或者法院奔赴现场或者派出警察传唤被告时，被告早已藏匿，目的在于等待诉讼超过一年诉讼时效，那么此时的正义就会遥遥无期，而法院也不能称其为法院了”②。这也成为治安法官制度设立的重要原因。

正如莫斯科举行的治安法官大会上，司法部长Д. Н. 扎缅金对治安法官设立的意义所作出的评价：“各位先生，是从各个社会阶层当中选举出来而走上这一重要职务，每个人被赋予了广阔的活动空间。赋予你们这一职务的正是那些急需得到公正快速审判的人们。你们肩负的治安法官职责远远高于帝国皇帝神圣意志所赋予它的意义，你们的工作将作为未来公开、快速、公正、仁慈司法构建的基石。”③在司法部第一部关于治安法官活动的奏章中指出，“和平审理的简易性，完全的公开

---

① Джаншиев Г. Эпоха великих перемен. М. 1900 г. С. 429.

② Материалы по преобразованию судебной власти в России. Т. 9：Записка 12-го мая Источник электронного копии：РГИА. 1859 г. С. 36-37.

③ Министерство юстиции за сто лет. 1802-1902. Исторический очерк. СПб. 1902 г. С. 131.

性以及缺少烦琐的形式要求,唤起了民众对于治安法官制度的信任。特别是普通民众,在治安法院中寻求到了对自己日常生活微小利益诉求快速、公平的审理,它是如此接近民众和他们的需求"[①]。当然,伴随着民众接近司法,大量的案件开始涌进治安法院,根据统计,莫斯科地区受理的诉讼相对于司法改革前的同期增长了 8 倍。

2. 法院管辖以及法官选任方式

治安法官由地方自治机关的代表机关——县级地方会议或城市杜马,从居民中根据教育背景、工作经历、财产和职业资质(ценз)选举产生。治安法官受理法定刑罚不超过 1 年剥夺自由刑的轻微刑事案件,以及标的额不超过 500 卢布的民事案件。治安法官应当受过高等法学教育,并拥有不少于 3 年的法律工作经历。城市和各县被划分为司法区,由治安法官负责辖区微小民事案件和轻微刑事案件,设立司法区治安法官的同时,还设立了良知治安法官(честные мировые судьи)和荣誉法官,根据当事人请求或在司法区治安法官缺席的情况下代替解决争讼。治安法官大会为治安法官审理案件的第二审级和上诉审级。

普通管辖法院体系大部分案件由区法院受理。区法院法官由沙皇根据司法部长提名任命。司法管辖区域涵盖数个县,主要审理治安法院职权之外的刑事和民事案件。除一审职能外,有时区法院也不得不充当对于治安法官大会判决的二审上诉法院角色,审查一审判决的合法性。根据具体案件的特点,犯罪行为的危险性和复杂性,区法院可以通过不同方式组成合议庭审理争讼。在法律规定的情形中,区法院可以通过三种方式组成合议庭审理案件:(1)由 3 名职业法官组成合议庭;(2)由等级代表和职业法官组成合议庭;(3)由陪审员和职业法官组成合议庭。

高等审判院所有审判人员和侦查人员均由司法部部长提名并由沙皇任命。高等审判院作为区法院的上诉审级,国家犯罪和职权犯罪案件的第一审级。当高等审判院作为第一审级审理案件时,等级代表必须参与诉讼。高等审判院司法区由若干省组成。如此划分的目的,是实现审判权相对于行政权的独立,保障其免受行政机关的干预,并因此

---

① Министерство юстиции за сто лет. 1802–1902 г. Исторический очерк. СПб. ,1902 г. С. 132.

专门规定了一系列保障法官独立的权利性和约束性规则，包括：（1）不被撤换原则。区法院和高等审判院法官不能被解雇或者在未经其同意的情况下调离至其他岗位，经法院判决的情况除外。（2）法官终生任职原则。法官只能在实施了刑事犯罪行为或者经过审判判定破产的情况下可以被解雇。（3）限制不具备相应职业能力或者道德品质的法官进入司法系统。（4）司法机关工作人员由于工作疏漏以及职务外犯罪行为承担的纪律责任，由上级司法机关裁决。

参政院作为最高审级，由两个破弃审司——民事破弃审司和刑事破弃审司组成，参政院破弃审司是俄罗斯帝国唯一的再审审级。其职能包括：（1）作为一审法院，由等级代表参与，一审审理重大危险刑事犯罪案件；（2）作为上诉法院，审查高等审判院或者参政院法官作出判决的依据性和合法性；（3）作为破弃审法院，通过撤销原判程序审查上述审级作出民事判决和刑事判决的合法性。概言之，其职能在于保障司法实践的统一和捍卫诉讼规范的有效实施。参政院作为最高司法管理机关。仍然保留了旧行政权能机关组织架构，这也使得参政院成为庞大而烦琐的机构，不仅承担着司法审判职能也承担着行政职能。而直到现代俄罗斯高等法院的职能定位已经转变为不承担行政职能的最高司法机关，相应行政职权由司法部承担。

尽管司法条例本身具有进步性质，但是，其仍然保留了等级法院的残余，例如保留了乡一级负责农奴案件初级裁判所和外事法院，还有大量案件仍然由教会法院管辖。正如 В. Н. 巴贝科所指出的，司法改革“并没有成功消除等级法院的残余，俄罗斯各教区宗教事务所继续承担司法职能，审理与教士相关案件，而军人案件则由军事司法机关管辖”。[①] 1861 年农奴改革后的一段时间内，乡法院（волостной суд）开始将自己职权扩展到管辖摆脱了领地司法，管辖获得人身自由农民的各类纠纷。而原来负责农奴案件的等级法院一直运行到司法改革前。但是 1864 年司法改革并没有在整个俄罗斯形成完全统一的司法体系，在某些地区，例如，西伯利亚和其他民族区仍然运行着具有地方特点和传统的法院组织，司法改革主要在俄罗斯中心地带的 37 个省铺开，并形

---

① Бабенко В. Н. Судебная система России：история и современность. М. 2007 г. С. 134.

成了统一的司法体系。

（三）陪审制、职业律师、司法警察和检察官机构的确立

司法改革的另一重要革新是引入陪审制，这一制度借鉴于英美法系程序法。来自各阶层的陪审员出现在新式法院当中，他们依据法庭辩论和相关证据，根据自己内心的良知对案件作出有罪或者无罪的裁决。等级代表（省级和县级的贵族代表，市长和乡长）参与诉讼时，享有与法官同等的权利，包括共同参与庭审作出判决，共同认定被指控犯罪被告是否有罪，并确定刑罚。陪审员只允许参与区法院刑事案件审理。根据《刑事诉讼条例》第201条的规定，刑事案件的类别限定于法律规定的施予剥夺自由刑或者限制财产权相关刑罚的犯罪案件。当合议庭由职业法官和12名陪审员组成时，陪审员从具有俄罗斯国籍，25周岁到70周岁之间，在当地居住不少于2年的地方所有阶层居民中选举产生。下列人员不能列入陪审员名单：教士、神职人员、学校教师、军人和私人仆从。这一时期陪审员已经具有现代陪审员的主要功能，承担判断被指控人是否有罪的职责。在认定被告有罪的情况下，陪审员可以在法官确定刑罚时作出是否减轻处罚的决定。根据陪审员的决定，法官作出判决。如果被告被认为有罪，那么由法官确定具体的刑罚。

建立职业律师制度。这对新型司法体系的构建来说具有重要意义。律师分为两种类型：（1）根据高等审判院司法区划分的行会律师；（2）代理微小案件参与庭审的私人律师。

恢复了检察院机构，并隶属于司法部管辖。但被取消了之前的监督职能，其活动范围被限定于司法领域，承担侦查监督和支持起诉职能。由于司法机关对民事案件审理过程中发现的法律漏洞，不具有提出立法建议的权利，因此，《民事诉讼条例》将这一权能赋予了检察官。这借鉴于《法国民事诉讼法典》中检察院"为法律利益对判决提出申诉"的相关规定，据此规定检察官可以不受判决中给出理由的约束，提出立法问题。如果判决在新法条款制定前作出，则对原案件不具有溯及力。新法条款颁布后帝国所有法院均照此执行。

《民事诉讼条例》废除了警察机关受理和调查非诉案件的规定，并将争议案件移交法院审理，但警察机关仍有权解决一定数额之内的争讼案件。同时，警察机关也被撤销了执行判决的职权。为了快速准确执行判决，按照新法规定所有判决执行职权被赋予该司法区司法警察

（судебный пристав）。当时莫斯科州法院院长指出，这一规定颁布的目的在于“恢复对作为国家秩序基础的法院和法律的信心”。[①] 因此，将执行程序从行政机关职权范围内排除出去，毫无疑问这是《民事诉讼条例》巨大成就之一。

法院独立性地位的巩固，改变了社会对民事司法的态度。使民众相信司法机关能够捍卫其利益。起诉的激增也侧面证明了这一点，1866 年区法院受理的民事案件还只有 4750 件，而到 1871 年已经达到了 60,800 件，而到 1912 年已经达到 147,766 件。[②] 正如 1867 年《莫斯科消息报》中指出的，新型法院从建立那天起就成为公民法治教育和社会法治思想培育的学校。而随着案件负担的加剧，法院组织物质基础建设也随之加强，其中包括大幅度提高法官的工资待遇。当时的司法部部长 Д. Н. 扎缅金非常重视提高法院的物质保障，他认为，这决定着司法改革的成败。而法官待遇过低也会导致司法腐败和优秀法官的流失。由此可见，司法改革过程中不仅在外在形式上提高了法院和法官地位，也为其独立性提供了必要内部制度和物质保障，保障民事司法审判在尊重法律权威、公开性、言词性、辩论性、在法律和法院面前人人平等等原则基础上有效实施。

1864 年司法条例中虽然规定了司法权独立于行政权，但这与君主专制政体为基础的国家体制显然矛盾。在缺少分权制度的权力相互独立和相互制衡条件下，行政权具有有效的现实推动力，它毫无疑问相对于其他国家权力具有优势地位。因此，随之而来的是国家权力机关对司法改革民主原则的限制，并最终遭遇到“反改革”力量的激烈反扑。

从 1889 年开始，“反改革”势力开始日益占据上风，并开始针对当时一系列民主司法制度逐步采取限制措施。例如，陪审员制度的设立是为了保证社会公众参与司法审判的权利，但在 19 世纪 70—80 年代采取的陪审员财产资质审查制度却严格限制了普通民众作为陪审员的资格，也限制了陪审员制度适用的范围。在此之后，1885—1887 年颁布的法律中又对法官的独立性和诉讼程序的公开性进行了严格限制。改

---

① Очерк деятельности и значения судебно-исполнительнойвласти, организованной по Уставам 20-го ноября 1864/Юридический вестник. 1867-1868 г. Кг. 5. Ноябрь. М. 1867 г. С. 66-67.

② Судебные Уставы 20 ноября 1864 года за пятьдесят лет. Т. 2. С. 363.

革时期建立在法律面前人人平等原则基础之上的治安法官制度，也逐渐在俄罗斯大多数地区被兼理行政权和司法权的地方行政长官制度代替，这些长官成为地方事务的全权领导。这些“反改革”措施导致司法机构和诉讼程序向旧体系倒退，而为了强化行政管理机关对司法程序的干涉，19 世纪末期和 20 世纪初，都对 1864 年司法条例进行了大规模的修订。

二、民事诉讼体系改造与创新

《民事诉讼条例》颁布后，辩论式诉讼模式取代了纠问式诉讼，根据法庭任何时候都不能独立收集证据或者证明文书的规定，判决只能依据双方当事人提供的证据作出。办公室秘密审理让位于公开审理，司法机关所有诉讼行为，除法律规定的特殊情形外，都必须允许当事人和第三人参与，案情汇报、当事人言词辩论和证据审查都应当通过公开庭审的方式进行。

（一）参政院对民事诉讼体系整体性变革

司法改革前的俄罗斯帝国司法体系的发展，受限于君主专制政体。在君主专制政体条件下，不可能真正实现分权。整个国家的权力机制趋向于保护行政权力体系，司法权仅仅作为行政权的附庸，经常充斥着故意刁难、违法行为、诉讼迟延和收受贿赂等行为。直到克里米亚战争失败之后，整个国家政治体制的落后使沙皇开始认可司法权独立的重要意义。为了摆脱等级法院的混乱状态，革除原有民事司法体系的弊端，司法条例在司法独立原则的指导下对原体系进行了全面的改造和创新。

1864 年司法改革目标定位于为所有民众建立公开、快捷、正义和平等之司法。为此，参政院合并了司法厅和民事案件厅，确立了两级法院实质审理原则，采取了一系列旨在消除原有司法体系弊端的措施，内容包括：(1)撤销原有复杂的程序设置，合并为两种程序——普通程序和简易程序；(2)警察权与司法权分立，为此建立了新型司法机关——治安法院；(3)民事案件审理采用两级法院实质审理制；(4)合并等级法院和普通法院；(5)采用送达方式传唤到庭，公告送达仅适用于无法送达的特殊情况；(6)缩短审判行为期限；(7)规定了第三人参与诉讼制度；(8)以辩论式诉讼代替纠问式诉讼；(9)规定了简易程序规则，包括简单案件和小额案件程序;(10)取消诉状外在形式要求,代之以诉状内容规范;(11)禁止当事人不加限制地提出辩论文件,书面文件的数量被限制为 4 份,双方当事人各允许提出 2 份;(12)增加诉讼费用的确定性;(13)建立缺席审判制度;(14)规定了部分上诉状(частное прошение)和上诉状(жалоба)的提交程序;(15)废除了办公室秘密审理,引入公开原则;(16)规定证据规则,撤销法庭指定当事人决讼宣誓作为证据的权利;(17)免除检察院除监督司法机关外,监督其他机关事务的职权,对于司法机构的检察监督建立在新依据基础之上;(18)规定法院承担对判决书说理义务;(19)取消对于不适当启动诉讼程序和上诉行为的罚款;(20)废除向国务委员会移送案件的规定;(21)判决监督职能由破弃审法院承担,规定了撤销判决程序;(22)法官和法院院长对不正确诉讼行为承担责任;(23)执行法院判决的职权由隶属于法院的特殊公职人员——司法执行员承担;(24)建立宣誓律师制度。

(二)新民事司法原则的确立

《民事诉讼条例》中反映的,是对建立快速、公正、仁慈和人人平等司法的追求,并将其建立在全新的民事诉讼原则之上:(1)司法权和行政权相分离原则;(2)辩论式诉讼原则;(3)诉讼程序公开性原则;(4)民事诉讼程序言词性原则;(5)两级法院实质审理原则;(6)当出现违法行为或者不正确适用法律情况时,通过撤销原判程序对法院发生法律效力判决进行审查。上述原则的确立为根除司法改革前包括办公室秘密审理、书面审理、诉讼迟延等在内的诸多弊端提供了法律依据。

1. 司法独立原则

根据《民事诉讼条例》第 1 条的规定,任何争议都应当按照法律规定解决。个人或者社会团体的合法权益,如果被政府机关行政命令或者个人所侵害,那么就可以向法院提起诉讼要求恢复受损权利。但起诉并不中止政府机关行政指令的执行,直到法院作出判决。《民事诉讼条例》第 2 条规定,出现争议的情况下,依照法定程序恢复公平正义,是政府的首要职责,以此为目的建立法院组织,并为其实施司法审判和发现真实提供法律规范保障。这两个条款立法目的旨在确立行政权和司法权分立原则,是对之前行政权司法权混同缺陷的修正。同时,也作为建立快速、公正和平等法院的前提条件。

(1)司法裁判不受行政干预

条例规定,司法机关在审理活动中具有独立性,并为违法行为和一切虚假行为承担责任。而法院服从于任何个人或者政府机关都会降低法院权威,都会限制法院以中立地位适用法律。正如M. A. 巴鲁契扬斯基所言:"没有司法权相对于行政权力的独立地位,就不存在公正的审判。如果法院根据总督的命令对判决进行再审,中止执行,那么真正运行的就不是法律,而是恣意和专横。无论是古罗马抑或古希腊法官都不受行政官员的干涉而独立实施司法审判,只有野蛮未受教育的民族才会将权力都集中于行政长官之手。"①

虽然法律的国家强制力权威属性要求所有机关必须服从其判决,司法判决的修正,只能通过上诉审实施,但在当时的权力体系中却并非如此。在当时君主专制政体的历史条件下,当时所有各级国家机关在权力本质上只是作为国家行政权的分支,司法权虽然作为国家权力的一部分,地位却处于立法权之后,在国家权力体系中处于次要地位,无法与行政管理机关拥有平等地位。由于当时司法权在权力体系中地位的弱化,也使得法律权威被破坏。正如1865年4月16日《莫斯科消息报》所言:"政府行政机关有权干预法院司法,如果不是直接的,就需要间接的,法院的下级机关完全应当服从于行政权的监督。"M. H. 卡特科夫指出,"虽然行政干涉无法使法官变成恶意怠于行使职权者,大部分法官仍然充满善意、热情和行动力地履行职权。而真正促使其放弃自己的职权的原因,在于法官依附于省级机关行政领导,如此更加伤害其尊严,此种依附性使得法官无所期待。新的诉讼条例将法官从行政依附的枷锁当中解放出来,赋予了法官独立的职权范围,使得任何普通行政机关均无权间接干涉司法"②。

(2)简化上诉审级

司法改革要求撤销最高行政机关参政院启动再审、监督诉讼程序、要求法官提交报告、向法院和法官追究责任的权力。取消参政院作为破弃审级作出司法判决的权利。根据《民事诉讼条例》第69条规定,上

---

① М. А. Балугьянский. Проект судебного устройства 1828 года. Из Журнала Министерства Юстиции. СПБ. 1895 г.

② Катков М. Н. Собрание передовых статей "Московских ведомостей" за 1865 г. М., 1897. № 82. 16 апреля 1865 г. С. 220-221.

诉案件可以根据当事人申诉,由高等审判院移审至参政院,但取消了关于参政院向参政院全体会议,以及由全体会议向国务委员会移审案件的规定。当事人在向高等审判院提起上诉后,只允许向参政院提出撤销司法裁判的请求,也就是说,上诉程序被限制于高等审判院,上诉不服后只能通过撤销判决程序提起。

(3)法官造法

除简化审级、消除行政干预外,司法权、立法权和行政权的分立还体现在,废除了司法改革前关于禁止法院在法律规定不清或者法律规范不完备的情况下继续审理的规定。所有司法机关必须根据现行法律的准确含义解决案件,禁止以法律规定不充分、不清楚或者法律之间相矛盾为借口拒绝裁判。违反这一规定需要承担拒绝裁判的责任(《民事诉讼条例》第 9 条和第 10 条)。由此可见,根据上述规范,法官已经具备了解释法律的职能,即根据现行法律立法精神解决案件,依据类推(аналогия)来适用法律。

正如法学家 E. A. 涅菲奇耶夫所指出的,法院必须面对如果立法者预见到这一情形,将会设置何种规范解决的命题。因此,也在某种程度上使法官获得了造法的功能,甚至可以说是一种立法权。根据类推适用法律并不能造成司法权和立法权相混淆的危害后果,相反,此种司法实践会对当时相对封闭状态下的立法发展作出正面影响。①

(4)参政院统一释法

对法律统一理解和准确适用的监督权只能由破弃审法院(参政院)承担。参政院是对法律真实含义作出统一解释的最高机关,其职能在于保证俄罗斯法院实施统一审判行为,保障对法律统一理解。这一措施消除了各地法院自行规定的习俗、形式、仪式以及对法律的不同理解适用,并在俄国建立了统一的司法审判原则体系,使法院和社会对诉讼原则体系形成理性理解。赋予了现行民事诉讼基本原则体系法律上的安定性,通过这些原则的确立使公民个人权利以及其他当事人权利免受不当干涉。

上述规范的确立在当时司法界产生了积极影响:首先,由于秘密调查案件时,法官的偏袒往往导致其隐藏个别对于案件审理重要的情况,

---

① Нефедьев Е. А. Учебник гражданского процесса. М. 1909 г. С. 38.

并为此披上了合法的外衣。因此,通过废除法院办公室秘密审理,限制了法官的偏袒和恣意。其次,促使法官真正认真调查研究诉状。最后,保障民众真正接近司法,并通过判决的公开为法学家和司法实务工作者提供法律研究素材,促进了法学理论与司法实践的结合。

2. 言词原则的确立

《民事诉讼条例》中通过细化言词辩论和书面文书的相关法律规定巩固了言词原则。规定法院判决应当依据当事人法庭辩论和提出书面文书作出,当事人言词辩论时获取的诉讼资料等同于书面文书的效力。书面性和言词性并举的混合原则,引起了社会激烈的讨论。原因在于,当时普遍认为言词程序是建立新式法院的重要前提条件,保障审判实施的是法官本人,而不是法院中实施秘密审理的办公室,因此人们普遍担心书面性导致书面审理的再次恢复。但立法者最终认为,诉讼的形式应当是法律执行者赋予的,法律的规定是柔性的,在提供了书面审理和言词审理两种可能的情况下,执法者可以根据其愿望和能力,调整言词性和书面性在案件审理中的权重,赋予程序需要的形式。[①] 这一规范最终在司法实践获得了认可。

3. 两级法院实质审理制原则

民事诉讼另一重要原则是两级法院实质审理制原则,即民事案件只能通过两个审级实质审理:区法院和高等审判院。制定这一规则的原因在于司法改革前存在大量审级,这是造成诉讼迟延的重要原因。立法者认为,两级法院实质审理足以保障判决的合法性,二审判决宣布后即为最终判决。同时,考虑欧洲的经验,在不破坏法院独立性和扩大审级数量的情况下,规定了撤销违法判决的救济手段,即引入了撤销发生法律效力判决特殊请求制度——撤销原判请求。

诉讼基本原则,是在诉讼整个过程中或在重要诉讼阶段起指导作用的准则。其精神实质是通过总括性要求为法院的审判活动和诉讼参与人的诉讼活动指明方向,因此具有普遍的指导意义。司法改革在司法实践中引入了诸多具有现代意义的诉讼原则:无罪推定原则,诉讼程序的公开和辩论原则,被指控人权利保护原则,人民代表参与诉讼程序

---

① Катков М. Н. Собрание передовых статей "Московских ведомостей" за 1865 г. М. 1897 г. №81. 15 апр.

原则等。今天这些原则已经成为任何一部民主宪法不可分割的组成部分，但在君主专制政体下的俄国这些理念无疑会让整个社会为之震惊。可以说，1864 年司法改革，实际上是政府立宪制理念的化身。正如 20 世纪初 H. 波良斯基所作出的评价："司法条例是我们的第一部宪法抄本。其中第一次为对抗行政权的恣意和随意确定了法律保障。"①

俄国传统观点认为，不同历史时期诉讼规范是相应时代各种社会倾向的调和。克里米亚战争失利后，社会民众普遍要求对社会制度、军队体制和司法体系进行根本变革，要求建立一个平等、民主的社会体系。司法制度作为政治制度重要组成部分，成为社会公正的重要保障，建立统一、完善的法律是实现国家强盛的最好手段之一。因此，学者评价说："1864 年司法改革与废除农奴制一样，都是亚历山大二世时代的伟大变革，它使帝俄时代民主司法体制得以建立，唤起了社会民众对法律、法律文明，保护个人权利等问题的热情。"②俄罗斯学术研究中通常将其冠以"伟大"之名。申言之，构建自由主义民主化民事诉讼体系的经济前提应当是，生产力和资本主义贸易的发展，民众对于民事诉讼旺盛的社会需求；政治前提是居民在政治抑或经济方面拥有的广泛自由；社会前提是大量居民拥有物质保障和积极参与经济活动的中产阶级。俄罗斯帝国时期上述前提是逐渐形成并积累起来的。但在君主专制政体下，民事诉讼法民主化发展的稳定前提并不存在，由此，也不难理解 19 世纪后期为何"反改革"浪潮会不断高涨。

---

① Революция — торжество права / Проф. Н. Н. Полянский. —Москва：Задруга. 1917 г. С. 11.

② Н. И. Горская. Правовое государство и цели судебной реформы 1864 г. Вопросы истории. 2014 г. №6.

第三章　俄罗斯近代民事诉讼制度的核心内容

民事诉讼基本原则是诉讼活动的指导准则,《民事诉讼条例》确立了辩论原则、处分原则、言词原则、直接原则、公开原则、不间断审理原则等基本原则。民事诉讼体系各原则间紧密联系与协调,共同构成了有机的诉讼原则体系,每个原则在体系中都发挥着独立作用,占据着独特位置,覆盖某些阶段或诉讼制度,此种相互联系与协调是由民事诉讼统一目标和任务所决定的。每种原则的顺畅运行都以其他原则的运行为前提。

针对司法改革前诉讼程序的弊端,《民事诉讼条例》吸收了法国民事诉讼优秀立法成果,建立了具有俄国特色的简易程序,并在司法实践中取得了良好运行效果,尤其是作为司法体制重要组成部分的上诉制度,司法改革之前的俄国上诉体制极为复杂,严重影响了司法运行效率,司法改革通过司法组织革新与上诉审体系改造的协同发展,确定了两审实质审理原则,规定了实体上诉制度、部分上诉制度、撤销原判请求制度,从根本上简化了上诉程序,大大提高了司法运行效率。《民事诉讼条例》中将证据功能定位于为查明真实和恢复正义提供保障。主要证据种类包括证人证言、书证、自认、决讼宣誓、间接证人调查,并建立了独特的证据审查和证据评价方法。

第一节　俄罗斯近代民事诉讼的基本原则

民事诉讼法的基本原则，是在民事诉讼的整个过程或在诉讼各重要阶段起指导作用的准则。它集中体现了民事诉讼的目的，反映出民事诉讼的基本原理和内在规律，并承载着民事程序价值的追求。随着1864年资本主义民主性质司法改革中自由主义诉讼观的塑造，纠问式诉讼彻底被辩论式诉讼所取代，新的民事诉讼原则体系也随之确立，并随着时代的变迁不断丰富其内涵。近代俄罗斯民事诉讼法基本原则主要包括辩论原则、处分原则、言词原则、直接原则、公开原则、不间断审理原则。

一、辩论原则

大陆法系中我们所称之的辩论原则又称为辩论主义，是指只有当事人在诉讼中所提出的事实，并经辩论后才能作为法院裁判依据的一项诉讼制度或基本原则。辩论主义的内容反映了诉讼中法院与当事人的相互关系与作用界分：当事人主张事实并提供证据加以证明；法院则对当事人主张的事实，调查其所提供的证据并对该事实加以认定，最后适用法律作出判决。其实质是反映了当事人在诉讼中的辩论内容对法院具有的约束力，因此，辩论主义是具有约束性的"辩论原则"，它对法院与当事人职权作出了限定。

辩论式诉讼（contradictoire）和纠问式诉讼（inquisitorial）是历史上形成的两种审判组织形式。著名俄国学者卡维林（K. Кавелин）这样阐释两者间的区别：纠问式诉讼（审问式）中法官是诉讼活动主导者，在没有当事人请求的情况下主动去探究案件实质、收集证据，据以形成对当事人正义或非正义的确信；辩论式诉讼（控诉式）是指诉讼活动由当事人自身主导，根据当事人请求启动诉讼，当事人承担对于争诉案件提出证实或证伪证据的义务，法官作为中立者只能根据当事人提出证据作出判决①。不同历史时期俄罗斯民事诉讼或采取辩论式诉讼，或采取纠

① См.：Кавелин К. Основные начала русского судоустройства и гражданского судопроизводства, в период от Гложения до Учреждения о губерниях. М. 1844 г. С. 48.

问式诉讼，抑或采取两者相结合而偏重其一的混合诉讼模式。而在古代罗斯时期，诉讼程序尽管未实现民事诉讼和刑事诉讼的分野，但具有典型辩论式诉讼特征。

（一）近代司法改革前辩论原则的发展

俄国近代诉讼程序组织方式的明显转变发生在17世纪末，彼得大帝为达到强化司法干预的目的，于1697年2月21日颁布了《1697年敕令》。究其原因，他认为"原告与被告忘记了对上帝的恐惧，违背自己的良知，以虚假的证词和狡猾的手段阻碍诉讼"[①]。因此，通过敕令取消了对抗式诉讼，并将民事诉讼和刑事诉讼统一纳入纠问式诉讼模式，并显著加大了对"程序犯罪"行为的惩戒力度，甚至引入了对虚假宣誓和虚假证言的死刑制度。俄国法学界通常认为，彼得一世的司法改革终止了传统的辩论式诉讼模式。同时，也确立了"民事诉讼中侦查原则的统治地位"。[②] 但也有俄罗斯学者认为，彼得一世改革的初衷并非为了引入纠问诉讼模式，而仅仅为了强化法官对诉讼运行的监督以及限制当事人恶意滥用自身诉讼权利。[③] 其依据是1715年《诉讼或司法讼争简要规则》中的规定：如果原告提起诉讼的目的是以恶意的方式损害被告的利益，法官可以依据职权对原告进行询问和调查，要求原告提供用以证明自身诉讼请求的全面证据，用以确认原告诉讼行为中是否存在程序犯罪，无法证明，则原告败诉。被告也应当用证据证明自身无罪。

无论怎样，从当时司法运行来看：尽管这一时期法律中普遍规定了带有辩论主义色彩的条款，但民事诉讼仍然依照刑事诉讼程序审理，允许对被告刑讯，甚至强迫其"承认诉讼结论的正义性"，这必然引发法院普遍滥用审判权力，也迫使彼得一世重新审视《1697年敕令》造成的"灾难性后果"，并对诉讼规则进行再次修订。

其中具有转折意义的重要事件是彼得一世在1723年颁布的《诉讼程式敕令》（Указ о форме суда），根据这一敕令再次取消了纠问式诉讼模式，并将辩论式诉讼（суд）作为诉讼的统一模式。应该说，这是对彼得一世改革前传统辩论式诉讼的恢复，并在一定程度上加以完善，加强

---

① Российское законодательство Х－ХХ веков：В 9 т. Т. 4. М. 1984－1994 гг.

② Энгельман И. Е. Курс русского граждансокго судопроизводства. Юрьев. 1912 г. С. 48.

③ Кавелин К. Основные начала русского судоустройства и гражданского судопроизводства. в период времени от Уложения до Учреждения о губерниях. Москва. 1844 г. С. 171.

了对被告权利的保护。其中借鉴了瑞典法中的规定：审理原告诉讼请求前，应当使被告熟悉原告的诉讼请求、诉讼理由和证据。尽管敕令中直接规定取消纠问式诉讼，但在司法实践运行过程中，仍然表现出纠问原则与辩论原则混合的特征，无论是法院还是当事人在诉讼中都发挥着积极的作用，且这种混合式诉讼模式在之后的司法实践中获得了快速的发展。

这种混合式诉讼带有强烈的纠问主义诉讼特征，19世纪中期仍然在《俄罗斯帝国法令全书》（简称《法令全书》）中得以体现。这种二元共存的诉讼模式，具体特征在于：（1）这一模式承袭了传统罗马法诉讼程式，具有鲜明的辩论主义色彩。如必须由利益相关人提起诉讼，且原告应当证明自身诉讼请求，即具有诉权。如果无法证明，被告将免于应诉。被告应当提供具有充分依据之证据，用以证明己方正义，并借此驳斥对方不利于自身的证词（《法令全书》第312条、第313条）；相对方当事人对己方不利证据的自认，可无须证明并直接采纳作为证据（《法令全书》第329条）；当事人自行决定是否援引他人证言证明（《法令全书》第358条）；作为上诉法院，高等审判院无权补充当事人未曾援引的证据（《法令全书》第544条）。（2）其中包含了大量具有典型纠问式诉讼特征的规范。如法院依职权主动收集和调查证据。立法中虽然将此界定为法院职权，但在司法实践中，调查和收集证据的职权却是由基层警察承担。在民事诉讼收集证据程序中，由警察实施包括勘验、登记和评估作为诉讼依据的财产，以及进行居民调查、询问证人、收集书证、查明是否造成损害以及损害后果等职权活动，上述警察职权行为又被称作“民事侦查”（гражданское следствие）。在侦查活动完成后所形成案件材料由警察提交法院。

当时学者普遍认为，纠问式诉讼模式尽可能地为法官提供了揭示客观真实的所有手段。民事侦查的目的也同样在于：通过尽可能地收集各种证据、资料和调查事实，接近所允许探知的作为诉讼对象的事实真相。因此，为揭示民事讼争真相，民事侦查成为最主要的诉讼行为，其结论也成为公正判决的主要依据。① 但赞成声音背后，随之而来的还

---

① Лапинский И. Практическое руководство к русскому гражданскому судопроизводству. СПБ. 1859 г. С. 35.

有越来越多的反对声音。在这些持反对观点学者看来,侦查模式不仅具有重大缺陷,也影响了诉讼案件审理的质量和法院作出判决的准确性。这些缺陷包括:书面审理使法官脱离了与当事人通过开庭审理发生的接触,迫使其只能依据警察通过侦查收集的材料作出判决,这也就阻碍了法官通过内心的良知、理性对证据的取舍和证明力进行判断,从而最终形成足够内心确信而作出正确判决。据此,这些学者认为,使用侦查程序无法真正实现查明客观真实的目的。① 同时,纠问式诉讼也滋生了司法专横和腐败,原因在于:其一,由于警察实施民事案件侦查活动不属于法院职权行为,因此,也不受其监督,导致法院对司法侦查的进度和质量缺少影响的能力,甚至不得不受到警察提供诉讼材料的束缚。其二,书面审理使得庭审虚化。由于法院办公室行政人员拥有出具各类证明以及审查和说明当事人提供证据的权利,使得其可以根据主观意愿随意强化或者弱化当事人提供证据的效力,并借此掌握了案件审前准备的控制权。加之,法律上对于证明标准概念界定不明确,使得在司法实践中,司法机关经常以"证明"的借口,要求当事人提供无法提供的证据,但法律对此却缺乏禁止规定。

通过上文的梳理我们不难发现,俄国民事诉讼法发展历史中,不同时期辩论式诉讼模式和纠问式诉讼模式彼此间的博弈与互动,在很多方面都与西方欧洲国家的法律发展史具有共性,而这些国家中都存在过类似的审判模式,以及两种模式彼此间的相互替代与混同。例如,18世纪早期的普鲁士民事诉讼具有辩论式特征,但之后被纠问模式诉讼所取代。如在1793年《普鲁士条例》中规定,法院应当独立直接调查并查明案件事实情况是否具有依据。法官不受当事人承担证明责任的诉讼主张的限制,甚至为查明案件事实情况,拥有使用违反当事人意愿手段的权利和义务。而在19世纪下半叶,通过《1833年条例》和《1846年条例》,普鲁士民事司法中的纠问式诉讼也同样重新被辩论式诉讼所取代。②

(二)司法改革中辩论式诉讼的形成

1864年《民事诉讼条例》编纂委员会认真分析了1857年《俄罗斯

---

① Журнал Министерства Юстиции. СПБ. 1862 г. №65. С. 49.

② Судебные Уставы 20 ноября 1864 года за пятьдесят лет. Т. 2. Пг. 1914 г. С. 532 и др.

帝国法令全书》,并以此确定了制订俄国民事诉讼法的主要原则。按照1864年《民事诉讼条例》编纂委员会的观点,现行诉讼程序的缺陷几乎均源于诉讼行为中的侦查性要素,由此也破坏了争讼当事人依据双方利益纠纷而提起诉讼的本质,这成为全面排除侦查因素的依据。

在立法者看来,纠问式诉讼主要弊端在于:(1)法官根据自我裁量引入诉讼材料,甚至无须当事人请求就直接提出当事人未曾援引的证据和事实,一方面迟延了诉讼,另一方面也为法院的恣意提供了广阔的空间;(2)纠问式诉讼模式施加给法官许多无法胜任的职责,强迫其与距离遥远的机构和当事人发生联系,而仅为了获得当事人轻易便能获取的证据材料;(3)纠问式诉讼规范束缚了法官的良善,使其趋于懒惰和冷漠,拖延案件的审理;(4)纠问式诉讼成为书面审理和形式主义过度发展的重要诱因,导致秘密审理成为其重要表征。

俄国辩论主义诉讼模式的倡导者是莫斯科大学 К. И. 马雷舍夫教授,他认为,"根据辩论主义原则,诉讼中法庭的审判行为应当依当事人的请求和申请而启动,当事人争议关系的评价与判断只能依当事人告知法院的事实作出。这一原则源于民事权利的本质,民事权利属于私法领域,当事人能够自由处分自己的权利。诉讼开始后,司法权不应当干涉当事人未提起的家庭和经济关系讼争。法院作为公权机关,其趣旨不在于保护民事诉讼中一方当事人的利益,而仅在于根据当事人提供的资料正确解决争议。但不能为一方当事人主动收集证据,进而损害另一方当事人利益"①。

这一时期大多数学者都对辩论式诉讼持充分肯定态度,他们将当事人、法院之间辩论主义诉讼关系的优势概括为:(1)可以减轻法院负担。因此,案件事实方面,只能由熟悉本案事实,了解存在何种证据以及存在何处的原告和被告提出的证据和事实查明。(2)促进当事人的积极性。当事人相对于法院,在查明案件事实情况方面具有更强的积极性,因为双方都追求胜诉的结果,极力搜集并向法院提供所有事实情况和证据。(3)减轻诉累。案件事实材料的准备由双方当事人完成,任何一方当事人都会搜集对自己有利的证据,而且双方当事人可以借助律师帮助,分担诉累,相对于法院独立承担收集证据的义务可以获得更

---

① Малышев К. Курс гражданского судопроизводства. Т. 1. СПБ. 1874 г. С. 352.

为理想的结果。

1864 年《民事诉讼条例》中关于辩论式诉讼作出了基本规定：(1)法院必须按照案件利益相关当事人的请求启动诉讼程序，必须在听取相对方当事人陈述后作出案件判决(《民事诉讼条例》第 4 条)；(2)原告应当证明自身诉讼请求(《民事诉讼条例》第 366 条)；(3)被告应当证明对原告诉讼请求的反驳(《民事诉讼条例》第 366 条)；(4)法院无论在任何情况下都不能自行搜集证据或者制作证明，判决只能依据当事人提供的证据作出(《民事诉讼条例》第 367 条)；(5)法院无权对当事人未提出请求的对象作出裁判，也不能超出当事人的诉讼请求作出判决(《民事诉讼条例》第 706 条)。

《民事诉讼条例》第 4 条被立法者认为是其中的帝王条款，是对之前立法缺陷的修正。原因在于条例颁布前是允许法院，甚至警察局和其他机关启动诉讼程序的。例如，警察机关的职权甚至包括审理各类侵权案件，即警察机关可以依程序查明导致损害的事实、过错方和导致损失的数额。但如果对损害事实出现争议，那么案件将提交给法院确定损失真实数额。概括而言，司法改革前当最初由警察机关或者省级官吏(губернский чиновник)受理的案件或非讼案件产生争议时，将移交给法院审理，法院应当受理警察机关或者省级官吏移送的案件。法学家 A. 扎格罗夫斯基对《民事诉讼条例》第 4 条这样解释："民事诉讼程序的辩论性旨在保护私权利，这是国家赋予每个人的司法保护手段，因此，允许个人根据意愿决定是否要求司法保护。但这不属于刑事法院保护社会权利的方式，因为，在刑事诉讼中国家需要在每个独立案件中侦查犯罪行为，而无需期待每个受害者都能及时提起诉讼。"①

《民事诉讼条例》第 4 条适用于包括上诉审在内的所有审级，无论法官抑或检察长都无权主动提起上诉。并且，这一条也规定了保障辩论原则的措施：(1)法院解决案件必须以听取相对方解释说明或答辩期限届满为前提；(2)政府机关或者个人无权解决任何应当通过法院审理解决的争议，亦不能将其移交给法院，只能向请求者说明，其有权向相应法院提起诉讼。参政院民事破弃审司在决议中指出，在司法实践中

① Загоровский А. Очерки гражданского судопроизводства в новых административно-судебных и судебных учреждениях. Одесса. 1892 г. С. 119.

必须严格遵循这一规定，如果被告未被传唤至一审法院，由此也就剥夺了其作出答辩的可能，而据此所作出的判决必须因此被撤销，并发回一审法院重新审理。①

在证明责任分配上，《民事诉讼条例》第 366 条确定了当事人证明自身请求和抗辩的义务，这也反映出法庭在辩论程序中，只是以中立者的角色出现在争议双方当事人之间，并依据当事人双方提供的诉讼资料作出判决。相应的，证明自身主张的任何一方当事人，都应当使法院对于己方所证明事实的正义性和真实性产生确信。"原告应当证明自身的诉讼请求"的规定，表明原告仅需证明被告提出争议的情况。如果被告未对相应情况提出异议，那么即使法院认为需要提供证据进一步证明，但也应当据此免除原告提供证据证明该情况的义务。原告也仅需承担被告直接提出争议情况的证明义务。而被告应当对提出的反驳（возражение）承担证明义务，换句话说，如果原告未对争议事实加以证明，那么被告也就无须对相应情况提出的反驳加以证明。

法院在任何情况都不能自行搜集证据和文书证明，判决应当完全依据当事人提交的证据作出。这意味着：禁止法院根据自行裁量担当当事人的角色，提出当事人未援引的证据；除此之外还规定，在当事人指出应当收集证据的情况下，禁止法院自行代替当事人收集该证据。上述两条实际上是直接借用了罗马法的规定。诉讼条例立法者试图吸纳完整的辩论式诉讼要素，既不允许法院依职权启动诉讼，也不允许主动收集证据，审判行为完全根据争议双方当事人的意愿实施。根据辩论式诉讼的主要原则，法院无权解决当事人未提出的争议，其解决范围仅限于争议事项。诉讼条例立法者将辩论主义的私法理论作为立法依据，据此，国家专注于保护存在利益关系的私人权利。根据这一原则，法院不仅无权对当事人未提出请求的事项作出判决，同时，也无权实施部分诉讼行为，例如，驳回被告认可的原告诉讼请求，作出少于被告认可数额的判决，对部分诉讼请求不予审理，变更原告提出诉的依据，向原告未追加的被告和第三人提出追索请求等。

除上述传统辩论原则外，《民事诉讼条例》还增加了其他强化诉讼

---

① Яблочков Т. М. Практический комментарий на Устав гражданского судопроизводства. Т. 1. Ярославль. 1913 г. С. 57.

辩论原则的规定。《民事诉讼条例》第324条和第330条规定，当事人辩论通过言词方式进行，而不仅限于提供书面文件，言词辩论采取交叉方式按照先原告后被告的顺序进行。辩论内容包括诉讼请求、案件情况（事实）和证据。《民事诉讼条例》为了保证当事人双方有效实施辩论，补充了相关规定：当事人双方应当在第一次就案件本质言词辩论前，提出所有诉讼请求和抗辩依据的情况（事实），提供手头所有证据，并指出暂时无法获得的其他证据（《民事诉讼条例》第330-1条）。类似于现代审前证据开示制度，借此使当事人事先确定自身诉讼状况，并以此确定与对方当事人法庭辩论时的进攻防御方法。法庭辩论时，当事人可以提出新的依据和证据，此时法院可以根据相应当事人请求延期审理，并指定新的庭审日期。这使得当事人能够根据变化对法庭辩论进行准备。除此之外，被告在被直接传唤到庭，无法及时获得相应证据时有权要求延期审理（《民事诉讼条例》第331条）。

法庭辩论由法院院长领导，当院长认为案件事实已经足够清楚时，有权终止法庭辩论（《民事诉讼条例》第338条）。但在参政院民事破弃审司决议中（统一），要求法院在司法实践中，即使根据书面文件认定案件事实清楚，也不能剥夺当事人法庭辩论的权利。当事人有权对案件本质和程序问题（关于管辖、延期审理等问题）进行言词答辩。未允许当事人进行言词答辩可以作为发生法律效力判决的撤销请求事由。法院院长只能在不破坏当事人辩论中平等地位的情况下作出释明，并有权终止答辩。

法庭应当依据书面文件以及法庭辩论作出判决，言词辩论是评价证据效力和意义，以及作出判决的依据（《民事诉讼条例》第339条）。立法者认为，未经法庭辩论而仅仅依据书面文件作出的判决会导致审判程序脱离法官的接触和控制，也使得形式主义占据优势地位，进而无法实现实体正义。《民事诉讼条例》规定的其他程序辩论性保障措施还包括：当事人的辩论文件以及法院关于开庭日期的指令必须向相对方当事人送达；如果被告错过开庭日期，法院并据此作出了缺席判决，那么，被告有权在说明导致缺席庭审合理的原因情况下，提出抗告，并以此作为案件重新回到缺席审判前诉讼状态的依据（《民事诉讼条例》第731条）。

尽管《民事诉讼条例》完全吸收了辩论原则，规定了法院的消极地位以及当事人在诉讼中的积极性,但立法委员会委员面对司法体系的现实,不得不将法院置于当事人辩论的监督者地位,并没有据此剥夺法院的诉讼指挥权。究其原因:法治社会条件下民众对辩论原则的普遍认可,不会让法院陷于无所作为的境地,而使法官变成当事人争议的旁观者,因为任何诉讼都是作为民事权利的司法保护手段,法院应当促成这一目标的实现,"不将司法保护施于无意愿者,这就是程序的辩论性(сосятзательность),对于有意愿寻求司法保护,但不具备相应能力者的漠不关心,这不是辩论式诉讼,而是一种不公正司法"。①

合理框定法院在查明民事诉讼案件事实方面的积极性,这是民事诉讼的本质所决定的。正如 И. Е. 恩格里曼所言,"民事诉讼属于公法领域,因为:诉讼程序是为了捍卫社会利益,使得社会群体和个体都能维护公民的合法权益,以及整个民族民事生活秩序。由于民事诉讼的公法性质,因此,民事诉讼的目的不应当仅仅限于形式正义,更为重要的是实体正义。法院在自己的判决中应当查明现实存在的权利;形式要求的复杂化,只会为法院实施司法保护制造障碍,破坏民事法律生活"②。

辩论式诉讼中的这一理念不仅限于俄国民事诉讼理论,也体现在欧洲国家法律学说之中。无论是 1806 年《法国民事诉讼法典》、1877 年《日耳曼民事诉讼法》,抑或 1895 年《奥地利民事诉讼法》,都没有完全将诉讼主动实施权交予当事人。例如,根据《日耳曼民事诉讼法》,法院应当通过询问当事人,查明诉讼申请不明确之处,补充不足的事实信息,指明需要的证据,提供对查明案件事实方面必要的说明。除此之外,法院有权要求当事人亲自出庭以此查明案件事实情况,指定现场勘验和询问专家证人。

俄国《民事诉讼条例》中也安排了法院积极参与诉讼,主动查明案件事实方面的有关规定。这些规范的效用受到了当时法学家的充分肯定,他们认为:法院完全有能力认真对待自己的审判职责,行使释明权以及揭示实体真实③。《民事诉讼条例》第 368 条规定,如果听取当事人

---

① Энгальма И. Е. Курс русского гражданского судопроизводства. Юрьев. 1912 г. С. 36.

② Энгальма И. Е. Курс русского гражданского судопроизводства. Юрьев. 1912 г. С. 24, 29.

③ Энгальма И. Е. Курс русского гражданского судопроизводства. Юрьев. 1912 г. С. 45.

陈述时,法庭发现当事人主张的一些对于解决案件重要的情况,未能提供相应的证据,那么法庭应当就此向当事人进行说明,并指定证明该事实的期限,以避免案件的迟延以及大量时间、金钱的浪费。尽管俄国法学界对这一条款是否违反辩论原则争论不断,但根据参政院司法解释,这一规定并没有要求法院承担释明义务,而仅仅赋予了其可以指出要求当事人说明情况的权利。在法院认为案件通过法庭辩论事实不够清楚,并发现其中存在需要说明情况的条件下,法院就可以适用第 368 条。也就是说,法院有权说明对解决案件重要但被当事人忽视的情况(事实)。但是,法院无权要求当事人提供证据证明由于其过错而未及时提交恰当证据证明的事实。《民事诉讼条例》第 507 条规定了法院主动参与查明民事案件实体真实的内容:法院有权根据当事人的请求或者自行裁量指定现场勘验,主动要求专家作出结论。根据俄国立法者观点,现场勘验和专家结论并不属于证据种类。现场勘验和专家结论的目的是发展法官对案件实体方面的心证,从而形成内心确信。通过亲自现场勘验,将获得从证人证言和书证无法获得的确信。专家结论补充了法官对于案件情况认知的不足,专家结论不是证据,而是根据已知事实对未知事实,从被证实事实向待证事实的逻辑推理。法院不仅有权根据当事人请求,也可以主动审查证据①。根据条例,法院只能在当事人提交证据存在相反证据的情况下,可以要求现场勘验和专家结论。但是,法律不禁止法院根据一方当事人提出证据,在相对方未提出争议的情况下,要求作出现场勘验和专家结论。综上所述,可以将上述关于法院主动参与确定民事案件事实方面的法律规定,视作是俄国对最初构想的完全辩论原则的温和折中。

俄国《民事诉讼条例》适用实践表明了:其辩论式诉讼模式的选择是旨在满足社会保护民事权利方面的法律需求,之后俄国数十年的法制发展并未改变这一立法初衷。19 世纪末,俄国立法者根据社会现实的变化着手对诉讼条例进行修订。1894 年,最高立法委员会在议员 С. И. 卢奇雅诺夫领导下,着手修订《民事诉讼条例》。这一时期,欧洲各国都趋向于在辩论式程序中扩大法院的职权范围。如 1895 年《奥地利民事诉讼法》中规定,允许法院根据自行裁量补充文书、书面文件和其

① Энгальма И. Е. Курс русского гражданского судопроизводства. Юрьев. 1912 г. С. 102.

他证据,主动询问了解案件重要情况的证人。同时还规定治安法官可以在司法诉讼中对无经验的诉讼参与人,给予完成诉讼行为相应的指令,警告完成或者拒绝完成某些诉讼行为的后果。俄国法典编纂委员会认为,民事诉讼辩论原则应当进行某种限制,因为严格执行辩论原则已经导致治安法院审判工作的困难。治安法院承担着审理解决微小民事案件和轻微刑事案件的职责,为了尽可能地限制社会中的富裕阶层相对于普通民众在诉讼中的优势地位,治安法官有权向弱势当事人说明其答辩中未直接援引的证据。

除此之外,新修订的《民事诉讼条例》中关于限制辩论原则的条款还包括:(1)法院有权依法合并部分诉讼请求,甚至在双方当事人反对的情况下仍可以合并审理(《民事诉讼条例》第358-1条);(2)允许法院在传唤被告时建议提交诉状的书面答辩(《民事诉讼条例》第312条);(3)在案情复杂很难通过言词辩论查明的情况下,法院可以对需要说明情况进行释明,并建议当事人提供一份或者两份书面答辩(《民事诉讼条例》第335-1条);(4)在当事人提供证据不适格,或该证据证明的情况对案件审理不具有重要意义,或待证事实已经非常清楚的情况下,则法院可以排除该证据(《民事诉讼条例》第366-2条);(5)数额无法准确证明或较难确定时,法院有权根据自行裁量确定收入和损失的数额(《民事诉讼条例》第706条)。虽然俄国新版诉讼条例制定时,试图限制民事诉讼辩论原则,但是,所做修改并不关涉当事人诉讼请求的实体法律部分。更多的侧重于保障诉讼程序的合理运行。因此,上述原则并未影响诉讼的辩论性质。

二、直接原则

直接原则,是指法院审理、裁决民事案件,必须由受诉法院审判人员亲自听取当事人和其他诉讼参与人的言词陈述及辩论,亲自审查证据及其他有关的诉讼资料,最后依法作出判决的原则。直接原则与按他人审理的结果进行裁判的间接审理相对应,直接原则意在强调法官必须亲自参与案件的审理,直接听取当事人的陈述及辩论,以便通过亲身的体验,形成正确的判决。[①]

---

① 参见常怡主编:《比较民事诉讼法》,中国政法大学出版社2002年版,第314页。

正如前文所述,古代俄罗斯便已存在直接审理原则,后逐渐转变为间接审理原则。彼得大帝《1697 年敕令》的颁布是为恢复传统直接审理原则,强化法官在询问当事人和调查证据中的积极作用而作出的一次尝试。1715 年《诉讼或司法讼争简要规则》和 1723 年《审判形式敕令》进一步发展了直接审理原则的理念,规定案件审理必须由法官直接参与并采取言词方式。彼得一世去世以后,其司法改革逐步被边缘化并被遗忘,司法实践重新恢复了 1649 年《国民会议法典》中关于独立划分司法审判各阶段的规定,迫使法官只能依据书记员事先准备的书面报告作出判决。

由于司法实践中书面审理程序再次占据统治地位,导致当时经常出现这样的现象:法庭中同时出现不同诉讼案件的当事人进行言词陈述,书记员记录其陈述,甚至法官无须倾听,而仅仅是在开庭结束后根据笔录作出自己的判决。[①] 当时设立的法院办公室(канцелярия суда),其主要职责在于核查和调查证明诉讼事实情况的文书和文件是否齐备以及文书制作是否符合规定程序,法官的法庭调查被限于通过办公室提供的事实情况和文书来了解案情,并据此作出判决。[②]

书记官将诉讼笔录作为向法官汇报的材料,甚至汇报案件时书记官可以在法官未开始庭审前就提出对案件判决的意见,当事人及其诉讼代理人在提出要求的情况下可以出席庭审汇报。在法官认为案情清楚的情况下,可以要求当事人退出法庭,由法官开始讨论案情。事实上造成只有法院办公室与当事人发生关系,而法官了解案情仅仅通过办公室制作笔录的诉讼状态。因此,司法改革前直接审理原则尚未成为民事诉讼独立原则,而法庭通过间接了解诉讼材料作出的判决,却已经成为司法实践的惯例。

《民事诉讼条例》草案编纂时,言词辩论和书面审理的权衡在编纂委员会内部引发了激烈讨论,在分析不同国家最新民事诉讼立法成果后,最终将直接审理原则吸纳到立法中。首先将其规定在《民事诉讼条例总则》中,《民事诉讼条例总则》第 13 条规定,除法律规定情形外,允

---

① Энгельман И. Е. Курс русского гражданского судопроизводства. Юрьев. 1912 г. С. 50.

② Дегай П. Учебная книга российского гражданского судоустройства и судебного делопроизводства. СПБ. 1847 г. С. 10.

许当事人和第三人参与所有法律规定的诉讼行为,并由当事人作出言词陈述;第339条规定,法院应当依据当事人提供的文件和其他书面文书,并依据当事人言词辩论中所作陈述作出判决。法院办公室职责仅限于审查所有庭审文书。尽管此时立法中还存在大量例外规定,但直接原则已经初步确立。

《民事诉讼条例》颁布最初一段时间,大部分学者仍未将直接审理原则作为具有独立价值的诉讼原则加以论述,但他与言词原则和公开原则在天然属性上的紧密联系,受到法学家越来越多的重视。正如当时著名的法学家A.Л.鲍罗维科夫斯基所言,"公开性、言词性和辩论性,是俄罗斯民事诉讼的三大基石"[①]。M.H.卡特托夫指出,"言词程序是司法理想状态的最典型特征,其最大优点是由法庭及其法官来保障诉讼运行,而不是由行政性质的法院办公室主导诉讼"[②]。这一时期的学者强烈批判了书面审理制度,认为不能将诉讼书面形式作为强制性规定,提倡建立现代民事诉讼理念中法庭与当事人之间的直接联系。只有这种直接性能够使法庭调查深入到法律关系实质。[③] 这一理念在当时促使《民事诉讼条例》中程序的辩论性与言词性发生紧密联系,而这种有机联系也积极促进了俄国直接审理原则的发展。

言词原则、不间断审理原则和直接审理原则由此被认为是俄国诉讼程序的基本原则。俄国学界认为:"转述会导致法庭查明的事实距离真相越来越远,因为每个转述人都会抛弃某些细节,并添加其他带有主观色彩内容"[④]。事实上,直接审理原则最早出现于俄国刑事诉讼理念,而民事诉讼很多学说理论都是在刑事诉讼学说影响下发展起来的。俄国刑事诉讼中的直接审理原则表现在,使"法官与被调查犯罪事件之间尽可能少地存在中间因素,法官借助良知通过直接感受刑事证据效力和信度,形成内心确信。这一原则确立了诉讼程序中主要的调查和收

---

① Адамович. В. И. Очерк русского гражданского процесса. 2-е изд. и доп. СПБ. 1895 г. С. 56.

② Адамович. В. И. Очерк русского гражданского процесса. 2-е изд. и доп. СПБ. 1895 г. С. 87.

③ Адамович. В. И. Очерк русского гражданского процесса. 2-е изд. и доп. СПБ. 1895 г. С. 99-100.

④ Щегловитов С. О значении начал устности и непосредственности в уголовном процессе. Журнал гражданского и уголовного права. СПб. 1888 г. № 8. С. 103-104.

集诉讼材料方法,借助这一原则,为法官提供了亲自感知诉讼材料的手段,并借此审查和查明诉讼证据的优势和缺陷,以此也避免内心判断与被调查事件间其他主观因素的介入,影响其作出的判断"。但是,"由于直接审理原则和言词原则之间的亲近联系,造成多数诉讼法学家经常将两个原则彼此混淆,虽然在诉讼程序中这两个原则经常同时出现,但是彼此并不重合,有时甚至完全以对立的形式出现"①。

1864年司法改革后,直接审理原则的独立价值和独立原则属性逐渐形成共识并被接受。俄国法学家A. X. 科里姆斯金认为,直接审理原则在于审理案件的法庭应当与争讼当事人、证人和其他诉讼参与人直接发生关系,从他们的言词中听取案件的情况。因此,间接审理是指法院借助书面文书或者其他人转述了解诉讼资料。而《民事诉讼条例》最终也吸收了直接审理原则并将其作为普通规范,内容包括:法官亲自询问当事人;当事人亲自或委托诉讼代理人作出陈述;法官亲自询问证人;证人亲自作出陈述等。但也作出了例外规定:第一,可以并非由全部审判庭法官完成的部分诉讼行为。如询问证人、监督鉴定、现场勘验和询问间接证人等。第二,可以由不承担判决职责的法院和法官完成的诉讼行为,如区法院可以委托其他法院核查书面证据并进行现场勘验。

俄国法学家E. B. 瓦西科夫斯基奠定了直接审理原则的理论基础,将直接审理行为与实体真实原则联系在一起。他认为:"直接审理原则可以概括为法庭应当尽可能依据亲自了解的诉讼资料确定案件事实情况,在法庭和被调查事实之间应当尽可能减少中间环节。"E. B. 瓦西科夫斯基将直接审理原则效用概括为三个方面:(1)根据直接审理原则,法庭审理中所有案件事实材料和证据,只能由最终解决该案件的法官调查和了解。因此,如果案件审理过程中出现法庭组成成员的变更,那么新法官必须在重新听取案件情况汇报和当事人辩论之后,才能作出判决。(2)直接审理原则要求法官必须亲自借助自己外在感觉了解物证,而不能借助于他人的讲述和描述。(3)直接审理原则要求法院必须亲自与陈述案件事实情况的证人进行交流,听取证人证言。E. B. 瓦西

① Случевский В. Учебник русского уголовного процесса. Судопроизводства. СПБ. 1892 г. С. 43.

科夫斯基还将直接审理原则与集中审理原则联系在一起,他认为,法院应当在一次开庭审理中直接调查所有证据,听取当事人辩论,形成正确而清楚的内心确信并作出判决。这也体现出不间断审理原则与直接审理原则的内在联系。

应该说,1864 年《民事诉讼条例》关于直接审理原则的规定,改变了法院借助于笔录、报告和摘要间接了解证据、诉讼理由和当事人论据的书面审理模式,使法官直接接触并了解诉讼资料。虽然该原则并未形成独立的法律规范,但是在学理上已经将其作为独立原则予以确定。1864 年司法改革经验成为俄国直接审理原则在立法理念与学理概念上进一步发展的出发点。

20 世纪初,直接审理原则已经被俄国学界认为是民事诉讼基本原则,并逐渐走向成熟。正如 1914 年俄国学者 И. Д. 莫尔都汉-鲍托夫斯基指出的,直接审理原则是指法院应当基于自身对相关证据的理解,形成对当事人提供事实资料的内心确信,一方面是为了在民事审判中发现实体真实;另一方面借助中间人接触证据时,总是不可避免地带有中间人的主观性,导致产生不正确的认识。[①] 但随着历史发展,我们不难发现,出于诉讼经济的考虑和技术手段的革新,俄罗斯现代立法中对不间断审理原则不断趋于限制。原因在于,完全严格遵守直接审理原则有时并不可能,有时尽管可能,但会给诉讼参与人和法官造成极大的不便。由此也导致俄罗斯现代司法实践中对这一原则不可避免地疏离。如同《民事诉讼条例》第 385 条所规定的,尽管必须通过开庭审理询问证人,但在法律严格规定的情况下,允许通过法院工作人员在庭外询问证人。而根据 1889 年 6 月 12 日修订版《民事诉讼条例》规定,如果现场距离区法院所在城市较远,或者下属法院更为便利的情况下,区法院有权委托下属县法院和司法区治安法官现场询问证人。1914 年 6 月 2 日版《民事诉讼条例》第 386 条规定,法庭有权在所有能够加快案件审理的情况下,委托其成员询问证人。

随着科学技术的快速发展,出现了新的技术手段以及传播和获取信息的方式,包括数字信息技术、因特网和视频传输技术等直接审理原则无法涵盖的新手段。而在开庭审理中使用远程视频技术,即通过互

---

① Судебные Уставы 20 ноября 1864 года за пятьдесят лет. Т. 1. Пг. 1914 г. С. 558.

联网借助视频信息传输审理案件成为新的手段。现代俄罗斯法学界认为,上述技术手段的采用虽然摒弃了纯粹的直接审理原则,但是可以发挥司法审判的灵活性,节约当事人时间和成本。尽管上述技术手段具有自身优势,但是仍然应当慎重对待,最重要的是保持合适的度,避免走向另一个极端。而如何建立起利用新技术审理讼争与传统的诉讼规范相结合的合理机制,是解决这一问题的理想路径。

三、言词原则

俄罗斯民事诉讼中言词原则的形成与发展是与不间断审理原则、直接原则和公开原则的历史演进具有紧密有机联系的,存在诸多共性,四个原则之间形成了相互联系、相互制约、相互依存的关系。

(一)言词原则与书面审理原则的历史博弈

古代俄罗斯诉讼程序传统上贯彻言词原则,诉讼书面形式是随着社会的进步不断获得发展的。而彼得一世《1697 年敕令》的颁布使书面审理最终在诉讼程序中占据统治地位,并借此强化了纠问式诉讼模式,也在一定程度上间接促进了直接审理原则和言词原则的发展,其中最具代表性的是规定了办公室书面审理和秘密审理制度。尽管当时的参政院已经充分认识其弊端并且规定:“法庭必须在听取当事人陈述后才能作出审判摘要。”但这显然未能真正改变当时诉讼程序的书面性和秘密性。

言词审理与书面审理方式间的博弈突出表现在司法改革前的两个时间节点:(1)1723 年《审判形式敕令》的颁布,标志着纠问诉讼模式走向消亡,逐步向辩论式诉讼模式过渡。这一时期旨在强化言词原则的规范被大量保留了下来,但仍然存在复杂的诉讼文书体系。(2)《1765 年敕令》再一次废除了法庭言词辩论,重新确立了有限适用的书面审理程序。

由于历任沙皇法令规定的混乱,也导致司法实践中法院适用不同诉讼形式的任意性,加剧了俄国诉讼拖延、司法腐败和法官恣意等司法问题。[①] 在当时司法实践中,言词程序适用的困难和繁复无疑加速了书

---

① См. :Владимирский-Буданов М. Ф. Обзор истории русского права. М. 2005 г. С. 741.

面审理程序的确立，因为其相对于书面审理并未提供更多的便利。甚至，书面审理程序在当时社会经济条件下更加具有自己独特的价值和优势：书面程序并不要求当事人和诉讼代理人必须出庭，他们可以提前表述自己的诉讼理由并提交法庭，免去了当事人在交通不发达的历史条件下奔波的辛苦。因为，如果当事人需要言词方式提出自己的诉讼请求并作出陈述，则需要到法院所在城市，并居住一段时间参加庭审或者雇佣代理人参加诉讼，而书面审理程序可以在安定并相对集中的时间内，以书面形式更为周密、全面地表达出自己的诉讼请求和作出陈述，这也相对于言词形式更具有准确性和依据性。应该说当时书面诉讼程序的普遍使用同样也是回应了时代的要求。

俄国书面审理程序有着自己独特的程序规定。1857 年版《俄罗斯帝国法令全书》第 10 卷第 441 条第 2 款规定了法院的释明义务，法院应当全面说明诉讼审理所要求提出的案件相关情况（事实）而不得隐瞒，尤其是使其产生怀疑而要求说明的事项，要求必须提供证实当事人提交文件以及证言真实性的证明书（справка），而这一证明由法院内设行政办公室经过调查后出具，双方辩论文件的数量不受限制。

在收集相关证明、补充材料和说明之后，法院应当据此制作案情摘录（выписка）或者证据清册（доказательная записка），其中应当反映案件审理从开始到结束的整个过程和案件本质，内容包括：（1）以何种起诉方式发起诉讼；（2）当事人提交的答辩或反驳；（3）当事人提交用以反驳对方的文件、证据或者契照（《俄罗斯帝国法令全书》第 446 条）。在汇报笔录制作完成后，原告和被告被传唤到庭了解笔录内容并签字画押确认。签字画押后的笔录，由书记官在开庭审理时宣读，并根据相关提供文件对案件情况进行必要的说明。案件汇报期间，法官之间无须进行商议或提出对案情的判断，当事人及其诉讼代理人有权参与法庭汇报。因此，事实上只有法院行政办公室（концелярия）与当事人发生关系，而法官只能根据办公室制作的笔录了解案情。① 如果当事人认为笔录有所遗漏，只能对此提出申请，而不能就此进行辩论，当法官开始讨论案情时，当事人退出法庭（《俄罗斯帝国法令全书》第 462 条、第

---

① Энгельман И. Е. Курс русского граждансокго судопроизводства. Юрьев. 1912 г. С. 51.

465 条、第 467 条）。法官听取案件汇报，只是为了监督案件事实与法律适用未有遗漏，汇报是否公正地照顾到所有细节以及符合诉讼真实情况（《俄罗斯帝国法令全书》第 466 条）。法官在听取汇报笔录后作出书面判决。书面审理并不排除言词程序的适用，而是在通过书面程序无法判断原告或者被告何方胜诉时，进而适用言词辩论程序。[①] 可以说，在俄国司法改革之前，书面审理程序占有绝对的统治地位，并以法官间接采纳证据、作出判决为特征，由此也导致了程序上的不连续性。

（二）1864 年司法改革中言词原则的确立

1864 年《民事诉讼条例》编纂时，书面审理被普遍视为程序规范主要弊端，是造成诉讼迟延的重要原因，过多形式要求经常妨碍公正审判的作出。但是，法典编纂委员会内部就言词原则的适用却产生了较大争议，主要集中在言词辩论阶段能否提出辩论文件交换阶段未提出的证据。最终，委员会多数成员意见占据了上风，即根据言词原则设置的新程序中，当事人有权在言词辩论阶段提出新证据，用以说明之前提交文件中提出的案件事实。[②]

1864 年 11 月 20 日颁布的《民事诉讼条例》，正式以法律形式确定了诉讼言词原则，学术界也随之展开了学理研究。《民事诉讼条例》第 13 条概括了言词原则主要法律形式：所有法律规定的民事诉讼行为，除法律规定情形外，均允许当事人和第三人参与，并允许当事人进行言词陈述。参政院对该条款进一步作出了解释：将法庭禁止当事人作出言词陈述作为再审事由，法庭必须允许当事人就案件本质以及程序事项（如管辖、庭审延期等）作出言词陈述。向法院提交书面形式陈述不能代替言词陈述。书面形式的案情汇报和当事人言词辩论必须通过开庭方式进行（《民事诉讼条例》第 324 条）；案情汇报由法院院长根据自行裁量，采取言词方式或者提交案情简录方式进行汇报（《民事诉讼条例》第 328 条）；当事人言词辩论按法定顺序展开：首先由原告进行陈述，之后被告就诉讼请求、诉讼请求依据的案件事实情况和理由展开攻击与防御，双方当事人都可以提出新的依据说明案件情况（事实）（《民事诉讼条例》第 330 条）；言词辩论由法院院长指挥，在双方当事人作出交叉

① Костылев П. Заметка о суде по форме//Юридический вестник. СПБ. 1860 г. вып. 1. С. 16-18，

② Устав гражданского судопроизводства/Сост. В. И. Буковский. Рига. 1925 г.

陈述后，如果发现案情足够清楚，那么可以终止言词辩论（《民事诉讼条例》第 338 条）。而参政院司法解释却指出：法院院长无权禁止当事人作出陈述，即使案件书面材料已经足够清楚说明案情。① 当事人提供的文件、其他文书以及当事人辩论时陈述的理由具有同等效力，法院应当据此作出判决（《民事诉讼条例》第 339 条）。除此之外，具有相同效力的还包括口头询问证人，检察长口头作出结论等。1914 年修订版《民事诉讼条例》第 335 条规定，如果法庭确信，由于案情复杂仅依靠言词辩论难以查明案件真相，那么当事人应当提供书面陈述。如果原告需要变更诉讼请求则必须向法庭提交书面申请。

从上述规定中我们不难发现，帝俄时代的民事诉讼兼具言词原则和书面原则的混合诉讼形式特征。其中，书面申请和言词申请都具有相同法律意义：无论是交换辩论材料，还是口头辩论都并非强制要求。当事人可以在未提交书面陈述的情况下直接参与庭审，在这一情形中诉讼程序将完全采取言词形式。同时，当事人也可以仅仅交换书面辩论文件而无须出席庭审，此时程序将完全采取书面形式，甚至当事人也可以选择同时采取此两种形式，这种诉讼程序则是具有混合性质的，而在某种程度上，混合体系对俄国当时法律现实而言更具有合理意义。

当然，从现实看来，单纯的言词诉讼和书面诉讼都不可取。单纯的言词诉讼是指：法院查明案件事实，仅仅依据庭审时当事人言词陈述的情况（事实），而程序中的书面文件、询问证人笔录、勘验等，在当事人没有通过言词提出的情况下都将失去意义；单纯的书面诉讼是指，诉讼材料必须以书面形式提出，法院只能依据当事人提交的书面文件和法庭记录内容形成心证，进而忽视了当事人的言词陈述，诉讼文件中未表达的内容则视之为不存在。因此，司法实践上，两种形式通常只能以不同权重组合方式加以适用。

著名俄国诉讼法学家 E. B. 瓦西科夫斯基指出：言词诉讼原则应当严格区分于直接原则。言词原则仅仅确定了诉讼的外在形式，以及诉讼材料被提交至法院并被采纳的方式。而直接原则是作为采纳诉讼材

---

① Сборник 200 гражданских и уголовных дел, производившихся по С.-Петербургским столичным мировым учреждениям с 1866 по 1874 год. 2-е изд./Сост. Н. А. Петровский. СПб. 1875 г. С. 169.

料的方法：首先，法庭只能在亲自了解案件最原始材料的情况下作出裁判；其次，书面审理还应当与法律文书制作程序加以区分，否则这将导致行政权对司法审判权的不当干预。[①] 在他看来，只有赋予当事人言词辩论和书面辩论同等法律意义的诉讼体系，才更具有正当性和合理性。而两个原则间的合理平衡恰恰是《民事诉讼条例》最主要的亮点。

当时诉讼法学家普遍接受了混合诉讼形式理论，并且认为，所有诉讼行为在形式上都应当采用混合形式，而采用何种形式应当取决于当事人，但不能通过人为规定何种诉讼模式占有统治地位来排除另一种诉讼模式的适用。[②] 诉讼的言词形式和书面形式贯彻于整个诉讼过程，其首先应当作为证明规则来使用。书面性质则更多体现在审前准备阶段（审前书面准备），言词性质则多体现在法庭调查阶段。[③]

当时所有俄罗斯学者都将言词原则效用与直接原则和公开原则联系在一起，而在倾向上更加欢迎诉讼的言词性，反对司法改革前书面审理模式。言词原则被视为《民事诉讼条例》最为重要和关键的内容，形式上虽然是西欧"资本主义的舶来品"[④]，但其内涵却构成了俄罗斯新民事诉讼体系的基石，尤其是并未把出庭作为当事人的义务，其原因恰恰在于充分考虑当时刚刚获得解放的农民利益，因为农民大多居住在离法院较远的偏远农村，因而其出庭上具有极大的困难。

概言之，近代俄罗斯学术界对于言词原则研究在当时达到了较高水平，并根据当时欧洲流行学说通过法律形式将其固定下来。司法改革之前，对于这一原则研究的学术观点仅仅停留在作为证明规范，因此适用范围较窄。而司法改革实施之后，程序言词性不仅与证明规则联系在一起，并在整体上确定了诉讼审判形式，其内容包括：提出诉讼申请，申请回避，宣布法庭组成及其他诉讼参加人，说明诉讼参加人的权利和义务，法庭辩论，宣布判决等。这一原则在本质上确定了法庭审理

---

① Васьковский Е. В. Курс гражданского судопроизводства. С. 148.

② Гольмстен А. Х. Учебник русского гражданского судопроизводства. 5-е изд., испр. и доп. С. 124.

③ Адамович В. И. Очерк русского гражданского процесса. 2-е изд. , испр. и доп. СПб. 1895 г. С. 100.

④ Катков М. Н. Передовая статья "Московских ведомостей" №81, 15-го апреля 1865 г. Собрание передовых статей "Московских ведомостей" о судебной реформе. 1865г. М. 1897 г. С. 222.

所有参与者之间信息传递的方式。

由此可见,在俄国民事诉讼发展的过程中,言词诉讼与书面诉讼发生了激烈的博弈和交锋,对于诉讼程序的影响此消彼长,而最终形成了合理优化的诉讼程序体系。某种程度上,这也更多取决于立法机关的法律意识。当时的俄国司法实践中,法学家以及贵族阶层都对这一原则的实际适用给予了各种积极反馈,并通过各方合力促进了立法设计的优化。

在现代的俄罗斯民事诉讼立法中我们不难发现言词原则不断衰退的趋势。从不断出现的新程序类型就不难发现这一点:例如,民事诉讼中无须开庭审理的命令程序(类似于我国公示催告程序)以及仲裁诉讼中的简易程序等。那么,这是否意味着言词审理向书面审理占据优势的转变,我们只能在其历史的发展中拭目以待。

四、处分原则

处分原则,是指在民事诉讼中,当事人有权按照自己的意志支配、决定自己的实体权利和诉讼权利。这一原则是由民事法律关系的性质所决定的,即主体地位的平等,使得民事主体有权按照自己的意志支配自己的民事权利,延伸到因民事法律关系发生争议而进行的诉讼过程中,当事人也同样应当享有依法处置自己权利的自由,这是民事实体领域当事人意思自治原则在纠纷解决领域乃至国家公权力行使的诉讼活动中必然要求和延伸。通过分析俄罗斯近代处分原则的形成过程,可以帮助我们深刻透视法律原则演进与社会现实和理论研究的历史互动。

处分原则长期以来在法理上被认为是辩论原则的一部分,而未作为独立的原则存在,关于这一原则的论述最早出现在俄国法学家 K. 马雷舍夫 1876 年的民事诉讼教材中,该书指出,辩论原则作为重要的民事诉讼原则是指法庭诉讼行为的实施取决于当事人的诉讼请求,法庭对当事人争议法律关系的评价只能根据当事人提出事实作出。这一原则来源于民事权利本质所涵摄的自由处分权。与之相对立的诉讼原则是纠问原则,根据纠问原则司法机关积极主动调查法律事实和法律关系,或为了维护社会秩序和社会安全,由法院自行或者根据其他机关申请而启动诉讼程序,此种调查方式旨在借助所有可能手段揭示客观真实,这一原则在刑事诉讼中获得更多发展。①

(一)处分原则的近代发展

以1864年《民事诉讼条例》编纂为标志的俄罗斯民事诉讼近代化改革,塑造了很多具有革命性的诉讼原则,其中处分原则更多的是承袭了俄罗斯的法律传统。传统的俄罗斯处分原则是指,诉讼依据原告的申请启动,由原告确定诉讼对象(诉讼请求),当事人有权通过和解协议终结诉讼。

1697年彼得一世发布的《1697年敕令》,被认为是俄罗斯诉讼模式演进中的重要转折。敕令中规定民事案件应当采取与刑事案件类似的审理方式,也就是说不仅可以根据原告申请启动诉讼,国家机关亦可以仅仅根据当事人言词告发而启动诉讼,并且禁止当事人和解,法庭积极参与诉讼并占据主导地位,职权包括确定诉讼对象(诉讼请求)和请求依据。由于这一敕令偏离了既已形成的司法实践,并且混淆了私权争议行为和危害社会犯罪行为之间的界限,导致了在司法实践上与其他法规适用的冲突。由于缺乏对新诉讼形式的具体规定,由此必然滋生出法庭裁判的恣意,限制被告捍卫自身权利的能力,由此也导致了民刑不分的尴尬处境。因此,在此后彼得一世1715年颁布的《诉讼或司法讼争简要规则》中,便尝试将之前敕令中强化法院积极性的相关规范与传统对抗式诉讼模式结合在一起,并将起诉重新确定为个人事项,被告依据原告诉状和诉讼请求作出答辩,并保留法庭辩论的相关规定。彼得一世司法改革是1864年司法改革前民事诉讼领域的一次重大变革,通过加强国家干预排除了诉讼中的一些私权要素,加强了沙皇政府对司法的监督。

随着1864年《民事诉讼条例》等一系列条例规范的颁布,将新一阶段立法与处分原则建立了紧密联系。《民事诉讼条例》规定,法院必须根据当事人请求启动诉讼程序,必须在听取被告答辩陈述或在被告答辩期限届满的情况下才能审理解决诉讼争议(《民事诉讼条例》第4条);政府机关或个人无权审理解决法院主管案件,而只能将案件移交给法院审理(《民事诉讼条例》第3条);法院必须依照原告提交的符合形式要求的诉状启动诉讼程序(《民事诉讼条例》第256条);诉状中除

---

① Малышев К. И. Курс гражданского судопроизводства. И. 1. С. 211.

规定情形外应当指明诉讼标的额（цена иска），说明据以提起诉讼的事实情况，列明作为依据的证据和法律，以及要求法院作出判决的事项和原告的诉讼请求（《民事诉讼条例》第 257 条）；未遵守这一要求将导致起诉不予受理（《民事诉讼条例》第 266 条）；不同诉讼依据（основание иска）的诉讼请求不应当在同一个起诉状中提出，而应当另行起诉。当事人的言词辩论是原告与被告就诉讼请求、诉讼请求依据的事实情况所实施的言词辩论。原告仅有权缩小而无权扩大诉讼请求范围，无权变更诉讼请求的本质或者提起新的诉讼请求（《民事诉讼条例》第 332 条）；关于增加利息以及财产增值方面的请求不应视作变更诉讼请求（《民事诉讼条例》第 333 条）；法院应当促进当事人和解，在当事人达成和解时应当制作调解协议，并由双方当事人签字，调解协议具有相当于判决的最终效力不允许提起上诉（《民事诉讼条例》第 337 条）；被告有权提起反诉（《民事诉讼条例》第 340 条）；自认被视作有效证据，一方当事人承认另一方当事人所承担证明责任之事项时，则该事项被认为另一方当事人无须提供进一步证据证明（《民事诉讼条例》第 480 条）；法院无权就当事人未提出的请求作出判决，如果当事人未提出关于诉讼时效问题，法院亦无权提出（《民事诉讼条例》第 706 条）；第二分编中规定的普通法院不服判决的上诉程序、撤销原判程序（包括法国法所谓之撤销判决请求，根据新发现情况的再审请求以及根据第三人提出判决损害其权益的撤销判决请求），上述所有程序必须根据利益相关人请求才能启动。

俄国法学家传统上将处分原则普遍视作辩论原则的一部分或者说处分原则脱胎于辩论原则，其生成与演进与辩论原则具有不可分割的历史联系。应该说，处分原则（处分主义）与辩论主义（约束性辩论原则）相类似，因为其实质也是反映了当事人与法院在诉讼中的相互关系。从处分原则内容来看，当事人处分权的形式对法院（审判权）具有实质的约束力，在当事人意思自治的领域里，法院必须尊重当事人的选择，法院无权干预。①

相较而言，在西方民事诉讼理论中，辩论主义与处分权主义在内容

① 参见章武生等：《司法现代化与民事诉讼制度的建构》，法律出版社 2000 年版，第 195-196 页。

上存在一些交错,广义上的辩论主义含有处分权的内容。"辩论主义的适用范围与当事人的处分权范围密切联系,当事人不能处分的事项,自然也不能适用辩论主义。"①两者在具体内容上存在一定的差别:辩论主义承认当事人在形成法院裁判基础方面(诉讼资料——案件事实和证据方面)的主宰权利,而处分主义则尊重当事人在诉讼的开始、发展、结束、决定诉讼对象的范围等方面的自治权。② 但是,辩论主义与处分权就所反映的实质内容是一致的,即当事人与法院在诉讼中的关系。这种关系表现为凡是属于当事人处分权领域的事务,对于当事人的选择法院必须予以尊重,法院审判权不能介入当事人意思自治的范畴。

辩论原则在俄国诉讼法学家传统观念中,被理解为私人自主支配行为(самодеятельность)。立法者在诉讼条例中参照西方诉讼法理和司法实践,将其主要内容归纳为:(1)按照普遍认可的规则,诉讼的开始和结束取决于当事人,法院只能按照利益相关人请求启动诉讼程序,当事人可以在任何时候,中止或者终止诉讼程序;(2)由当事人自主决定诉讼范围,法院无权对当事人未提出的诉讼对象作出裁判,也不能超出当事人诉讼请求范围作出裁判;(3)法官的内心确信只能依据当事人提供的事实依据或证据形成,法院不能主动收集证据或者官方证明材料,判决只能依据当事人提供的证据作出,也就是说,只有当事人的诉讼行为能够影响民事争讼案件的最终命运。

俄国学者认为,每个人都能按照自己意志决定是否实现私权,维护或者放弃自身实体权利和诉讼权利,要求义务人承认诉讼请求或者与义务人和解。诉讼程序中的私法自治体现在以下四个方面:

(1)是否就自身权利遭受侵害向法院请求司法保护,或如俄国法谚所言:"不能强迫任何人违背自身意志提起诉讼。""没有不存在原告的法官。"

(2)民事权利人有权确定要求法院司法保护的范围和数额,俄国法谚有云,"法院不能超出当事人请求的范围裁判"。

(3)如果民事权利人可以在诉讼前和诉讼外自由处分自己的民事实体权利,那么就没有理由剥夺其诉讼程序中自由处分权。因此,应当

---

① 张卫平:《程序公正实现中的冲突与衡平》,成都出版社 1993 年版,第 11 页。

② 参见[日]中村英郎:《新民事诉讼法讲义》,陈刚等译,法律出版社 2001 年版,第 175 页。

认可原告与被告和解和撤诉的权利。

(4)如果能否通过诉讼实现司法保护取决于民事权利人,那么其实现自由处分全过程中就应当存在能够实现这一目的的程序手段。权利人可以自行决定是否开始诉讼程序或者在任何时刻终止诉讼程序。相应地,赋予原告对被告抗辩提出争议或者认同被告抗辩的权利,向上级法院对司法判决整体或者部分提出上诉以及撤销原判的权利。

《民事诉讼条例》中强调当事人独立提起诉讼也同样体现出了辩论原则,是提起诉讼和发生诉讼法律关系的依据。这一规范与民法存在密切联系,民法最主要的特征在于,公民拥有私法关系上的自治,只有在法律规定的特殊情况下才能限制权利。①

1864 年司法改革将民事诉讼中的纠问性质原则视作俄国诉讼体系的主要弊端,认为其完全违背了民事诉讼的本质,因而,在新的《民事诉讼条例》中严格贯彻诉讼程序辩论主义原则。下述条款构成了其主要内容:(1)法院不能在没有利益相关人请求的情况下启动民事诉讼。所有诉讼程序的发动都属于个人事项,而非法院职权(《民事诉讼条例》第 4 条)。诉讼启动必须依据原告提出的诉讼请求,禁止依照改革前通过警察局移交案件至法院的方式启动诉讼程序。如果诉讼针对一人提出,法院无权追加其他人参与答辩。法院无权审理原告未提出的诉讼对象(предмет иска,即诉讼请求)以及作出判决(《民事诉讼条例》第 131 条)。在上诉审和撤销原判程序中,必须依照利益相关人请求启动程序。判决的执行以追索人的请求和意愿为前提(《民事诉讼条例》第 157 条)。概言之,整个程序运行必须依据利益相关人申请而启动。(2)法院不应超过当事人诉讼请求范围裁判。法院无权判决超过当事人请求的数额(《民事诉讼条例》第 131 条和第 706 条)。法院裁判应当按照诉讼请求数额,或者少于该数额裁判,或者完全拒绝该诉讼请求。(3)法院不应当主动搜集和采纳当事人未提出的事实(факт)②和证据。

申言之,俄国学者认为,是私法自治的前提导致了当事人处分权的产生,其内容包括:(1)诉讼范围,即就保护自身权利提出的诉讼请求。

---

①　Гамбаров Ю. С. Гражданский процесс. Курс лекций за 1894–1985 академический год. М. 1895 г. С. 152–165.

②　民事诉讼理论演进过程中,帝俄时代的事实(факт)概念,在现代俄罗斯民事诉讼中被情况(обстаятельство)概念所代替,是指作为诉讼依据(основания иска)的法律事实。

(2)防御或者进攻的诉讼手段。诉讼程序中当事人的处分权被诉讼法确定为处分原则。根据其适用于诉讼范围或是诉讼进攻防御手段,被区分为实体处分原则和形式处分原则(程序处分原则),两者是同一原则的两个方面。

处分原则毫无疑问属于俄国民事诉讼绝对而无可争辩的基本原则,但是,绝对性并不意味着其毫无边界。当事人诉讼权利的自由处分性存在其确定边界,在确定范围内具有不容置疑的优势。

第一,作为私权自治的结果,处分原则不能超出私权处分的界限。因此,如果法律对某一权利的自治范围进行限制规定,约束民事权利人在诉讼外处分该权利,那么当这一权利作为诉讼客体时,在诉讼中遭到同样限制。

第二,每个当事人可以在其诉讼争议范围内享有处分权,但是,不能损害另一方当事人的权利。违反上述法律规定的情况下,法庭禁止原告变更诉讼请求(《民事诉讼条例》第 332 条)。

(二)处分原则的适用范围

1. 诉的变更(изменение иска)

当时俄国法学界对处分原则内容莫衷一是,并没有形成统一结论,以禁止原告变更诉讼请求为例。K. 马累舍指出:第一,禁止变更诉讼请求并非从提交时刻开始起算,而应当从通知被告开始;第二,禁止变更诉讼请求仅仅关涉诉讼请求和诉讼依据本身,而不关涉原告以新的依据和证据说明案情(《民事诉讼条例》第 331 条);第三,变更诉讼请求必须经由被告同意,并缴纳相应诉讼费用(《民事诉讼条例》第 263 条、第 269 条、第 270 条),应当以书面形式提出变更申请(《民事诉讼条例》第 334 条);第四,原告可以缩小自己诉讼请求范围;第五,原告可以在未经被告同意的情况下扩大诉讼请求的范围,但是,仅仅就由最初诉讼依据(法律事实)产生的事项,如利息、财产增值部分、诉讼费用和诉讼损失(《民事诉讼条例》第 332 条、第 333 条);第六,由原告确定诉讼对象和依据。

由于当时司法实践中缺乏统一认识,参政院出台了一系列司法解释,内容包括:必须由被告提出原告违反上述《民事诉讼条例》第 332 条的情况,而不能由法官提出;原告放弃的诉讼部分,法庭应当不予讨论,并且之后禁止以新的诉讼恢复;允许在任何诉讼状态下缩小诉讼请求;

如果新的诉讼请求提出是基于诉状最初提出的诉讼依据，则可以被法庭认可；未改变诉讼依据的情况下，由于事实变化或发现新的事实，为更详细准确地表达诉讼请求以及由于文书效力变化引起的诉讼请求变更，诉讼证明中引入新的依据（доводы иска）和证据，援引其他法律造成诉讼请求的变更则不构成《民事诉讼条例》第332条禁止性规定。同时，参政院详细规定了哪些诉讼行为构成诉的变更，例如，以返回被出卖财产诉讼请求代替未履行买卖合同导致的损失赔偿请求就属于构成诉本质的变更。俄国诉讼法学家认为，按照当时法律规定，诉的变更既可以通过变更诉讼依据，也可以通过变更诉讼请求内容来实现。①

2. 诉的合并

《民事诉讼条例》第258条规定，不同诉讼依据（основания икска）的诉不能在同一个诉状中同时提出。但这一条款在司法实践中的适用却遇到了极大困境。参政院就这一问题对于很多概念作出了司法解释，例如，诉的依据是指诉讼请求依据的法律关系；违法行为不是诉的依据，而仅仅是提起诉讼的一般理由（повод）。诉讼依据是指提起诉讼所依据的实体法律关系，而在程序法意义上，是指依法为证明诉讼请求正义，而因此在诉状中应当载明事实情况的总和（《民事诉讼条例》第257条第4款和第5款）。是否存在原告权利被侵害的事实并不能阻碍法院对其进行审理。《民事诉讼条例》第258条的目的仅仅是消除由于不同诉讼依据的诉讼合并审理而由此引发的诉讼程序障碍，防止将诉的依据和证据混同，同一依据的诉可以由不同证据证明。

3. 诉的对象

诉的对象（предмед иска），在大多数情况下参政院的司法解释中，通常被理解为原告的诉讼请求（требования иска），但是在一些司法解释中诉的对象被理解为动产、不动产和资本。俄国学者认为，在民事诉讼领域实行“辩论主义”和“处分权主义”是由多方面因素所决定的，其中最为重要的一项因素则是由民事诉讼的对象，即民事实体法律关系的本质所决定。在由民法调整的私法领域中，当事人处于平等的法律地位，对其所享有的实体权利能够按照自己的意志进行处置，“平等”

---

① С законодательными мотивами, разъяснениями Правительствующего Сената и комментариями русских юристов. 3-е изд. С. 569.

"自愿""意思自治"是这一领域的重要价值准则。在解决因这些关系发生争议的诉讼活动中,虽然存在国家公权力的介入,但是"私法"领域的这些价值准则也必然要得到体现,也即当事人有权按照自己的意志处置属于自己的权利。为达到这种要求,民事诉讼领域必须要建立与之相对应的基本原则——处分原则加以保障。这一原则的建立实质上是约束国家权力(审判权)在解决民事纠纷时所能达到的范围,合理地划分属于法院和当事人的不同领域,以便采取不同的诉讼策略。凡是属于当事人处分权领域的事务,法院审判权不得介入,必须对当事人处分权的行使给予充分的尊重,并且以一定的消极法律后果加以约束,即法院如果不恰当地行使审判权干预了当事人处分权的行使,其裁判结果应当归于无效。唯有如此,处分原则才能真正起到保障实现当事人"意思自治"的作用,才具有法律上的意义。①

4. 和解

和解协议(мировое соглашение),在诉讼任何阶段只能由原告或被告提出(《民事诉讼条例》第 1357 条和第 1358 条)。除此之外,法庭应当在案件审理前建议当事人通过和平方式终止诉讼,并由法官提出认为适当之方法(《民事诉讼条例》第 70 条、第 72 条)。为此法院应当深入了解诉讼,而不能施加给当事人不公平的和解条件,法院无权以判决威胁反对和解一方当事人,这一义务由治安法官及其上级法院共同承担(《民事诉讼条例》第 177 条、第 337 条、第 361 条、第 777 条)。但是,并不是所有的案件都可以通过和解方式解决,例如,涉及国家机关的行政诉讼就不能以和解方式终结(《民事诉讼条例》第 1289 条)。法院参与缔结的和解协议应当形成由法官和当事人签名的和解笔录。和解笔录与发生法律效力的判决具有同等效力,不能进行上诉,并且可以据此直接执行。

5. 撤诉

撤诉制度(отказ исца от иска),是指原告可以在任何阶段无须进行任何证明,依据特定理由撤销诉讼请求。一些学者认为撤诉是终止诉讼的方法,即法院作出的撤销裁定等同于判决,不允许再次起诉。另

---

① Устав гражданского судопроизводства с объяснениями по решениям Гражданского Кассационного Департамента и Общего Собрания Кассационных и Департаментов Правительствующего Сената. С. 238,239.

一些学者认为,撤诉行为仅仅是法院作出撤诉判决和判决原告偿付司法费用的事实依据。参政院通过司法解释对撤诉后果作出规定:根据一方当事人请求终止或者消灭诉讼,并不剥夺当事人通过提交新的诉状恢复终止诉讼的权利,但这一规定并不能涵盖所有情况,一方面不应当否认原告享有终止其提起诉讼的权利;另一方面,在类似情形中也不能否认被告享有保护其自身利益的权利。而如果被告认为原告在不确定时间单方面终止程序的请求损害其利益时,则法院不应当认可原告的撤诉行为。同样,如果某一民事讼争已经进行了预先书面准备,那么不允许原告在未经被告同意的情况下终止诉讼,被告可以要求通过法院审理并确定其权利,通过判决终止原告提起争议的可能,借此防止原告再次提起诉讼。

6. 自认

诉的自认(признания иска)。自认在学说上获得认可,即被告具有认可原告提出的诉讼依据和诉讼对象(诉讼请求)的权利,前提是自认未触及公共利益或者未参与案件的第三人权益。法院无权在被告自认的情况下,再次提出关于诉权是否具有实体依据的问题,虽然此种权利未经证明,但是也应当满足原告的诉讼请求。依据辩论原则的实质,法院无任何依据干涉当事人间的法律关系,只能通过判决认可被告承认的诉讼请求。

7. 反诉(встрсчный иск)

《民事诉讼条例》第340条为被告提供了在一审法院提起反诉的权利,但没有规定法庭受理反诉的前提,从现代法律规定来看,其中很多规定极为不可思议,例如,法律并不要求反诉必须依据作为原告诉讼基础的同一法律关系;法律未规定反诉必须与初审具有紧密联系或具有同一依据;被告对于原告提起的反诉请求,并不能抵消原告的诉讼请求,只能使被告的诉讼请求得以与原告诉讼请求享有同时获得裁判的权利。

(三)处分原则的理论发展

近代俄国学者在总结西方学者和本土学者关于民事诉讼基本原则学说经验的基础上,详细分析了辩论原则、处分原则与当事人发起诉讼行为主动性之间的关系。当事人诉讼行为的主动性体现在提起诉讼、确定诉讼内容、自认、放弃诉讼请求、和解、提供证据等方面,使法院通

过对当事人提供证据的采信,产生对诉讼请求根据性的确信。对于这一问题,近代俄国法学界主要持以下三种观点:

(1)由于当事人能够自由处分自己的私权利,那么其处分行为范围对象就不仅包括实体权利,也包括为实现私权利而实施的诉讼行为处分权。当事人的任务在于:首先,提起诉讼;其次,在诉讼各阶段维持诉讼行为的运行。这些应当作为当事人自由发起原则(принцип свободного почина сторон)的主要内容。

(2)当事人的"处分权"表达了三个方面的内容:首先,赋予当事人提起诉讼和维持诉讼运行的权利;其次,法官应当尊重当事人处分其法律主张的权利;最后,当事人是事实材料和证据材料的主人。

(3)当事人可以在诉讼程序外和诉讼程序中自由处分主体民事权利:首先,对诉讼请求处分权;其次,具有辩论性质的事实材料处分权;最后,当事人自主维持诉讼各阶段自身诉讼行为的启动和运行。①

虽然其作为主流立法观点,但却遭到了俄国法学家 T. M. 雅布洛奇科夫的批判,他认为,民事诉讼目的在于保护、查明和实现民事权利,无论对辩论添加任何内容,民事诉讼本质和目的都在于查明实体真实。根据这一理念,他提倡强化法官在诉讼程序中的积极作用,因为完全的辩论性,会导致法院在查明整个案件真实时的无能为力。

可以说,1864 年《民事诉讼条例》进一步将处分原则具体化,并扩大了适用范围。当时的学者从学理上使处分原则获得了学说性质,但学者却很少将处分原则的相关规范从辩论原则中独立出来,当将其视作独立原则时,则往往与主体实体权利处分联系在一起。

1917 年十月革命之后苏联立法机关对构成处分原则的相应立法规范进行了重大修改,旨在强化国家干预,对象既包括法院也针对其他国家机关。就民事诉讼领域而言,则显著缩小了处分行为和辩论行为的法律规定范围,并随之强化和简化了适用纠问原则的相关程序。

根据全俄中央执行委员会(ВЦИК)《关于法院的第 2 号决议》规定,限制了当事人程序方面的权利,取消了当事人在变更诉讼依据,扩大诉讼请求范围,追加被告,提起反诉等方面的程序权利。根据第 4

---

① Сборник статей по гражданскому и торговому праву. Пямяти профессора Габриэля Феликсовича Шершеневича. М. 1915 г. С. 275-318.

条，甚至取消了上诉审程序，代之以允许对区法院判决进行再审，再审的依据是判决存在明显的不公正，但却不包括程序方面瑕疵。直到1918年11月30日，才重新恢复了上述当事人权利。应该说，苏俄建立初期关于诉讼程序的规定，是特定时期的特殊产物，对苏俄、苏维埃直至现代俄罗斯民事诉讼法的发展而言，并不具有代表意义。它具有强烈的纠问式诉讼色彩，例如，诉讼的启动可以根据公民的申请，或由工农代表苏维埃执行委员会、公职人员代为提出申请，甚至法院在发现违反工农政府法令和犯罪行为情况下可以自行裁量启动诉讼程序。1920年11月21日全俄中央执行委员会《苏俄人民法院条例》第53条中首次规定，法院发现违法行为时可以主动启动诉讼程序，这一规定强化了法院在诉讼中的积极作用，民事案件经由汇报之后，由原告陈述事实并加以证明，之后由法院执行主席确定案件本质，并就此询问被告，是否承认原告的诉讼请求（《民事诉讼条例》第66条）；如果被告承认则直接转入判决阶段，如果否认则对证人进行询问（《民事诉讼条例》第67条、第68条）；如果法院认为案件可以通过和解方式解决，法院则询问双方当事人是否希望和解（《民事诉讼条例》第68条）。

1923年《苏俄民事诉讼法典》中继续保留了法院在诉讼中的积极角色，但在形式上进行了软化。《苏俄民事诉讼法典》第2条规定，法院必须根据利益相关当事人的申请启动诉讼程序。但是检察长认为基于保护国家或者劳动群众利益的需要，有权启动诉讼程序，并在任何阶段参与诉讼；当事人无论诉讼处于何种状态均可以变更诉讼依据，扩大或者缩小诉讼请求范围；由法院裁量决定是否认可当事人放弃其实体权利，或者放弃要求司法保护的诉讼权利；一旦法院认可当事人放弃行使权利，则当事人丧失就同一诉讼依据再次提起诉讼的权利。上述规定证明，立法者改变了之前强调法院绝对主动性的纠问式诉讼形式，但作为平衡，这一权限开始转由检察院承担。

应该说，在苏维埃民事诉讼中，不仅在实体法上对处分原则进行了具体规定，同时，在20世纪20年代末，学理上对此也进行了深入的探讨，甚至1928年在А.Г.科伊巴尔克的《民事诉讼教程》中，将处分原则称作苏维埃民事诉讼的“生命力”。[1] 在此之后，在包括克里曼、顾尔维

---

① Гойхбарг А. Г. Курс гражданского процесса. М. 1928 г. С. 96,100-103.

奇在内的很多苏维埃诉讼法学家著作中,都对处分原则进行了探讨,但大多建立在十月革命前的研究基础之上,无论是持赞成或批判态度,都将处分原则视为民事诉讼一项重要的独立原则。同时,学术界形成的一致共识也最终影响了 1961 年《苏维埃民事诉讼纲要》的制定,并最终体现在 1964 年《苏俄民事诉讼法典》中。

1991 年最高苏维埃通过的《苏俄司法改革构想》中提出了对原有诉讼体系进行根本变革的计划,并在 1995 年《苏俄民事诉讼法典》以及之后的 2002 年《俄罗斯民事诉讼法典》中通过修订和补充,试图在当事人与法院两者的主动性之间寻求革命前法学家所倡导的合理平衡。应该说这一立法意图在一定程度上取得了成功,例如,在《民事诉讼条例》第 246 条第 3 款中规定,审理和解决公共法律关系案件时,法院不受诉讼请求依据和理由的约束,也就是说法院可以根据自行裁量确定诉讼请求依据。在《民事诉讼条例》第 252 条第 3 款关于撤销规范性法律文件的规定中,申请人放弃诉讼请求并不意味着诉讼中止,而必须经由法庭审查。被要求撤销规范性法律文件的国家机关、地方自治机关或公职人员承认申请人诉讼请求同样也对法院不具约束力。

五、不间断审理原则

不间断审理原则又称集中审理原则,是英美法系国家民事案件审理的一项基本原则,指法官在处理案件时,应当持续地、集中地进行言词辩论,待该案终了后再审理其他案件的一种方式。[①] 这一原则的设立是为了满足陪审团制度的需要,因为,陪审团不能频繁地被召集,就使得开庭审理必须采取集中审理或连续审理的方式,即一旦开庭就必须在短时间内将案件审理完毕并作出最终判决。大陆法系国家没有陪审传统,所以开庭审理最初采用的是间断审理原则,但随着间断审理弊端不断突出,如造成庭审的片段性、不联系性、辩论反复性和程序的不安定性,所以开始借鉴英美法国家审理程序的优点,着手确立这一原则,形成了“准备程序+主要期日开庭审理”的程序结构。

在俄罗斯国家形成初期,独特的不间断审理原则就已经在民事诉

---

① 参见[日]三ケ月章:《日本民事诉讼法》,汪一凡译,台北,五南图书出版有限公司 1997 年版,第 395 页。

讼传统中形成，并在俄罗斯民事诉讼体系中成为不可或缺的组成部分。该原则要求审判者在确定审判地点不间断审理解决争讼案件，言词辩论应当持续、集中进行，进而审结案件。如果案件审理时间较长，可以宣布休庭，但不能违反不间断审理原则。

1864 年司法改革前虽然较少在法理上探讨不间断审理原则，但这一原则的法律形式最早可以追溯到 1467 年《普斯科夫审判条例》。其中规定：应当由最初受理案件的地方执法官持续审理，其他地方执法官不能参与案件的继续审理，遵守程序的不间断性，并以此排除案件审理的迟延。[①] 1649 年《国民会议法典》及其之后陆续颁布的其他法律规范，从立法上割断了不间断审理原则在法庭审理与作出判决依据上的联系，法庭审理从阶段上分为法庭侦查（судебное следствие）阶段和作出判决（вершение приговора）阶段，并同时规定了庭审程序的不间断审理原则。

（一）不间断审理原则与延期审理制度

不间断审理原则与延期审理制度具有紧密联系，正如当时著名法学家 В. А. 阿塔莫维奇所言，“延期审理制度实际上是对法院试图迟延案件审理的限制”[②]。不间断审理并不意味着不允许案件延期审理或者中断庭审情况的发生。1649 年《国民会议法典》及其之后法律规范中，在规定不间断审理原则的同时也详细规定了延期审理制度。双方当事人可以在庭审过程中请求延期审理。当事人提出延期审理时必须向法院说明其正当理由，但双方当事人共同要求延期审理时则无须说明正当理由，但必须经双方当事人同意。当事人之间达成开庭日期约定，签字后附在庭审笔录后生效。如果约定一方当事人没有在法律规定或者双方协议期限内出庭则需承担败诉后果。[③]

1864 年 11 月 20 日《民事诉讼条例》颁布后，不间断审理原则贯彻到整个诉讼过程中，即在当事人言词辩论后法官进入专门房间，听取案

---

① Кутафин О. Е, Лебедев В. М, Семигин Г. Ю. Судебная власть в России: история, документы: В 6т. Т. 1: Начала Формирования судебной власти Научный консультант проекта Е. А. Скрипилев; отв. ред. Н. М. Золотухина. С. 71.

② Адамович В. И. Очерк русского гражданского процесса. 2-е изд. , испр. и доп. С. 98.

③ Кавелин К. Основные начала русского судоустройства и гражданского судопроизводства в период времени от Уложения до Учреждения о губерниях. М. 1844 г. С. 101-102.

件事实讨论后立刻作出判决(《民事诉讼条例》第 693 条);其特殊之处在于法院可以作出不完全判决,即仅作出判决结论部分(《民事诉讼条例》第 700 条、第 701 条);在案情复杂的情况下,裁判理由部分可以延期至下一案件开庭审理前作出(《民事诉讼条例》第 702 条);法院院长可以指定宣读判决日期,在双方当事人都到庭的情况下宣读最终判决(《民事诉讼条例》第 704 条),但判决准备日期不能超过两周(《民事诉讼条例》第 713 条)。

帝俄时期法学著作和司法实践中虽然较少直接提及不间断审理原则,但对延期审理的概念却多有涉及。《民事诉讼条例》中的"延期审理"制度已经更接近于现代语境对延期审理的理解:庭审过程中允许休庭,而且立法上对法官在休庭期间审理其他案件也没有作禁止规定。当事人提出新情况或者新证据时,在法官认为提出情况和证据具有合理依据的情况下,可以公开提供的证据和情况(事实),并重新确定庭审日期(《民事诉讼条例》第 331 条)。被告提起反诉时,如果相对方提出延期庭审申请或经由法院自行裁量可以延期审理(《民事诉讼条例》第 342 条)。"案件应当在本案审理的当次庭审中解决",但"如果被告对原告诉讼请求提出抗辩,并提供文件证明,可以在取得原告同意的情况下,推迟开庭审理,由法庭要求双方当事人在重新指定的庭审期限前提供新的证明文件。而此后延期须经当事人双方共同协商约定"(《民事诉讼条例》第 365 条)。根据参政院的司法解释,"法院决定延期审理之后,应当当庭向当事人双方言语告知新的庭审日期"。[①]根据反诉申请,案件的庭审根据一方当事人的请求或者法院的酌情裁量可以延期审理(《民事诉讼条例》第 341 条)。在依据《民事诉讼条例》第 341 条提出延期审理的情形中,由法院指定 3 天到 7 天的补充日期,在这一期限内被告应当提供反诉的书面说明(《民事诉讼条例》第 342 条)。参政院进一步指出"本条款中所指期限,从宣布延期审理之日开始计算,而非从

---

① Устав гражданского судопроизводства с объяснениями по решениям Гражданского Кассационного Департамента и Общего Собрания Кассационных и 1 и 2 Департаментов Правительствующего Сената. С. 268.

作出最终形式裁定之日起起算”。①

（二）不间断审理原则的近现代改造

1864年《民事诉讼条例》中虽然没有明确规定不间断审理原则，但其中通过相关法律规范明确反映了这一原则，这为日后俄罗斯民事诉讼立法以及法理中不间断审理原则的确立奠定了基础。正如著名法学家E. B. 瓦西科夫斯基所述，“通过言词诉讼，法院可以一次性全面、充分地了解与接受所有的事实材料，对这些材料所形成的内心确信是通过当事人在法官面前当庭通过生动言词辩论和不间断庭审而建立起来的”②。从本质上来讲，E. B. 瓦西科夫斯基所提出的集中审理原则，与现代俄罗斯民事诉讼中的不间断审理原则是一致的：“法庭在判决作出前的一次开庭审理中，直接询问所有证人，要求他们在证言出现分歧时当面对质，审查所有证据，并与证人证言相互对照，出现疑问时可以要求当事人和证人进行说明。法庭据此才能对案件作出最为清楚和准确的判决。只有诉讼材料集中审理时，法官才能在内心中形成完整而生动的案件全貌。如果法庭对诉讼材料切割调查时，法庭就不得不重新弥合头脑中的记忆片段，即头脑记忆中留存的各个独立的诉讼片段，这将会使法官难以把握诉讼核心问题，而对案件的评价由此可能会出现偏差。”③

1864年司法改革中《刑事诉讼条例》的编纂同样促进了直接审理原则在刑事诉讼中的适用。《刑事诉讼条例》规定：除必要的休息时间之外，每件案件的开庭审理应当不间断进行（《刑事诉讼条例》第633条）。如果法院认为，出于收集补充信息需要而必须中断庭审，那么，在获取信息之后，庭审应当自中断的诉讼行为继续进行。但是，法官和陪审员可以要求部分诉讼活动或者法院调查程序重新启动（《刑事诉讼条例》第634条）。如果继续中断的法庭审理时，原参加庭审的陪审员无法出席，那么则需要重新进行法庭调查（《刑事诉讼条例》第635条）。

---

① Устав гражданского судопроизводства с объяснениями по решениям Гражданского Кассационного Департамента и Общего Собрания Кассационных и 1 и 2 Департаментов Правительствующего Сената. С. 284.

② Васьковский Е. В. Учебник гражданского процесса（по изд. 1917 г.）. М. 2003 г. С. 110.

③ Васьковский Е. В. Учебник гражданского процесса（по изд. 1917 г.）. М. 2003 г. С. 113.

参政院在对《刑事诉讼条例》中关于适用不间断审理原则相关条款作出的司法解释规定："法庭不能将两个案件同时交叉审理。某一案件的法庭审理中止期间，需要同时审理其他案件时，则在法庭重新开庭审理时，尽管其中部分诉讼材料已经在最初庭审中进行过调查，但仍然需要重新对案件进行法庭调查。原因在于：判决的作出必须依据法官的内心确信，而内心确信是基于对案件所有情况的审理而产生的。如果法官和陪审员作出的判决，是依据重新启动庭审前的调查所产生印象作出的，那么为了保留这一印象的深刻性和完整性，法庭调查应当通过不间断的言词审理进行，或者法庭审理不能存在较长时间的中断，在中断期间，禁止法官和陪审员审理其他案件，旨在避免其注意力从已经开始的法庭审理中转移。同时审理数个案件会弱化和破坏法官对每个案件所形成的印象，甚至导致有可能混淆不同案件间的事实情况。"①

苏维埃政权建立初期，无论是早期法律规范，还是之后1923年《苏俄民事诉讼法典》中，都没有关于不间断法庭审理原则的立法规定，但在法典和学术著作中都广泛地使用了术语"案件延期审理"。直到1950年C. H. 阿布拉莫夫的民事诉讼教材中才再次阐述了不间断审理原则，并将其与辩论原则、处分原则、当事人地位平等原则并列。虽然此时立法上仍未确立这一原则，但当时对这一概念的阐述已经与《刑事诉讼条例》中的规定极为相似：诉讼不间断审理原则表示，案件从最初庭审到最终判决的作出，应当在不改变法官组成的条件下不间断进行。只有从头到尾参加案件审理的法官有权作出判决。根据不间断审理的原则，衍生出下列法律规定：(1)从案件立案到判决下达，法院组成人员的组成不得改变。如果法官因故（如因病）回避，案件审理将延期。(2)因故延期审理的，重新开庭时应当重新审理。(3)不间断审理的原则并不意味着法官不能因休息等原因休庭。但在休庭期间，初审法院法官不得审理和解决其他案件。(4)案件审理结束后应当及时作出判决。破坏不间断审理原则的后果将导致其他诉讼原则的破坏，如言词原则、直接原则等。如果法官采用间歇性审理的方式并行审理多个案件，将会由于同一案件的多次审理间隔时间较长，法官的记忆会逐渐变

---

① Устав уголовного судопроизводства цитируется по источнику: Судебные Уставы 20 ноября 1864 года, с изложением рассуждений, на коих они основаны.

得模糊，法官可能会倾向于依赖自己的记录中形成的主张和证据来定案，会导致司法实践偏离直接原则和言词原则的目的。因此，苏联最高法院在民事审判实践中，也逐渐确定了这一原则。

M. A. 顾尔维奇在 1957 年版民事诉讼教材中对不间断审理原则进行了进一步阐释，1923 年《苏俄刑事诉讼法典》第 258 条规定："每件案件的开庭审理应当除指定休息时间外不间断进行。在已开始审理的案件未审结前，禁止在休庭期间审理其他案件。"[①]以其相关理论为起点，这一原则开始在教材、著作和相邻的部门法中形成，并最终在 1961 年《苏维埃民事诉讼纲要》中进行了规定，[②]并于之后 1964 年《苏俄民事诉讼法典》中以立法形式确定下来。

这一原则在学理上的价值是不容争议的，但司法实践上该原则的适用过程中，尽管存在较多积极因素，但面对案情复杂需要较长时间审理的案件时，也往往会给法官，包括其他诉讼参与人造成了诉讼上的不便。

不间断审理原则应当与完备的审前准备程序相联系。虽然现代俄罗斯民事诉讼法中规定了预审庭和证据开示制度，但审前制度的不完善仍然影响了不间断审理原则的运行。从 1990 年年末到 2000 年年初，诉讼法典草案起草小组（包括民事诉讼法典、刑事诉讼法典、仲裁诉讼法典）对这一原则进行了激烈讨论；最终，不间断审理原则并没有规定在新的《俄罗斯刑事诉讼法典》和《俄罗斯仲裁诉讼法典》中，而仅仅在《俄罗斯民事诉讼法典》中保留了这一原则。现代俄罗斯司法实践中，不间断审理原则仍然在民事诉讼以及俄罗斯联邦宪法法院的案件审理中发挥着重要作用。

不间断审理原则作为民事诉讼重要原则，使法官的注意力集中于一个案件的审理，促进了及时和正确审理解决案件。因此，如何完善这一原则使其符合当今俄罗斯的社会现实，这也成为俄罗斯诉讼法学家长期关注的焦点，成为俄罗斯学者呼吁不间断审理原则回归刑事诉讼和仲裁诉讼的重要原因。

---

① Уголовно-процессуальный кодекс РСРСР. Пг. 1923 г. С. 82.

② 1961 年《苏维埃民事诉讼纲要》第 35 条规定了"司法审判的直接原则、言词原则和不间断审理原则"。一审法院审理案件时，除指定休息时间外案件审理必须不间断进行。在开始审理案件未终结或者延期庭审前，法庭无权审理其他案件。

六、审判公开原则

从一般意义上讲,审判公开原则是指法院审理案件和宣告判决过程向社会公开进行,司法改革前民事诉讼体系主要缺陷集中于办公室秘密审理。虽然1857年《俄罗斯帝国法令全书》没有直接规定秘密审理程序,但由于纠问式诉讼主要采用书面审理方式,这也导致听取和解决争讼演变成为法院行政办公室内部审理程序,限制了当事人直接参与庭审,这显然与当时欧洲追求平等和自由的主流社会理念相背,贵族作为当时俄国社会的精英阶层首先对纠问式诉讼提出了尖锐的批评。他们认为,无论能够用以证明的书面文件数量有多少,在当时腐败成风的社会环境下,由于行政机关出具文书自身的不可靠性和模糊性,根本无法真正实现保护所有权的目的。法官必须通过听取当事人的声音和合理的社会意见,感受正义和良知,这样才能褪掉不良法官的假面具,唤起诚实法官的正义与无私。①

立法机关也认识到,当时社会对司法的不满主要源自于法院长期未充分履行自己的职责并执行法律,这也使得其司法行为的公正性饱受质疑。究其原因,法院依靠行政权力以及依据法定证据规则进行书面审理,这排斥了良知和自由心证的适用。最终也导致了诉讼脱离了社会和诉讼参加人的监督视野,充斥着行贿和对法官、证人的收买以及被告恶意拖延诉讼。②“秘密审理仅仅对法院办公室和法官有利。法官实施审判只需要满足直接领导的指示,甚至作为与同事进行人情交易的筹码,而无需掌握更高的审判技能或承担更多劳动,因为其职位仅依赖于与上级的亲近关系或被利益关系所左右。”③

因此,《民事诉讼条例》立法委员会指出,“法院办公室秘密审理是纠问式诉讼的必然属性。由于缺少当事人的公开辩论,法官的所有审判行为只能依据书面陈述和形式上的证明文件,当真理以这样方式在当事人与法院之间传递时,就已经失去了其固有的天然简易性和直白性,也破坏了法官内心确信形成的完整过程,这必然造成实施正义审判

---

① Судебные Уставы 20 ноября 1864 года за пятьдесят лет. С. 95–96.

② Блинов И. А. Историко-юридический очерк. СПБ. 1905 г. С. 97.

③ Малышев К. И. Курс гражданского судопроиизводства. И. 1. С. 353.

条件的丧失”①。因此，法学界达成普遍共识：只有在废除纠问式诉讼、排除或者弱化书面审理的情况下才能最终消除上述弊端。

（一）1864年司法改革中的公开原则

1864年《民事诉讼条例》最终确立了俄罗斯的新诉讼原则——公开原则（принцип гласности）。诉讼程序的公开性包括两个方面内容：（1）广义的诉讼程序社会公开；（2）狭义的对当事人公开。在这一原则确立之初，立法委员会内部曾产生过众多争议，认为这一原则不应当无条件适用于所有案件。作为俄罗斯帝国最高司法机构的参政院②（Правительствующий сенат）已经认识到有些案件并不适宜公开审理，比如，叛国案以及涉及国家秘密的案件。因此，在公开原则中也引入了除外规定。

1. 广义上的公开原则

广义的社会公开原则具有独立属性，在性质上并非源于其他诉讼原则，而是具有独特依据并且完全独立的原则。《民事诉讼条例》确立了公开原则：所有司法机关民事案件审理中的诉讼行为，除法律规定情形外，应当允许当事人和其他人参与（《民事诉讼条例》第13条）；案件报告以及当事人的言词辩论必须公开进行（《民事诉讼条例》第324条）；必须通过公开庭审方式进行证据调查（《民事诉讼条例》第500条）。借助这一原则的确立，俄国公众获得了参与司法审判以及监督诉讼的权利。与此同时，庭审的庄严仪式感增进了公众对于司法机关的尊重，也使俄国司法机关再次获得了来自各阶层民众的信任，并最终实现了民众接近司法。但由于当时硬件设施的限制和庭审规范的缺陷，大量民众涌入法院旁听案件导致了这一时期庭审秩序的混乱。因此，在此之后又补充规定了民众参与庭审的规范，并区分为刑事案件规则和民事案件规则，根据场所对案件听审人数进行限制。

法律规定不公开审理的案件，则不允许民众参与庭审。《民事诉讼条例》将不公开审理案件限定为：公众了解情况后，会对宗教、社会秩序或者道德造成损害的案件（《民事诉讼条例》第325条）；双方当事人请

---

① Судебные Уставы 20 ноября 1864 года сизложением руссуждений, на коих они основаны. Ч. 1. СПБ. 1866 г. С. 29.

② 帝俄时代由彼得一世直接任命并建立的国家最高行政和立法机关，除了肩负监督国家各机关工作外，作为最高再审审级，十月革命后被废除。

求不开庭审理,法院认为理由正当的案件(《民事诉讼条例》第326条)。1912年又补充规定了非婚生子女案件以及不应当公开的发明专利案件(《民事诉讼条例》第325条第1款和第2款)。但是上述案件必须公开宣判,双方当事人也可以各自选择3名自愿民众参与旁听。

公开审理时,法官合议在专门合议室进行,合议室不允许民众旁听(《民事诉讼条例》第693条)。这一规定的目的在于,使判决以合议庭统一意见的形式出现在公众面前,法官的分歧和争议只存在于彼此之间,而这些分歧的公开,将会弱化判决的权威,束缚法官的判断和公正。公开原则的确立与适用,获得了司法界积极的反响,因为秘密审理长期以来限制了法官自由表达意见的权利。同时,公开原则的适用也排除了行政权对审判权的不当干涉。

公开原则的另一个重要的表现是允许媒体报道案件,审判公开性也借此获得了重要的司法实践意义。因为,能够亲自参与庭审的毕竟只是少数人,借助于媒体,可以使每个人了解案件的审理情况。根据1862年9月29日《司法改革通则》第62条的规定,允许任何人报道公开的最终判决。同样,在个人保证对于法院及其成员尊重的条件下,允许在法律出版物、报纸、论文中讨论案件。但也规定了相应的义务,如果个人违背了尊重义务,将会受到检察长的追究,同时,也保留了他人对公开报道中故意侮辱行为提起诉讼的权利。判决作出前禁止报道案件情况。对于不公开审理案情的报道必须获得特别许可。在当时长期封闭的社会环境下,这无异于为媒体和法律学术界打开了一扇自由呼吸的窗口,也为公众社会监督提供了法律依据。

2. 狭义上的公开原则

狭义上的对于当事人公开原则并非独立原则,而是多种原则相互作用的结果:一方面,它与直接审理原则和言词原则相互作用,两者要求法官必须亲自参与庭审,当事人当庭进行言词辩论;另一方面,符合辩论原则和当事人平等原则的要求,前者赋予了当事人准备诉讼材料的权利,而后者赋予当事人同等的进攻和防御手段。如果一方当事人的诉讼行为以及由此引发的审判行为不被另一方当事人所知晓,那么上述四种诉讼原则则无法实现。因此,公开原则对于当事人双方具有不言而喻的重要意义,一个完善诉讼原则体系的构建中显然不能将其排除。①

① Васьковский Е. В. Курс гражданского судопроизводства. С. 449–450.

《民事诉讼条例》中狭义公开性原则表现在：诉讼程序中法院行使的所有诉讼行为当事人都有权参与，这包括询问证人、调查证据以及庭审等诉讼行为；当事人有权在法院办公室查阅所有与自身案件相关的公文，获取判决书以及法院各类决定和判决主文的复印件。

当出现审判长认为现有文件足够说明案情，不允许当事人对案件实质、管辖异议以及延期审判等个人事项进行言词陈述，或者不允许当事人参与庭审的情况时，则上述事实可以构成再审事由。因此，如果法院不遵守《民事诉讼条例》第 13 条规定的公开义务，限制当事人参与庭审的权利，那么当事人就具有了提出撤销判决请求的充足依据。①

（二）公开审判原则的社会意义

公开审判原则作为司法改革最主要的基本原则，具有重要的社会意义：（1）赋予社会监督法官审判行为的权利；（2）提升法官作出合理合法判决的责任感；（3）通过社会舆论监督，使公民摆脱了无依据诉讼和虚假诉讼；（4）促使诉讼参与人完成诚实信用的诉讼行为；（5）通过公开的法治教育影响社会法治发展，公民借助司法实践真正了解现行法律；（6）促进了法学的发展，为学者了解司法判决以及指导司法实践创造了条件。② 审判公开原则是法治社会最重要的保障，社会监督是最合理的监督，只有在社会公众面前公开进行的诉讼程序才能获得民众对于司法的信任。

俄国学者认为，公开原则的适用能够预防恶意诉讼，支持正义当事人，使利益相关人和公众能够监督诉讼的进行，唤起公职人员的积极性，恢复社会诚实良知的自然属性，提升司法领域的道德水平。同时，公开的程序也起到了教育民众的作用，“在公开的法院中，民众能够读到最新鲜自然而朴素的故事，在他们面前展现的戏剧是由真实的生活谱写的，民众依据良知进行评判，整幕戏剧只传来法官的声音，唯一的要求就是正义”。③ 对于对抗式诉讼和司法独立的讨论，离不开公开审

---

① Тютрюмов И. М. Устав гражданского судопроизводства с законодательными мотивами, разъяснениями Правительствующего Сената, с комментариями русских юристов. Пг. 1916 г. С. 178-179.

② Васьковский Е. В. Курс гражданского судопроизводства. С. 450-452.

③ Вестник Европы. 1867. № 12. Цит. по：Джаншиев Гр. Основы судебной реформы（к 25-летию нового суда）；Историко-правовые этюды. М. ,1891. Переизд. М. 2004 г. С. 34.

判条件下对司法审判的社会监督，以及其对发展公民权利和法律意识方面起到的重要作用，这些也构成了任何理性社会生活的重要基础。“在帝俄时代由于缺乏受过专业法学教育的法官阶层，甚至政府都无法有效监督审判行为的社会条件下，只能寄希望于社会监督，无论社会意见多么不成熟和微不足道，但其永远不乏道德的力量。这对提升法官审判能力同样具有重要意义。”①

第二节 俄罗斯近代民事诉讼程序

通过对俄国近代民事诉讼程序制度嬗变的历史梳理，我们不难发现一种极为有趣的历史变化。在 1864 年之前，俄国民事司法体系中存在诸多不同类型的程序形式，它们整体上是建立在罗马法传统的日耳曼民事诉讼法基础之上。在 1864 年 11 月 20 日《民事诉讼条例》颁布后，俄国民事诉讼体系进行了根本革新，其区别于旧的诉讼模式，大量吸收了法国民事诉讼的优秀立法成果，其中创设了三种审理程序：普通程序、简易程序以及治安法官程序，并通过 1889 年《民事诉讼条例》修订，在此基础上补充了快速程序和文据强制执行程序，1914 年条例的修订中再次参照日耳曼诉讼模式合并了简易程序和普通程序，塑造了全新的辩论式普通诉讼，同时并存的是剥离了辩论环节的文据强制执行程序。因此，俄国诉讼程序最初萌发于日耳曼民事诉讼的土壤，并在其 50 年的发展过程中，吸收了《法国民事诉讼法典》的基本原则，并最终回归日耳曼民事诉讼的怀抱。②

上诉审制度和破弃审制度是采取诉讼途径后，对可能发生不当审判的重要救济方式，这对俄罗斯完整民事诉讼体系的构建具有重要意义，也是实现程序正义的基础。近代俄国民事诉讼制度可以区分为四种类型：(1)普通上诉程序(апелляция)。对于诉讼事实问题和法律问题进行全面审查，并作出新的判决或者依法改判。(2)撤销原判程序(кассация)。破弃审法院针对包括违反法律规定程序或法律适用不正确

---

① Чичерин Б. Несколько современных вопросов. М. 1862 г. С. 240-241.

② Судебные Уставы 20 ноября 1864 года за пятьдесят лет. С. 522-523.

在内的违法行为,裁定撤销原判决,并责令二审法院再审。(3)再审程序(пересмотр)。在确定案件事实错误或一方当事人伪造证据的情况下,对原诉讼进行再审或者恢复当事人权利。(4)申诉程序(производство по жалобам)。针对司法机关公职人员的不公正行为或伪造文书行为提起的申诉。上述程序制度在不同前提下具有特定的功能,新型上诉制度的确立对排除行政干预,简化上诉程序,缩短上诉期限,提高司法效率,加强个人权利保护,推动司法专业化具有重要的历史意义。[①]

一、治安法院程序

1864年司法改革中,俄国治安法院制度是在借鉴英国法和法国法经验基础上建立起来的地方司法权力机关。司法改革前,对民众而言,县法院是最为近便的法院,县法院由从贵族中选举产生的县法官和陪审员组成,其主要设在县级行政单位当中,由于其距离基层民众较远,同时还承担着审理大量小型案件和相对重要案件的职责,诉讼程序较为复杂,往往妨碍了判决的及时作出和执行。因此,社会民众要求建立适用简易程序,降低程序形式要求,依据理性和良知审理微小民事案件的新型基层司法机关的呼声日益高涨。由于在1861年农奴制改革农民获得自由后,俄国的社会和经济关系也发生了显著变化,尤其是地主与农民之间的关系,并由此产生了建立审判中诉讼参加人享有平等地位的新型纠纷解决机制的诉求,治安法官制度正是为满足上述要求所设立的。

对此,1864年《民事诉讼条例》立法者指出,“无论普通法院的程序条例如何简单,如果其远离当事人或者财产所在地、侵权行为发生地,那么对当事人就会造成不利益,较远的距离也弱化了解决小额纠纷的意义。关于所有权或者不动产损害赔偿的案件往往只能在违法行为发生后,立刻于争讼发生地收集证据。否则,争议的解决将会变得极其困难,有时甚至变得不可能”[②]。所以应当在普通法院之下设立更为接近当事人,使用简易诉讼程序,符合大多数农村和城市居民需要的特别地方法院——治安法院。

---

① 参见王海军:《近代俄国司法改革史》,法律出版社2016年版,第111页。

② Е. А. Борисова: Великая реформа к 150-летию судебных уставов, том 1. М. Юсиинформ. 2014 г. С. 235.

（一）治安法院组织架构

治安法院制度的设立是俄罗斯近代法制发展的重大进步，其地方司法机关由治安法院和治安法官大会两级机关构成，由参政院和高等审判院监督其审判活动。其中，治安法官由县地方自治代表会议选举产生，通过简易程序独任或者合议审理案件，在城市中则由城市杜马选举产生。治安法官大会作为上诉审级，组织架构包括议长、常务委员和全区治安法官，大会议长从治安法官中选任，任期 3 年。治安法官根据职能又分为分区法官、辅助法官和荣誉法官。其中分区法官承担着治安法官的主要职能，由治安法官大会指定其负责的司法区，而且不受时间（包括休息日）、地点的限制，必须亲自受理书面或者口头诉状，不能拒绝受理案件；辅助法官则无负责司法区，通常是在区法官因病或死亡无法履行职责以及分区法官案件负担繁重时，由治安法官大会指定替代或协助履行审判工作。荣誉法官无司法区和薪俸，但可以担任其他社会职务，只能在双方当事人亲自向其要求调解时，名誉法官才有权实施裁判。同时，其可以参加治安法官大会，并在分区法官因病和因故缺席时代行职务。

（二）治安法院诉讼程序

治安法院诉讼程序的主要功能是使民众接近司法，加快和简化微小案件审理程序，促进当事人尽快和解。《民事诉讼条例》总则中规定了其基本规范：（1）贯彻司法独立原则，只能由司法机关承担民事案件审理。（2）法院应当根据现行法律解决案件；在法律规定不充分、模糊或者矛盾的情况下，依据立法精神作出判决，禁止拒绝裁判，否则将因此承担相应责任。（3）民事案件实体审理实行两审终审制。（4）当事人有权委托诉讼代理人参与诉讼。1864 年《民事诉讼条例》中规定了专门的治安法院诉讼程序。

1. 管辖

根据《民事诉讼条例》第 29 条的规定，治安法院管辖案件包括：（1）不超过 500 卢布的私人债权和动产合同纠纷；（2）不超过 500 卢布或起诉时尚不明确数额的损害赔偿纠纷；（3）人身侮辱损害纠纷；（4）自知道侵夺之日起 6 个月内提起的恢复侵夺占有物纠纷；（5）自知道侵害之日起 1 年内提起的地役权纠纷。其中，具有书面文书证明的所有权纠纷或不动产占有权纠纷，以及与行政机关利益有关纠纷，不属于治安法院管辖范围,应由普通法院受理。这些规定原则上与现代的《俄罗斯民事诉讼法典》中规定的管辖规则极为接近,甚至可以说俄国现代制度更多借鉴了传统法治经验。

2. 起诉

《民事诉讼条例》第41条规定了向治安法官提出诉讼请求(исковая просьба)程序。治安法官可以经由治安法官大会同意,既可以在司法区自行选择常设地址受理诉讼,也可以随时随地受理诉讼请求并现场审理案件;诉讼请求应当以书面或者言词请求的方式提出,如果以言词请求方式则需经由治安法官记录并向原告宣读,并由原告签字确定。如果原告提供书面证据则应当附在笔录之后。因此,治安法院程序相较于普通程序最大限度上简化了当事人的起诉行为;通过书面记录言词形式提出诉讼请求的规定则免除了诉状特殊的形式要求以及强制使用国家印花纸的要求。微小案件诉讼请求中只需提出最为必要和简化的请求内容,就足以帮助法官及时了解讼争的内容。根据《民事诉讼条例》第54条的规定,原告应当在诉讼请求中载明或提出:(1)原告、证人和被告的姓名以及居住地点;(2)援引用以证明诉讼请求的证据;(3)指明诉讼标的额;(4)说明请求或追索的对象。如果案件不属于治安法官管辖范围,应当将书面形式诉讼请求返还原告,言词形式请求可以以书面形式返还并解释原因。

3. 审理程序

治安法官审理讼争的方式应当尽可能地简单和快捷。如果当事人双方都在场,治安法官就可以立即开始案件审理。当传唤双方当事人到庭时,如果被告不在法官所辖司法区,按照距离每15俄里不少于1天的标准指定出庭期限;当案件以言词方式公开审理时。如果当事人提出请求并在法官认为合理的情况下,可以不作公开审理。在上述案件的审理过程中,条例中虽然未安排如现代《俄罗斯民事诉讼法典》中规定的回避制度,但同样安排了案件管辖、不适格原告被告的相关规定。

治安法官的主要职责在于当争讼双方调解不成时,对案件进行实质审理并作出判决。法官可根据诉讼条例中规定的证据规则进行证据评价,而原告亦应当证明自身的诉讼请求,对抗原告诉讼请求的被告应当证明自身的辩驳,治安法官不能主动收集证据,只能依据当事人提供的证据作出裁判。《民事诉讼条例》中还规定了治安法官程序的证据种类：证人证言、书证、自认、决讼宣誓、现场勘验和专家结论。同时，《民事诉讼条例》又规定：任何人无权拒绝作证，但当事人直系近亲属、兄弟姐妹以及与判决具有利害关系者除外；不允许子女对抗父母，配偶之间作证对抗；允许根据相对方申请要求证人回避。

证人作证前应当宣誓，并在当事人在场的情况下接受询问，当事人也可以直接询问证人。当事人经过协商可以请求治安法官依据一方当事人宣誓作出判决，宣誓在未被其他证据推翻的情况下，也可以被认定为证据。在案件审理过程中可以要求专家证人参与庭审以及实施现场勘验，对评价和审理的对象以及必要的特殊信息作出结论，现场勘验和专家结论不仅可以根据一方当事人的请求提出，也可以由法官酌情主动提出。根据当事人协商还可以指定 1—3 名专家证人，在协商不成的情况下可以由法官指定。在听取双方当事人的对质并调查完当事人所提供的证据后，法官可依据《民事诉讼条例》第 129 条作出合法判决，作出判决时应以维护社会公序良俗为准则。在依法或法律补充规定允许按照地方法律习惯审理的情况下，法官可以根据一方当事人或者双方当事人的申请，依据地方习俗作出判决。在法官不了解当地习俗的情况下，可以邀请 3—6 名信誉良好的当地居民提供佐证证言并记录在笔录中。① 根据诉讼条例，治安法官可以在不违反法律规定的前提下，依据良知来评价证据，并使用地方习俗审理解决案件，并在庭审后 3 日内作出最终形式判决，被告未出庭的情况下，可以根据原告请求作出缺席判决。

《民事诉讼条例》未对上诉状的形式和内容提出严格要求，仅仅需要提出认为判决不正确的原因。上诉状由治安法官大会进行审理，治安法官大会对于上诉采取公开言词方式审理。在宣读上诉状之后开始言词辩论，同时担负促进当事人和解的职责。判决根据绝对多数原则作出，如果审判庭意见力量均衡则法院院长的意见将具有决定意义。治安法院判决需要当庭向当事人宣读，判决具有终局性并应当立即执行。

---

① Судебные Уставы 20 ноября 1864 года, с изложением рассуждений, на коих они основаны. Ч. 1. С. 72–73.

19世纪后期,随着沙皇加强专制统治,“反改革”浪潮开始高涨。这种带有高度地方自治性质的司法组织,在1889年被司法行政机关(судебно-административные учреждения)所代替,并由地方长官和市法官代替履行审判职责,并且增加了许多强化职权干预的条款:不允许未成年人和在校学生参加庭审;对于证人未出庭作证科处罚款;对诉讼金额不超过30卢布的案件,不允许提出上诉;允许第三人提出撤销判决请求;对于治安法官大会判决的撤销请求向区法院提出,并由省级机关不开庭审理;省级机关判决如果被司法部长认定为非正义,则应当移交给参政院民事破弃审司再审;应当由参政院对法律真实含义作出解释。1912年随着革命形势的高涨,重新恢复了治安法官制度,并对原诉讼条例中的治安法院程序加以修订,旨在进一步简化和加快诉讼程序。

无论是1864年司法改革,还是今日俄罗斯司法改革中重新恢复的治安法官制度,都将目标定位于减轻普通管辖法院对微小案件的负担,通过和平方式解决讼争以及简化诉讼程序。治安法官制度的确立既符合社会发展的客观要求,又反映出俄罗斯民族的宗教精神和文化特点。俄罗斯司法改革时期的民事诉讼立法应该说已经达到了较高水平,其中诉讼程序的可接近性、辩论性、当事人平等、庭外和诉讼中和解制度都是俄国法治文明的重要飞跃。亚历山大二世主导的司法改革具有民主化特征,不仅贵族、商人、小市民甚至农民都可以被选举成为治安法官。国家竭力通过立法方式来鼓励以和平方式解决争议,加强对治安法官的培训,建立治安法官选举制,树立法官联合会的权威,也得到了社会各界代表的支持和信任,这些措施都为公民权利保护和培育创造了良好条件,树立了治安法官的权威。

二、简易诉讼程序

俄罗斯司法改革前的民事诉讼最显著的特征是简易程序的多样性。1832年《俄罗斯帝国法令全书》中,除规定若干种和解程序和专门程序外,还规定了4种主要程序和18种特别程序,这些程序在司法实践上对当事人和法院造成了极大困难,以至于在具体案件中难以确定按照何种程序规范审理民事案件。1864年《民事诉讼条例》最终简化为三种类型的简易程序:简易程序、快速程序和文据强制执行程序。这些程序在历史演进中逐渐蜕去了原有的形态特征,例如,1864年《民事诉讼条例》中规定的文据强制执行程序逐步演化为现代俄罗斯诉讼法中的命令程序。《俄罗斯仲裁诉讼法典》规定了快速程序，其中也同样包含了1864年《民事诉讼条例》中简易程序和快速程序的部分要素。

根据1857年颁布的《程序法规范》，民事诉讼程序被区分为诉讼程序和非诉程序。非诉程序则几乎被完全排除出法院职权范围之外，完全由警察机关行使。适用诉讼程序的案件范围较为广泛，包括所有的人身侮辱案件、财产损害赔偿案件、质押、合同和债权纠纷，以及国家与私人之间的纠纷，但不动产纠纷被排除在外。[①]

由法院主管的诉讼案件，在程序上分为两类：所有权诉讼程序和普通诉讼程序。所有权诉讼（вотчиный иск），这一诉讼类型是随着所有权制度的发展而产生的，"所有权"（собственность）这一术语首次出现于18世纪下半叶。立法所调整的主要是不动产所有权，其对象首先是土地所有权。1714年，私人地产和世袭领地在漫长的立法发展中终于获得了平等的法律地位，世袭领地与私人地产合二为一为一个概念——"不动产"，除上述两者外，庄园和店铺也被纳入不动产中。这标志着商界的地位得到提高，国家更加关注商业领域的财产权。所有权诉讼审理对象包括土地所有权争议、村庄间纠纷、农奴和债农纠纷、动产所有权纠纷、城市和郊区庄园争议以及不动产纠纷。所有权诉讼一般采取侦查方式，并允许上诉，可以根据利益相关人诉状或者根据监督程序向上级法院移送案件审理。相较而言，普通诉讼程序审理范围则包括：（1）债权和合同纠纷诉讼；（2）人身侮辱、损害赔偿以及财产侵占诉讼。[②]

司法实践上与上述主要程序并行的还有18种特别诉讼程序，而实际上运行的程序则更为繁杂，因为很多民事法律争议由公断庭（третийный суд）、良知法院（совестный суд）和言词法院（словесный суд）等专门机关管辖，并由专门法律调整。除此之外，针对俄罗斯帝国的特别区域和少数民族还安排了一系列单独程序规定。统计表明，

---

① Судебные Уставы 20 ноября 1864 года за пятьдесят лет. Т. 1. Пг. 1914 г. С. 515.

② Дегай П. Учебная книга российского гражданского судопроизводства губерний и областей, на общих правах состоящих/Составлена для Императорского училища правоведения Павлом Дегаем. СПБ. 1840 г. С. 19-21, 30-38.

1864年《民事诉讼条例》颁布以前，共有63种诉讼程序在运行。①

一方面，法院的等级性、诉讼程序上的繁复性以及多样性导致了管辖问题的复杂化和不确定性，也使得每个诉讼的提起，都需要根据内容、诉讼对象、原告、被告的社会阶层和社会关系确定案件适用诉讼程序种类，在当时历史条件下这也必然导致司法运行的混乱。因此，确定案件管辖问题成为当时诉讼的一个重要环节，经常造成法官的曲解，甚至导致在案件开始就实质问题进行审理前，就需要在管辖问题上通过若干审级审理。另一方面，造成管辖问题复杂性的重要原因还包括当时俄罗斯存在大量职权彼此重叠的国家机构。而这些问题随着19世纪60年代俄国社会生活条件的转变，使得以往行政机关通过分割司法权而获取经济利益已经逐渐失去意义而愈加凸显，由此，纠问式诉讼也逐渐失去其实践价值，仅仅在地方审理的小额案件中仍然适用。

（一）简易程序

1864年《民事诉讼条例》通过之后，精简了以往存在的大量诉讼程序，仅保留两个最为重要的程序：普通程序（общий порядок）和简易程序（сокращенный порядок）。两种程序最主要的区别在于，普通程序中将当事人言词辩论作为诉讼程序的重心，需要进行书面准备，交换辩论文件。简易程序中通常由法院院长传唤双方当事人到庭，在事先对当事人解释说明后，直接指定开庭审理日期或者为当事人指定提交书面陈述期限。

1864年《民事诉讼条例》第350条规定，按照简易程序，法院院长在受理当事人诉讼申请后，不应当直接传唤当事人开始庭审，而是应当先将当事人传唤到法庭，对其进行预先释明，并根据案情判断是否适用简易程序。这种预先传唤到庭由于形式上的冗繁，导致了简易程序的复杂化。传唤到庭的唯一目的在于，使法院院长了解案情对微小案件可能产生内心确信的同时，对能否通过一次庭审达成纠纷解决的目标进行判断。根据《民事诉讼条例》第362条的规定，法院院长对案件复杂性作出判断后，法官有权对适用何种程序作出进一步判断。这种简易程序一直运行到1914年6月2日，此时的俄国为了全面实现客观真

---

① Судебные Уставы 20 ноября 1864 года за пятьдесят лет. С. 515.

实原则,再次废除了简易程序,而仅仅规定了普通程序。①

对1864年司法改革中简易程序创设原因的深刻认识,需要分析当时的社会背景。司法改革时代民众对简单微小案件适用简易和简便程序的呼声日益高涨,简易程序的设立是对民众呼声的回应。简易程序要求对简单微小案件进行快速审理,回避严格的书面程序要求,为此必须设置言词性质的审理程序。当时依照欧洲立法经验,存在两种简易程序模式。第一种模式是法国模式,规定封闭的案件种类清单,根据案件性质并不要求必然遵守普通程序规则,而是要求尽快作出判决。第二种模式是日耳曼模式,所有案件种类均可以适用简易程序,只有案情极为复杂的诉讼可以根据普通程序审理。日耳曼模式正如T. M. 雅布洛奇科夫所言,其突出特点在于其内在合理性,法律不应当严格规定无须书面准备的微小案件种类,原因在于,通过法律确定的微小案件有可能案情较为复杂,而相反,重大案件也有可能可以通过简易程序快速解决,这一模式避免了法律与现实的割裂。②

当时俄国立法者作出了兼具双重属性的立法选择,俄罗斯《民事诉讼条例》中规定的简易程序,可以发现两种模式的混合特征,1864年《民事诉讼条例》是在1806年《法国民事诉讼法》的影响下制定出来的,贯彻自由主义思想。其中确定了必须适用简易程序的案件种类,但是,任何争议都可以根据当事人申请,经法官认可后适用简易程序审理,但也对部分案件种类作出了除外规定。当时立法中简易程序与普通程序并列规定,详细界定微小案件范围,两种程序并存于同一诉讼体系中,相互补充。由审判庭或者法院院长,根据提起的诉讼请求和证据自行裁量采取何种程度的书面形式,以及是否需要缩短审前准备期限等。

1864年《民事诉讼条例》第349条规定了应当适用简易程序案件的种类:(1)赊销商品纠纷,房屋租赁纠纷,服务和产品加工纠纷;(2)金钱及其他财产保管纠纷;(3)履行合同和债务请求;(4)财产不法侵占引起的损害赔偿(其中不包括不动产所有权纠纷);(5)判决执行争议;(6)专利权纠纷;(7)工矿企业生产意外引起的工人人身损害及

---

① Яблочков Т. М. Учебник русского гражданского судопроизводства. Ярославль. 1912 г. С. 187.

② Яблочков Т. М. Учебник русского гражданского судопроизводства. Ярославль. 1912. С. 190-191.

其家庭成员赔偿。

如果当事人双方请求适用简易程序,法院对此认为不存在其他特殊障碍,则所有案件均可以适用简易程序审理。在双方当事人同意的情况下,简易程序仅允许在区法院适用,二审法院仅允许适用普通程序。①

禁止通过简易程序审理的案件包括:(1)行政诉讼案件;(2)司法机关和行政机关造成的损害赔偿案件。

区别于普通程序,简易程序的简易性包括:无须事先传唤当事人到庭,可以在较短时间内直接开庭审理。根据《民事诉讼条例》第 350 条的规定,法院院长依据诉状指定传唤当事人开庭审理日期。指定开庭日期时应当考虑向被告送达传唤通知书所需时间,并根据实际情况不应当少于 7 天到 1 个月。此时双方当事人被直接传唤到庭进行言词辩论,而且传唤通知书中必须载明出庭日期。而在普通程序中当事人则需要预先传唤到庭对言词辩论进行书面准备,也就是交换书面辩论文件。在此之后,根据当事人申请确定言词辩论日期。

简易程序通常适用普通程序规则,但其中安排了一些缩短审判期限的特殊规定,规定了当事人及时提交据以证明自身权利文件的义务:原告在提交诉状的同时提交所有诉讼材料;被告应当在不晚于第一次庭审前提交诉讼材料。因此,所有诉讼材料原告和被告都应当在开庭审理前提交。这一重要规则构成了简易程序与普通程序的最重要区别。同时,当被告不能在短时间获得用以辩护的必要文件时,有权申请延期审理。如果法院满足这一申请,则需重新指定开庭日期。进一步的延期只能根据当事人双方协商约定,即被告获得新的证据,原告有权提交新的证据进行辩驳,此时原告有权为提交新的文件请求延期审理。此时法院可以为原告指定获取新证据的期限,进一步延期只能根据当事人双方协商约定。普通程序中专门规定了案情听审程序,只能在听取案情之后进行书面准备即交换辩论文件。但如果在简易程序中,法庭认为案情复杂不能通过言词辩论调查清楚,那么,可以要求当事人双方提交书面陈述用以查明案情。

---

① Устав гражданского судопроизводства с разъяснениями Сената по 1909 г. Включительно. Екатеринославль. 1912 г. С. 179(комментария к ст. 348).

简易程序旨在一次性快速审结案件,如果当事人双方同意,法院院长认为该案件具备通过简易程序审结的可能,那么就可以无须提交任何书面陈述仅根据当事人双方言词辩论作出判决。《民事诉讼条例》立法者认为,所有诉讼均适用简易程序存在诸多困难,并非所有案件都可以在未预先了解和调取书面证据的情况下进行,这也会导致当事人双方诉讼地位的不平等,使提供证据的一方当事人处于有利地位,使另一方当事人由于失去了解对方新诉讼理由的机会,而无法进行答辩。显而易见的是,简易程序适合于审理简单和微小案件,而对复杂案件则明显"力不从心"。因此,如果法院得出结论,虽然案件简单微小,但是在言词辩论不足以查明案情的情况下,法官有权在案件审理任何阶段自行裁量转为普通程序。

转为普通程序后,同时也就确定当事人或者其诉讼代理人应当进入案件听审程序(судебное слушание)。如果原告未出庭,则法院终止诉讼直到原告提起新的诉讼,或者在被告同意的情况下继续审理并解决案件,而在被告未出庭的情况下,则进行缺席审判。根据 1864 年《民事诉讼条例》第 360 条的规定,诉讼转为普通程序后当事人在案件听审日进行言词陈述,并由书记官作为案件报告人陈述案件本质。此时的普通程序已经受到简易程序影响将促进当事人和解作为其任务之一:法院院长应当在第一次言词陈述后,作出判决前促进当事人和解。而在简易程序中促进当事人和解已经成为法院院长强制义务,但在普通程序中是否适用调解则由院长自行裁量决定。但是,当时俄国法学界对调解和审判由同一法官实施存有较大争议,认为法官同时承担裁判者和调解员的双重义务,这实际上剥夺了法官履行调解员义务的能力。原因在于,为了促进当事人成功进行和解,调解员不仅需要了解案件形式真实,还需要了解实质真实,即当事人之间真实法律关系,而不是根据案件现有证据对形式真实进行判断,而实质真实只能借助于当事人了解。但如果法官既担任调解员,同时又担任作出判决的裁判者,将导致当事人无法提供真实准确陈述,因为其有充分理由担心这些陈述是否会影响最终判决。[①] 因此,普通程序和简易程序中法官促进当事人和

① Нефедьев Е. А. Учебник русского гражданского судопроизводства. М. 1900 г. С. 249-250.

解，被很多学者认为其仅仅成为一种形式上的规定。

随着时代的发展，1864 年《民事诉讼条例》中规定的简易程序越发不能满足司法实践中快速审理的需要，特别是针对其中债务人拒绝履行债务或者缺乏必要的履行能力的债权纠纷，即非诉案件。当时传唤被告到庭解决纠纷成为庭审前提条件，但在司法实践上这有时却是极为困难的，尤其是在被告居住地距离原告较远或者故意逃避传唤文书送达的情况下。而且简易程序中的被告还享有通过提交不同种类抗辩拖延诉讼的手段和能力。司法改革前的债务追索主要采取警察机关强制执行的方式。改革初期立法委员会提出法院可以根据原告手中的有效文书，在不传唤被告到庭的情况下直接强制执行，此类非讼纠纷无论标的额大小均可以委托给警察机关和治安法院。但由于民众对警察机关长期腐败失去信任，这一立法规范未被社会接纳，立法委员会决定非诉案件毫无例外必须通过法院审理解决，由此社会各界都普遍要求建立一种审理非讼案件的简易程序。

（二）快速程序

快速程序（упрощенный порядок），现代俄罗斯民事诉讼中被称作命令程序，用以审理非讼纠纷。1868 年再次设立了非诉文书的强制执行程序，并由参政院补充规定票据等非诉文书同样适用该程序解决。1891 年 6 月 3 日《关于票据、债务、租赁合同适用快速程序和简易程序审理法》颁布，第一次通过立法确定了快速程序。

快速程序是简易程序的形变，立法者设立这一程序旨在减轻法院的案件负担，在合理期间内尽可能缩短诉讼时间，减少被告拖延诉讼的可能。依据原告申请适用快速程序审理的案件包括：（1）在原告能够证明支付条件成就的情况下，依据票据、质押书、借据等书面债权文书请求金钱偿付，以及根据不动产租赁合同请求支付租金的诉讼；（2）交付纠纷。同时，《民事诉讼条例》中还明确规定了禁止适用快速程序审理的案件：（1）被告位于国外或者被告居住地不明；（2）向分别居住在不同司法区被告提起的诉讼；（3）债权诉讼时效已经超过 5 年或者租借财产期限届满超过 1 年；（4）以继承人身份提起的债权偿付诉讼。适用快速程序，将被告居住地或者临时居住地作为确定适用快速程序管辖法院的依据，并由区法院大会决议任命的法官实施独任审理。

快速程序中，除起诉状应当遵守一般形式规范，并申请按照快速程序审理外,还应当提供据以起诉的材料原件。快速程序的特点包括:根据原告申请提起诉讼;案件类型法定;法官独任审理;根据被告住所地或者所在地确定管辖;缩短审理期限,被告被直接传唤到庭;原告在提交诉状的同时提交所有证据,而被告在开庭审理前提交所有证据;当事人只能援引经过开示的书面证据。快速程序取消了所有可能拖延诉讼的因素:不再要求检察长参与诉讼,不追加第三人,不允许提起反诉;当事人有权在任何阶段申请转为普通程序(《民事诉讼条例》第 365 条第 16 款);不允许诉讼延期,当事人缺席不阻碍判决的作出;如果被告未出庭将作出缺席判决;判决自宣布即刻发生法律效力,并且不允许上诉;当事人有权从判决宣布时刻起一个月内,要求通过普通程序再次审理案件。除此之外,被告有权在执行文书送达一年内,提起诉讼要求免除其所负责任并执行回转。

快速程序的设立旨在快速审理和解决民事案件。但是,司法实践运行中并没有实现设置这一程序的预期目标,诸多现实问题导致这一程序并没有充分保证案件审理的效率。原因在于,规定传唤被告到庭并开庭审理。这一环节的存在无法起到真正加快庭审的目的,因此,在现代俄罗斯的命令程序中取消了传唤被告环节。除此之外,在通过快速程序审理作出判决后,当事人还可以要求通过普通程序再次审理,这也同样剥夺了这一程序的合理性,使得两级法院实质审理制度以及法官之前完成的相关简化诉讼行为失去了意义,由此造成快速程序无法在司法实践上得到有效适用。

(三)文书强制执行程序

由于司法实践中简易程序和快速程序对不存在争议案件的审理,没有发挥预期的快速审理解决的效用。因此,司法实践上进行了更多的司法改革尝试,并由此专门设立了针对非讼案件的强制执行程序。1889 年 12 月 29 日颁布的《地方长官和市法官诉讼条例》中规定了文书强制执行程序,该程序专门针对非讼案件,无须当事人双方进行言词辩论而直接作出判决,法官仅需对文书非讼性质作出判断后,便可以通过判决赋予文书强制执行力。[①] 在本质上,强制执行程序是诉讼程序和判

---

① См.:Энгельман И. Е. Курс русского гражданского судопроизводства. Юрьев1912. г. С. 437.

决执行程序的复合。

强制执行程序通常适用的案件包括:(1)根据书面证据或者司法调解书,在原告证明履行条件已经成就的情况下,提出的金钱给付,动产返还,租借物的交付和清偿请求;(2)拒付票据的追偿诉讼;(3)依据《工矿企业生产意外造成的工作人员及其家庭成员的损害赔偿条例》签订和解协议的追偿诉讼。如果国家机关作为被告或者债权超过诉讼时效则不允许适用强制执行程序。

在文据不存在瑕疵,或者经由国家权力机关公证证明的情况下,可以直接要求法院赋予文据强制执行力,法官会在该文据中直接附加法院执行决定并签名生效,上述诉讼行为无须传唤被告到庭。被告有权在收到文书副本6个月内,提起执行异议之诉,申请认定原告依据文据提起的诉讼请求不成立。强制执行未完成时,可以根据执行地或者原告住所地提起执行异议之诉,如果执行已经完成,只能根据原告住所地提起该诉讼。

立法上规定了具体文据执行程序的运行方式:法院将记载法官决定的文书返还追索人,并由其决定是否要求执行。这一程序中并不颁发专门执行书,而是将记载法官决定的原文据充当执行文书,因此,在向被告下达执行通知时,必须同时附带载有法官决定的文书副本。文据送达后,被执行人应当立即将金钱和返还物交付追索人。并且,只有在地方长官或者城市法官作出中止追索或诉讼保全裁定的情况下,才可以中止文据执行程序。被告应当补偿追索人所承担诉讼费用,但仅限于非诉程序部分,补偿金额应当与其所负责任相当。

文书强制执行程序作为俄国近代第三种简易程序,最初在1864年《民事诉讼条例》中规定,并通过1912年《文书强制执行条例》固定下来。该程序主要针对债权人依据文据(书面凭据)向债务人提出的请求无法获得满足,并且文据不存在争议,且债务人回避偿付义务的情况。这种情形下,由于案情清楚、法律关系清楚明确,因此严格的诉讼程序便无适用的必要,为此安排了文据强制执行程序,但也随之产生了是否保留原有简易程序的争论。19世纪60年代俄国司法改革中规定了两类程序:普通程序和简易程序,并将案件划分为简单案件和复杂案件。但此后半个世纪的司法实践证明,适用简易程序的简单案件案情未必简单,而适用普通程序案件也常常是简单案件,因此法官的裁量和判断就发挥了重要作用。但毫无疑问,简易程序在司法实践中发挥了巨大的作用,在当时大量的诉讼审理中普遍适用了简易程序。根据当时司法部公布的统计报告,以 1866 年和 1867 年为例,1866 年区法院共受理 4750 起民事纠纷,其中仅 252 起纠纷适用普通程序,2769 起适用简易程序。1867 年受理的 12,579 起纠纷中,适用普通程序审理 634 起,简易程序 5347 起。[①]

1914 年 6 月 2 日,沙皇政府强化了司法的国家干预,特别是法院院长在诉讼指挥中的作用。通过立法修订,将原有两立的诉讼程序再次合并统一,形成了具有特殊性质的简易程序:(1)废除原有普通程序和简易程序,将其合二为一,赋予法院院长在具体案件中的裁量权,可以根据案件性质决定是否需要进行书面准备。法院院长依起诉状决定是否进行书面准备,无须传唤被告到庭。同时,保留了法庭在第一次开庭审理前要求进行书面辩论文件交换的权利。(2)法庭传唤当事人直接到庭,在需要进行书面准备的情况下,传唤被告到庭提交书面陈述。(3)原简易程序规定的一个月的上诉期间以及缺席判决的两周申诉期间被新的普通程序保留下来。提起再审的期间由 4 个月缩减为 2 个月。(4)规定所有案件均可以适用简易程序规范审理,但必须在第一次庭审前提交所有的文件。这一规范扩张到所有证据,对由于没有及时提交证据导致案件审理拖延的行为规定了制裁措施,即使判决结果可能对过错一方当事人有利,法院可以要求过错一方当事人承担全部或者部分诉讼费用。同时,简易程序也可以同样适用于上诉审程序和行政诉讼案件。

三、上诉审程序

从传统语义角度来讲,对于法院裁判不服的诉讼当事人,申请重新考虑全部或部分案件所使用的司法程序,在大多数国家都称之为“上诉”(Appeal),也有一些国家使用了更为激烈的词语——“打碎”(cassation),形容这种可能推翻以往司法裁判的程序,相应的接受这种特殊上诉的法院也就被称为“破弃法院”。所以“人们往往使用‘攻击判决’一

① Отчет Министерства юстиции за 1867 г. СПБ. 1870 г. С. 21.

词将这两种程序都包括在内"[①]。俄罗斯使用了 аппеляция 和 кассация 一词,分别表示普通上诉程序和破弃审程序(撤销原判程序)。但在一定历史时期两者具有同义,最初上诉作为权利救济手段,甚至可以对作出判决的法官进行攻击,直到被更为合理的"攻击对象"判决所取代,对法官的攻击也仅限于法官作出判决行为不检的情形。上诉这一简单词汇在俄罗斯法律发展过程中的演化,体现了法律对于其运行主体法官的重视和保护,因为上诉的攻击对象已经置换为静态判决了,降低了上诉攻击性和对法官品性的直接针对。这种尊崇的交互变化,传递了法律这一理性工具对于法律主题"人"应有的慎重与尊重,这也奠定了现代法治进程中上诉这一激烈权利救济制度对事攻击的相对客观基调。

(一)近代司法改革前俄罗斯民事司法裁决上诉程序的演进

俄罗斯司法改革的历史充斥着制度的破与立,诚如 1866 年 4 月 23 日《莫斯科公报》所言,"俄罗斯的司法改革并非对旧制度的延续,而是破除旧的制度并在新的基础上构建一个新的建筑",[②]俄罗斯民事诉讼中长期存在案件审理迟延,过度追求形式主义与书面形式,起诉程序不明确,特别是大量审级机关的存在导致了诉讼程序拖延等问题,这些成为 1864 年司法改革前民事司法体系症结所在。司法改革也因此将目标定位于建立公正、高效,契合欧洲先进民事诉讼理论的民事上诉程序。

由于审级体系复杂以及大量司法机关并存,尤其是司法权与行政权的界限不清,使得省长(губернатор)和省府(губернское правление)均有权对法院工作进行监督,省长有权直接审理行政案件(казенное дело),警察机关有权审理解决小额民事诉讼(如债务追索等非诉案件),甚至立法机关也经常实施司法权:国务委员会也可以利用司法监察职权审理一些特定案件。此种混乱无序最终导致了民事司法审判中乱象丛生。

自叶卡捷琳娜二世时代起,俄罗斯民事司法体系就已开始借鉴日

① 常怡主编:《比较民事诉讼法》,中国政法大学出版社 2002 年版,第 615 页。

② Катков М. Н. Собрание передовых статей Московских ведомостей за 1865 г. М. 1897 г. С. 236.

耳曼三审制原则构建自己的法院系统,1775 年通过的《治省章程》(《Учреждение о губерниях》)确定了各级法院主体,其中规定:对一审法院判决不服可以向二审法院提出上诉,对于二审法院的判决不服,可向参政院(Правительствующий сенат)提出再审。在叶卡捷琳娜二世时代,针对不同社会阶层分别规定了不同的司法管辖机关:贵族阶层的一审法院是县法院(уездный суд),二审法院是省级高等地方法院(верхний земский суд);对于城市市民阶层,一审法院是市法院(городской магистрат),二审法院是省法院(губернский магистрат);对于农民阶层,一审法院是初级裁判所(низняя расправа в уезде),二审法院是高级裁判所(верхняя расправа в губернии);对于知识分子阶层,一审法院是低级客籍法院,[①]二级法院是高等客籍法院。各个阶层的第三审级都是民事、刑事高等审判院。对第三审级判决不服还可以继续通过再审程序移交参政院审理。

如此复杂而庞大的法院体系,案件审理的迟延与低效也就不可避免。因此,1801 年,原第二审级法院均被取消,取而代之的是民事、刑事高等审判院,第三审级由原最高审级参政院(Правительствующий сенат)担任。经过数次修订,最终通过 1832 年《俄罗斯帝国法令全书》将三审制固定下来。然而,在司法实践中,审级过多的弊端并未因此得到有效缓解。对数额较大、案情复杂的案件,枢密官(семинатор)、司法部长(Министр Юстиции)、首席检察官均有权参与审理并发表意见。由此也导致案件审理常常会经过 6 个审级:(1)区法院;(2)民事高等审判院;(3)参政院厅(департамент сената);(4)参政院会议;(5)上诉委员会;(6)国务会议。由此可见当时诉讼的漫长与艰辛。

根据 1849 年司法部统计报告,1848 年参政院民事审判厅未审结的案件为 9324 件,民事高等审判院未审结的案件为 21,677 件。最为著名的是施特洛夫斯基(Шидловский)案,案件从 1836 年到 1856 年经历了 20 年的审理,12 次被提交至参政院,也由此获得了 12 份矛盾命令,而这些命令最终只解决了起诉是否合法的程序问题,仍未涉及实体审理。正如《司法部百年发展历史概况》(1802—1902 年)作出评价:“法

① 客籍法院专门受理来首都办事的外地人和在首都拥有不动产的平民知识分子的刑事、民事案件(《俄罗斯法律词典》第 289 页)。

律最重要的任务应当是保障判决的正确性，但司法改革前的司法实践显然没有达成这一目的，造成的只是诉讼的迟延。”①向高等审判院提起上诉不受限制以及各级法院对诉讼过高的形式要求，都耗费了大量的司法资源。因此，革除上述造成诉讼迟延的弊端成为1864年司法改革的主要任务。

（二）司法改革前上诉程序的主要内容

上诉程序，是1864年《民事诉讼条例》颁布之前仅有的一种对于判决不服的救济方式，俄文表述为 апелляция，这一词来自拉丁语 appellatio，意为提出请求。1857年《俄罗斯帝国法令全书》第602—603条中规定了向沙皇提出的上诉制度，区别于通常意义的上诉，沙皇并非作出新的判决，而是作出发还下级法院重审的决定，并且只有根据法律规定的再审事由，可以作为撤销判决的依据。

1. 上诉程序分类

上诉程序根据上诉性质和内容分为部分上诉程序（частная апплеяция）和普通上诉程序（апелляция）。两者区别在于是否就案件本质（实体内容）进行上诉，部分上诉程序中利益相关人不针对案件实体内容，而仅就程序违法事项向上级法院提起部分上诉，并请求撤销原判决。依据俄国诉讼法理：法院作出最终判决，需要通过诉讼程序解决一系列问题，如询问证人、现场勘验、满足当事人诉讼请求等。而法院作出关于诉讼行为的决定也影响了诉讼的最终结果，最终也反映在法院判决上。因此，仅仅允许就案件本质问题提起上诉显然无法完全实现救济目的。所以，法院作出最终判决后，就所有程序事项提起的部分上诉，可以保证当事人诉讼利益和私人权益，即法院对正确判决的作出必须提供必要的程序保障，而这一利益独立于法院判决是否实体正义。通过向上级法院提起部分上诉，请求审查下级法院裁定和决定的正确性，为实现程序保障提供了可能。俄罗斯1864年司法改革前的民事诉讼程序中，根据部分上诉程序，可以就任何违反诉讼形式行为提起上诉。但提供权利救济的同时，也容易滑落为拖延诉讼的手段，导致同一案件在不同审级反复审理，造成审理的迟延。因此《民事诉讼条例》对

① См.：Энгельман И. Е. Курс русского гражданского судопроизводства. Юрьев1912. г. С. 91.

适用部分上诉程序的情形进行了严格的限制。

上诉程序根据审级可以分为三大类：(1)一审法院判决的部分上诉程序(по частным жалобам на суд первой степени)和普通上诉程序；(2)参政院中对于二审法院判决的部分上诉程序和普通上诉程序；(3)沙皇上诉案件审理程序。上诉制度遵循不告不理原则，当事人未提起上诉的情况下，上级法院无论是对下级法院诉讼程序抑或裁决均无权作出裁断。

从伊凡三世时代起，普通上诉和部分上诉就存在并加以区分，并在1775年《治省章程》和《俄罗斯帝国法令全书》中通过法律形式固定下来。法院受理上诉并通过监督程序(ревизионный порядок)对上诉案件进行全面审理。上级法院的审理除不限于当事人上诉请求范围，全面审查当事人诉讼请求是否合理的同时，还应当调查权利在何种程度上归属于当事人，当事人能否有权提出更多请求。上诉法院、参政院可以根据案件审理结果撤销下级法院判决，并作出新的司法裁决。

当时的部分上诉和普通上诉程序均具有一定不确定性，由此使得当事人承担较大的诉讼风险。部分上诉通过普通诉状形式提起，可以就民事案件迟滞审理、诉讼程序违反法定形式以及违反审理规程等事由提起上诉。若一审法院拖延诉讼审理，可以向省府提起上诉。省府可以在诉状审查后出具总督强制令，要求法院加快案件审理。但在司法实践中，尤其是书面审理背景下，法官经常以搜集补充信息以及制作证明书或笔录摘要为由故意拖延诉讼，在年末报告中故意减少未审决案件数量，甚至以诉讼形式上不具决定意义的微小瑕疵为由，任意将案件发还重审。因此，上级机关、检察长对下级法院的监督很少能够真正加快诉讼运行，甚至，连沙皇命令都无法获得积极回应。如商人罗卓斯金(Авзер Разовский)诉政府案，这一诉讼就整整持续了50年。

对一审法院违反民事诉讼程序规范的部分上诉，通常向二审法院即民事高等审判院提起，高等审判院审查诉状并依法给予意见，并将案件发还原一审法院依法定程序对案件实质重新审理。如果发现一审法院违法行为，州政府可以自行或者通知高等审判院处罚。对二审法院违反诉讼形式和拖延诉讼的行为可以向第三审级参政院提起上诉，参政院据此要求二审法院以报告形式作出说明。在严格责任的约束下，二审法院会列明旨在解决案件的所有必要事实，帮助参政院迅速和全面了解案情,作出合理判断,以避免案件的重复审理。对案情更为复杂的案件通常以报告笔录的形式作出(докладная записка)。参政院在了解案情后,可以直接审结案件或在上诉请求不合理情况下驳回上诉,以及作出消除违反程序行为并对违法行为处罚的决定。不同审级中之所以提起部分上诉程序不同,其根本原因在于司法改革前司法权对于行政权的依附性,并由此导致撤销法院判决程序具有不确定性。虽然上诉审法院只能根据上诉状审理上诉案件,但对涉及沙皇政府直接利益的诉讼,如对无人继承财产收归国有案件的拖延审理则无须上诉,可以直接由上级法院受理,这反映出这一时期法律更多作为沙皇统治的工具。为防止大量案件涌入上诉法院,《俄罗斯帝国法令全书》第500条规定了有限制上诉:对乡法院、地方法院、市执政官等地方司法机关审理的标的额少于30卢布的小额案件不允许提起上诉。

2. 上诉程序主要内容

当事人向上级法院提起不服判决上诉,必须作出对判决全部或部分不服的意思表示。这一行为必须在案件判决作出后一周内提出,如果逾期提出则面临丧失上诉权的风险。判决不服要求通过一定方式当庭提出,这一定程度上必然会对公告送达判决的未出席当事人极不公平,尤其是限制了身在国外以及无能力指派委托人的当事人上诉的权利。判决不服通常以书面形式列在判决主文之下,如果没有书写空间则可以另附页并签字。上诉人必须证明提起上诉是其真实意思表示,即通过缴纳保证金或者签署证明书方式加以证明,其中,不服判决上诉人为若干人时,则均需缴纳保证金。上诉人宣布判决不服后,一审法院应当向当事人出具法定形式上诉证明文书。

《俄罗斯帝国法令全书》中规定了上诉证明文书必须载明的事项:上诉人获知判决结果的方式,通过警察局抑或自行得知,自行出庭抑或诉讼代理人代为出庭,何人在判决上签字提出服从判决抑或不服判决;提起上诉时是否缴纳诉讼费用;对判决是全部抑或部分不服。如果判决书上签字并非当事人本人,还需要证明诉讼代理人为有权代理。一审法院制作上诉证明文书的意义在于:上级法院在未出具上诉证明的情况下无法受理上诉状。当事人提出判决不服并由一审法院制作上诉证明后,由一审法院在3天内制作诉讼清册,附以必要补充材料后提交相应二审法院。至此,上诉程序第一阶段完成。

当事人上诉期限为1年,对于国外当事人则规定为两年。对未成年人和军队服役人员的上诉期间则另作特殊规定。如果当事人要求中止执行,则应当视情况在1个月或者4个月之内提交诉状。《俄罗斯帝国法令全书》中共规定了三个上诉时效期间:宣布判决不服期限、中止执行上诉期限和未中止执行上诉期限。复杂的时效期间规定导致了诉讼程序适用的混乱。

司法改革前诉讼程序的弊端还反映在形式主义的过度发展,过度追求诉状严格外在形式,而缺乏对诉状内容内在的要求。[①]《俄罗斯帝国法令全书》仍然要求上诉状中必须说明下级法院判决不合理以及违法之处,而缺乏上述内容的诉状将被拒绝受理,禁止提出新的未经一审法院审理的诉讼请求。如果上诉审法院发现诉状中提出一审法院未经审理之主张,则法院不予审理,并告知当事人另行向一审法院起诉,时效期间为一年。如当事人位于国外或在部队服役则为两年。同时,禁止二审法院提交新的证据,但是,在《俄罗斯帝国法令全书》第527条中规定,当事人有权向二审法院提交证明自身权利的文件或书面证据,也即允许提交新的书证。

二审法院受理并对诉状审查后,应当立即启动上诉程序,《俄罗斯帝国法令全书》第553条规定,对民事案件审查集中于对判决的合法性和根据性进行审查,即程序是否合法,能否查明具有诉讼依据的一方当事人权利,并推翻相对方的虚假权利主张,查明案件事实情况的正确性(事实方面),适用和解释实体法和程序法是否准确(法律方面)。除此之外,上诉审法院还可以就涉及沙皇政府利益的案件,在没有提起上诉的情况下启动监察程序。

(1)一审上诉程序

在前文中我们已经简略阐述了上诉程序的流程:一审法院制作笔录摘要,其中清楚全面说明案件情况以及争议事项,列明提出证据和适用法律。笔录摘要制作完毕后,传唤当事人至法院签字,并由制作笔录摘要的书记官向上诉审法院汇报案件情况。报告由笔录和法院判决组成。当事人在汇报案件时可以在场,并在发现案件汇报存在遗漏时可

---

① Победоносцев К. Юридические заметки и вопросы. Журнал Министерства Юстиции 1866 г. Т. 27. С. 41-42.

以作出补充陈述。法庭在听取案件汇报后讨论案情并作出判决。上诉审法院有权维持原判、撤销判决以及作出新的判决。撤销原判决时法院应当指出依据。如果上诉审法院得出结论,一审法院案件审理结果不正确,不通过新的诉讼程序无法作出正确判决,则原判决被认定无效,案件发回原审法院重新审理,并对原审法院施以惩戒。①

上诉审法院功能定位于纠正和发现一审法院审理程序以及判决中的错误、遗漏和不明确内容,并对下级法院承担责任作出相应处罚,以此监督下级法院活动,避免玩忽职守。禁止上诉审法院补充当事人一审中未曾援引新的证据材料。二审法院作出判决后,移交一审法院执行。如果当事人对于二审法院(民事高等审判院)最终判决不服,可以向参政院提起上诉,并由参政院对案件续审。

(2)参政院对二审判决不服上诉的审理程序

参政院对于二审法院判决的审查程序分为两种:依据利益相关人上诉状提起的上诉程序和未经上诉而由参政院主动启动的上诉程序。依据利益相关人上诉状提起的上诉程序中,参政院只能根据利益相关人提起诉请启动诉讼程序,并对上诉案件的诉讼标的额和上诉保证金作出限制性规定,如果二审判决不服诉讼中的标的额少于600卢布,则不允许提起上诉。对于二审法院判决不服提起上诉必须缴纳60卢布保证金。未经上诉而由参政院主动启动的上诉程序中,参政院可以未经上诉主动启动针对沙皇政府与私人之间的不动产纠纷的审查。如果当事人依据胜诉判决从政府机构获取不动产时,即使任何一方当事人均未提出不服判决,二审法院也都应当将案件移交参政院审查。

除此之外,申请人还应当签署保证书证明自身正义来代替宣誓。缴纳的保证金被保存在法院并计算利息,如果法院变更判决,则将保证金退还申请人。如果法院维持原判,则将缴纳保证金作为罚款,提供给学校等公益机关。判决按照普通程序规范移交至参政院时,不允许受理和补充新证据。上诉程序同样要求制作案件汇报清册,当事人应当事先了解清册内容。同时,参政院作出裁定时,允许当事人到庭。由参政院一致意见作出的判决被认定为最终判决,并应当迅速进入执行程

---

① О развитии процедуры доклада дела см.: Малышев К. И. Курс гражданского судопроизводства. Т. 2. СПБ. 1875 г. С. 182–183.

序(《俄罗斯帝国法令全书》第562—586条)。

(3)上诉法院和参政院对诉讼的审查

上诉法院和参政院不仅审查法庭解释适用法律是否正确,还需要对案件进行实体审理(《俄罗斯帝国法令全书》第533条)。如果参政院委员会对案件意见出现分歧,即如果议员无法达成一致意见,在当时司法权与立法权混同的状态下,只能通过司法部长中断案件审理或者由首席检察官提起抗诉,提交国务会议和参政院全体会议审理(《俄罗斯帝国法令全书》第586条、第588条)。国务会议建立于1810年,作为沙皇领导下俄罗斯帝国最高的国家权力机构,全面地行使国家立法权、司法权和行政权。在这一背景下,参政院的功能被弱化,参政院成为中间审级。[①] 简言之,审级众多和程序复杂成为这一时期旧式司法体系最大的弊端。

(三)俄罗斯帝国司法机构变革与上诉审体系的协同发展

俄罗斯司法体系根本改革的构想萌生于19世纪20年代,这一时期出台了一系列有关司法机构和诉讼体系改革的草案。面对上诉审级运行过程中暴露的种种弊端,草案中将上诉程序改革作为司法改革的重要一环。在1864年《民事诉讼条例》初创阶段,一方面将对西方司法组织机构法以及民事诉讼法的深入研究和探讨作为当时改革立法的重要前提;另一方面,立足于本国司法实践,结合社会发展的现实寻找应对策略。

1. 上诉审改革的实施

法学家对当时存在的弊端进行了认真总结,归结为:司法权过度依附于行政权,法院服从于省长等官员的行政权支配;诉讼程序混乱、严重迟延;对一审法院和二审法院职权范围的限制,导致大量案件积压于最高审级参政院,以至于争讼的解决变得遥遥无期。而在当时的历史条件下,作为地方行政长官兼理司法的省长并不具备任何专业法律知识,但却能对司法横加干预,这必然导致司法权的空转。[②]

当时法学界普遍提出对参政院审判职权加以限制:除判决剥夺生

---

① Филиппов М. А. Судебная реформа в России. Т. 1: Судоустройство. Ч. 1. СПБ. 1871 г. С. 603-604.

② Министерство юстиции за сто лет. С. 108; Судебные Уставы 20 ноября 1864 года за пятьдесят лет. С. 55.

命或贵族称号、涉及沙皇财产、侮辱沙皇以及叛国案件外，不允许提交参政院审理。并且，参政院无权对原二审法院判决进行重审，仅能作为破弃审法院就法律适用不正确或者违反诉讼形式规定的情形进行审查。其有权撤销原判决，但不能对案件实质进行再次审查。①

具有现代特征的民事诉讼观念在当时俄罗斯诉讼法学家的思想中已经开始逐渐萌发，并在对社会现实深刻解读的基础上，产生了初步的现代法律理念。其中著名的诉讼法学家 M. A. 巴鲁奇扬斯基提出建立类似现代俄罗斯民事诉讼司法体系的司法组织规范，实现司法权与行政权的分立。将作为最高司法机关的最高法院职能定位于：(1)撤销上诉审法院判决；(2)解决司法管辖争议以及司法机关内部争端；(3)审理解决对抗沙皇政府的犯罪活动。同时在其内部建立民事审判司，刑事审判司和立案司，其成员由最高法院主席任命。参政院的次一审级是高等审判院(судные палаты)，通常根据司法区在每一到两个省设立一个独立的高等审判院，内设民事审判司和刑事审判司。审判院由一名首席主席、两名主席以及 10 名法官组成，由最高权力机关任命并终生任职。每 1—3 个乡建立一所乡法院，同样分为若干审判庭。审判庭由法院主席、高级法官以及 6—10 名法官组成。法官由代表会议从贵族或者最高机构的官吏中选举产生，并终生任职，其地位等同于职业法官。在城市中建立特别的执政官法院(郡法院抑或市法院)，法官由司法部根据高等审判院提名任命，陪审员从居民中选举产生并不限定任职期限，选举排除等级限制，无论任何社会阶层，不论是贵族、商人、地主，甚至农民都有被选举的资格。涉及农奴案件(包括债农以及官农)，由地方自治法院管辖，法官从贵族和当地居民中选举产生。

1857 年，这一司法改革提案被最终提交国务会议讨论，特别是其中关于上诉审程序改革的具体路径，是解决当时诉讼迟延问题的重要议题。在司法改革的准备阶段，各阶层对于司法改革形成了众多意见，其中主流观点是通过取消多余的审级来简化民事诉讼程序。因此，《民事诉讼条例草案》在制定过程中，简化司法审级成为民事诉讼程序最重要的实施原则之一。而关于诉讼形式，当时争论最多的是究竟采用言词

① М. А. Балугьянский. Проект судебного устройства 1828 года. Журнал Министерства Юстиции. 1895 г. №8. С. 49.

还是书面审理方式，辩论抑或纠问诉讼模式，开放式抑或封闭式诉讼程序。表现在实践中，书面审理是与封闭式诉讼程序、言词主义是与开放式诉讼程序彼此匹配适用的。应该说，无论是辩论式抑或纠问式诉讼模式，随着时代发展在俄国不同时期的诉讼模式选择上均互有侧重。

这一时期法院组织机构改革的目的，则是为了保证所选择诉讼形式发挥其应有效力，以应对当时俄国社会面临的现实问题，旨在：(1)最终实现司法机关与行政机关的完全分立，或根据现有条件建立具有混合性质的机关。(2)合理安排上诉审级，根据当事人的上诉状，启动对案件实质审查。(3)改变最高审级职权混乱的状况。除一审法院和上诉法院外，俄罗斯帝国将参政院作为唯一的统一最高法院，不再对案件实质进行审理，而是通过撤销原判程序进行法律审查，以此审查一审法院或二审法院提交的判决法律适用是否准确，是否存在明显违法行为。

2. 两审实质审理原则

民事案件实质审理限于两个审级，即作为第一审级的区法院和作为第二审级的高等审判院。《民事诉讼条例》第11条中对此作出了明确规定。这一规范旨在：避免多重设定上诉审级的重复审理，引发围绕司法判决再审和撤销展开复杂的诉讼活动，由此造成的诉讼上迟延。将注意力集中于诉讼活动的质量而非数量上。对司法功能作出了新的定位：通过完备而准确的程序设计，尤其是在一审程序中应当通过一切必要的手段搜集对于调查和解决案件所必需的相关文件和诉讼材料，以此发现真实，保护当事人合法权益。

著名的诉讼法学家E.B.瓦西科夫斯基将两审制的优势概括为：(1)防止法官作出违反公正之判决，并为当事人提供上诉可能。(2)树立法律权威性，第二审级的存在使公民免受司法专横的侵害，并对通过司法途径获取正义产生确信。(3)由于并非所有判决都可以向二审法院提起上诉，因此上诉审法院的数量并不宜过多，而且二审法院亦是由一审法院最富有经验且能力较强的法官组成。(4)通过二审"将一审法院中掩盖真理的幕布完全拉开，这得力于二审法院更富有远见，并且能力更强法官所肩负的使命"。(5)二审法院法官地位更优，因为其距离当事人较远，因而受地方影响更小，更容易形成中立裁判。(6)甚至即使一审判决的上诉无任何法律利益，仍然具有其内在价值。因为，二审法院对一审法院判决的确认能够强化其自身的权威。[①] 西欧和俄罗斯传统的经验都证明了设置二审法院对案件进行复审的巨大价值,同时,也使当事人更为珍视自身上诉权利,甚至上诉审法院的反对者也认为:“高等审判院相对于区法院对大部分案件审理质量更高,其法律地位也更具相对独立性和公正性,这也使得其判决更为可靠而具有信服力。”[②]

俄国立法者注意到,虽然作出判决是诉讼程序的最终目的,但它并不能认为表达了不容置疑的真理,即法官也会犯错误,而错误的原因也是多种多样。由此也产生了对判决全部或者部分内容进行上诉的权利,要求对判决进行更正或撤销。为真正实现上述上诉形式,必须建立由两个审级组成的普通法院体系。除此之外,需要建立一所最高法院或者破弃法院,旨在促进各级法院尽可能正确和统一适用法律。[③] 但由于当时先发的法院组织机构改革未能与立法改革完全协同,导致上诉审司法体系的变革成果并不显著。

原有一审法院和二审法院失去了原有的等级法院性质,而形成了两个新的体系:普通法院体系和治安法院体系(或称和平法院体系)。两个体系均采用两级法院,普通法院体系由下级区法院(按照省级行政区划设置)和上级高等审判法院构成(共 13 所,按照行政大区划分);治安法院体系由下级治安法院和上级治安法官大会(根据居民地域接近原则设置)构成,这种二元结构奠定了现代俄罗斯司法体系的基础。区法院和治安法院作为第一审级对案件进行实质审理。高等审判院和治安法官大会作为二审法院行使上诉审法院功能。

俄罗斯近代历史中之所以能够形成独具特色的二元司法体系结构,这取决于当时俄国社会的发展水平特别是民众接受教育的程度。作为基层法院,治安法院的设置主要是为了回应社会现实,由于当时农村民众整体文化水平低,不具备专业法律知识,而民间传统习惯和习俗往往交织着诸多矛盾和冲突。因此,治安法官主要依据良知作出公正

---

① Васьковский Е. В. Учебник гражданского процесса. М. 1917 г. Переизд. М. 2003 г. С. 96.

② Судебные Уставы 20 ноября 1864 года, с изложением рассуждений, на коих они основаны. С. 35.

③ Судебные Уставы 20 ноября 1864 года, с изложением рассуждений, на коих они основаны. С. 18.

而令人信服的裁判,治安法官作为一名“忠诚者”,除了必须忠于自身良知,还要遵循法律的要求,并将两者有机结合。治安法官主要依据良知作出裁判,而普通法院体系中法官主要依据法律作出裁判,由于两个体系裁判依据不同,在当时作为主要立法机构的国务委员会联合立法署内部,对于究竟是将由治安法官选举产生的治安法官大会作为上诉审级,还是将区法院作为上诉审级产生了极大的争论。

当时立法署中绝大多数委员支持将区法院作为上诉审级,他们认为:首先,上诉审法院应当由相对一审法院更优秀的法律工作者组成;其次,任何参与一审案件审理的法官都不允许参与上诉审理;再次,上诉审法院采取合议制审理;最后,治安法官承担上诉审职能会动摇民众对法律的信任,尤其是治安法院排除了许多普通管辖法院规定的必要程序。裁判不应当屈从于治安法官个人裁量,而应当服从于法律规定,查明案件真实情况是治安法官和普通法院法官共同义务。[①] 这一主流观点在改革最终的施行过程中,虽然没有被当时采纳,但却成为现代俄罗斯民事诉讼审级设置的重要理论基础。

少数派认为根据良知作出的裁判只能通过集体良知进行审查,两种审判依据的混合只能导致诉讼运行的混乱,因此坚持将治安法官大会作为第二审级。最终,内部的分歧被提交至国务委员会大会审议,最终少数派观点获得了支持。原因在于,当时俄罗斯刚刚踏入资本主义社会,整个社会还未形成完善的商业文化,还保留着封建农奴制特征,较少使用书面契约。加之民众文化水平较低,司法改革教育启蒙民众的功用还未得到有效发挥,因此,治安法官大会依据良知对治安法官未发生法律效力判决进行独立审查,既是面对社会现实的合理选择,同时,也为俄罗斯未来和平司法体系发展作出了巨大贡献。

司法改革前俄国至少存在 6 个上诉审级,司法改革后将其简化为一个审级,即高等审判院和治安法官大会。由于司法权获得独立,国务委员会开始将司法审判职能分割出去,不再参与民事案件审理。因此,法律规定上诉只能向法院提出,并由法院审理。根据两审制原则的规定,将参政院从作为独立审级,对案件进行实质审理的监督审法院,转

---

① Судебная реформа, под ред. Н. В. Давыдова и Н. Н. Полянского. М. 1915 г. Т. 1. С. 325.

化为不承担案件实质审理职能的破弃审法院，并通过法律规范限制撤销判决的事由。由此，参政院已经不能称之为审理解决民事案件的独立审级。它的任务被重新定位为保障俄罗斯帝国法律的统一适用。

法院在明显违法或者不正确适用法律的情况下，适用撤销原判程序对发生法律效力判决进行再审。由于二审法院审判过程中也不能排除违反诉讼程序规范、案件事实情况调查不准确、错误适用实体法规范等情形，因此，二审法院判决同样不能认为是当然正确的，应当为二审发生法律效力判决提供救济的手段。允许第三审级法院撤销二审法院判决。但是，如果过度放大破弃审法院功能，就会再次造成司法改革前俄罗斯帝国司法体系的种种弊端。因此，为了纠正之前的错误，参政院作为唯一的最高破弃法院，审理撤销上诉法院（二审法院）判决的请求。在参政院撤销判决后，交由原二审法院（最高审判院或者治安法官大会），就案件实质进行再审。参政院对案件不进行实质审理，仅承担对各法院统一和正确适用法律的监督职能。

建立统一的破弃审法院的立法思想，借鉴于法国民事诉讼法。破弃审法院作为法律权威的守护者，监督法律执行和统一适用，破弃审法院法官并不是诉讼案件的法官，而是民事判决或者刑事判决的法官，裁判判决是否违反法律。破弃审法院的最高使命在于保障法律的统一适用，这也决定了这一功能只能集中在统一的司法机关之中。①最初，1711年彼得一世设立参政院时，是为了监督各级法院以及行政机关活动，即使沙皇在外指挥战争，也能牢牢把握所有权力，因此，将其视为具有一定独立性的辅助内阁。随着时代发展，立法权和最高行政权逐步被其他机关占据，而参政院发展成为完全的司法机关，作为最高审级承担对上诉审判决再审以及对下级法院判决的审查监督功能。由于当时司法权和立法权尚未实现分离，参政院的判决可以被继续上诉，由沙皇进行审理，因此也就失去了参政院原有作为最高机关监督各级司法机关的职能，而仅作为独立普通审级行使上诉和监督职能。借助于司法改革，参政院法院最终在司法体系中通过司法权的回归和专属恢复了应有的法律权威。

---

① Судебные Уставы 20 ноября 1864 года за пятьдесят лет. Т. 1. С. 488–489.

(四)普通法院司法裁决的上诉:实体上诉与程序上诉

旨在修正司法改革前审判周期长和诉讼迟延的缺陷,亚历山大二世提出构建快捷高效法院的改革目标。造成司法体系低效的原因之一,在于《俄罗斯帝国法令全书》中规定了彼此结构上独立的裁定部分上诉程序(程序上诉)与实体上诉程序。司法改革过程中,立法者旨在试图重新协调上诉程序间的关系,从结构上对两种程序制度实施了改造。

1.部分上诉制度的合理化改造

司法改革前俄国近代民事诉讼体系中,就程序违法影响判决结果使用部分上诉程序(частное обжалование),而就判决实体部分不服则使用上诉程序(аппеляция)。作为两种截然不同的上诉方式,不仅诉状形式表现不同,并且也存在各自不同的运行路径。实体上诉通常可以向高等审判院和参政院两级法院提出,而部分上诉可以在原审及上级法院提出,由参政院作为最终审级。部分上诉审理期间,原审法院可以中断案件审理,直至对部分上诉内容作出最终裁判。因此,部分上诉往往沦为当事人恶意拖延诉讼的工具。

司法改革繁杂冗长的上诉程序造成诉讼的迟延和司法效率的低下,使立法者认识到改革上诉程序的迫切需求,为保证两种上诉程序间的协调,立法者在诉讼条例中作出如下规定:(1)将实体上诉程序和部分上诉程序重新合并。规定对区法院裁定的上诉不允许独立于案件实质的上诉,即实现了对程序和实体上诉的统一。但是根据实际情况也规定了例外情形:例如,对拒绝或者允许第三人参加诉讼的裁定以及诉讼保全的裁定允许单独提起上诉。概言之,只能在实体上诉不可能或者无法有益于消除不公正裁定所引发后果的情况下,才可以单独对裁定提出部分上诉。① (2)部分上诉只允许向作出该裁定的区法院提出,但针对案件拖延审理的部分上诉除外。(3)部分上诉的期限为作出裁定之日起两周之内。对拖延诉讼的部分上诉提起,在期限上则未加以限制。(4)提出部分上诉时,无须中断案件的正常审理程序。(5)如果部分上诉涉及相对方权利时,则应同时提供上诉状副本,并由法院在受

① Васьковский Е. В. Учебник гражданского процесса. М. 1917 г. Переизд. М. 2003 г. С. 329.

理上诉状后向相对方送达，相对方可以在副本送达两周内提交答辩状。(6)法院在取得答辩或答辩期限届满的情况下，将答辩随同上诉状提交至高等审判院，此时部分上诉和实体上诉将使用同一程序。(7)根据《民事诉讼条例》第 793 条，只允许针对最终判决提出撤销原判请求(просьба о кассации)。但参政院也允许就部分裁定单独提起申诉，例如，关于驳回起诉不予审理的裁定以及关于终止案件审理的裁定。除此之外，所有其他裁定的撤销请求，必须随同案件实质判决一同提交。①

《民事诉讼条例》中关于区法院裁定上诉的规定，即部分上诉程序制度直到 1917 年都未进行任何修改，甚至在《苏俄民事诉讼法典》和现代《俄罗斯民事诉讼法典》编纂过程中，都基本承袭了 1864 年《民事诉讼条例》中关于上诉程序的相关理念和内容，这对研究俄罗斯审级体系具有重要价值。

2. 实体上诉程序的重塑

实体上诉(апелляция)是俄国司法体系中判决不服的最主要救济手段，针对司法改革前上诉程序中暴露的一系列弊端，《民事诉讼条例》立法者进行了一系列的修改和完善。

根据两级法院实质审理原则，诉讼条例重新定位了一审法院和上诉审法院的角色和职权，以及对正确审理解决案件所肩负的责任。其目的旨在通过两级法院的实质审理，查明案件事实、适用相应法律并作出判决。关于法律适用的问题则由参政院破弃审法庭承担，用以保证法律适用的统一。两级法院查明的对案件具有意义的事实情况对案件实质审理得出的结论，及其真实性都具有终局性，无须继续审查，即“上诉审判决应当是终局的，对于任何诉讼结论的担忧和希冀都将是终点”。②

3. 上诉权的限制

限制上诉权的根本动因在于减轻上级法院案件负担。司法改革委员会承认由人构成的法庭在其自身法律判断上具有不确定性的同时，也肯定了当事人享有对一审判决不服的上诉权。但对上诉权如果不加

① Тютрюмов И. М. Устав гражданского судопроизводства с законодательными мотивами, разъяснениями Правительствующего Сената, с комментариями русских юристов. Пг. 1916 г. С. 1101-1102.

② Бентам И. О судоустройстве. СПб. 1860 г. С. 153.

以任何限制,也必将导致大量案件积压于法院和法官数量都严重不足的上级法院,漫长的审理期限也将使迟到的正义变为非正义。

司法改革前,通常采取规定诉讼标的额的方式限制上诉权,也由此产生了一系列弊端。(1)法律规定自身的不确定性以及裁判的随意性。(2)标的额限制标准的经常调整也造成了总体的不公,立法委员提出:①确定标的额对上诉权的限制造成了相对的不平等。因为,所谓小额案件的标的额标准总是相对的,却往往忽略了社会公平,以及案件审理解决的难度。如同 1 万卢布对于富人而言也许只是其财产的一部分,但是,100 卢布对于穷人而言就是其全部财产,并且,小额案件也并非案情简单而易于审理。因此,单纯依据诉讼标的额限制上诉权实际上破坏了司法的整体公正。俄罗斯广大的地域以及经济发展水平的不均衡也同样导致了无法制定统一的标准。②标的额限定标准具有不确定性和随意性,这一标准的变动往往受到法律之外的原因所左右,无论是俄罗斯还是欧洲适用这一规则的国家,都遇到了类似的问题。(3)"司法审判的圣殿应当向所有人敞开,无论是富人抑或穷人,任何当事人都应当不受其声望和地位的限制,享有同样公平和公正。"①因此,任何对上诉权的限制都是不公平的。因此,在《民事诉讼条例》第 743 条规定,当事人有权对区法院任何判决的实体内容提起上诉。

立法委员会在这一问题上并未受上述理念限制,而是作出一种折中妥协。《民事诉讼条例》第 162 条规定:只有在诉讼标的额超过 30 卢布或者案情复杂时,才允许对治安法官判决向治安法官大会提起上诉。除此之外,治安法官作为普通法院体系外的一种特殊司法形态,允许以更为简易的程序形式审理解决案件,审理过程中允许根据良知作出裁判,因而也在一定程度上摆脱了成文法规范的束缚,通过内心确信作出公正和正义的判决。虽然《民事诉讼条例》中通过规定标的额对治安法院体系中的上诉权进行限制,但仍然保留了向参政院提起撤销原判请求的权利。直到 1912 年通过修订《民事诉讼条例》第 162 条,才完全取消了提起上诉的限制,所有治安法官判决均允许提起上诉。

---

① Судебная реформа/Под ред. Н. В. Давыдова и Н. Н. Полянского. Т. 1. М. 1915 г. С. 328.

4. 提起上诉程序

《民事诉讼条例》对于提起上诉程序进行了修订。根据1857年版《俄罗斯帝国法令全书》,提起上诉需要遵守一定程式,即在作出判决的一周内宣布对判决不服,然后在法律规定期限内向上级法院提交上诉状,并且可以根据当事人意愿决定是否中止判决的执行。由于这一程序的复杂性,诉讼条例立法者决定取消对法院判决宣布不服程序,原因在于其阻碍了当事人上诉状的提出,尤其对缺席审判当事人而言更是如此。

原有规范的立法意图在于:通过宣告不服告知上级法院即将出现的不服判决申请。通过直接向上级法院提交上诉状,请求将案件提审至上级法院。但是,司法实践中,由于允许宣布判决不服的期限过短,导致当事人及其诉讼代理人经常未来得及深入了解判决实质,就试图通过快速表达出对案件判决结果的不服获取诉讼利益。即便快速提起上诉,也往往导致提起上诉不能,原因在于原审法院必须提供上诉相关证明材料,但这些证明材料的制作同样也需要大量时间,这往往导致上诉时效的丧失。因此,在《民事诉讼条例》第744条中,规定上诉状应当向原审法院提出。

5. 上诉期限

由于司法改革前存在诸多对上诉期限的限制,这对当事人和法院造成了沉重的负担。因此,《民事诉讼条例》第743条、第744条规定了4个月的提交上诉的期限。这一期限从判决宣布之日起计算。1914年由于普通程序(обыкновенный порядок)和简易程序合并为普通程序(общий порядок),因此对上诉期限作出了修改,据此,上诉期限被重新规定为一个月。《民事诉讼条例》第162条规定了针对治安法官判决的一个月上诉期间。从治安法官宣布决定(резолюция,决定即为法官判决)之日开始起算。同时规定在上诉期间未届满时,一审法院判决不予执行。但在《民事诉讼条例》第736—742条中也规定了为保护被侵害权利可以立即执行的特殊情形:如延迟执行将会导致当事人重大损失,当事人提供执行担保等情形。

对缺席判决的上诉期限从缺席判决异议期限届满之后起算。但一些法学家提出,这样会导致一些当事人为拖延诉讼故意缺席庭审或者不断提出缺席判决异议。大量的缺席判决又会导致书面审理再次泛滥,而损害言词程序。这些反对意见主要是基于法国、意大利民事诉讼的立法教训,因为在这些国家司法实践中,这一规定几乎导致此类案件均毫无例外地提出了缺席判决异议,异议期限届满仅存在较少情形。因此,条例最终并未吸收这一规定。《民事诉讼条例》第 734 条规定,缺席判决的上诉,原告和被告应当按照普通规范依据,从宣布判决之日起 1 个月内提出。

这一规定被《苏俄民事诉讼法典》吸收,缺席判决根据普通规则通过上诉审或破弃审,在法院作出最终形式判决 10 日内提出。而现行《俄罗斯联邦民事诉讼法典》关于缺席判决上诉,恰恰采用了当时最初饱受争议的立法理念。《民事诉讼法典》第 237 条规定,对法院的缺席判决,当事人可以通过上诉程序,在提出撤销缺席判决申请期限届满之后 1 个月内提出。应该说,《民事诉讼条例》的立法理念在现阶段俄罗斯诉讼改革中仍具有重要意义。

6. 其他相关规定

(1)诉状内容。通过规范上诉状内容,最大限度弱化了司法改革前对诉状形式的严格要求,保留了由于上诉状形式缺陷不予受理的情形。这一方式完全符合两级法院实质审理原则的要求。但也作出了例外规定,即上诉状中禁止提出虽未改变诉但与诉讼标的有关,并且无法独立审理的要求,例如,关于增加诉讼标的利息,返还遗失物原物或追索金钱赔偿请求等。

(2)言词原则。为旨在保障快速、正义、公平审理,条例规定上诉程序中,当事人只能交换两种辩论文件:上诉状和对上诉状的陈述说明,并对后者规定了自取得上诉状复件开始一个月的提交期限。在获得被上诉人陈述说明材料或规定期限届满后,诉讼进入言词辩论阶段。但任何一方当事人不得以补充证据材料为由申请延期审理。当案件进入上诉审庭审程序后,法庭必须听取双方当事人言词陈述。

(3)新证据的提出。《民事诉讼条例》中保留了允许在上诉审程序中提交新证据的规定。高等审判院也可以对区法院受理的所有证据进行调查。区别于司法改革前的上诉程序,上级法院不仅可以调查新提交的书证,也可以调查任何与诉讼有关的新证据。俄国法学界曾经对能否在上诉审中提交新证据引发过广泛争论,学界普遍认为在两级法院实质审理制原则下,下级法院未实质审理的材料,应视作未予实质解决，如在上级法院提出则是对两审终审制原则的破坏。

7. 上诉模式的选择

当时欧洲立法主要存在两种上诉模式：完全上诉和不完全上诉。俄国对此加以借鉴后，创制了本土的上诉程序。

（1）完全上诉。该制度借鉴于法国法，法国法中上诉程序的目的旨在对诉讼争议展开新的实质审理，上诉法院不仅审查一审判决的正确性，并在一审审理基础之上再次解决案件。因此，由于上诉法院担负对案件重新审理的责任，允许当事人提出能够完全改变一审法官所认识案件面貌的新证据。在这一上诉体系中，上诉审的目的是纠正判决错误，其中就包括未向一审法院提供对最终判决具有重要意义材料上的疏漏。当然，这种疏漏也可能是当事人无意或者故意造成的。

（2）不完全上诉。《奥地利民事诉讼法》中将整个上诉程序的重心都集中于初审法院，包括调查和审查证据。而上诉法院的角色仅仅停留在依据当事人向一审法院提交的事实材料对于判决进行再审，纠正下级法院判决的错误和疏漏。上诉审程序建立在书面原则基础之上，上诉审法院有权仅根据法院内部报告中提供的事实材料进行集中审理。案件报告作出后的言词辩论中援引的新情况和新证据法庭不予采纳，因为它们破坏了法院报告作为书面程序基础的重要意义。

根据上述理念，大多数俄国学者认为，《民事诉讼条例》中规定了完全意义上的上诉模式，也有少数人认为条例中采用的是不完全上诉理念，但在司法实践中却走向了完全上诉。在司法实践中允许新证据的提出则导致了诸多负面结果，也导致了证据突袭和诉讼迟延。当事人常常拒绝向区法院提供对判决具有重要意义的证据，目的在判决作出之后据此提出撤销区法院判决的申诉，或者借此拖延案件审理。但是，当时对不完全上诉程序持支持态度的诉讼法学家却集体失声。其原因在于，在专制政体下，很多法学家由于无法对实践和立法产生影响而丧失话语权，由此也逐步沦为当权者立法的解释者。

为了消除这一弊端，1914 年 6 月 2 日《民事诉讼条例》做出修订，其中第 776 条规定：如果高等审判院认为，由于当事人过错在上诉审中提出未向一审法院提交的新证据，并由此导致区法院判决被撤销，那么可以根据诉讼相对人的请求，剥夺其诉讼费用请求权。

8. 上诉审法院的职权

区别于司法改革前的上诉审程序,《民事诉讼条例》第 772 条规定:上诉审法院必须作出终局判决,禁止将案件发回一审法院重审。这一规定的目的在于消除案件审理过程中发回一审法院重审造成的拖延。这一条款主要针对作为第二审级的高等审判院和治安法官大会。

然而,《民事诉讼条例》第 772 条的要求并未在司法实践中获得无条件的执行。因为如果一审法院诉讼行为严重违反了诉讼基本原则,那么,此时作出的判决就不能认可其具有司法裁判性质,原因在于,其违反了民事案件的两审实质审理原则。因此,参政院在一系列裁定中对这一条款规定了例外情形,即涉及程序违法的上诉,二审法院可以有权根据利益相关人的申诉,通过撤销判决加以限制,并将案件发还一审法院重新审理。其具体事由包括:(1)一审法院未传唤当事人到庭,导致其丧失相应的诉讼权利和司法保护。如果允许就此进入上诉审实质审理阶段,显然剥夺了两审制原则中宣示的当事人司法保护权,也严重违反了诉讼规范。(2)一审法院案件审理时未传唤适格被告。[①] 适格被告因此有权申请或者提起诉讼,要求案件重新审理或者驳回起诉。但如果适格被告在二审才进入诉讼程序并请求实质审理,那么,在此之后,被告已经无权对一审中的错误提起上诉。因此,正如 В. Л. 伊萨琴科对于参政院观点作出的解释:"第 772 条的制定完全是为了保护当事人的权益,使得当事人有权决定是否同意在二审法院进行实质审理,当然也由此拒绝了第 12 条规定的两审制所赋予的保护权。"[②](3)治安法官通过民事程序审理的轻微刑事案件。

在诉讼审理范围上,《民事诉讼条例》完全排斥了纠问式诉讼,规定区法院无权对当事人未提出请求的诉讼对象作出判决,不能超出当事人诉讼请求的范围作出判决(《民事诉讼条例》第 706 条),高等审判院只能针对区法院判决中提出上诉的部分内容进行审理(《民事诉讼条例》第 773 条)。这些规范应当以当事人提出申请作为前提,否则法院无权启动诉讼、受理案件或者对判决进行审查。相应的,在上诉程序

---

① Энгельман И. Е. Курс русского граждансокго судопроизводства. Юрьев 1912 г. С. 391-392.

② Энгельман И. Е. Курс русского граждансокго судопроизводства. Юрьев 1912 г. С. 157.

中,当事人上诉状中的诉讼请求也就确定了上诉审法院审查活动的界限,只能根据一方或者双方当事人提出申诉的判决部分,决定对一审法院审理解决案件本质的干预范围。任何超出当事人请求的裁判都将成为通过破弃审撤销违法判决的依据。

俄罗斯帝国参政院在决议(определение)中进一步指出,上诉审法院无权拒绝原告对一审判决中被告未提出争议部分提起的上诉。对上诉程序中当事人不利的司法判决的变更,只能在诉讼相对人请求的范围之内,而禁止导向更为不利的结果。因此,上诉法院的权限由上诉状中提出的所有请求以及被上诉人对上诉状的陈述说明所决定。上诉审法院无权超出当事人请求范围作出裁判,例外情形仅仅限于主管、管辖以及诉讼代理人代理权限等问题。

毫无疑问,《民事诉讼条例》中关于上诉程序的规定,提供了为保护侵害权利而实施司法保护权的制度保障,提升了司法权的地位。《民事诉讼条例》借此完善并发展了司法判决上诉理论,借鉴了外国民事诉讼立法的优秀成果以及司法实践经验。这一改革的最终目的是为保障作出公正和快速的审判,这一改革意图在当时基本得到实现。应该说,19世纪下半叶俄国民事诉讼改革的主要原则是随着法治进程深入而逐步深化的,并且针对随着经济发展不断出现的新问题,参政院通过司法解释、决议以及对条例不断修订和补充的方式逐步加以解决。

虽然自俄罗斯帝国时代以降,上诉程序改革一直持续了50年,但1917年到1995年,上诉程序(аппеляция)作为最主要的民事诉讼判决申诉方式却是缺位的。直到1995年随着《俄罗斯联邦仲裁诉讼法典》的通过才开始恢复,甚至《俄罗斯民事诉讼法典》直到2000年才开始恢复上诉程序。并且其中规定,只能对治安法官判决和裁定提起上诉,对于普通法院体系一审判决上诉的统一程序,直到2012年1月1日第353号联邦性法律生效才最终确定下来。

现代俄罗斯民事诉讼法在上诉程序规范中充分借鉴了1864年《民事诉讼条例》中的法律调整经验。与此同时,近代俄国上诉体系的争议甚至缺陷在现代也仍然是争议命题,并成为新的一轮上诉程序改革的热点话题。其中包括上诉审中能否提出和受理新证据,上诉审法院的职权范围,两审终审制原则以及对上诉权限制等150年前面临的问题在现在仍然凸显。2011—2013年,欧盟和欧洲理事会通过了《司法判决再审的上诉程序实施》联合草案，限制对司法判决提起上诉的权利，俄罗斯试图参照这一草案通过增加诉讼费用，排除对小额诉讼判决上诉等手段，限制对部分案由提起上诉。俄罗斯联邦委员会也正在审议民事诉讼立法中引入上诉许可制度等问题。

（五）发生法律效力判决的撤销请求

正如前文所述，俄国使用了“кассационное производство”一词表示撤销原判程序，法院也因此称之为破弃法院“суд кассации”，“кассация”一词源于法语“cassation”，意思为毁弃、破弃，表示这种可能推翻发生法律效力司法裁判的程序。这一名称借鉴于法国法，法国将再审法院称之为Cour de cassation，译作破弃法院或翻案法院。破弃法院的主要宗旨是肯定或推翻低级法院在法律问题上的裁决。作为法国的最高审级法院，破弃法院能够依据撤销原判上诉（pourvois en cassation），通过驳回上诉（rejet du pourvoi）或推翻下级法院的裁决（cassation）来肯定或否定来自下级的决定。只要裁决的一部分被推翻，它就被叫作部分破弃（cassation partielle），如果裁决被推翻，则被称为“被撤销”（casser）。有时，法院也可以推翻低级法院裁决并在未被申请的情况下迳行裁判案件（cassation sans renvoi）。日本的大审院也是以法国的破弃法院为模范建立起来的。国内学者经常将俄国该程序译作再审程序或撤诉审程序，法院亦称作再审法院，因俄国存在独立再审程序（пересмотр），两者意义并不相同，因此，通过溯源性分析笔者采用传统破弃法院和撤销原判请求介绍这一程序制度。

1. 撤销发生法律效力判决制度

俄国民事诉讼中的撤销原判请求（Просьбы об отмене вступивших в законую силу судебных решений）在古代俄罗斯就已经存在，最早见于1497年《伊凡三世律书》、1550年《伊凡四世律书》、1649年《国民会议法典》，通常称之为“重新审理”（суд с головы）。这一程序制度典型特点是具有申诉性质（обжалование）而非上诉性质（аппеляция）。作为一种特殊的撤销判决方法，申诉一般被理解为当事人及其法定代理人、近亲属由于对已经发生法律效力的判决、裁定不服，而向法院提出重新审查处理案件的一种诉讼请求。上诉的概念则界定为当事人对一审未生效判决、裁定在法定期限内明确表示不服，要求上级法院对案件进行审查、撤销或变更原判决或裁定的诉讼行为。1857年《俄罗斯帝国法令全书》中撤销判决的职权向最高法院转移，其典型特征是参政院作为最高审判机构有权撤销下级法院裁决，沙皇可以依撤销原判请求撤销参政院判决。

前文详述了旧体系由于审级复杂和诉讼迟延导致上诉运行不畅，因此，《民事诉讼条例》中变革性规定了两级法院实质审理制（рассмотрение дела по существу двумя судебными инстанциями），即只有两个审级法院可以进行案件实质审理（实体审理），审查与诉讼有关的事实问题，旨在消除当时上级法院随意启动补充再审的弊端。这与改革前俄国的上诉体制形成了鲜明对比。改革前每级受理上诉的法院均应当对案件有关事实重新审理，同时允许提出撤销发生法律效力判决的请求。而在《民事诉讼条例》中则规定，撤销原判请求只能在法律规定特定情形中提出：（1）诉讼程序中出现明显违法行为；（2）据以作出判决的案件事实情况与实际不符；（3）法院判决侵害了未参与诉讼第三人的权利。上述撤销原判请求依据的立法理念借鉴于《法国民事诉讼法》。

俄罗斯帝国司法实践中撤销发生法律效力判决制度运行上的混乱，正如 И. Е. 恩格里曼所强调的，是“由于借鉴法国法时，未对根据违法行为启动的破弃审（кассация）与诉讼材料不充分而启动的再审（пересмотр）程序间的区别给予足够重视，因此导致三种类型程序适用范围彼此交叉，并在很多情况下被视作撤销原判意义上的同一程序。而根据法国诉讼法理和学理解释，三者之间存在较大区别”①。因此，根据《民事诉讼条例》第 792 条的规定，将撤销判决请求分为三类：（1）对于判决的撤销请求，或称之为毁弃请求；（2）对于判决再审的请求；（3）未参与诉讼第三人撤销判决请求。根据《民事诉讼条例》第 194 条规定，这些请求提出的共同效果在于，导致作为二审法院的高等审判院和治安法官大会的判决通过撤销原判程序被撤销。高等审判院案件则被移交给其他与初审法院地理位置上较为接近的高等审判院重新审理。治安法官大会判决撤销则导致由重新组成的治安法官大会重新审理。在普通法院体系和地方法院体系并存的二元法院体系结构中，设置了两条申诉路径：普通法院体系通过上诉程序（апелляционном порядке）提交

---

① Энгельман И. Е. Курс русского граждансокго судопроизводства. Юрьев 1912 г. С. 636–664.

申诉,并按照撤销原判程序审理作出最终判决。撤销治安法官最终判决的申诉,无须经由上诉程序提出,而直接向治安法官大会申诉并由其作出终审判决。所有案件破弃审级及其适用撤销程序都是法律规定的必要救济手段,也同样适用于提出的再审请求和未参与诉讼第三人请求。

参政院作为法定最高审级机关,其传统上不具备修正诉讼权能,仅能够监督法律的严格执行,保证法律的统一适用,维护法律的稳定性。简而言之,其职能集中于实施最高监督,是帝国司法审判的最高维护者,参政院自身不能作出判决。因此,参政院民事破弃审司(гражданский кассационный департамент)只能依据申请人提出的撤销二审法院判决请求,将案件移交给同级其他二审法院重新审理。

2. 正当申诉保证金制度

《民事诉讼条例》创制时提出了建立申诉保证金制度的构想,旨在保障申诉请求的正当性。В. Н. 帕宁公爵认为,"规定合理数额保证金的依据在于,对民众权利的保护并不能剥夺司法机关对可能导致诉讼拖延不合理申诉的限制,如果不规定申诉保证金制度,将会使提交申诉的数量超出司法机关的承受能力。规定合理保证金的情况下,当事人提出的真实申诉,可以在上级法院寻求到对自身权利的合理救济,同时,也能排除无依据上诉给法院造成的负担"①。但是,最终 В. Н. 帕宁公爵的观点遭到很多同僚的反对:"基于司法审判基本目的,立法应当放宽对当事人寻求司法保护手段的限制。向参政院提起申诉是对最终判决不服法律所允许的最后救济手段。而保证金制度则是将无能力缴纳保证金的穷人拒之于司法保护门外,破弃审法院审判负担增加不能成为规定保证金制度的依据,因为这将剥夺一部分当事人请求最后司法救济的能力。"②

法律现实是任何立法构想最好的注脚,在诉讼条例生效的第一年,也是司法改革后的第一年,参政院民事破弃审司面对涌入的大量案件就已经不堪重负。涌入各级法院的案件已经达到了两百万件,这种压力自然也传导到了最高审级。因此,1866 年 11 月 22 日立法修订中,规定区法院发生法律效力判决的申诉请求保证金为 20 卢布,高等审判院

① Судебная реформа/под ред. Н. В. Дывадова и Н. Н. Полянского. Т. 1. М. 191 5 г. С. 329.

② Судебные Уставы 20 ноября 1864 года, с изложением рассуждений, на коих они основаны. С. 372.

判决申诉保证金为100卢布，撤销治安法官会议判决申请保证金为10卢布。同时，为贫困民众免除了保证金义务。根据《民事诉讼条例》第187条规定，通过确立标的额和申诉保证金制度限制了申诉权：诉讼标的额少于100卢布的治安法官会议判决不允许申诉。高等审判院判决的撤销请求未设标的额限制，除特殊情况外一般需要缴纳100卢布保证金，甚至在债权追索诉讼中债务人由于无财务能力而无法应诉的情况下，检察院可以代其担任被告角色参与破弃审。如果申诉请求最终未获得满足，则所缴纳保证金将会被充公，在申诉请求得到满足的情况下，保证金将会返还申请人。

在此后50年，这一制度获得了良好运行，它既保证了当事人寻求最后救济手段的可能，也限制了无依据的申诉，降低了破弃审法院的负担，甚至有学者提出，应当按照诉讼金额的10%继续追加无根据申诉的罚款，以此作为对非正当请求的特殊民事追索，但这一请求最终未获得通过。在之后新修订的《民事诉讼条例草案》第738条中，保证金开始按照诉讼标的额进行划分，5000卢布以下为50卢布，5000—10,000卢布为100卢布，10,000—50,000卢布为200卢布，50,000—100,000卢布为300卢布，超过100,000卢布则为500卢布。

3. 撤销原判请求依据

根据《民事诉讼条例》第793条规定，上述撤销判决依据类型化的三分方式均与违法性发生紧密联系。“违法性”概念借鉴于法国法，其中法律内容涵摄实体法、程序法和宪法，按照其法理下列违法情形中得以允许提出申诉请求：(1)明显违反法律直接规定或者不正确解释法律；(2)严重违反程序法规定，导致法院判决效力无法被认可；(3)高等审判院违反管辖范围规定。明显违反直接法律规定或不正确解释法律，也可以称之为违反实体法规范。这一条款中违反的“法律”(закон)一词并非指某一实体法具体的法律条文，而是指国家现行法律体系中所有法律规范。其中，虽然使用“明显”(явное)违法一词，但是“明显”实际含义仍然是指直接违反法律规定，将在下文专门解释其具体含义。根据法国学者关于依据“违法行为”启动破弃审的法理解释，《民事诉讼条例》第793条将违法行为分为三种类型：(1)判决内容违反法律直接规定或者禁止性规定；(2)判决中法律错误适用；(3)判决中应当适用的法律而未被适用。

上述条款中关于“违反法律直接规定”和“不正确解释法律”的规定，其立法本意是指审判人员违反实体法规范。A. X. 科里姆斯金将其解释为，不正确解释法律或者不正确适用法律，是指法院或者对所有类似事实均曲解相关法律，或者法律理解正确，但是引入了不适格要件事实，也就是未正确评价事实。① 同时，也有学者提出除违反实体规范外还应当补充是否造成违法后果，即虽然撤销判决的依据是不正确适用和解释法律，但如果该法律条款并未作为形成判决的依据，并且在案件正确解决的情况下，不正确援引法律并不构成破弃审事由。② 也就是说，只能在依据“违法行为”作出判决的情况下才允许申请撤销判决，前提是这一瑕疵对法院裁决任意部分产生影响，如果不存在该违法行为将会导致其他裁判结果。所以，不能简单认为仅在判决理由中错误引用法律条款，就可以作为撤销判决理由。如审理中发现，法律适用错误未对判决产生影响，其他依据足以支撑判决全部内容，在这一情况下应当维持判决效力而无须撤销。审判过程中适用不适格法律规范、曲解法律本意、采纳未构成要件事实的法律关系和事实、未适用确定该法律关系和事实的适格法律条款或者现行法律体系规范，都被视为违法行为。正如 A. 扎科罗夫斯基所言，“法院作出判决时，提出不正确观点、作出违反逻辑规则的结论，这仅表明其不熟悉法律历史或者法律科学，但是如果最终结论正确，那么这些逻辑和科学漏洞就不会影响判决的效力”③。

参政院民事破弃审司的司法实践对该规范适用起到了重要指导作用。根据当时诉讼法学者和参政院的解释，《民事诉讼条例》第 793 条第 1 款中使用的“明显”(явное)一词与违法行为搭配，主要表明违法行为导致对案件本质作出不正确判决，即法院对原告合理诉讼请求在判决中作出不正确结论。这一解释解决了参政院破弃审司受理和审理申诉的标准问题。著名法学家 С. И. 扎卢德内指出，立法的此种安排是为

---

① Гольмстен А. Х. Учебник русского гражданского судопроизводства. СПБ. 1913 г. С. 308.

② Исаченко В. Л. Русское гражданское судопроизводство. Практическое руководство для студентов и начинающих юристов. Т. 1：Судопроизводство исковое. 2-е изд. ,доп. СПБ. 1906 г. С. 155.

③ Загоровский А. Очерки гражданского судопроизводства в новых административно-судебных и судебныз учреждениях. Одесса. 1892 г. С. 355.

了限制国家最高审级参政院在破弃审中的恣意，即“应当必须存在明显违法行为，这成为启动再审的理由，如果仅仅依据法院判决不完全符合法律规定是不够的，其前提应当是完全改变了法律的本意和意图”①。因此这一规定具有矫正功能，限制破弃审法院任意扩大职权，并作为能否将起诉状移交破弃审司衙门审理的“过滤器”。

同时，当时的很多学者都认为破弃审破坏了法律的安定性，因此以乌洛索夫公爵为首的一批学者要求撤销参政院破弃审功能，但这一建议被国务委员会驳回，但为了减轻参政院破弃审司负担，则必须对破弃程序进行改革，因此制订了折中方案，即设置不公开审理的预备庭对申诉进行过滤，预审庭可以在无须作出说理裁定的情况下听取案情。《民事诉讼条例》第 802 条规定，所有进入参政院破弃审司的个人申诉请求和诉状，都必须通过参政院预备庭进行预先审理，其意图旨在：(1)排除违反法律规定形式要求或未指明撤销判决依据的诉状；(2)将案件分流到破弃审司各衙门审理。预审庭由部务会议主席实施监督，但不作出裁定。

《民事诉讼条例》第 802 条规定，所有通过适用现行法律可以解决的个案，由破弃审司各衙门三个参议员组成审判庭共同审理。要求对法律进行重新解释的案件，由于参政院作出裁定本身对正确理解法律具有附带强制力的指南性质，因此，此类案件由破弃审司衙门包括部务会议主席在内的至少 7 名参政员共同审理。破弃审司认为不需要作出详细说明的案件，可以不作出最终形式的裁定。为了减轻参政院负担，规范受理和审理申诉程序，1877 年对撤销原判程序再次作出了修改：参政院将审理撤销原判请求的依据，确定为存在能够证明必须对法律进行重新解释的“明显违反法律行为”(явное нарушение закона)，其目的旨在保证所有司法衙门正确理解法律，保证司法实践的统一。

现代《俄罗斯民事诉讼法典》第 387 条确定了通过再审或者监督审程序撤销或变更法院裁判的根据，是指“严重”或“根本”违反实体法规范或诉讼法规范，即“严重”(существенный)或“根本”(фундаментальный)，与“明显”一词都是针对撤销原判请求依据而言，具有相同意义。两者之间在含义上彼此呼应，这与 150 年前“明显”这一概念被《民事诉讼条例》借用的目的是一致的，这也为民事诉讼法学和司法实践提出了相同

① Зарудный. С. И. судебная реформа. М. 1889 г. С. 61.

问题:作为通往诉讼审查程序路径或者撤销判决依据的违法行为本质是什么？违法行为被认定为“重要”或“根本”的标准是什么？正如150年前一样,这应当由破弃审和监督审审级的司法实践承担对上述概念的解释责任。但对现代俄罗斯理论和实践而言,仍未形成对上述概念的统一理解。

违反诉讼程序和形式的行为称之为违反诉讼法规范的行为。俄国参政院指出,严重违反诉讼程式和形式,可以作为严重影响发现真实,通过诉讼实现正义的严重妨碍,而成为撤销生效法律判决的依据。该依据同样以影响判决结论为前提,即违反程序形式造成不同判决结果或无法作出判决。因此,法律规定的严重违法行为是指影响诉讼结论的严重行为。

但是,《民事诉讼条例》中并未如现代《俄罗斯民事诉讼法典》和《俄罗斯仲裁诉讼法典》中那样,规定了作为无条件撤销判决依据的严重诉讼违法行为清单,虽然当时立法者已经规定了总共28条的判决撤销依据清单草案,但最终却未被立法采纳,原因在于:“一方面,当时俄罗斯诉讼法学理论的发展尚不能够支撑完备体系的建立;另一方面,这可能会束缚正义理念的发展,使其拘束在狭窄范围之内。”①清单草案的内容包括:(1)允许无诉权人参与诉讼,或者未允许拥有诉权和答辩权人参与诉讼;(2)允许无合法权限诉讼代理人参与诉讼;(3)法院受理非主管范围内案件;(4)无起诉申请而启动诉讼程序;(5)未传唤被告,并由于此种疏漏导致被告未被传唤到庭,或未追加提出独立诉讼请求第三人;(6)未通知申请证据核查或听取案件汇报的诉讼相对人开庭时间;(7)破坏审判公开性原则,未允许当事人当庭言词陈述;(8)言词辩论时,未允许当事人双方援引新的理由和证据;(9)言词辩论时允许原告在本质上扩大或者缩小诉讼请求,未允许原告在法律规定范围内变更诉讼请求;(10)依据双方当事人未签署的和解协议终止诉讼;(11)判决中援引当事人双方在辩论文书中提出的,但在之后诉讼程序中放弃的情况(事实);(12)未受理反诉或者在规定期限届满后受理反诉;(13)未通知应当作出结论的检察长参与诉讼;(14)依据不适格或者要

---

①　Судебные Уставы 20 ноября 1864 года, с изложением рассуждений, на коих они основаны. С. 366-367.

求回避的证人提供证言作出判决;(15)在询问其他证人时允许尚未作出证言的证人在场;(16)未要求证人宣誓;(17)采纳与案件无关的证言作为证据;(18)在未经双方当事人同意的情况下采纳决讼宣誓作为证据;(19)未通知必须宣誓当事人在规定时间内宣誓;(20)允许诉讼代理人代替当事人宣誓;(21)在法律规定禁止的情形中将宣誓作为证据;(22)在双方当事人未事先申请的情况下指定专家证人或者作出笔迹对比鉴定;(23)未受理回避申请或在期限届满后受理回避申请;(24)法律规定的不适格人参与诉讼;(25)作出判决的衙门审判庭的成员构成不合法或者投票未遵守绝对多数原则;(26)对当事人未提出的诉讼请求或上诉审提出的新诉讼请求作出判决,未对当事人所有诉讼请求范围作出判决,超出当事人诉讼请求作出判决;(27)未在判决中说明据以作出判决的依据;(28)未受理上诉状或未允许在规定期限内提起上诉,在上诉期限届满后受理上诉。①

经过立法委员会激烈讨论,立法者最终认为,依据当时俄国法制发展水平,尚不具备编纂相应清单的能力。因此,转而试图借鉴外国经验。通过分析外国破弃审或监督审撤销判决程序相关理论与实践,诉讼条例立法者得出结论:外国立法中所列违法行为都会对案件本质作出公平或者不公平判决产生直接影响,但开列清单并没有真正实现对再审依据的限制。立法中规定所有导致司法判决被撤销的违法行为的命题既不准确也不全面,甚至关于开列清单的理念既不符合设置撤销原判请求的目的,也不符合人类无法尽善尽美的天性。现代《俄罗斯民事诉讼法典》中规定的无条件撤销司法判决的依据清单,仍然是现代学者争论的焦点,有的学者主张应当继续扩大,而有的学者则主张应当缩小,但也有的学者认为应当采纳上述司法改革中得出的结论,对现代上诉体系加以改造。

4. 破弃审的功能定位

1864年《民事诉讼条例》将司法文书的撤销审查限定为合法性审查。破弃审法院不能独立查明案件事实情况,而应当根据上诉审法院查明的案件情况作出判决,但这并不意味着所有与事实有关的事项都被破弃审法院排除在视线之外。如果参政院审理涉及案件实体和诉权

① Судебные Уставы 20 ноября 1864 года, с изложением рассуждений, на коих они основаны. С. 366-367.

问题,那么参政院只能在这一前提中探寻是否存在当事人指出的违法行为:(1)是否曲解案件事实;(2)是否随意作出法律推理;(3)是否依据法院查明的事实作出不正确的法律结论。违反法律规定的证据许可性规则被参政院视作案件的事实方面。因为司法实践中,证据效力的确定并不总是交由法院裁量,因此证据效力判断的准确性审查不能排除出破弃审法院的职权范围。根据通常规范,证据评价问题被视为事实方面,当时经常出现个别法院由于忽视了某些事实禁止通过特定种类证据证明的法律规定,这主要是指司法实践中存在很多要求必须采用书面文件证明的诉讼,由于法庭在本案中采纳证人证言作为证据,而最终通过撤销原判程序撤销。此类案件根据上述原则,不要求为查明违法行为而对证据进行独立调查或者重新评价。虽然也有很多俄国法学家仍纠结于是否对司法判决根据性进行审查,但破弃审仅就司法判决法律方面进行审查,被当时的俄国诉讼法学家认为是当然之规。

5. 参政院裁定的效力和范围

《民事诉讼条例》总则规定,负责重新审理参政院破弃审司移交案件的法院,应当根据参政院结论准确理解法律含义并作出判决。对根据参政院结论作出的二审判决,继续提出的撤销原判请求不予受理。其目的在于,使参政院对撤销原判请求作出的裁定成为司法解释和法律适用的统一指南,并向社会公布(《民事诉讼条例》第 815 条)。但这一条款在当时司法实践中大多作出了扩大解释,参政院裁定不仅对移交案件重新审理的法院具有强制力,也会对所有法院产生拘束力。

虽然破弃审判决不构成新的法律,但法院在解决事实情况类似的案件时应当遵循参政院之前作出的破弃审判决,因为其中对此类性质诉讼的共同属性作出了司法解释,而非仅仅针对于个案。A. 杜玛舍夫斯基认为参政院判决对负责案件重新审理的法院具有法律效力,而对其他法院仅具有指导效力,也就是说对前者具有强制力,而对后者而言其强制力取决于自身法律位阶所具有的最高权威。如果一个法院未遵循参政院判决,则需要作出更具有根据性的解释,只有作出更为详细解释的情况下才能遵循自身解释。① 当参政院前后司法解释出现矛盾时,

---

① Энгельман И. Е. Курс русского граждансокго судопроизводства. Юрьев 1912 г. С. 414-417.

通常会遵循最后作出的解释。在现代,俄罗斯联邦最高法院主席团作出裁定的溯及力和强制力仍然是法学家争论的焦点。

在19世纪末,法官在司法实践中执着地捕捉破弃审司的每条意见,试图使自身诉讼活动更符合参政院的理念。参政院判决的指导效力随着时间的流逝而逐渐增强,越来越严重地束缚着俄罗斯法院的审判活动,法院体系犹如陷入罗网的狮子,无力地屈服于上级机关的判例,放弃了战斗,并依附最高审级作出指示。这一困境甚至延伸到了现代,现代俄罗斯司法实践的任务再次陷于寻找审理案件所适用的先前再审判决。导致法庭上主导攻击防御的,不再是逻辑的力量、法律体系和法律制度的相关知识、法律准确解释的艺术,而是对再审判决的引用。这一画面在俄罗斯现代司法实践中不断上演,律师在法庭上援引再审判决相互攻击,能够提出最为恰当和最新再审判决判例的人将会取得胜利。可以说旧时的破弃审司(кассационный департамент)被主席团(президиум)、监督审法院(суд надзорной инстанции)所取代。现代俄罗斯民事诉讼根据新发现情况的再审程序的改革表明,最高法院主席团的监督无所不在,其主要适用于《俄罗斯民事诉讼法典》第392条第4款和《俄罗斯仲裁诉讼法典》第311条第3款规定的所有情形:(1)发现申请人不知道或不可能知道的重大情况。(2)证人故意做出虚假陈述;鉴定人故意做出虚假鉴定结论、翻译人员故意做出不正确翻译、伪造证据等,由此导致做出了非法或无根据的判决、裁定,而且上述事实由已经发生法律效力的刑事判决所确认。(3)当事人及其代理人、案件其他参加人、法官在该案审理和解决时实施犯罪并且犯罪事实由已经发生法律效力的刑事判决所确认。(4)法庭作出判决、裁定所依据的法院民事判决、刑事判决或裁定以及国家机关或地方自治机关的决议被撤销。

《民事诉讼条例》立法者在讨论是否保留破弃法院通过撤销原判程序作出新判决和新裁定的职权时,出现了赞同和反对两种声音。但最终得出结论:赋予破弃审法院就案件做出新判决的职权具有不合理性和危险性。如果允许参政院承担上述职权,那么最高法院将会:(1)由于案件的本质审理而不堪重负,毕竟承认判决无效相对案件本质审理更为节省司法资源;(2)由于专注于对个人权利的保护,而使最高法院丧失法律立场上的中立地位;(3)将力量过多集中于第三审级,将会破坏两级法院实质审理原则。

在1894年俄国司法部部长H. B. 穆拉维耶夫向沙皇亚历山大三世提交的《司法改革特别报告》中指出，“必须确定撤销原判程序的原则应当在何种程度上契合俄罗斯民族的法律意识，而不能为了迎合立法者的要求而完全或部分回到之前运行的监督审程序，导致最高法院在审理下级法院判决时不受合法性审查和当事人请求的限制，为追求实体真实而直接参与事实调查”①。但这一提案并未被立法委员会采纳，并安排在立法中。原因在于，参政院如果未将案件移交高等审判院重新审理而直接作出裁定，那只能限于下述情形，而这些情形都将导致诉讼终止，包括：不属于司法管辖；受理前已经作出终审判决的诉讼或当事人双方已经和解；当事人不具备诉讼行为能力或者诉讼代理人无权代理；无明确诉讼请求或者相同诉讼依据由相同当事人在其他法院已经起诉。而在上述情形中均无须作出新的判决，仅须参政院终止诉讼程序。

6. 法院判决再审请求

在《民事诉讼条例》通过之前，对法院判决的再审请求（просьбы о пересмотре решений суда）只能针对参政院和国务委员会判决提出，并仅在获得沙皇许可后方允许进行再审。直到《民事诉讼条例》颁布后，才在第794条规定，只有在发现新情况和发现法院判决依据文书系伪造的情况下可以提出对判决再审请求。1878年1月17日法律修订中又补充了新的再审依据，即高等审判院在被告未获通知导致被告缺席庭审情况下作出的判决，也由此在二审中引入了缺席判决的概念。

当时很多学者认为，《民事诉讼条例》中关于判决再审请求的规定，背离了《法国民事诉讼法典》中的法理：首先，未详细规定再审理由，而仅仅限制为出现新情况和文书伪造两种情况；其次，参政院对再审请求根据法国法撤销原判程序进行审理，但同时又借鉴了发还原审法院重审的规定；最后，再审请求只针对二审法院判决，区别于普通上诉程序中上诉期间从判决作出时起算，再审请求的期间从发现新情况时开始起算。参政院对诉讼条例中规定的发现新情况作出了解释：新情况并非判决作出后出现的新情况，而是指判决作出时已经存在但当事人尚不知晓因而未提交法庭的情况。

---

① Министерство юстиции за сто лет. С. 232–239.

提交司法判决再审请求规定了4个月的期限(期限的起算时间根据再审事由确定)。任何再审和撤销原判请求的提出都需要缴纳保证金。参政院自身无法对判决进行再审,通常会委托给其他高等审判院或者高等审判院所辖各审判司承担。而随着法学界对再审程序提出质疑的加深,修订后的《民事诉讼条例》中详细规定了所有再审事由,并将再审权和撤销权赋予了原审法院。

有趣的是,《民事诉讼条例》中的弊端在2000年再次浮现。根据《俄罗斯民事诉讼法典》第392条和《俄罗斯仲裁诉讼法典》第311条规定,依据新情况或新发现情况的再审职能,由俄罗斯联邦最高法院承担,由此,再次导致再审程序的双重性,即根据新情况和新发现情况的再审,也扩大了司法裁决再审的依据。立法原因与历史也出奇具有一致性,即旨在保障地方法院解释法律的统一性和正确性。但是根据新情况实施的再审,已经脱离了原有审查法律解释或适用是否正确的职能,而事实上作出判决并熟悉案件的原审法院应该说更适合完成这一工作,而破弃审法院更应当承担的不是案件的本质审理,而是仅仅对于法律适用准确性的审查。

7. 未参与诉讼第三人的再审请求

在俄国学者看来,这一制度在对域外法移植过程中遭遇到了水土不服,这与我国借鉴该制度过程中遭遇的困境类似,导致第三人撤销原判请求的相关法律规定成为僵尸条款。俄国《民事诉讼条例》中设置的撤销原判请求、上诉保证金以及申诉期间禁止中止执行的复杂规定,就已经使得当时俄国申诉主体的权利保护变得极为复杂,而当事人通过另行独立起诉,相较于提出撤销判决的请求更容易实现权利的救济。因此,当时俄国法学家从实践和理论的角度对未参与诉讼第三人提起撤销之诉制度的结构和法理就已经提出了广泛的批评。他们认为这一制度设立的目的,在于侵害第三人权利执行程序的撤销或中止执行,但无论如何都不应当将这一程序视作对判决提出申诉的一种方法,而只能将其视作一种特殊的第三人参与执行程序,并且其具有典型的日耳曼法特征。

因此,在《民事诉讼条例》修订过程中用第三人申请参与执行制度代替了第三人申请撤销判决制度。《民事诉讼条例》对俄罗斯诉讼体系中判决申诉制度的深刻变革,并未摆脱传统的影响,这其中也不难发现外国法特别是法国法移植的痕迹，并在建立对民众快捷、正义和平等司法的改革理念指导下加以重塑。诚如俄国立法者所言，任何新的原则和制度的引入必须以符合司法实践要求为前提条件，如果无益则绝不能作为立法依据，这也包括再审制度和未参与诉讼第三人撤销请求制度。[①] 而《民事诉讼条例》立法者创设的对法院判决的上诉和请求撤销原判制度，作为主要权利救济方式也成为俄罗斯 20 世纪末和 21 世纪初民事诉讼和仲裁诉讼法院判决申诉方式改革的基础。

上诉制度是司法体系的重要组成部分，体现着司法制度的成熟与否，也是保障当事人基本权利的重要组成部分，具有多种司法职能。1864 年司法改革前俄国的上诉制度极为复杂，诸如国务会议、大臣委员会等行政机构也参与民事或者刑事上诉审理，上诉程序中的行政干预对司法自身的发展产生了不利的影响。同时由于每一级上诉法院均对上诉案件的事实和适用法律等问题进行全面审查，由此也导致诉讼久拖不决，有些案件甚至需要几十年才能获得最终的结果。旧司法体系中复杂的上诉程序也使得诉讼变得极为漫长，这严重影响了司法运行效率。1864 年司法改革从根本上改革了原有繁复的诉讼体制，简化了上诉程序，由此也大大提高了司法运行的效率。

1864 年《民事诉讼条例》中关于上诉审、破弃审、根据新发现情况的再审、第三人撤销判决请求的立法和司法适用的经验都证明：外国先进的立法理念并不总能适合于本土立法，司法实践的效果往往会偏离立法者的本意。在此之后的俄罗斯民事诉讼历次改革中都将对 1864 年司法改革中的经验教训的吸收和借鉴，作为对司法判决上诉和再审制度改革的重要基础。

第三节　俄罗斯近代民事诉讼证据制度

俄国法学界将民事诉讼证据界定为：用以认定案件真实情况的事实材料，既是法院处理民事案件的前提条件，也是解决一切民事、经济纠纷的立足点和根本点。1857 年法律规范汇编《俄罗斯帝国法令全

---

① Министерство юстиции за сто лет. С. 141.

书》是司法改革前规制司法证据的主要规范，其中包括1649年《国民会议法典》、1715年《诉讼或司法讼争简要规则》等法典。在《民事诉讼条例》创制之初，立法者就指出："现行规范尚不具有法典应有的完备性和确定性，并未构成严格协调的整体，甚至不同法典中所依据原则存在冲突，这一问题从古代就开始影响证据规则的适用。诉讼形式的完善和诉讼活动的组织应当建立在辩论主义原则基础之上，而非纠问原则。如果证据法不能与辩论式诉讼保持一致，那么这一诉讼法典就谈不上是一部成功的法典。"①但在《民事诉讼条例》中，立法者却未对证据作出规范性定义，这是其有意为之，原因在于，立法者认为不应当将司法局限在某些定义中，这也是对原有法定证据规则的扬弃。立法者将证据定义作广义理解，即应当包含一切"法院借以对争议事件真实性或诉讼请求正义性产生确信的证据种类，甚至是在某些情形下法律未规定但应当被采信的事实"。②

类似的证据定义方式也存在于罗马法中。罗马法学家将证据理解为：所有能够借之查清案件的事物。③ 虽然《民事诉讼条例》编纂委员会对于广义证据概念作出了解释，但是仍然不得不在条例中规定了法院用以调查民事案件的具体证据种类。证据种类包括证人证言、间接证人调查、书证、自认、宣誓。证据的审查方法包括现场勘验和专家证人。相较于1857年《俄罗斯帝国法令全书》，《民事诉讼条例》中规定的证据种类清单并未有大的改变，但对诸多证据规范具体内容进行了修改，修订包括：(1)确定了书面证据的形式和意义；(2)在必须依据书面证据证明的诉讼中限制了证人证言的适用；(3)规定了证据审查制度；(4)限制了通过宣誓确定事实的情形；(5)从证据种类中排除了周边居民调查(повальный обыск)，引入了新的证据种类——间接证人调查(дознание через окольных людей)；(6)引入了自由心证制度。同时，将证据功能定位于"尽可能保障查明真实及恢复正义"。

---

① Судебные Уставы 20 ноября 1864 года, с изложением рассуждений, на коих они основаны. Ч. 1. СПБ. 1866 г. С. 199,200.

② Судебные Уставы 20 ноября 1864 года, с изложением рассуждений, на коих они основаны. Ч. 1. СПБ. 1866 г. С. 202.

③ Дигесты Юстиниана. Титул V"О свидетелях"//Памятники римского права. М. 1997 г. С. 522.

一、俄罗斯近代民事诉讼证据类型

在证据理论上，依据不同标准可以将民事证据区分为不同种类。旨在通过学理上分类揭示各类证据特征，这将有助于理解和适用各类证据，用以认定事实和作出公正的裁判。

(一)证人证言

证人证言作为探知真实的有效手段，最早具体规定于古代《罗斯法典》中。根据古代俄罗斯法，证人是指知晓证明对象，并希望作出可靠证言的人。而随着时代的发展对证人的品格、证明能力和与当事人关系的要求在逐渐减弱。1864 年司法改革前，关于证人资格一般作如下规定：年龄大于 15 周岁，具备正常身体感知能力和理性，能够通过亲身感知而非借助他人了解要求其证明的对象，并排除任何导致个人缺乏证明能力的法定因素。[①]《民事诉讼条例》中保留了较多与证人人身关系有关的传统规范，《民事诉讼条例》将不具备出庭作证资格的证人，根据条件区分为两类：(1)完全不具备证明能力者或者不适合作证者；(2)虽然具备证明能力，但证言信度存在怀疑者。

1. 证人证言的类型化

(1)完全不具备证明能力者或者不适合作证者

完全不具备证明能力者或者不适合作证者包括：①精神病人，言语和书面均无法进行表达者，某些根据医生诊断被认为由于智力障碍无法作出证明的人；②由于身体或者智力缺陷无法对被证明情况准确认知的人；③对抗父母的子女；④当事人的配偶；⑤基于信任而听取忏悔的神父；⑥经由教会法庭审判而被驱逐出教会，被剥夺财产权或判处剥夺作证权的人；⑦7 岁以下的儿童。

存在心理疾病和身体感知缺陷的人不具备作证资格。由于其不具备对于证明对象基本的认知能力，因此，即使其作出证言也无法具备足够信度。关于儿童反对父母的证言，条例立法者认为，儿童反对父母的证言会在法庭上引起众多怀疑，而这些怀疑却无法被证实解决。因为，无论法官处于何种中立地位，但作为个人仍然是一个家庭的成员，即使

---

① Дегай П. Учебная книга российского гражданского судопроизводства губерний и областей, на общих правах состоящих. составленная для Императорского училища правоведения. СПБ. 1840 г. С. 74.

法官较高的职责也无法减弱其对家庭成员相互关系与生俱来的认知。这会引发法官对基于家庭矛盾而产生敌对关系的猜测,或许子女证言真实,但在法官眼中也会失去其应有的信度。换句话说,排除儿童对抗父母证言的原因在于法官产生的对证言信度不足的猜测。即使在相反情况下,儿童作出对父母有利的证言,由于儿童大多数情况下可能是出于对父母的爱而作出有利于父母的证言,因此同样也会削弱证言的信度。但立法者仍然将儿童作出的有利于父母的证言视为证据。尽管处于普遍认为女人社会地位较低,而其证言效力亦低于男性的时代,但《民事诉讼条例》立法者认为不仅应当免除妻子对抗丈夫证言的证据资格,还应当按照 1857 年《俄罗斯帝国法令全书》中的规定,同时也免除丈夫作出对抗或者有利于妻子证言的证据资格,这不啻于专制时代的一大进步。经由教会法庭审判而被驱逐出教会、剥夺财产权和被判处剥夺作证权者不具备作证资格。根据 1845 年《刑罚和感化条例》,被剥夺特别权者,无法在缔结合同和书面文书中作为见证人,由此丧失作为证人的资格。俄罗斯民事诉讼法传统上对于作证年龄存在严格限制,按照传统,条例规定禁止传唤未满 7 岁的儿童作为证人。完全不具备证明能力或者不适合作证者,将完全丧失作证资格,并由法院将其排除出诉讼程序。

(2)虽具备证明能力但证言信度存疑者

虽具有证明能力,但其证言信度处于怀疑状态的人包括:①近亲属;②监护人和被监护人;③收养人和被收养人;④与当事人有争讼纠纷者,与当事人引用其证言获得的有利判决具有利害关系者;⑤委托人援引诉讼代理人的证言。立法委员会曾有部分成员建议引入传统法律中,关于排除与当事人一方处于敌对或者友好关系人证言的规定。但这一想法由于司法实践存在巨大困难而被排除适用,因为很难证明两人之间是否存在友谊或者敌对关系,由此只会导致法院在解决证明力问题上的完全恣意。

资格遭到怀疑的证人作出的证言,等同于对无证明能力证人证言信度的怀疑,这一怀疑建立在遭到质疑的当事人完全可能在自己的证言中由于与一方当事人的亲属关系,或者由于其他可能促成其作出不足采信证言的动机,而导致其证言具有偏向性。遭到质疑证人可以由于一方当事人请求回避而丧失作证资格。对证人回避的请求应当在其被传唤前提出，或者最晚也应当在其作证宣誓前提出，在其作出作证宣誓后就不允许提出回避请求，法院只能根据法律规定情形对证人回避请求进行审查，并免除其作证资格。上述规定符合诉讼辩论原则，据此当事人可以自由选择进攻和防御的手段。同时，《民事诉讼条例》也不认可法院可以主动提出证人回避。立法者认为，即使无任何人提出要求该证人回避的请求，亦不能禁止法院在评价证人证言时考虑其与当事人的关系，司法实践中的适用亦是如此。[①] 应当说，《民事诉讼条例》通过以后，原有清单上一些严格意义上不适宜作证的证人，被列入资格遭到怀疑证人（подозрительные свидетели）的清单，如当事人配偶、被驱逐出教会者、剥夺财产权以及被科处剥夺作证权利的被处罚者。并且，相较之前立法，细化了传唤到庭和询问证人程序。

2. 证人证言制度

（1）传唤作证程序

当事人要求援引证人证言时，必须指出需要询问证人的事实情况，同时提供证人的姓名或绰号以及其居住地。满足传唤证人到庭的请求前，法院应当首先调查需要证人作证的事实情况与案件本身的关联性。如果当事人提出传唤证人的请求，但没有说明其通过传唤证人试图证明的情况，那么这一请求法院不予受理。[②] 法院作出询问证人裁定，裁定中要列明证人姓名或者绰号，以及其应当陈述的基本事实情况，询问的地点和日期。法庭辩论开始时无权传唤和询问当事人未提出的证人。证人应当通过法庭通知或者随同当事人到庭。作证通知中除列明证人姓名或绰号外，还需要列明诉讼标的、询问的时间和地点，以及法律规定的证人未到庭惩罚措施。对军人和神职人员，条例规定了专门的传唤措施，低阶军人通过其长官直接传唤到庭，军官必须通过法庭通知传唤。但是，传唤军官到庭作证并不能免除其履行军人职责，因此，军队长官提出其由于服役无法出庭作证，则法庭需要到其服役地点对

---

① Тютрюмов И. М. Устав гражданского судопроизводства с законодательными мотивами, разъяснениями Правительствующего Сената и комментариями русских юристов, извлеченных из научных и практических трудов по гражданскому праву и судопроизводству. Т. 1. Пг. 1916 г. С. 939.

② Думашевский А. Систематический свод решений кассационных департаментов сената с подлинным текстом решений, извлеченными из них тезисами и критическим разбором их. СПБ. 1873 г. С. 39.

其询问。神父也可以通过法庭通知传唤作证,第一次传唤未出庭作证的,可以通过其主教传唤到庭。

《民事诉讼条例》规定,“任何人无权拒绝作证”。在当事人援引其证言的情况下,出庭作证作为每一个居住在俄罗斯寻求其法律庇护个人的义务和职责,也是每个俄罗斯公民对国家的义务。因此,《民事诉讼条例》规定了对公民未履行作证义务的制裁措施,包括证人未提出正当原因而未出庭作证将会被科处罚款。如果证人被传唤后未出庭作证,只有在其证言被法庭认为对解决案件具有重要意义的情况下,才会重新指定出庭日期。证人经两次通知未出庭作证将会被科处罚款。[①]对于未出庭作证证人的罚款仅仅针对居住地与法院位于同一个城市或者其居住地距离该城市不超过 25 俄里者。立法者设置这一条款依据在于,如果不顾及证人实际居住地,而将其传唤到庭将是对与案件没有任何利益关系个人的巨大负担。同时,如果通过暴力手段,即通过警察局将证人据传至法庭或者在询问前提前羁押,对民事诉讼而非刑事诉讼的证人而言则是极不公平的。[②]

《民事诉讼条例》规定,询问证人应当在当事人参与的公开庭审中进行。立法者认为,法官审理解决纠纷必须直接接触证人证言所包含的信息。司法实践严格遵循这一规范。诉讼中,法庭无权依据其他民事案件或者刑事案件预审阶段以及警察局侦查阶段获取的证词作出判决。民事案件审理中必须通过开庭审理对证人重新进行直接询问。[③]原因在于,19 世纪初很多欧洲国家包括俄罗斯,询问证人程序并非由法院实施,而是由司法警察或者警察局侦查员进行,这一弊端饱受社会批评。原因在于,法官在没有听取证人证言时,任何情况下都不应当对记载于书面笔录的证人证言准确性和全面性产生内心确信。只有在当事人和证人共同出席庭审的情况下,法官才能够感觉到证言中的矛盾和不足,并通过提出问题获取答辩而形成所需的完整信息。如果法院仅

---

① Носенко Д. А. Устав гражаданского судопроиизводства. М. 1894 г. С. 98.

② Судебные Уставы 20 ноября 1864 года, с изложением мотивов, на коих они основаны. С. 211.

③ Боровиковский А. Устав гражданского судопроис объяснениями по решениям Гражданского кассационного департамента Правительствующего Сената. СПБ. 1899 г. С. 384.

仅了解书面文书，则无法填补任何信息缺漏，排除由于证词矛盾使其产生的怀疑。可以认为，公开的庭审是对诉讼程序最好的保障，因为在这一情况下法院只会提出合理的问题，不会对证人实施恫吓，这样的程序是征服谎言的最好方式。①

只有法院亲自就案件实质询问证人，才能保障法院根据证人证言对于争议解决给予准确评价。司法人员作出的询问笔录，任何时候都不能如同证人在法庭作出活的证言那样，对于揭示案件真实具有同等意义。由审判合议庭 3 名法官共同参与询问证人，特别是由承担对案件进行实质审理作出判决的法官参与询问证人，才能够更加全面地保障案件调查。② 当然，司法实践中很多诉讼行为合议庭和当事人全部参与的条件较难满足。因此，诉讼条例立法者根据可能出现的情况，列出了特殊情形，而下列情况中，法院可以委托一名合议庭法官询问证人：①证人由于年迈、重病、岗位职责或者其他合理原因，无法出庭接受询问。在证人居住地询问证人的请求既可以由当事人提出，也可以由证人在说明具体原因的情况下提出申请，提出申请的依据性由法院自行裁量判断。②确有必要时，根据情况可以在争讼事件发生地、证据所在地进行询问。司法实践中总结出了一整套行之有效的在特定地点询问证人的方法，例如，在土地所有权使用时效争议中，便可以在该地块所在地直接询问证人。③允许异地询问同一地点的大量证人。这一规定的立法初衷在于，避免大批居民脱离日常工作而接受询问，减轻当事人承担证人往来法院所在地所需费用的负担。④法律规定的国家高级官员可以提出在其住所地接受询问的申请。其中包括国务委员会和国家杜马成员，部长委员会主席，各部部长及其副部长，参议员，总督，省长和军队统帅等。20 世纪初，条例中作出了补充规定，在就地询问可以加快案件审理的情况下可以委托合议庭成员在住所地进行询问。但是，如果证人未居住在管辖法院区域，那么则委托所在区域法院根据原法院裁定进行询问。

《民事诉讼条例》中规定了具体询问方式：每个证人都应当在当事人在场的情况下进行问询。当事人未出庭不妨碍问询程序进行，但必

① Бентам И. О судебных доказательствах. Киев. 1876 г. С. 100–102.

② Тютрюмов И. М. Производство местных действий по гражданским делам. Право. 1902 г. No 9. С. 415–418.

须告知当事人庭审时间和地点。询问证人时,其他证人不能在场。目的在于尽可能消除某个证人证言对于其他证人的影响,并以此获得足够信度的证言。但证人作证后未离开法庭而听取其他证人问询的,不构成其回避或排除其证言的理由。

(2)作证宣誓制度

法庭询问前证人必须确认出庭系证人本人,证人必须进行宣誓。根据条例规定,宣誓必须具有承诺性质,承诺作出真实证词。证人根据自身的宗教信仰仪式进行宣誓,如果是无神论者,则应当向法院主席宣誓。①

《民事诉讼条例》中规定了几种证人免除宣誓的情形:①经由双方当事人同意;②神职人员;③传道士;④依据宗教法院判决被驱逐出教会的人;⑤7—14 岁的儿童。上述种类证人虽然被免除了宣誓义务,但仍需要承诺根据自身良知作出真实证言。作出宣誓时通常神父会在场,但是在治安法院如果神父不在场时,亦可以在未宣誓的情况下进行询问。但是,应警告其如未按良知作出证言所应承担的责任。确认当事人之前已经作出宣誓的情况下,其所作出证词则无须宣誓。通常认为,证人以自身名义向上帝宣誓时作出的证词,是对其证言中立性的重要保障,并可以据此认定证言的真实性。认可其作出证言真实性的重要动因是很少有信徒会违背自己的誓言。②但是,当时很多法学家都对宣誓制度提出了质疑,认为其并不能成为证言可信的标志。在司法实践中并非仅仅借助于宣誓通过个人道德层面来保证证言的信度,还需要通过虚假证言责任加以限制。在刑事诉讼中经由宣誓作出的虚假证言,相对于未经宣誓的虚假证言将会承担更重的刑事责任。

为了合理评价证人证言,《民事诉讼条例》立法者并没有盲目扩大宣誓对证人证言真实性的影响,而是试图建立询问证人规则,通过这一规则为获取完整真实证言创造条件,以此发现证言中的虚假性,预防可

---

① Тютрюмов И. М. Устав гражданского судопроизводства с законодательными мотивами, разъяснениями Правительствующего Сената, с комментариями русских юристов. Пг. 1916 г. С. 955.

② Терновский Н. А. Юридические основания к суждению о силе доказательств и мысли из речей председательствующего по уголовным делам: Пособие для юристов-практиков и присяжных заседателей. Тула. 1901 г. С. 64.

能出现的证言失真。很多法学家亦赞同这一看法，认为口头询问证人是证言真实的重要保障。而重视言词证言的原因在于，再狡猾的证人也无法远离真实，在第一次试图构建虚假证言时就会使其停顿下来，因为其无法编织出试图掩盖真相的严密逻辑保护网，如果其继续给出语意模糊的解释，那么就会暴露出其恶意的一面，其模棱两可的答案将相对于沉默对其自身带来更大的危害。① 所以，《民事诉讼条例》规定，证人证言只能是证人以口头方式自由讲述出其所了解的案件情况。当然，当证人可以通过书面文字为帮助记忆而记录相应信息包括数字资料等，这并不能认为其违反了询问的口头原则。证人的书面证言不能作为证据，虽然残疾人无法作出口头表述，但不能当然排除其证言，在法庭法官和当事人都在场的情况下，法律认可此类人作出的书面证言。

1917 年十月革命以后，由于原有的宣誓制度具有宗教性质，出于意识形态的考量，民事诉讼和刑事诉讼的宣誓被排除适用。代替宣誓规定了对于证人拒绝作证以及作出虚假证言所需承担刑事责任的警告。这些规定在现代俄罗斯民事诉讼和刑事诉讼中仍然存在。由于宣誓不仅具有宗教性质，同时也具有普遍意义上的公民权利义务性质，因此，现代俄罗斯立法中将证人宣誓规定于宪法法院诉讼中。《俄罗斯联邦宪法法院法》规定，在俄罗斯联邦宪法法院证人作证前应当进行宣誓，并由法官警告其作出虚假证言需要承担的法律责任。证人通常作出如下证言："我（姓名），应当就我亲身感知与被审理案件相关的信息和材料，向宪法法院作出真实完整的证词。"宣誓词在其宣读并签字后附入案卷。在俄罗斯法律文献中，很早就提及了民事诉讼和刑事诉讼中的相关规定，即法院警告证人在宣誓或者承诺在法庭所述真实后，应当对其虚假证言所应当承担的刑事责任。②

（3）询问证人程序

询问证人程序开始时，按照首先原告之后被告的先后顺序询问。证人询问的顺序由法院主席考虑双方当事人的意见确定。询问证人应当从要求证人说明其所了解的当事人援引的情况（事实）入手。在证人证言与案件无关时，审判庭主席可以中止证人作证。询问证人可以通

① Бентам И. О судебных доказательствах. Киев，1876 г. С. 55. 56.

② Адамов Ю. П.，Ратинов А. Р. Лжесвидетельство：происхождение，предотвращение и разоблачекние ложных показаний. М. 1976 г.

过翻译进行，证人可以任意形式说明案件情况，当事人和法庭为了确认、弄清和补充信息，可以向证人提出问题。法院不仅有权向证人，也有权向当事人提出问题。如果发现案件事实足够清楚，或者当事人问题与案件情况没有关联，法院有权拒绝当事人向证人提出问题。

《民事诉讼条例》规定，如果法院院长未允许证人提前离开的话，每名被询问证人应当留在法庭直到所有证人询问结束。这一规定旨在必要情况下重新询问证人。重新询问既可以根据证人和当事人请求进行，也可以由法庭主动进行。如果第一次询问时不够充分，法院需要核实某些问题时，证人可以被第二次传唤至法院。为了查清证人证言之间的矛盾，法院可以要求其进行当面对质。立法者认为，法院应当尽可能要求证人进行当面对质，因为证人在当面对质时，会彼此揭穿证言漏洞，这种彼此揭穿既体现在言语上，也体现在对彼此信仰的攻讦，甚至会援引他人证言。①

证人证言应当被记入笔录，并尽可能保障笔录的准确性。《民事诉讼条例》规定，笔录必须在证人签字后，用证人所使用语言向证人宣读。对不识字证人则由法庭成员之一在证人在场的情况下签字，旨在使证人确信其在笔录中的证词完整准确，并在必要的情况下，指出笔录的不准确之处。除此之外，在签署笔录时，证人还需确认其签名的真实性。如果询问证人并非由审理案件的所有合议庭成员实施，而是由合议庭部分法官或者委托其他法院法官进行，则证人证言笔录必须在庭审中宣读。未履行这一规定程序可以作为撤销判决的依据之一。如果证人证言不充分或者不清楚，法院可以重新进行询问。同时，对证人的询问不仅限于庭审，在下列情形中也可以在开庭审理之前进行询问：①证人重病导致无法在庭审中作证；②依照必须外出而无法在庭审时返回证人的申请；③民事诉讼中证人有权要求补偿其因误工和往返法院发生的费用，补偿金额由法院确定。上述补偿由请求其出庭作证的当事人承担。对虚假证言，1845 年《刑罚和感化条例》中规定了包括苦役、逮捕和监禁在内的刑事责任。

通过比较《民事诉讼条例》中以及现代民事诉讼法中关于询问证人

---

① Судебные Уставы 20 ноября 1864 года, с изложением рассуждений, на коих они основаны. С. 216.

的规定，可以发现，现代俄罗斯民事诉讼法中很多关于询问证人的规定，是对《民事诉讼条例》中规范的承袭。这可以解释为，司法改革之前的询问程序体现了辩论主义原则，并建立在今天所普遍接受的辩论性质法律行为基础之上。当然，并不是所有诉讼条例中关于询问证人的规范都被现代民事诉讼法所继受，如现代民事诉讼中不再使用宣誓作为证人证言信度的保障。

（4）作证豁免制度

俄罗斯传统上一直认可出庭作证义务，即"任何人不得在被传唤出庭作证时拒绝作证"，作证是每个被法院传唤作证公民的义务。《民事诉讼条例》中借鉴了罗马法中允许证人拒绝作证的特殊权利规定，第一次安排了限制适用证人证言的条款，免除了公民出庭作证的义务，这一特权传统上称之为作证豁免（свидетельский иммунитет）。

《民事诉讼条例》赋予了下列证人拒绝作证的权利：①基于当事人直系近亲属、配偶、兄弟姐妹等关系可以拒绝出庭作证；②与可能作出的有利于一方当事人的判决存在利害关系者。立法者认为，"必须赋予个人拒绝作证的权利，否则会把证人推入危险的境地，在责任感与亲情羁绊间或者金钱利益间作出痛苦的抉择"①。作证豁免仅针对近亲属，也就是直系近亲属，父母、祖父母、外祖父母、子女、孙子女以及直系血缘关系的兄弟姊妹，旁系亲属不拥有作证豁免。收养人和被收养人无权拒绝作证。原因在于，收养人和被收养人之间的情感依赖不足以被视作血缘情感，更多趋向于紧密的友谊，因此法律规定不能作为拒绝作证的依据。基于上述理念，作证豁免特权不能赋予异父异母的兄弟姐妹，继父继母，丧失抚养权的子女。应当指出的是，近亲属和当事人配偶并不是在所有案件都享有作证豁免权，作证豁免权仅仅适用于证明财产权的情形。作出这一例外规定的原因在于：首先，当时财产权被认为是公民最为重要的权利之一；其次，这些争议经常只有近亲属证言可以作为唯一证据。

3. 书证优先主义的侵蚀

证人证言的对象是对案件有意义的事实。很长一段时期以来，俄

---

① Судебные Уставы 20 ноября 1864 года, с изложением рассуждений, на коих они основаны. С. 203.

国法院事实上没有限制证人证词的适用,关于案件的任何情况证明都可以采纳证人证言作为证据。但是,随着法律行为书面形式的普遍使用,形成了不同种类的法律文书,因此在证人证言的使用上,对于某些事实的确认出现了法律上的限制。在司法改革前俄罗斯法律中,规定了一系列民事案件审理中限制使用证人证言的内容。例如,根据1857年《俄罗斯帝国法令全书》不允许在动产和不动产所有权争议、财产占有权和使用权争议中使用证人证言,而必须使用按照规定程序制作的买卖、抵押、出借和赠与契照,甚至契照直接用 крепость 一词表示,该词原义是指要塞,借此用以表示契照的稳定性和不可动摇性。

《民事诉讼条例》立法者采取了书证优先主义,根据《民事诉讼条例》,证人证言只能在法律未规定必须使用书面文书证明的事件中被认可为证据。换句话说,证人证言不允许在根据法律规定,必须采用书面文书形式证明待证事实的诉讼中使用。例如,在追索借款诉讼中,由于要求借款合同必须采用书面形式,因此在原告未签订书面合同进而导致无法提出书面证据,仅援引证人证言证明诉讼主张的情况下,尽管这些证人是诚实可信之人,其证言法院亦认可为真实,但由于缺乏书面文书,该借款事实仍无法被法院采信。如果法院违反这一法律规定而采信证人证言,那么其判决就会被认定为违反法律而丧失合法性。①

《民事诉讼条例》中要求书面证据证明的事件,是指要求通过书面形式记载才能引起法律关系产生、变更和终止的法律事实。实体法规定了需要书面形式证明的事实,包括动产和不动产所有权、不动产占有、不动产赠与、遗产继承、婚姻、出生合法性等事实。所有事实均通过相应的书面文件证明,限制证人证言的适用。对此,《民事诉讼条例》立法者和参议院决议中指出,《民事诉讼条例》关于书面形式和证人证言的规定,是对证人证言作出的必要限制,与其他证明规范共同满足法院探知实体真实的要求。② 上述条款旨在通过排除相对于书面证据信度

---

① Исаченко В. Л. Русское гражданское судопроизводство. Практическое руководство для студентов и начинающих юристов. Т. 1：Судопроизводство исковое. 2-е изд. ,доп. СПБ. 1906 г. С. 52-57.

② Гордон В. Устав гражданского судопроизводства с позднейшими узаконениями, законодательными мотивами и разъяснениями：Систематический сборник. СПБ. 1911 г. С. 253.

较低的证人证言,保护当事人的利益。首先,书面形式表达的公民意思具有更强稳定性和可靠性。原因在于,文书是在严格遵守法律关于文书形式规定的条件下制作的,因此能够更为有效的证明文书内容是当事人真实意思表示。证人证言则被视作他人对案件事实的主观印象,根据证人证言仅能够从旁观者角度形成对当事人意思表示的理解和判断,因此书面文书能够更真实反映并再现当事人的意思。其次,书面文书是意思表示最为坚固和可靠的痕迹,证人证言仅能够反映证人带有主观色彩的印象。最后,只有书证被认为是不具有任何偏袒性的反映当事人意思的证据,而证人证言被认可为证据,仅在于其体现出当事人意思表示,并且该意思表示并未出现在书面证据的情况中。[①]

但并非仅仅是对证人证言的不信任导致了限制其在查明某些法律事实中的适用。另一原因在于,这一时期对法律行为和法律事件书面化规定了严格的适用程序,并且书面证据自身效力远远高于证人证言,甚至法律规定了某些类型案件只能使用书面证据证明。立法者立法意图旨在通过强化民众对公权机关文书的信任,从而保证民事法律流转的稳定性,限制民事案件审理时司法裁量的无根据性。法院作为国家机关当然认可公权机关出具文书的真实性,否则也就破坏了对公权机关的信任,尤其是这也会损害那些出于对公文书效力信任已经完成个人权利登记者的利益。并且,这一规范是与法律流转稳定性具有紧密联系的,因为流转稳定性是依靠对未按法律规定合同书面形式而确定的法律关系的法律惩戒来实现的,由此导致的不利后果是诉讼中当事人对签订合同事实的举证不能。[②]

诉讼条例对证人证言的限制使用也规定了一些例外规定,在下列要求书面证明的诉讼中,允许适用证人证言证明:(1)财产文书由于保管不善、火灾、洪水和其他自然灾难遭到毁损;(2)文书由于突发意外丧失;(3)不动产权利形成于无争议、和平、持续的占有期间或在法律规定的时效期间内。

应该说,《民事诉讼条例》中采取书证优先主义,并对证人证言加以

---

① Исаченко В. Л. Русское гражданское судопроизводство. Практическое руководство для студентов и начинающих юристов. Т. 1: Судопроизводство исковое. 2-е изд. , доп. СПБ. 1906 г. С. 98-103.

② Гамбаров Ю. С. Курс лекций. 1894-95 академимческий год. С. 8, 36.

限制的理念,获得大部分法学家的支持,但也有部分学者提出了反对意见:将书证作为大多数法律行为的证明手段,这会严重影响日常生活关系。因为生活会被严重的法律形式主义干扰,特别是当时民众文化水平较低,很多交易出于方便均使用言词形式,较少遵守书面形式规定。因此,如果社会中所有借款、抵押、出借等交易关系都必须遵照书面形式,在债务人拒绝履行债务的情况下,会让较多作为社会弱势群体的债权人丧失其他证明手段,哪怕周围人都了解并能够证明这一事实。尽管对于证人证言的许可性的问题,在《民事诉讼条例》和 1900 年《民事诉讼条例》修订时均被提出,但大部分法学家仍然坚持探知实体真实应当与书证主义紧密联系。尽管他们也认为严格限制证人证言,的确会对大部分不具备文化基础知识的农民阶层日常法律生活造成重大影响,甚至这一制度很有可能被利用而使农民成为被剥削和欺骗的牺牲品。申言之,这一时期法学家在社会公共利益和个人利益保护之间已经作出了自己的价值选择,这也当然符合俄国君主专制的传统。

这一规范不仅在诉讼条例中长期沿用,同时也被现代俄罗斯法承袭并沿用至今。《俄罗斯民法典》第 162 条规定:"如不遵守合同的普通书面形式,则双方当事人在发生争议时便无权援引证人陈述用以证明合同以及合同条件,但他们仍有权提出书证和其他证据。"

综上所述,《民事诉讼条例》中关于限制使用证人证言的规定可以归纳为:通过法定程序制作的书面文件内容不能被证人证言所推翻,但关于文件真实性的争议除外。按照法定程序制作的文书主要指:国家机构、公职人员和政府行政机关出具的文书,包括司法文书、警察局勘验笔录、询问笔录以及由国家公证机关出具的证明文书或签署的公证文书等,这些文书被统称为公文书。这些文书的证据优势效力在于其证明的官方性质,国家机构和公职人员因其职责以及宣誓之义务不允许实施违法行为。但也有很多法学家提出,公文书相对于证人证言的较高效力违背了法院自由评价证据的基本原则,甚至认为,公文书也不能保证其内容的信度。但是在立法过程中,最为普遍观点仍然认为,如果允许推翻公文书的证明能力,将会导致更大的负面结果。如果诉讼程序中许可大量信度不足,但可能推翻书面文书的证人证言,将从根本上动摇法律流转的稳定性和生活中重要法律事实的不可动摇性。①

（二）书证

俄罗斯民事诉讼中存在不同种类的书证：权属证书（грамоты）、征税登记簿（古罗斯时期登记人口、田亩和财产等内容）（писцовые книги）、契约（крепости）都作为从15世纪就开始使用的主要书证种类，相关书面文书在1467年《普斯科夫审判条例》和1471年《诺夫哥罗德审判条例》中都有相应规定。基辅罗斯在接受东正教后，由拜占庭传教士基里尔和梅福季创造了斯拉夫字母，文字作为民族文化形成与发展的载体，使罗斯内部联系得到加强的同时，也使得书面证据这一新的证据类型逐渐进入人们日常生活并逐渐发展起来。其在司法实践中的广泛使用是与生活中交易合同书面形式的广泛应用密切联系的。根据双方合意订立的书面合同是为了记录双方合意事项，同时也是为了在未来可能的司法诉讼中作为证据。但是，这一时期并未有任何关于书面合同的规范，这也造成法庭对书面文件适用要求的不确定性，如关于书面文书形式和信度等问题。通常，法庭上书面文件的真实性是通过询问合同订立人以及参与订立合同的见证人来加以审查的。在此之后，逐步出现了更为确定的民事法律关系书面形式规范以及文书规范。遵守上述规范成为认可其作为证据的前提条件。《民事诉讼条例》通过书面文书的形式要求强化了物权、合同形式形成债权、继承权的保护，并在农奴制背景下规定了必须通过书面证据证明的情形，如关于农奴归属权诉讼必须依据契约，否则法庭将不予受理。

随着立法发展，俄国书证优先主义原则逐渐确立，如在《国民会议法典》中设置专门条款规定，不允许以证人证言来驳斥书证。19世纪中叶以前，俄罗斯形成了法定的书面文书体系，同时，也形成了将书面文书作为证据运用的具体规范。书证可以分为三类：（1）财产文书（акты укрепления имущества）。包括不动产买卖契约、抵押契约、赠与契约、不动产所有权转移文书、农奴所有权转移文书、农奴和家庭遗嘱等证明文书。（2）身份文书（акты состояния）。包括出生证明、所属社会阶层文书、城市居民证书、证明公司和机关自然状况的文书、恩许

---

① Исаченко В. Л. Русское гражданское судопроизводство. Практическое руководство для студентов и начинающих юристов. Т. 1：Судопроизводство исковое. 2-е изд. ，доп. СПБ. 1906 г. С. 54-58.

状和特权状等。(3)司法文书(судебные журналы)。包括案件笔录,法庭裁定,案情摘要等。以成文法形式规定了对书面文书的要求、具体形式以及诉讼中的适用程序。通常情况下,真实性得到诉讼相对方承认的书面文件,即可以作为证据。但是,对一些书面文件的法律效力作出了严格规定,一些文书仅具有半个完全证据或者完全不具备证据价值,如商品供货和金钱借贷争议中,针对不属于商人阶层的相对人提出的买卖文书就只具有半个完全证据效力。如果这一证据相对方没有借助其他更强证明力证据加以补强,则原告需要通过宣誓来证明自身书证内容,才能使其具有完全效力。零售商品供货人的文书和清单虽然具备买卖文书的形式但也不具有证据效力。文书的副本只能在法院证明其文书准确性时,才可以作为证据采纳。

当时对立法是否应当仿照欧洲诉讼法特别是法国法之规定,规定所有书面合同种类以及合同条件,一直存有争论,最终被立法委员会否决。首先,这一问题应当归属于民法,而不应当通过诉讼立法解决;其次,通过科学和普及的公证制度可以有效解决这一问题。因此,《民事诉讼条例》中仅仅规定了完全属于诉讼程序法调整而非属于民法的问题。[①] 由此,《民事诉讼条例》中也形成了下列规范:(1)关于调整提交和调取书面证据的规范;(2)确定书面证据效力的规范;(3)规定书面证据审查程序的规范。

1. 提供和调取书证

根据《民事诉讼条例》第438条的规定,书面证据包括民法中规定的不动产物权转移契照(крепостные акты,记载内容包括买卖、抵押、质押和赠与)、动产转移契照(явочные акты,内容包括动产遗嘱、出借和抵押)和交易合同(домашние акты)等其他文书。相对于之前1857年《俄罗斯帝国法令全书》中的规定,扩大了书面证据的范围。虽然之前有过是否将所有书面文件都视为证据的争论,但立法者认为:任何当事人提供作为证据的文书,都必须在法庭自行裁量后才能确定文书是否具有证据效力。依据在于,根据立法意图,依照辩论主义诉讼原则建立的近代诉讼程序,应当为当事人提供更多在法庭捍卫自己权益的能

① Судебные Уставы 20 ноября 1864 года, с изложением рассуждений, на коих они основаны. С. 231.

力,并减少过多形式上的限制。①

《民事诉讼条例》中规定的一系列条款,旨在为民事诉讼中当事人实施辩论对抗创造条件。当事人中任何一方都有权要求相对方向法院办公室(концелярия)提供据以证明自身权利的文书的说明函;当对方当事人提供说明函援引的文书属于本案争议事实时,当事人有权要求相对方当事人提供其中所援引的书面文件。任何当事人都应当满足对方要求提供其所掌握文件的请求,用以证明案件争议事实。当事人拒绝提供所要求文件时,并且在没有否认文件由他掌握时,法院可以推定援引该文件证明的案件事实为真实。根据一方当事人请求,法庭可以要求未参与诉讼的人向法院提供其所掌握的与案件有直接关系的文件或者信息。为调取由司法机关、政府机关或者公职人员掌握的文件或信息,当事人必须提供将其作为案件审理必要文件或信息的依据。所有司法机关、政府机关和公职人员,必须立刻向当事人或者法院提供所请求的信息和文件的副本。当事人请求协助的机关或者公职人员,如果不能在指定日期满足上述请求,应当向当事人出具证明,并说明出具证明或文件的期限。

《民事诉讼条例》规定,向法院提交的任何书面文书都不得在未经审理的情况下推翻。那么如何确定书面文书是否具有法律规定的证据效力呢?《民事诉讼条例》采取的是列举方式,并为此建立了证据效力评价规范:(1)不动产和动产契照、公证文书和其他证明性质文书(契约、借据、合同、遗嘱等书面文书),在满足下列条件下,具有证据效力,文书真实性未被推翻;未被证明失去效力;合同本质未违反法律规定。书面文书真实性只有在证明其系伪造时才允许被推翻。(2)私署文书(非正式文书)如果被诉讼相对人或者法院认可为真实,相对于公文书(经过专门的国家权力机关证明的文书)具有同等效力。(3)针对同一法律行为或者同一合同按照规定程序制作的公文书相对于私署文书具有优先效力。因此,在私署文书与公文书不冲突的情况下,可以被接受作为公文书的补充。如果公文书以及私署文书属于不同法律行为,那么应当根据普通规则确定证据效力。(4)私署文书和其他公文书证据

① Судебные Уставы 20 ноября 1864 года, с изложением рассуждений, на коих они основаны. С. 52.

效力和证据优势由法庭裁量决定。(5)如果提交的文书未被认可属于契照、公证文书或者其他公文书,那么其仍可以保留私署文书效力。如果契照、公证书具有下列瑕疵,则不能作为公文书。应当通过公证来证明获得契照效力却未经公证的文书;由不适格单位或者个人作出的证明文书;由超出其职权范围的单位和个人作出的文书;文书中包含未经双方当事人约定的修改、补充、删节和内容。(6)除由于对副本准确性产生怀疑,而依法要求必须提供原本的情况外,通过合理方式证明的文书副本可以代替文书原本来证明其内容,并应当被法院采纳。(7)国外根据与俄罗斯国内法不同法律制作的文书,只有在其真实性未被推翻,文书内容经过俄罗斯大使馆、代表处或者领事馆证明确实符合该国法律后,才可以被认定为合法文书。

现代《俄罗斯民事诉讼法典》中并没有详细规定书面证据的提供和调取程序,但包含了相应的内容,其立法本意契合于诉讼条例的立法理念,即为向当事人主义诉讼模式的转变创造条件。经过比较可以发现相似内容:(1)诉讼申请必须附有原告据以证明自身诉讼请求事实的相关证明文件,同时向被告、第三人提供文件副本(《民事诉讼条例》第132条)。(2)案件审前准备阶段原告及其诉讼代理人应当向被告提供证明案件事实依据的文件副本,被告及其诉讼代理人向原告及其诉讼代理人、法官提供据以辩驳原告请求的证据,双方当事人都可以向法官提出调取在缺少法官帮助情况下自身无法获得证据的申请(《民事诉讼条例》第149条)。(3)法庭向当事人提出提供证据的要求或者直接调取证据。掌握法院调取证据者应当向法院提交证据。无法在规定期间提供被调取证据的公职人员或者公民,从得到相关通知起5天内向法院说明原因。(4)如果在未向法院提供合理理由的情况下未完成法院要求提供证据的请求,对相关公职人员或公民将科处罚款。但科处罚款并不能免除掌握证据的相关公职人员和公民向法院提供证据的义务(《民事诉讼条例》第57条)。(5)如果应当证明自己请求或者辩驳的当事人,持有证据却不向法院提供,法院有权依据相对方当事人的陈述作出结论(《民事诉讼条例》第68条)。但现行俄罗斯民事诉讼法中未对证据效力作出规定。

2. 书面证据的审查

根据《民事诉讼条例》的规定,书面证据审查可以依下列申请启动:

(1)文书真实性审查申请,只能针对私署文书;(2)文书是否系伪造的审查申请,只针对公文书。对于公契(契照)和公证书的真实性不允许提出怀疑。对私文书真实性提出怀疑时,文书真实性的证明义务由依据该文书证明其权利的当事人承担。关于文书是否系伪造的审查申请只能针对公文书,证明责任由主张文书伪造争议的当事人承担。

(1)文书真实性审查申请

对文书真实性审查的申请应当在对方当事人提出文书后,第一次庭审未结束前提出,并且只能针对私署文书。反对文书真实性审查申请的当事人,应当在庭审时宣布其是否愿意继续使用这一文书。如果当事人宣布拒绝使用遭质疑的文书,则该文书排除出证据之列。如果当事人宣布继续使用遭质疑文书,则对该文书真实性进行审查。对文书真实性审查主要通过下列方式进行:①对于文书进行鉴定;②将文书的内容与其他文书比较;③询问当事人,并要求其提供证人用以证明或者推翻文书的真实性;④通过与其他文书比对核查怀疑文书的签章和签名。

文书真实性的调查由法院院长指定一名法官进行,包括文书外观的鉴定,文书是否被涂改、添加等。根据鉴定结论制作笔录,笔录中指出文书被涂改、添加等瑕疵。鉴定时法官可以求助于对文件瑕疵具有鉴定能力的专家,就文件外观方面问题作出结论。文件真实性或是否系伪造的鉴定属于确定文书真实性的合法方式,为审查被质疑文书,鉴定过程中不仅可以使用公文书,也可以使用私署文书比对。当事人提供的私署文书在下列条件下可以被认为“排除怀疑”,并可以用以审查其他文书:①相对方认可文书真实性。②反对该文书的相对方未提出任何争议。③虽然提出争议,但未提出证据。文书争议只能提出一次,文书认可为真实后,禁止文书争议再次提起。④争议当事人在其他诉讼中认可文书真实,则该文书具有真实性。[①]

立法者认为,对笔迹的鉴定不能作为解决文书真实性问题的主要依据,一方面因为鹅毛笔笔尖的粗细,书写人的健康和心理状况都可能引起笔迹的改变。另一方面模仿他人笔迹有可能误导鉴定,从而使笔

---

① Исаченко В. Л. Русское гражданское судопроизводство. Практическое руководство для студентов и начинающих юристов. Т. 1:Судопроизводство исковое. 2-е изд. ,доп. СПБ. 1906 г. С. 903.

迹鉴定得出错误的结论。[①] 但司法实践笔迹鉴定和签名鉴定经常作为审查文书真实性的唯一方法。《民事诉讼条例》中对笔迹鉴定安排了相应规范:选择用于笔迹鉴定的文书必须由当事人双方协商决定,协商不一致的情况下由法庭裁量决定。当事人协商一致提交鉴定的文书法庭无权拒绝。如果当事人协商后提交若干文书或者当事人对提交文书无法达成一致,并且文书确为当事人双方共同签订之文件,法庭应当按照法律规定选择其中认为具有鉴定必要的文书。

如果具备下列条件之一,则笔迹鉴定无须进行:①文书真实性得到双方当事人认可;②无任何一方当事人提出关于文书的争议;③订立人的签章和签名出现在其他公文书中;④对于笔迹和签章、签名的鉴定,法院可以委托给专家进行。被怀疑真实性文书审查结束后,法院可以认定其为真实具备证据效力,或者不予采信。对文书真实性的决定由法院通过裁定方式作出。

(2)鉴定伪造文书申请的审查

根据《民事诉讼条例》规定,鉴定伪造文书申请可以在就案件本质作出判决前诉讼的任何阶段提出。法律允许以书面形式作出"特别申请",或者在庭审时以言词方式提出。如果以言词方式提出,则必须记入"特别笔录"。鉴定伪造文书申请的副本或者特别笔录必须向相对人送达,相对方当事人必须在两周内作出答复,决定是否在诉讼中使用该文书。如果明确表示不予使用或者未作出答复,则该文书被排除出证据之列,案件将根据提供的其他证据进行审理。如果相对方当事人明确表示,将继续使用该文书用以诉讼,则主张证据伪造的当事人应当提供用以证明该文书系伪造的证据。提供的证据将被送达准备援引被怀疑文书的当事人,用以据此提出辩驳。《民事诉讼条例》为当事人提出证明文书系伪造证据和作出辩驳各规定了 7 天时间。如果 7 天时间内,主张文件系伪造的当事人未能提供证明文书伪造的证据,将被科处罚款,其鉴定伪造文书的申请将不予审理。相反,被申请人根据对方提出证明文书系伪造证据,未在规定期间内作出辩驳将不会导致任何法律后果,甚至超 7 天时效后,被申请人仍可以作出答辩并与主张文书伪

---

① Судебные Уставы 20 ноября 1864 года, с изложением рассуждений, на коих они основаны. С. 266.

造当事人的陈述共同审理。

法院收到证明文书系伪造的证据和反对该证据的辩驳后,开庭审理文书伪造问题。根据案件情况,法院有权对争议文书进行预先调查,并根据调查结论作出决定,必要情况下可以作出对争议伪造文书不予调查的结论。在法院认为需要对文书进行预先调查的情况下,需要按照文书鉴定程序进行,包括证据比对、询问证人等。法庭不需要预先调查而直接作出决定的情形限制为两种情况:①提交的证据能够显而易见证明文书系伪造;②提交的证据与文书伪造事实没有直接关联,不能证明其系伪造。除自由裁量是否进行预先调查外,法院还应当听取当事人陈述和检察长结论。根据多方结论裁量是否作出撤销鉴定伪造文书申请或者认可文书系伪造对其不予采信的裁定。同时,《民事诉讼条例》中还规定,法庭认为文书伪造争议无须关注时,则提出争议当事人将被科处罚款。这里"无须关注"指法院认为鉴定伪造文书申请未被证明。《民事诉讼条例》中这一条款的立法意图在于,警告为拖延诉讼恶意提起的文书伪造争议。原因在于,当时主张文书伪造的争议极为普遍,但实际结果认定为伪造的不足1%,其主要目的是恶意拖延诉讼。

(三)特殊证据种类

1. 间接证人调查

正如前文所述,间接证人调查(дознание через окольных людей)是为了取代之前逐户问询(повальный обыск)而采用的新证据种类。逐户问询在古代罗斯和俄罗斯封建社会早期法律中,作为探求真理的手段发挥了重要作用。逐户问询是指询问当事人固定居住地点周边不特定数量居民有关案件情况的调查方式。这一问询主要适用于不动产占有时效争讼、强制和擅自占有财产争讼、田界争讼等。

随着时代的发展,诉讼条例立法者认为,逐户问询在民事案件中已经逐渐失去了其作为探求真实手段的意义。原因在于,之前适用逐户问询的必要性在于不动产交易规范的缺位,因此,财产权常常无法通过书面文件证明,而唯一探知真实的手段就是周边居民的证言。19世纪中叶,随着财产权利文书规范的逐步发展和完善,合同及其他债权行为都被赋予了规范的书面形式,因此,规定财产争讼应当借助书面证据予以解决。但在当时的司法实践中,完全排除周边居民证词这一证据种类并不可能。虽然当时俄罗斯司法改革已经形成了相对严格的契照文书体系,但这一体系出现的时间相对较短,还不能真正形成社会规范。对很多新出现的财产关系尚未出现满足要求的法律规范。

立法者不得不承认,在权属文书体系不完善或者不健全的情况下,不能剥夺当事人援引周边居民证言的权利,由于完整证据种类规范的缺位,缺乏此类证言作为证据必然会导致很多关于占有事实、占有时效、所有权等争议问题无法解决。① 与此同时,立法委员会认为,逐户问询在法律现实中有其存在的必要性,但是由于其具有较多缺陷,不符合诉讼程序的辩论主义原则,有必要进行修正。其中的缺点包括:首先,周边居民中被传唤的证人具有不确定性,而且并非由当事人提出。其次,法律中也未规定任何关于传闻证人资格的条款,由此,可能会导致证言的失真和相互矛盾,"当由不特定人群作证时,很难期待准确和正义的证明"②,并且由此也存在法官滥用职权的可能。最后,根据1857年《俄罗斯帝国法令全书》的规定,当事人及其诉讼代理人不能在实施问询时在场,必须暂时离开问询所在地,这一规定主要防止周边居民证言受到当事人影响。正是由于逐户问询规范自身的不确定性,使得很难根据问询结果作出准确结论。

有鉴于此,司法条例立法者将周边居民证言从证据种类中排除,并在《民事诉讼条例》中加以改造,使之在新的司法实践中得以适用,赋予其法律上的确定性,设置了间接证人调查制度。新的证据种类与之前制度具有极大不同。虽然间接证人调查与直接证人证言具有一定程度的相似性,但是,不能将两者混为一谈。区别在于:当事人援引周边居民证言,无须指出其姓名,周边居民无须在法院接受询问,对周边居民的问询仅限于土地权属纠纷。如果争讼一方当事人提出请求,那么就可以对周边居民进行问询,但是法院绝对无权主动提起问询,否则就违反了《民事诉讼条例》第367条禁止法院收集证据的规定。在当事人提出问询申请时,是否进行问询取决于法院裁量。如果法官认为当事人援引用以证明的事实无法通过问询证实时,法院可以拒绝问询申请。

---

① Судебные Уставы 20 ноября 1864 года, с изложением рассуждений, на коих они основаны. С. 200,226.

② Исаченко В. Л. Русское гражданское судопроизводство. Практическое руководство для студентов и начинающих юристов. Т. 1:Судопроизводство исковое. 2-е изд. ,доп. СПБ. 1906 г. С. 411.

条例将问询限定于用以证明财产所有权纠纷中关于财产所在地、面积、占有时间以及占有性质等问题。

《民事诉讼条例》中安排了下列关于间接证人调查的规定：间接证人调查由相应合议庭成员或治安法官进行。如果问询在原审法院所在城市则由原审法院负责案件审理的法官负责；如果问询需要在其他法院管辖区域进行，那么原审法院可以通过制作问询裁定的方式，委托当地法院法官进行问询。

法院可以指定期限传唤当事人至证人问询地，是否参与问询证人由当事人自行决定。当事人未出席问询不妨碍问询程序进行。问询开始前，需要预先编制能够证明争议土地权属的周边居民名单。名单并非如之前全面覆盖，而是具有选择性的。名单中包括房主和其他长期居住在该区域的人。根据法律，下列居民不能包括在名单中：(1)当事人及其仆从；(2)当事人近亲属；(3)由于身体或者其他原因无法作证的人。名单在经过当事人确认后从中抽签选出12人，如果名单不够12人，则选出6人。当事人有权根据有关证人资格的法律规定，要求名单抽签选出的部分居民回避。每方当事人可以无须任何原因要求2名居民回避，并由名单上其他居民代替。周边居民在宣誓后开始问询程序，同时必须遵守有关询问证人的规定。由法院自行裁量决定是否对周边居民证言采信。但也存在例外规定：双方当事人共同援引的某些居民证言以及通过协商一致选出的周边居民证言解决现有争议。这一情况下，这些证言被认为无争议并对法院具有当然拘束力。

2. 自认

从古代开始，自认(признание)相对于其他证据方法就被认为拥有最高证明力。传统上，自认被理解为当事人一方承认对方当事人所主张的于己不利的事实，作出明确承认对方主张事实真实性的陈述。1857年《俄罗斯帝国法令全书》中规定，向法院提交的书面自认，司法实践中被认为是完全证据。在司法改革前的立法中，并没有区分对原告诉讼主张的整体承认(诉的自认)以及对确定其权利事实情况的承认(事实的自认)。在第一种情形中，此种承认可以作为认定诉讼相对人权利真实性的证据，而在第二种情形中，则是作为诉讼相对人自身权利所依据情况真实性的证据。对事实的承认并不意味着对诉的整体承认。

《民事诉讼条例》中首先安排了对事实情况法庭自认的规定，并将此种承认认可为司法证据。同时,立法中允许对法律关系的承认,即诉的自认。但是,此种自认并不属于证据。如果被告承认诉本身,法院则可以依据此种自认直接满足原告诉讼请求并作出判决。对案件事实情况的自认拥有证据效力,此种自认的后果是其所承认的事实被认定为真实,而不要求进一步证明。在满足下列条件的情况下,对事实的自认可以被认可为证据,包括:(1)自认在法庭作出;(2)一方当事人的陈述证明了事实或者情况的真实性;(3)当事人证明的情况是确定诉讼相对人权利的有利事实。《民事诉讼条例》中规定,庭审法官面前作出的自认属于证据,此种证据可以采用书面形式,也可以在言词辩论时以言词形式作出。书面自认只要满足下列条件即可被采纳:(1)由当事人本人提出的包含自认的书面文书;(2)审前辩论文件交换时提出的书面文书或书记官作出的汇报笔录(докладные записки)中记载的自认信息。言词自认是指,法院庭审中当事人辩论过程中作出的自认。但是,自认必须由当事人在开庭审理过程中作出。审前程序中预先陈述时在法院院长面前所作出自认,不能被法庭认定为自认。庭审中作出的所有言词自认必须记录在笔录中。

当时法学家有时将法庭自认称作是"证据替代品"(суррогат),因为自认可以取代所有其他证据,并完全排除其他证据,不要求对所承认事实情况的正确性和真实性进行任何审查。根据《民事诉讼条例》的规定,法庭自认拥有当然效力,甚至司法改革之前将其称之为"证据之皇"。《民事诉讼条例》立法者完全吸收了这一传统理念:当事人对于有利于对方当事人情况的自认,是确定而无须任何证据证明的。例如,著名诉讼法学家 E. B. 瓦西科夫斯基指出,法院无权怀疑自认的真实性,不能审查或者推翻自认。因为,自认无须与案件事实情况一致。法庭上自认拥有的证据效力并不取决于其真实或者虚假,它是当事人不愿意争辩的相对于对方当事人有利的情况,也就是一种单方程序契约,该契约是对司法保护手段的处分。[①] 法庭不能因怀疑自认的真实性而将其推翻。但是,当事人可以自行推翻作出的法庭自认,但是仅限于一种情形,即如果自认的行为不属于当事人个人行为,自认事实是他人行为或是某一自然结果。在这一情况下,作出自认的当事人有权证明是由

① Васьковский Е. В. Учебник гражданского процесса. М. 1917 г. С. 244,245.

于其对自认事实的误解，而误解是在其对事实作出自认之后才发现。

《民事诉讼条例》中将自认视作证据，但是没有提及法庭外的自认。但在司法实践中，法庭外的自认在案件审理时也可被接受。司法实践中，法庭外自认的事实应当借助于其他相关证据进行证明。如果法庭外自认记载在文件中，那么该文件可以作为证据。如果自认是言词作出，那么这一事实只能通过证人证明，但仅针对允许使用证人证言证明的案件。如按照普通规则，借款合同纠纷不允许使用证人证言证明就是例外。相应的，庭外自认也并不适合用以证明当事人之间是否存在待证事实关系，仅能证明庭外作出自认的事实。[①] 庭外自认的事实没有赋予此种自认当然的证明效力，必须借助其他证据对自认事实的真实性进行审查，对法庭外自认当事人可以提出辩驳。

现代俄罗斯诉讼法中，当事人自认并不视为独立的证据。当事人自认仅仅视作当事人和第三人的陈述。《俄罗斯民事诉讼法典》第 68 条第 2 款规定，当事人对相对人据以证明自身诉讼请求或者反驳的事实，所作出的自认，在法律后果上，是免除后者对这一事实进一步的举证证明责任。此种自认不具有当然效力。《俄罗斯民事诉讼法典》第 68 条第 3 款规定，如果法院有依据证明，自认完全是在为了掩盖案件真实情况或者受到欺骗、暴力胁迫、威胁和重大误解的情况下作出，则法院拒绝采纳该自认。这一情形下，这些事实情况应当通过普通规范加以证明。

3. 决讼宣誓

《民事诉讼条例》中关于证据规范主要的争论集中于宣誓能否作为证据种类。宣誓，从古代开始就在法庭审理争议过程中使用。宣誓作为探知真理的一种特殊手段，随着时间的流逝其使用范围已经发生了改变，但其所具有的宗教性质仍然保留了下来。

宣誓是一方当事人通过庄严的形式以上帝作为见证人而作出誓言，以此证明对解决案件重要的事实与情况。遵守这一庄重形式而作出的誓言具有证据效力。从法律的观点来看，宣誓不具备证据自身意义上的特征。但是，历史上不仅在俄罗斯而且在所有的欧洲国家都采用宣誓作为证据，并普遍把宣誓作为一种准证据，古代罗斯的这一法律现象可以解释为法律传统习惯的不发达性。正如当时普遍使用的纠问

---

① Малышев К. Курс гражданского судопроизводства. Т. 1. СПБ. 1874 г. С. 296.

式诉讼一样,这是由于当时解决争议手段有限造成的。由于有效合理证据方法的缺位,于是宣誓经常作为唯一的案件解决手段。在之后的岁月中,虽然法律制度不断发展,但是证明手段欠缺和证据审查方式不足的问题依然突出。为了突破这一限制因而出现了不同种类的宣誓:允诺宣誓、许可宣誓、评价宣誓、解释性宣誓和协议宣誓等。宣誓主要作用在于缺乏证据的情况下用以证明案件事实,与其他证据相互印证共同证明案件情况。宣誓作为证据在民事诉讼中的使用范围正在逐渐缩小。例如,在17世纪宣誓只能在其他证据欠缺的诉讼中作为证据使用,并且不动产纠纷中不允许使用宣誓作为证据。

司法改革前根据1857年《俄罗斯帝国法令全书》,宣誓仅可以在其他种类证据欠缺的案件中使用。法院不能强迫当事人进行宣誓。被告拥有作出宣誓的特别权利,即宣誓可以作为对原告诉讼请求的反驳而具有与证言同等的效力,但原告在缺乏证据证明自身诉讼请求情况下不允许通过宣誓来证明。在这一情况下,案件的解决也会有利于作出宣誓的被告一方。但是不动产案件中不能采用宣誓作为证据。

《民事诉讼条例》立法时,立法委员会提出了两种对立观点。支持保留宣誓作为证据者认为,第一,在缺乏证据或者提供证据不够充分,对证据的可靠性产生怀疑的情况下,宣誓使得法院获得了裁定争议事实的方法;第二,此时法院尚缺乏足够手段使其对解决案件重要情况是否存在产生足够确信。因此,查明案件手段的欠缺是宣誓制度存在的重要原因。反对者认为,第一,《民事诉讼条例》证据规范应当建立在对抗式诉讼程序理念之上:原告应当证明提出的诉讼主张。相应的,在原告方当事人缺乏证据的情况下,法庭产生的怀疑没有任何意义,因为,如果原告不能提供使法官产生完全确信的书面文书,那么就已经证明原告非正义并可以驳回其诉讼请求。第二,宣誓在司法实践中较少使用。虽然俄罗斯法院中积极使用宣誓,但是极少依据宣誓作出判决,这一点在法国法中亦有所体现。最主要的是,俄罗斯法院最根本的任务是查明客观真实,而宣誓制度使得法院在评价每个证据可靠性的司法裁量变得随意。因此,宣誓制度应当被完全排除出证据规范。[①] 俄国立

① Судебные Уставы 20 ноября 1864 года, с изложением руссуждений, на коих они основаны. С. 244–250.

法上逐渐开始减少当事人宣誓作为独特证据种类在法院中适用的情形，并开始普遍认为宣誓已经不符合俄国社会的发展。

虽然当时立法委员会内部分歧较大，但仍然在《商事诉讼条例》(Устав торгового судопроизводства)中保留了宣誓制度。《商事诉讼条例》中规定可以通过宣誓解决商事案件。这一案件解决方法被视作独特的当事人和解方式，法院不能强迫当事人宣誓，也不能主动提出建议原告或者被告进行宣誓，是否宣誓只能根据当事人双方协商决定。在双方当事人同意宣誓的情况下，法院只是处于见证人地位，并依据双方当事人的宣誓解决案件。如果一方当事人建议通过宣誓解决案件，而另一方当事人拒绝，那么案件依据当事人提供的证据解决。双方当事人对宣誓未达成合意则此提议被认为无效。

《民事诉讼条例》立法者以这一规定为基础，并将其吸收到民事诉讼立法中，规定当事人可以协商要求法庭依据一方当事人所作宣誓解决案件。但是，如果当事人一方承担证明某一事实的宣誓义务，那么当该当事人作出宣誓时，则认为该事实已被证明。相反，如果当事人承担证明义务，但是却拒绝宣誓，则法院作出有利于诉讼相对人的判断，即相对人主张事实被证明。宣誓一旦作出即可作为待证事实的证据，并且不能被任何其他证据推翻。①

在宣誓的适用范围上，宣誓可以针对所有事实。但是，宣誓不允许用以证明法律要求的必须通过书面证据证明的事实，包括确认出生、年龄、死亡、婚姻合法性以及所有权纠纷等案件。宣誓不能推翻直接意义上的证据，即真实性毋庸置疑的证据，这里主要是指公证文书。法人不能作出宣誓，因为宣誓具有人身性质，只有拥有原告或者被告资格的自然人可以自己的名义作出宣誓。相应的，公司、合伙企业、政府机关、地方机构和城市、乡村社团案件不允许宣誓。当事人不能将自身宣誓权利委托给诉讼代理人，不允许通过诉讼代理人作出宣誓。未成年人和其他不允许处理财产的被监护人不能作为宣誓主体。诉讼条例中详细规定了许可宣誓以及采纳制度。需要进一步强调的是，宣誓只能根据当事人双方协商决定。当事人双方同意作出宣誓，就应当向法院提交

---

① Грошевой Н. Е. Присяга как самостоятельное доказательство по старому процессу и по судебным уставам. Журнал Петроградского юридического общества. 1894 г. Кн. 1. С. 43.

共同签名的许可宣誓申请。申请的内容包括：具体的宣誓当事人姓名；需要宣誓证明的行为或者情况；当事人应当作出宣誓的时间。在申请中应当附带当事人双方的宣誓词，宣誓词中应当载明当事人宣誓证明的情况以及相应语句。

在法官决定是否允许宣誓前，法院院长应当建议当事人双方在未经宣誓的情况下和平解决争议。当事人不同意和解，法院院长或者提出拒绝宣誓许可的依据，或者作出许可宣誓的裁定。裁定中应当载明：同意一方当事人作出宣誓的当事人姓名，当事人作出宣誓的时间，当事人宣誓证明的事实。许可宣誓的裁定向双方当事人宣读。同时，向同意宣誓的当事人作出警告，如其未能在指定日期出席或者拒绝作出宣誓，那么宣誓证明的情况将被采信。

《民事诉讼条例》编纂时变更了原有《国民会议法典》中规定的当事人宣誓程序，宣誓地点从教堂移至法庭。但是，在教堂作出宣誓的方式也被保留下来，因为其保证了宣誓的神圣性和可靠性。但是，司法实践中未在教堂作出宣誓，并不作为撤销依据誓言作出判决的理由。[①] 因此，当事人可以在教堂或者其宗教信仰祈祷地点作出宣誓，例如，东正教徒应当在福音书前作出宣誓，其他宗教信徒根据其信仰作出。神职人员应当在当事人宣誓前提醒其誓言的神圣性以及虚假誓言将遭受的惩罚。尽管宣誓具有宗教性质，但是对虚假誓言的惩罚却是世俗性质的，虚假宣誓被认为是刑事犯罪，将导致刑事处罚，对其刑事追究将根据刑事诉讼程序进行。誓言按照双方当事人提供的双方签字的誓词，由神职人员引导进行。

二、俄罗斯近代民事诉讼证据审查

《民事诉讼条例》第 9 章规定了证据审查制度，对于书证、现场勘验和专家意见的真实性进行审查。在 1857 年《俄罗斯帝国法令全书》中，现场勘验和专家结论属于证据之列，尚不属于证据审查方法。诉讼条例立法者认为必须改变勘验和专家意见的法律地位，而将其列入证据审查方式。诉讼条例编纂过程中及其通过以后，现场勘验以及专家意

① Исаченко В. Л. Русское гражданское судопроизводство. Практическое руководство для студентов и начинающих юристов. Т. 1：Судопроизводство исковое. 2-е изд. доп. СПБ. 1906 г. С. 1096.

见能否作为证据审查方式抑或作为独立证据种类始终作为争论焦点之一。应该说将现场勘验和专家结论归入证据审查方法,是在辩论式诉讼逻辑下而作出的法律安排上的妥协。

(一)现场勘验与专家意见的法律地位

支持现场勘验或亲自勘验应当作为独立证据种类的学者认为:如果证据是使法官对当事人证明或者否定的争议事实真实性产生确信的方式,那么借助于勘验便能够帮助法官对当事人证明的情况产生确信。这意味着,现场勘验毫无疑问是独立的证据。反对这一观点的学者认为,当要求现场勘验时,应当勘验的对象才是需要证明或者否定的证据,而勘验本身则作为法官理解被勘验对象的方法。因此,勘验不是证据而是审查证据的方法。

关于专家意见的适用同样存在不同的分歧。将其列入独立证据之列的支持者观点认为,专家结论一般适用于法官力所不能及之处,以使法官对于事实真实性产生确信。法官不可能知晓包括技术、艺术在内的所有科学领域知识,因此他常常无法对当事人希望其产生确信之事实产生应有之确信,因此需要借助于对于特定对象熟悉,能够作出详细说明专家的帮助,借此查清不明之处,进而由此形成内心确信。专家所作出的阐释或结论不是理解方法,而是产生确信的手段,即专家证言作为一种独立证据。反对者认为,专家意见是对法官缺乏专门知识的补充手段。因此,诉讼中专家是以法官助手的身份出现。法官具有完全自由的选择权,决定是否请求此种帮助。如果将专家意见列入独立的证据种类,则法官不再享有此种自由,因为在未经当事人申请的情况下,法官为了补充有关事实不足的信息而邀请专家作出鉴定就会被认为是证据调查,从而破坏了诉讼程序的辩论性。

正如上文所述,无论争议任何一方当事人都无法在说服力上占据上风,因此俄国法学家开始将两种观点合二为一,进而阐释了鉴定的双重性质。一方面作为证据,是法官对已知事实真实性产生确信的手段;另一方面,鉴定也作为在法官不具备专业知识的情况下对相关信息的补充,此时不是以证据身份,而是作为借助于专业知识对现有证据的审查方法。[①] 从立法者的立法理念来看,在两种观念选择时,并没有把现

---

① Исаченко В. Л. Русское гражданское судопроизводство. Практическое руководство для студентов и начинающих юристов. Т. 1:Судопроизводство исковое. 2-е изд. ,доп. СПБ. 1906 г. С. 690-694.

场勘验和专家意见作为严格意义上的证据，其设立的目的只在于帮助法官对案件事实形成内心确信。

法官在争议发生地的亲自勘验，使法官通过直接认知形成了无论依据证人证言还是书证都无法形成的确信。正如《民事诉讼条例》中指出的，亲自勘验时，真实在法官面前被直接呈现出来，这种真实的感知摆脱了其他所有影响其确信形成的中间因素。由此看来，立法委员会认为专家意见是对法官认知的补充，其中不包含可以称之为证据的事件或者情况。其仅仅是根据已知事实和已被证实事实对未知事实所作出的逻辑结论，也是对待证事实的推理。

从概念法学观点来看，现场勘验和专家结论属于证据审查方式，而不属于证据，这也符合司法改革中倡导的辩论式诉讼模式。但证据审查的发动权并不能完全交予争讼当事人自行决定，而应当在维护真实性、公平性和公正性理念的指导下由法官协助完成。因此，如果将现场勘验和专家结论归类于证据审查方式，就使得法院在不破坏诉讼条例规定辩论原则的情况下，根据自由裁量确定是否进行现场勘验程序或者调取专家结论。

随着时代发展，对于现场勘验和专家结论法律意义的态度逐渐发生改变。1923 年《苏俄民事诉讼法典》承袭了《民事诉讼条例》的相关内容，现场勘验和专家意见被界定为证据审查方法，并在之后通过 1964 年《苏维埃民事诉讼法典》确定下来。由此，现场勘验成为调查书面证据和物证的方法，而专家意见却发展成为独立的证据种类。现代《俄罗斯民事诉讼法典》中也用类似方法确定了勘验和专家意见的法律地位。

（二）现场勘验

1857 年《俄罗斯帝国法令全书》第 507—514 条中，规定了实施现场勘验的两种情形：调查某一地点实际状况以及确定损失数额。但在《民事诉讼条例》中立法者作出了不同的安排，即不再在法律中列出需要进行现场勘验的情形。其依据在于：第一，很难在法律中规定所有需要进行现场勘验的特殊情形；第二，如果在法律中规定所有特殊情形，则会为法院强制要求勘验提供依据，也较容易导致法官的恣意，使法院可以在所有法律规定的情况中指定勘验，即使案件情形不具备勘验的必要性。[①] 因

① Судебные Уставы 20 ноября 1864 года, с изложением рассуждений, на коих они основаны. С. 257.

此，立法者认为，在对查明案件必要和有益的情况下，应当给予法院根据当事人请求或者根据自由裁量指定现场勘验的权利，并在立法中对这一权利规定必要的限制。因此，法院并不当然执行当事人关于现场勘验的请求，但应当在裁决中说明拒绝申请的理由。

现场勘验根据法院裁定实施。裁定中应当指定勘验地点、日期、时间和勘验对象。根据《民事诉讼条例》的规定，现场勘验由法官或者法庭若干成员共同进行。这一规范旨在使法院能够就案件本质进行审理，借助于勘验能够直接感受与物证调查有关的情况。因此，规范中对位于受理案件法院所在城市之外地点的证据现场勘验安排了例外规定，即可以通过司法委托间接进行现场勘验。负责案件审理的法院可以委托被审查证据所在地法院实施，为此法院必须移送关于实施勘验的裁定副本，收到裁定副本的法院应当执行其中决定，勘验应当由相应法院法官进行，而非由法院办公室工作人员或者警察进行。

勘验时间和地点由法院通知。当事人应当亲自参与或者通过委托人参加勘验。被通知的当事人或者其诉讼代理人未能出席，按照法律规定并不妨碍勘验进行。正如《民事诉讼条例》所指出的，勘验时出席的当事人任务在于使执行勘验人将注意力集中于勘验对象。这一条款的立法理由在于：无论法官如何关注于案件情况和勘验对象，由于当事人与调查对象的亲近，必然相对于法官更为了解勘验对象。

《民事诉讼条例》规定还可以邀请专家参与勘验，勘验时法官可以在证据所在地询问证人，查清待证事实。法官根据现场勘验结论制作笔录，其中载明所有勘验行为和结果。笔录由实施勘验的法官和参与勘验的当事人签字。勘验笔录中应当附有勘验时的布局和草图。如果在不要求专业知识和技能的情况下，草图和布局可以由实施勘验的法院法官制作，如果较为专业则由法院要求参与勘验的具备相关知识专家制作。现场勘验笔录必须在庭审时宣读，当事人有权对笔录内容进行辩论，这一规定是对勘验正确性的保证，通过当事人的参与排除了笔录制作时可能出现的错误和语义模糊。如果当事人对笔录记载内容没有任何疑问，则笔录应当当庭宣读，宣读后的笔录不允许进行任何更正。制作笔录时在当事人双方未协商一致的情况下，一方当事人无权对勘验笔录证明内容提出反对，这一规定立法意图在于避免当事人滥用权利拖延诉讼，同时避免庭审中通过现场勘验能够直接解决的争议被再次提起。

（三）专家意见

《民事诉讼条例》中规定的专家意见，是由审理或评价对象所需要的特别知识、技术或经济信息构成，法院可以根据当事人请求或自行裁量要求专家作出结论，即专家结论主要针对需要特别信息的审理和评价对象，其中特别信息是指建立在只有职业研究者或专门从事这一行业者才能具备的专业知识基础上的信息。法院仅可以就查明案件的事实问题要求提供专家意见，对法律问题不允许专家参与。因为，在这一情况下法律领域专家应当是法官本人。如果法官出现法律解释或适用困难，其应当在没有其他外界力量和专家介入的情况下自行解决。当法庭对于外国法规范适用出现疑难问题，应当由其请求外交部的协助，通过外交部请求相应国政府对该国适用规范的相关内容作出解释和说明。《民事诉讼条例》立法者明确指出：专家不应事先了解任何有关所发生事件的信息，并与案件没有任何关联，其只在事件发生并启动诉讼程序后，被指定对调查对象提供专业信息和意见。①

法院通过作出决定方式调取专家意见，在决定中应当载明：请求专家作出意见的对象；专家意见应当解决的问题；选择专家的姓名；作出专家意见的时限。当事人应当向法院提出关于专家调查对象以及通过调查应当解决问题的建议，但最终由法院根据自行裁量确定。根据《民事诉讼条例》的规定，专家由当事人协商合意选出。法庭应当指定选择专家候选人的期限。如果在法庭规定期限内当事人未达成合意，那么专家由法院指定，目的在于避免当事人借此拖延诉讼。根据规定，一般需要指定 3 名专家。但在小额诉讼中可以仅指定 1 名专家。在双方当事人协商一致的情况下，也可以仅指定 1 名专家。

下列情况中，被指定专家有权拒绝作出意见：对调查对象不具备必要和足够知识；作为一方当事人近亲属；与法院可能作出的有利于一方当事人的判决存在利益关系。根据规定，在专家拒绝作出意见的情况下应当指定其他专家。换句话说，如果当事人选择的专家拒绝作出调查，那么法院应当重新指定协商确定新专家的期限。如果是法院指定

---

① Исаченко В. Л. Русское гражданское судопроизводство. Практическое руководство для студентов и начинающих юристов. Т. 1：Судопроизводство исковое. 2-е изд. ，доп. СПБ. 1906 г. С. 181.

的专家拒绝作出意见,则由法庭重新指定。

下列情形下当事人有权要求专家回避:专家是当事人的近亲属、收养人或者监护人;与一方当事人有过争讼;与可能作出的有利于一方当事人判决具有利害关系。要求指定专家的回避需要在指定专家之日起3天内作出,如果无法立即提出回避依据,最迟也应当在法庭调查开始前作出。专家回避也存在例外规定,即不允许要求双方协商选择的专家回避,相应的,当事人只能要求法庭指定的专家回避。

根据《民事诉讼条例》规定,证据审查和相应的专家调查应当在开庭审理时进行。但是,由于调查对象的特点并不总具备适合条件,因此,允许在法庭外、调查对象所在地或者其他具备专业仪器的地点进行。当调查在法庭外进行时,法庭可以指定一名合议庭成员监督调查过程。调查过程中,应当遵循科学规范,按照准确、详实原则得出能够代表行业领域专家共同意见而非专家个人意见的结论。

《民事诉讼条例》中规定,专家意见允许通过书面和言词形式作出。司法实践中,根据欧洲国家司法实践经验,对书面意见要求严格形式,一些情形下既允许书面意见,也允许言词意见,但在一些情形中只允许书面意见。当时欧洲学者普遍达成共识,认为书面意见具有极大优势,因为其能在详细研究的情况下准确反映所有存在细节。言词意见由不了解调查对象的法庭书记员而非专家记录在笔录中会导致专家意见缺少足够信度。如果当事人认为专家书面意见表达不够清楚充分,可以要求专家作出言词说明。俄国立法者亦采用这一观点,其原因在于,当时大量产业工人尚不具备文化知识,其职业技能来源于实践,因此,强制要求其作出书面意见,会导致委托他人书面表达的意见信息失真。而且,书面意见限制了法庭了解专家意见的能力,也限制了当事人的质证活动,作出言词意见的同时,也为法庭提供了要求专家作出补充说明的权利。①

通常情况下,会根据实施调查的3名专家共同一致意见作出结论。如果专家意见不一致,则最终结论根据绝对多数原则作出,并由所有专家签名。不同意多数意见的专家可以表达自身意见。当然,专家意见

---

① Судебные Уставы 20 ноября 1864 года, с изложением рассуждений. на коих они основаны. С. 262.

可能具有缺陷,包括内容上不完整或者不清楚。为了修正这些缺陷,法庭被赋予了下述权利:要求进行调查的专家补充说明的权利;委托其他专家进行再次调查的权利。《民事诉讼条例》特别规定:法庭不应当屈从于专家与案件情况真实性不符的意见。在司法实践中,这一条款的依据在于,专家意见本质上仍然属于建立在科学推理上的意见,仍然需要法官通过内心确信去自由评价。

三、俄罗斯近代民事诉讼证据评价

司法改革中证据评价方式的变革,是俄罗斯民事诉讼演进中的另一重要事件,自由心证制度取代了法定证据制度。自由心证是指法官依据法律规定,通过内心良知、理性对证据的取舍和证明力进行判断,并最终形成内心确信的制度。法律不预先设定机械的规则来指示或约束法官,而由法官针对具体案情,根据经验法则、逻辑规则和自己的理性良知来自由判断证据和认定事实。

(一)法定证据评价制度

法定证据评价制度在中世纪西欧国家极为发达。这里所说法定证据制度,是指法律对诉讼活动中可以采用的各种证据的证明力作出了明确的规定,法官在认定案件事实时必须严格遵守这些规则,不存在自由裁量权。16世纪以来,欧洲大陆许多国家都在司法实践中采用这一制度。法官只能依照法定证据种类来认证事实,而不论其是否符合实际,不问法官内心是否确信,依据法律规定的证据标准对证据进行评价,法官据此对事实作出结论。证据形式上区分为完全证据和不完全证据。完全证据是指具有完全证明力的证据,不完全证据是指证明力不足,需要其他证据补强的证据,例如,在法国证人证言可以参照完全证据标准,依证据效力的1/8、1/4、3/4进行计算。在英国证人证言的效力取决于作出证人的个人身份和品性:"作出证言的证人是否为具有常人之智慧以及不容置疑之诚实品性,或者其是否属于较高社会阶层,拥有社会地位,拥有的教育和社会责任感以及对于案件足够的感知度。"一些欧洲国家将完全证据规定为两个适格证人的一致证言,一个适格证人的证言被认定为半个完全证据。当一个适格证人的证言可以补充另一个不适格证人的证言时,那么所形成证据在证明力上大于半个完全证据,但不能视为完全证据。一个不适格证人的证言被认为证明力小于半个完全证据。①

俄罗斯法中并没有如当时西欧国家详细界定了法定证据规则，但这一规则在司法实践中仍普遍适用。例如，18世纪民事案件审理中，法官判决通常会有利于提供证人的身份地位更高、数量更多的一方当事人。男人、社会显贵、受过教育者和神职人员证言证明力更强。根据1857年《俄罗斯帝国法令全书》，两个适格证人的证言被认为是完全证据。一个证人的证言是不完全证据。在证据证明力上，男性证人优于女性证人，社会显贵优于平民，受教育者优于未受教育者，神职人员优于世俗平民。

（二）向自由心证制度的转变

通常认为，社会转型即制度转型。在俄罗斯近代化过程中，法定证据原则向自由心证原则的转化并非一帆风顺，充斥着争论和妥协。最高立法委员会中很多人持有这样一种观点：取消法定证据规则会导致证据评价的随意性，在主观确信的面具下，很容易掩盖法官恣意造成的不公正裁判。因此，这一立法理念的支持者要求必须引入一系列确定证据效力和意义的法定强制规范，当然，必须排除当时根据性别、身份和地位的差异确定证言证明力的不平等制度。因此，规定了下列证据具有完全证据力：两个以上宣誓后彼此间不相矛盾的证人证言；一名证人宣誓后作出的证言，并且这一证言经由诉讼相对人书证或者由其在庭外作出自认加以证明；双方当事人共同援引的证人证言等。下列证据种类不具备证据效力：非依证人亲身体验作出的证言；证人彼此之间存在矛盾的证言；未成年人的证言等。证言信度相同的情况下，经由大多数证人证明的证言证明力具备优势。法定证明制度不仅关涉于证人证言，同样包括专家作出的鉴定结论和现场勘验笔录。只有在双方当事人都同意的情况下专家被邀请作出的结论可以作为证据。

在经过立法委员会反复讨论之后，《民事诉讼条例》中未规定任何确定证据证明力的规范，这一决定符合当时欧洲国家逐渐否定法定证据制度的趋势，并承认法官独立形成的内心确信是确定证据证明力的唯一正确方式。诉讼条例司法解释中指出，法院的任务在于查明真相，而之前过时的以法定证据理论为基础的法律规范，使得法院在案件本

---

① Бентам И. О судебных доказательствах. Киев. 1876 г. С. 43.

质审理中偏重于形式，亦使得生活被僵死的规范所限制。法定证据制度的反对者强调，不可能完全根据某种规范确定证据证明力。由于证人的遗忘和混淆，证言并不可能总是清楚确定的，因此，法官决不能仅根据形式特征，而应当依靠自己的内心确信评价证言是否完整可靠，其证明力取决于证言的属性而不是数量。①

最终，关于证人证言的证明力形成了以下规范：证人证言的效力根据证人的适格性、证言的清楚性、完整性和盖然性进行判断，并由法院决定是否将其采纳作为证据进而成为裁判依据，并对判断其盖然性占优的依据进行说明。作为诉讼条例立法基础的自由心证理论意义在于，立法不再规定任何确定证据证明力的法定规范，对于证明力的确定完全依据法官的内心确信。法官不能单独评价证据而应当对证据进行总体评价。因此，诉讼条例立法者在谈及立法中证据新编时强调："证据能否被采纳的最主要依据在于，如果被证明事件的可靠性已经被其他证据显然证明，那么规定关于证据效力的积极性强制规范就并非必须的，法庭应当接受所有的证据进行考察，以此保证查明真实。"②

直到今天，俄罗斯民事诉讼法中自由心证制度已经有 150 年的历史。诉讼条例立法者将自由心证作为立法基础是极其富有远见的。该原则在未来的俄罗斯法律发展过程中展现出蓬勃的内在生命力。现在自由心证原则已经被大多数国家的法律体系所接纳。根据现行《俄罗斯联邦民事诉讼法典》第 67 条的规定，自由心证原则体现在：(1)法官全面、完整、客观以及直接地调查案件中的现有证据，形成内心确信，并以此来评价证据。(2)任何证据对法院而言都不具有预先规定的效力。这意味着：在法律或者其他规范中，不应当设立预先规定证据效力和意义的条款。(3)任何人无权向法院下达框定证据效力和意义的指示。(4)任何证据对法院而言均不具备较高或者较低证明力。(5)法院只能根据证据属性进行评价。(6)在法庭判决中，法院应当说明某一证据证明力占优以及证据作为裁判依据或驳回诉讼请求依据的理由。

---

① Судебные Уставы 20 ноября 1864 года, с изложением рассуждений, на коих они основаны. С. 218–226.

② Судебные Уставы 20 ноября 1864 года, с изложением рассуждений, на коих они основаны. С. 200.

第四章　俄罗斯近代民事诉讼制度的基因性风格、现代发展

俄罗斯近代民事诉讼制度作为斯拉夫法系的典型代表，除具有混合性质外，兼具民族性、融合性和现代性等典型特征。通过对现代俄罗斯民事司法改革中蕴含1864年“传统法制基因”的破解，可以帮助我们破译现代俄罗斯法治进程的“基因图谱”。《民事诉讼条例》作为一部优秀的法典，其影响辐射至其他斯拉夫国家和地区，被很多俄罗斯帝国势力影响范围内的国家所借鉴和沿用，即使由于种种原因被废止后，仍然对这些国家未来的诉讼立法产生了重大影响。

第一节　俄罗斯近代民事诉讼制度的特色

俄罗斯民事诉讼制度近代化进程是于本民族的法制文明中寻求历史智慧，对外国优秀法制经验借鉴与本土化的过程，这一过程体现出了传统与创新、本国法与域外法不断融合的特质，也具有现代性的典型特征。究其本质，在于俄罗斯民事诉讼所具有的基因性风格，即俄罗斯民事诉讼自身所具有的民族性、融合性特征，前

者源自基督教精神的公平正义理念,法律与国家性间的紧密历史联系,国家治理中占据显著优势的集体主义理念;后者源自地处欧亚文化交汇中心所赋予的独特开放性品质。两者已经融入俄罗斯诉讼法制发展的血脉和灵魂当中,使得无论在苏维埃时期,还是在现代俄罗斯,都承袭了这种基因性风格,即使随着社会发展和国家生存空间的挤压,为适应新的形势而不得不采取"跃进式"的发展,但这种基因化内核无法改变。任何试图对这种特质的改变都会引发社会的震荡,并导致与社会环境的无法调适。近代民事诉讼体系的改革也是两种特质共同作用的结果,对民族法律传统的珍视和欧洲优秀诉讼立法成果的借鉴,催生出现代性特征的1864年《民事诉讼条例》,其也成为俄罗斯民事诉讼近代化的标志。

一、俄罗斯近代民事诉讼制度的融合性

俄罗斯地处欧亚大陆和东西方文化边缘,多种文化在这里交汇,形成了独特的俄罗斯文明。古代的俄罗斯,从经济文化上讲,落后于周边国家。当它从蛮荒状态中逐步解脱时,受到了外来文化的强烈影响,也正是在东西方文化的碰撞和交融中,俄罗斯诉讼体系得以形成。[①] 形成于原始部落时期的俄罗斯法律体系具有本土法与外国法不断融合的特质,最初吸收了拜占庭法,之后又受到斯堪的纳维亚法的影响,在征服高加索地区后又吸收了伊斯兰法的部分要素。近代帝国初期司法改革中,彼得一世选择了全面移植瑞典法,但因在俄国社会"水土不服"最终被叶卡捷琳娜二世所废除。1864年民事司法改革中,亚历山大二世广泛借鉴了法国、奥地利、英国的优秀诉讼立法成果编纂了《民事诉讼条例》。从上述事实中不难发现俄罗斯诉讼体系所具有的融合性特征,尤其是罗马法传统的长期影响。

首先,我们需要对何谓融合性加以明确:融合性是指事物之间或事物内部要素之间的一种以吸引为特征的联系方式与作用过程。表现为事物之间的"趋近"或"接近",以及彼此相向的作用过程。[②] 以法系意识方法审视俄罗斯民事诉讼近代化和现代化进程我们不难发现:苏联

---

① 参见雷永生:《东西文化碰撞中的人:东正教与俄罗斯人道主义》,华夏出版社2007年版,第8页。

② 参见邹成效、衡孝庆:《论融合性》,载《学习与探索》2016年第3期。

民事诉讼法保有沙俄时期1864年《民事诉讼条例》之“遗风”,这部条例主干又承继自1806年《法国民事诉讼法典》。苏联解体以后,英美法渗入色彩日浓。因此,俄罗斯基于《苏俄民事诉讼法典》和1864年《民事诉讼条例》,辅以西方国家现代立法理念和本国法律传统与法律意识,创制出本国现代民事诉讼体系。因此,可以认为,俄罗斯民事诉讼法制以大陆法为其基本色调,具有混合法制之特质。

这种融合性特征在1864年《民事诉讼条例》中表现地尤为突出,它作为俄罗斯民事诉讼近代化的标志,以1806年《法国民事诉讼法典》作为主要范本,吸收借鉴了奥地利法、瑞典法和英国法的制度经验,亦承继了古代罗马法与日耳曼习惯法之遗风。之所以选择将法国法作为蓝本,原因在于“1806年《法国民事诉讼法典》无论在内容上还是在形式上都迎合了19世纪的要求和风尚,它作为法兰西帝国的法典凭借其自身立法质量和帝国的力量以及置身其后的法兰西文化的完美性和清晰性,成为那个时期被欧洲大陆国家普遍接受的法典”①。显然,无论是立法的社会背景、时代背景还是社会的普遍诉求,1806年《法国民事诉讼法典》都符合1864年俄罗斯司法改革的要求。如果说“欧洲化”是俄国民事诉讼制度近代化的主要方向,那么这种彼此相向和趋近化是与其传统和宗教文化根源具有紧密联系的。

(一)罗马法的影响

早期俄罗斯民族法是建立在俄罗斯民族公有制的生活方式基础之上,旨在维护和扩大集体主义价值观,随着与拜占庭帝国确立外交、贸易等领域的关系,古代罗斯进而开始长期借鉴大量基督教法律传统,引进拜占庭法律,尤其是基督教法律汇编。此种借鉴和移植给罗斯带来了新的法律观念与法律关系,这必然动摇民族习惯法,并促进了古罗斯通过成文法化对口头习惯法的独特规范和移植的拜占庭法规范的融合。拜占庭法律的影响,最早出现在弗拉基米尔大公罗斯受洗之后实施的立法改革中。罗斯受洗使罗斯社会不仅接受了基督教教义,同时,也详细研究借鉴了教会法体系,并将其与信徒的世俗法紧密交织在一起。拜占庭传教士在罗斯的传教加快了借鉴罗马—拜占庭法的过程。对罗马—拜占庭法律遗产的承袭,主要来源于拜占庭东正教《教规汇

① 何勤华主编:《法国法律发达史》,法律出版社2001年版,第445页。

纂》(номоканон),这部法典的主要形式是教会法和世俗法形成的混合模式法律文集,基辅罗斯采取全部或者部分移植的方式进行了吸纳。而影响最为深刻的是《埃克洛加法典》(Ecloga),这部法典是拜占庭皇帝利奥三世在位期间,在重新编修了查士丁尼一世法典的基础上创制的,当中涵盖了婚礼、遗嘱、奴隶及私有制等法律内容,同时在法典中强调君权的重要性,旨在巩固伊苏里亚王朝的统治。这部法典被完全编入了古罗斯法律汇编《正义准绳》(Мерило праведное)中。《罗斯法典》的简明版《雅罗斯拉夫真理》就是在对这部借鉴而来的法典修正基础上创制的。这些拜占庭法律文集在罗斯被称为《审判指南书》(Кормчая книга)、《市民法》(Градский закон)等。此种借鉴移植在沙皇阿列克谢编纂1649年《国民会议法典》时开始扩大规模,其中民事诉讼程序的规范吸收了罗马法证据体系,特别是证明责任分配、证据类型和排除类推等原则,并将罗马法有关证人和证人证言规定吸收进来,同时还规定了罗马法中关于近亲属作证豁免的规定。罗马法对罗斯的影响从5世纪一直持续到彼得一世时期,中间经历了拜占庭时期(东罗马帝国),直到15世纪罗马法仍然有效。那些熟知教规和拜占庭法律制度的罗斯教会活动家、希腊的主教就是东罗马帝国的代表者。相对来说,罗马法的痕迹在教会法律文献中的反映,相较于世俗民事法律更多。

随着彼得大帝改革的实施,通过司法体系"欧化"进程,罗马法对俄罗斯诉讼制度影响进入新的阶段。法律改革是彼得一世改革的重要内容,新的立法成果表达出彼得一世对欧洲法律的认同。早在16世纪,法国法律学校和司法机关就采用意大利注释学派观点解释罗马法,法国最高法院和派往各国的巡回法官多参照罗马法审判案件。16世纪人文主义法学派在法国兴起,使法国在罗马法研究方面超过意大利,成为复兴罗马法的中心,罗马法影响在法国进一步扩大并成为国法。1806年《法国民事诉讼法典》就是在教会法的基础上发展并走向近代的,而这部法典是以罗马的《法学阶梯》为蓝本制定的,是罗马法的经典代表形式。俄罗斯1864年《民事诉讼条例》以其为范本,因此程序规范中可以找到罗马民事程序法的诸多基本原则:处分原则、辩论原则、公开原则和言词原则。除此之外,罗马法对19世纪俄罗斯民事诉讼、代表资格、证据和上诉等制度的立法及立法理论依据也产生了重要影响:诉讼程序中多使用了罗马法的相关称谓,如返还请求、先决问题等,并承袭了罗马法的诉讼担保法律制度;吸收了罗马法中关于证据的规定,把书证区分为官署文书和私署文书,罗马法把贸易文书当作书证这一规定在俄罗斯立法中也得到了肯定。罗马帝国时期占统治地位的法定证据理论对俄罗斯有着鲜明的影响;吸收了罗马法中有关类推的规定,如父亲与子女的血统关系、法律的认知以及品行的论证等;借鉴了罗马法中有关诉讼代表制度的规定,把代表区分为自愿的和法定的,禁止个别领域的人在法院作代表(被剥夺荣誉的人、僧侣和一些政府官员);在法典中第一次设置了源于罗马法的缺席判决和上诉的规定。

(二)域外法的影响

斯堪的纳维亚法和日耳曼法的影响。这一问题在俄罗斯长期充满争议:很多十月革命前的历史学家和法学家都支持古代罗斯国家的"诺曼起源"说。但这一学说观点在20世纪初被M. B. 雷蒙诺索夫所推翻,他认为,尽管存在外国法影响,但古代罗斯诉讼程序是在自身独特法律风俗习惯基础上,经过漫长历史演进发展起来的。[①] 对此本课题不予讨论,只采用诺曼起源说观点加以概述。按照诺曼起源说,斯堪的纳维亚文化是俄罗斯早期文化最重要的渊源,在古罗斯时期,日耳曼法作为习惯法确实对罗斯的社会生活产生了巨大影响,部落混战时期,源自北方诺曼人的瓦良格公爵们开始入主罗斯,并着手在部落联盟的内部建立新的秩序,其作为诺曼人[②]一支为部落生活以及生活方式带来了日耳曼因素,其主要方式是在部落生活中引入其所熟知并具有信仰意义的正义体系,包括组织机构体系、日耳曼习惯法、争议审理解决体系,尤其是按照日耳曼习惯法改造了罗斯关于血亲复仇的规定,将其限定为自由人所拥有的特权,并且只能由控诉人及其近亲属针对加害人行使。在瓦良格大公时代将斯堪的纳维亚习惯法的十二人调查陪审团法院引入基辅罗斯,编入《雅罗斯拉夫真理》,十二人调查陪审团法院是盎格鲁-撒克逊人、丹麦人、瑞典人和挪威人审理嫌疑人案件的古老方式,这一制度也成为斯拉夫民族的习惯法。

俄罗斯纠问式诉讼的形成也是多种域外法因素影响的产物,蒙古鞑靼人的入侵,改变了罗斯文明的走向,而这一影响主要体现在政治制

---

① Историческое изображение древнего судопроизводства вРоссии. Куницына. С. 1.

② 诺曼人属于8—11世纪自北欧日德兰半岛和斯堪的纳维亚半岛等原住地向欧洲大陆各国进行掠夺性和商业性远征的日耳曼人。

度上，“专制制度”开始成为一种显性体制，特别是俄罗斯民族开始形成普遍共识，只有权力集中于强有力的君主手中，俄罗斯才能对抗外族的侵略。由此，东正教拜占庭国家的专制经验与蒙古人侵略带来深重苦难，都深深烙印在俄罗斯的民族灵魂之中。由此专制制度开始有机地根植于俄罗斯文化土壤之中，也影响到俄罗斯诉讼法制的发展，特别是纠问式诉讼和司法行政兼理在俄罗斯历史上长期发挥着重要作用，甚至在彼得一世改革全面学习西方文化的过程中，纠问式诉讼和辩论式诉讼仍然在历史的发展中相互博弈。直到叶卡捷琳娜二世时期深受法国大革命思想影响而实施“开明专制”，1864 年俄罗斯亚历山大二世参考 1806 年《法国民事诉讼法典》实施了自由主义民主性质的诉讼改革，才实现了从纠问式诉讼向辩论式诉讼的转向，当然，此时的诉讼模式仍然是混合性质的，但是，辩论式诉讼已经占据了主要优势。除此之外，治安法院制度的确立也受到了欧洲法的影响，治安法官（justice of peace）根据爱德华三世《治安法令》最早设立于英国，法国治安法官出现于法国大革命之后，依据 1790 年法令审理小额案件并对轻微违法案件进行处罚。英国和法国的经验则作为俄罗斯治安法官制度形成的基础。

融合性特征贯穿了近代以后俄国整个诉讼法制发展进程，以彼得一世大帝“欧化”改革为起点，他试图通过强力手段将俄罗斯国家和社会生活，包括将法律观念和制度转向西方价值观。在此之后直到现代，带有浓厚个人主义色彩的欧洲法都对俄罗斯法律体系产生了重要影响，尤其是大陆法系的影响，欧洲法律制度不断渗入俄罗斯法律体系当中，特别是其中日常生活经验法则和国家法规范已经成为俄罗斯法律体系重要组成部分。由此，俄罗斯在构建民主和法治国家进程中，在法的内容和法律来源上更接近于罗马—日耳曼法，同时，也保持了自身民族性。1917 年十月革命后，俄罗斯法律由于社会制度和指导思想方面根本上不同于资本主义国家的法律，罗马法在俄罗斯应用的痕迹几乎完全消失，只是在形式上与大陆法系相似而已。苏维埃时期从根本上变革了整个法律体系，创建独特的苏维埃社会主义思维下的法律体系。社会主义法系是在工业革命和技术革命阶段确立的，反映出俄罗斯法集体主义秩序价值观和 18 世纪初以前俄罗斯法的共同特征。社会主义法与大陆法系最为显而易见的共同点在于，保留了共同术语体系和外在结构。社会主义法的基础是旨在实现共产主义学说的阶级法。党的方针和政策并不能形成法,但是其对法律的学说影响是显而易见的。总体来说,社会主义立法体系,在立法技术上来自罗马—日耳曼法系。这表现在法律体系化方法、法条结构和欧洲法律术语的使用上。在现代俄罗斯法对普通法传统更为敏感,在苏联解体后的社会转型中,英美法系的影响开始日益凸显,最明显的特征是:在一些情形中,允许法律适用和解释上适用判例原则。

进入 20 世纪后两大法系融合的趋势愈加明显,当事人主义的诉讼模式与职权主义的诉讼模式亦彼此吸收借鉴,俄罗斯的现代民事诉讼改革,开始定位于在法制全球化与本土化之间寻找一个恰当的平衡点,以实现诉讼法的全球化与本土化的融合。

二、俄罗斯近代民事诉讼制度的民族性

俄罗斯民事诉讼的民族性特质是由其所具有的斯拉夫法系法律文化基因所决定的。这一法系在拜占庭帝国、东正教和东欧文化的深刻影响下形成了独特的法律传统。斯拉夫法系国家具有意识形态、民族、精神、历史和法律上的共同文化基础:基督教精神的公平正义理念;法律与国家性间的紧密历史联系;集体主义理念。

正如俄罗斯法学家 И. А. 伊利英比较俄罗斯法与大陆法区别时所强调的:“欧洲实定法与活的法律意识间的鸿沟,并没有反映在俄罗斯法律体系中。”[①]俄罗斯法遵循社会调整的法律形式和道德形式的协调一致,一些学者又将其称为“东欧法系”“欧亚法系”“斯拉夫法系”,甚至在 1900 年巴黎召开的世界比较法学第一次大会上,因俄罗斯法所具有的独立性特征,将其列入世界五大法系框架之内。对斯拉夫法系理论做出巨大贡献的俄罗斯法学家 В. И. 拉菲斯金,驳斥了将斯拉夫法归入罗马—德意志法系的理论,他认为“斯拉夫法不逊于其他任何法律体系,它不仅具有其独特性和旺盛生命力,同时也是伟大而光荣的。应当将斯拉夫法律体系归入特殊而独立的法律体系,保留其统一性,将其完全归入大陆法系将不可避免导致对斯拉夫人的法律殖民”[②]。但俄罗斯

---

① Ильин И. А. О воспитании национальной элиты. М. 2001 г. С. 502.

② Ильин И. А. О воспитании национальной элиты. М. 2001 г. С. 411.

国内也有部分学者认为,斯拉夫法是罗马—德意志法系的独立分支,因此应将其称为“罗马化的斯拉夫混合体系”(“Romanised Slavic blend”),或者是“罗马—德意志法系的欧亚变体”等。对此,B. H. 西纽科夫指出,“现在俄罗斯法律体系是以伪罗马法体系形式存在的,关于斯拉夫法系的思想主要源于十月革命前,其传统核心是源自古代俄罗斯的罗斯法律”①。关于这一问题,欧洲学者提出了独特的观点:法国比较法学家 P. 雷让认为,“俄罗斯法在很长一段时间内,将会保留其独特性,这也将妨碍其真正进入罗马—德意志法系”②。约翰·威格摩尔在概括斯拉夫民族独特品质时认为,“斯拉夫民族不受拘束的理想主义丰富了人类的天性。但属于该民族既独特又纯粹的斯拉夫法系却未产生过。究其原因,第一,是受其民族性格局限,理论著作和意识中以利己主义为中心的不切实际的理想及其分歧导致了政治上的衰弱;第二,由于强大的外族入侵;第三,法律形成时期受到较先进法律制度的影响”③。

概言之,相较于其他法系,俄罗斯民事诉讼领域的独特性主要源于社会文化基础与司法适用实践间的亲密互动,以及诉讼体系内部诸要素之间的紧密联系,这种内在联系成为俄罗斯移植外国法律制度的前提性依据。申言之,认识俄罗斯法律制度的民族性应当以认识斯拉夫法系和俄罗斯法历时演进中的独特历史文化特征为基础。

(一)斯拉夫法系独特的历史文化特征

历史上四个主要斯拉夫民族分支为波希米亚、波兰、塞尔维亚和俄罗斯。斯拉夫人在不同历史时期建立了具有各自文化基础的国家政权,并在拜占庭帝国、东正教和东欧文化的共同深刻影响下形成了各自独特的法律传统。虽然历史不同,但四个斯拉夫民族分支都在 14 世纪进入了国家立法时期。1346 年,查理四世在波希米亚颁布了《卡洛莱纳大法》;1347 年,波兰的克什米尔三世,为了巩固王权和确立普通法而颁布了《维斯利卡宪章》;1336 年,曾在君士坦丁堡接受教育的南斯拉夫国王斯蒂芬,在罗马希腊宗教法和民法精神影响下,创制了南斯拉

① Филиппов А. Н. Учебник истории русского права. Юрьев. 1907 г. С. 9–11.

② Леже Р. Великие правовые системы современности. Москва. 2009 г. С. 115.

③ [美]约翰·H. 威格摩尔:《世界法系概览》(下卷),何勤华等译,上海人民出版社 2004 年版,第 623 页。

夫民族第一部法典《斯蒂芬·都山法典》;俄罗斯则在莫斯科公国时期(1283—1547年)就进入法制初创阶段,创制了《雅罗斯拉夫法典》,14—15世纪又分别颁布了《伊凡三世律书》和《伊凡四世律书》。

斯拉夫法律体系的共性建立在斯拉夫国家法律价值体系的历史文化特征之上,而不能仅仅从法律渊源性质去认识斯拉夫法律体系的本质。若单以法律性质为标准,则上述国家完全可以归入罗马—日耳曼法系。尽管通常认为,诸法系间界限模糊,各法系独特要素彼此间相互渗透,但斯拉夫法系在法律来源上清晰地体现出了罗马法传统,因此,在法律来源属性上斯拉夫法系更接近于罗马—日耳曼法系。斯拉夫法系具有意识形态、民族、精神、历史和法律上的共同基础,可以归纳为:第一,基督教精神中的公平正义理念;第二,独特的国家性,以及传统法律基础与基督教精神国家间的天然紧密联系;第三,国家治理中占据显著优势的集体主义理念。上述内容紧密联系,形成了斯拉夫法系强烈的独立性和民族性特征。尽管在形成之初不可避免地受到外来文化的影响,但在立法技术特征以及内容上,仍然很大程度体现出斯拉夫民族独特的社会文化和国家原则。

(二)俄罗斯法的民族性特征

俄罗斯民族是斯拉夫民族的典型代表,各斯拉夫民族分支大多在漫长历史进程中逐渐走向了分裂和衰落,而以东斯拉夫人为主要构成的俄罗斯,作为斯拉夫民族中唯一实现并保持了政治统一、民族独立的国家,占据了欧洲大半版图。尽管国家内部的各民族在方言和习俗上各异,但仍然实现了统一和融合,应该说这是借助专制制度才得以实现的结果。封建时期的俄罗斯法无疑是斯拉夫法系的典型代表,国君掌握着国家最高立法权和司法权,组建了庞大的司法体系。法官的司法裁判主要以封建成文法作为依据,但也有宣誓免责、抽签、决斗裁判等粗陋遗留制度。1864年,俄罗斯推行司法改革,确立了司法的独立性,设立了陪审法院,规定了法庭辩论制、公开审理制等诉讼制度,开启了法制近代化转型的大门。十月革命前,在俄罗斯法律传统的形成和发展过程中,俄罗斯社会由前法律阶段走向法律阶段,由法律初级阶段走向完备法律阶段,奠定了其法律传统的基调。俄罗斯法的形成既在西方法律传统之中又在它之外,俄罗斯法律传统既有其独特性又与西方有着割舍不断的血缘。我国学者认为,俄罗斯法律制度在形式上是罗马法的，在精神上则是拜占庭式的，[①]即“尽管俄罗斯的法律建立在罗马传统的基础上，它却根植于拜占庭式的精神，并且在整个中世纪是在俄罗斯东正教会的精神中孕育发展的”[②]。

1. 东正教文化的“聚合性”特征

这一特征使俄罗斯民族成为一个富有生命力和凝聚力的民族。这同样反映在民事诉讼制度的近代化和现代化进程中，这种聚合性表现为集体主义，即诉讼观念中集体主义价值观相对于个人主义价值观占据优势。俄国在近代进入“欧化”时期之后，开始试图将个人利益置于社会利益之上，在立法形式和方式上，主要模仿法国，确立了自由主义诉讼观的辩论式诉讼，但这种价值观因背离俄国社会文化而未被社会民众所接受，并最终在19世纪末的“反改革”浪潮中被瓦解。从1917—1993年，进入新的社会主义法培育阶段，职权主义诉讼观开始占据优势。这一时期很多苏维埃民事诉讼理论都具有其独创性。而从苏联解体到现在，则是社会主义法与资本主义个人主义价值观的磨合期，许多1917年十月革命后废除的近代民事诉讼制度又重新恢复，原告和被告在诉讼运行和证据调查中的个人主动性被显著扩大。可以说，现代俄罗斯民事诉讼仍然是建立在集体主义价值观基础之上，但与英美国家个人主义价值观相距甚远，甚至可以说遥不可及，公有制的生活方式仍然在俄罗斯发挥着巨大作用。究其原因，宗教文化的“聚合性”内在精神属性深深扎根于俄罗斯民族意识当中。

2. 罗马法传统的延续

俄罗斯在引进东正教的同时，也吸纳了拜占庭法律及其法典编纂的方法和体例，在很多方面还吸收了其国家和社会管理制度，这些制度之后被称为东正教国家文化，其中也自然包括法文化。俄罗斯在中世纪的历史发展进程中，法律受到罗马法的强烈影响。跨入近代之后，彼得大帝以后的俄国沙皇在其立法中都模仿西欧模式或运用受到罗马法影响的流行欧洲法观念。因此，俄国法曾跟德国法、法国法一样，同属受罗马法影响的欧洲大陆法系。俄国法学家和法官也多半倾向于德国

---

① 参见杨昌宇：《法系视角下俄罗斯法律传统及对中国的启示》，载《学术交流》2016年第9期。

② ［英］玛丽娜·库尔奇扬：《转型对俄罗斯法律的角色影响》，明辉、李霞译，清华大学出版社2011年版，第115页。

“学说汇纂派”的思想。因此,人们较一致认为,十月革命前的俄国属于大陆法系。

3. 俄罗斯法的独特性

俄罗斯民事诉讼作为斯拉夫法系诉讼制度的代表,不仅具有混合性质特征,也具有诉讼制度自身的独特性。由于对本国法律文化传统和法律精神的珍视,从而形成了特殊的俄罗斯诉讼体系。俄罗斯学者将此种独特性解读为支撑社会固有文化调整的能力,以及维持和保障社会自我存在和自我认同特征的重要而稳定的现象。这种独特性也表现为某一民族在独一无二的生活和历史经验积累过程中,在确定空间、时间和地理环境中出现并形成的某些特征。语言学家 С. И. 奥日科夫和 Н. Ю. 什维多娃进一步将术语“独特性”解释为自身发展的独立性和唯一性。在俄罗斯诉讼制度演进过程中表现为民族性内涵。其独特性应当被视作所有代表其发展独特性、唯一性和独立性的民事诉讼体系所有要素集合。这些构成俄罗斯民事诉讼制度独特性的要素包括:第一,法律体系要素,包括立法规范、原则、制度、诉讼行为、学说和法院组织等;第二,社会文化与司法适用实践之间的联系,这些联系最初出现在具体民族法律制度当中,并在之后获得协调性发展。

俄罗斯民事诉讼传统具有其内在的独特性特征。俄罗斯民事诉讼规范的最初萌芽可以追溯到 10 世纪中叶,最早的成文法来源是 911 年和 944 年俄罗斯—拜占庭帝国条约。其中援引的所谓“俄罗斯律法”(Закон Русский),是指这一时期古代俄罗斯运行的口头形式习惯法规范汇编的概括性称谓,此种“律法”相较于拜占庭和其他外国成文法无论在形式还是内容上都具有显著民族特性,而不能简单以当时成文法的缺失来评判古代俄罗斯法律文化是否落后。古代俄罗斯早期法律主要是以口头形式存在,成文规范仅占讼争解决适用规范的极少部分。这一时期的口头习惯法规范主要是以俗语、成语、歌曲、童话等形式传播,因此分析古代斯拉夫人神话便不难发现,这一时期已经形成了关于审判和诉讼程序基本概念。

古代罗斯的成文法时期并没有排除口头习惯法的适用,司法实践中两种法律渊源的矛盾一直存在。成文法在很大程度上是在拜占庭法影响下形成的,而口头习惯法更多保留了民族法律传统。最初成文法规范的出现，目的是巩固王公政权，扩大王公权力范围，并将制定成文法作为巩固权力的方式。因此，旨在捍卫王公利益的成文法与维护公社利益的口头习惯法常常相互对立。民族国家的形成是两种法律渊源共同运行的前提条件，也导致两种类型法院的同时共存：王公法院和维切法院（或称为人民公社法院，народный общинный суд），王公法院主要适用成文法，而公社法院则更多适用口头习惯法。公社法院由当事人指定的12人组成。虽然这种调解人法院最早出现于盎格鲁撒克逊法、日耳曼法和斯堪的纳维亚法，但在古罗斯这一司法组织形态却并非简单移植而来，而是以民族传统为前提的。随着民族国家形态的强化，公社法院的意义逐渐弱化，并在司法实践上丧失了功能，但其某些独特特征在19世纪和苏维埃时期，乃至现代仍具有一席之地，陪审法院和治安法官大会在某种程度上便是这一传统的延续。

俄罗斯民事诉讼独特性将下列因素作为前提条件：第一，具有其他法律体系不具备类似特征的独特法律制度；第二，导致民事诉讼体系具有混合性质的独特原因；第三，法律制度产生和发展的特殊前提；第四，法律规范适用的独特司法实践；第五，多形态的具有独立性质的俄罗斯民事诉讼法学。这些已经触及俄罗斯民事诉讼体系中的大部分要素。而社会文化与法律适用间的紧密联系与互动，则成为诸要素之间的黏合剂，并作为独特的前提性条件。

可以认为，俄罗斯民事诉讼制度民族性特征体现在以下三个方面：第一，受法典编纂主义观念影响，俄国成文法特征明显。在法律规范载体上，俄国有编纂法典的传统，这在形式上证明其成文法传统的存在。第二，受国家主义思想影响，法律规范由立法者提出。“法律是立法者的法，不是法官的法，法律规范由立法者或学说提出，而非法官职权。”①在整个俄国君主专制时期，君主形成共同的意识，即君主守法信法应当成为一种美德。一方面，君主守法尊法行为会成为公众的表率；另一方面，只有依法行事才是达致公正的唯一途径，这对君主尤为重要。第三，运用演绎推理，采用纠问式诉讼程序。

① Ильин И. А. О воспитании национальной элиты. М. 2001 г. С. 415.

三、俄罗斯近代民事诉讼制度的现代性

通常理解的“现代性”是指启蒙时代以来的“新的”世界体系生成的时代，是一种持续进步的、合目的性的、不可逆转的发展的时间观念。现代性推进了民族国家的历史实践，并且形成了民族国家的政治观念与法的观念，建立起了高效率的社会组织机制，创建了一整套以自由、民主、平等为核心的价值理念。按照理论家哈贝马斯的说法，“现代”一词为了将其自身看作古往今来变化的结果，也随着内容的更迭变化而反复再三地表达了一种与古代性的过去息息相关的时代意识。俄罗斯近代民事诉讼制度的现代性也正体现在其现代价值理念和时代意识中。

（一）近代民事诉讼制度中基本理念的现代定位

俄罗斯近代民事诉讼制度改革，以人的价值为本位，吸收了自由、民主、平等、正义等观念，在诉讼模式上更多地借鉴了合理的法国司法体系，接受了自由主义表现的辩论式诉讼，引入了具有现代意义的多种诉讼原则：无罪推定原则，诉讼程序的公开和辩论原则，被指控人权利保护原则，人民代表参与诉讼原则等。今天这些原则已经成为俄罗斯现代民主宪法不可分割的组成部分，但在君主专制政体下，俄罗斯这些理念无疑让人为之震惊。可以说，1864 年司法改革，实际上是政府立宪制理念的化身。难怪 20 世纪初 H. 波良斯基曾评价道，“司法条例是我们的第一部宪法抄本。其中第一次为对抗行政权的恣意和随意规定了法律保障”①。

可以说，1864 年司法改革后民事诉讼的典型特征是参照法国法建立了自由主义辩论式诉讼。之所以以法国法为主要模板，主要是出于政治等方面的考量：法国资产阶级革命胜利以后，为维护其统治地位，必须建立与其政权统治相一致的法律体系。因此，资产阶级革命的一些理论主张，诸如民主、自由、平等、尊重人权等，必然会在其立法中得到体现。对这些理论主张的贯彻，必然要求在民事诉讼中充分尊重当事人的意志。最早以法典化形式明确当事人主义诉讼模式的，当属

① Революция-торжество права. Проф. Н. Н. Полянский. Москва：Задруга. 1917 г. С. 11.

1806年《法国民事诉讼法典》。而上述特点也满足了1864年司法改革的社会诉求。

自由主义辩论式诉讼的主要特点在于：法官在诉讼程序中处于消极地位，通过框定反驳和抗辩义务，赋予被告获得平等保护的权利。这种诉讼特点在于：由公民独立选择争议解决路径；根据自主意愿而采取进攻防御方法，并要求法官处于独立的中立裁判者地位，法庭在诉讼中仅被赋予较小的职权，诉讼由当事人主导。具体特征在诉讼程序上表现为：

首先，排除了法庭参与审前准备阶段。《法国民事诉讼法典》规定，“诉讼审前准备，由司法警察通知当事人，通过辩护人交换书面文件完成”。《民事诉讼条例》第305条和第308条规定了两种书面文件交换程序：法院组织交换或自行交换，并由当事人自主选择诉讼对接方式。因此，法院是否作为审前准备阶段主体取决于当事人的意定。

其次，违反诉讼期限的提出。虽然通过立法限定了诉讼期限，但只能由原告和被告自行监控彼此诉讼期限遵守。因此，在相对人没有主张违反期限的情况下，超出期限不能成为法院对诉讼运行实施进一步诉讼行为的依据。《民事诉讼条例》规定了完成诉讼审前准备行为的期限，包括出庭期限和提交辩论文件的期限。其中第320条和第321条规定，“如果一方当事人提交陈述超期，相对方当事人可以向法院主席请求指定庭审日期”。而且，“如果提出申辩超期，任何一方当事人都可以向法院院长请求立即指定庭审日期”。上述规范表明，普通程序中免除了法院对诉讼行为完成期限的监督。但简易程序中则作例外规定，即法庭有权指定当事人出庭时间。上述规定反映出法院作为管理诉讼程序的主体，应当服从于当事人意志。这也反映出自由主义辩论式诉讼特征。

最后，被告承担提出抗辩的义务。这是对被告的一种事先保护，《民事诉讼条例》第313条规定，被告应当提交诉讼答辩。其立法理由在于，提交诉讼答辩的义务符合辩论原则，借此使得原告能够事先准备对被告抗辩的反证。这样，当事人双方在平等程度上掌握彼此观点。1864年《民事诉讼条例》从根本上改变了俄罗斯民事诉讼的面貌，彻底消除了纠问式诉讼，并将诉讼带回到传统的辩论式诉讼。

（二）俄罗斯近代民事诉讼制度的基因传承

通常认为，150 年前的俄国通过司法改革使国家法律生活发生了彻底改变，俄罗斯建立起了新型的司法体系：形成了治安法官、陪审法院、公证、职业律师、律师联合会等制度和组织，并颁布了新的诉讼法典。正如 E. B. 瓦西科夫斯基所言："《诉讼条例》是独特的地理大发现，开创了俄罗斯法律发展的新纪元。"①

1864 年《民事诉讼条例》不仅是俄罗斯民事诉讼也是整个法律体系发展的里程碑。改革奠定了俄罗斯现代民事诉讼和刑事诉讼的基础，同时也对大多数独联体国家、波罗的海国家和很多东欧国家诉讼立法产生了重要影响。它被认为是这一时期最优秀的法典之一。确定了民事诉讼体系新的基础，强化了司法审判的言词原则，引入了辩论原则，并完全改变了诉讼运行、程序构造、法院与诉讼参加人的关系。可以说，亚历山大二世的司法改革奠定了现代俄罗斯民事司法体系的基础。《民事诉讼条例》在 1917—1918 年十月革命之后继续运行。其中很多观念成为苏维埃法律规范的基础。现代俄罗斯民事诉讼法典立法者更是将新时期立法与近代司法改革中某些制度规范的恢复与改造紧密联系在一起，即便 1964 年《苏俄民事诉讼法典》也间接继受了近代优秀的民事诉讼立法成果。

民事诉讼法学理论随着 1864 年《民事诉讼条例》的通过获得了跨越式发展。随着司法改革的进行法学教育也随之焕然一新。在新式法典的基础之上形成了新的法律学说。虽然最初的著作主要集中于对新立法规范的注释，但随着注释法学派的发展逐渐建立起了独特的诉讼法学体系。司法改革之后也涌现出了诸如 K. И. 马雷舍夫、E. B. 瓦西科夫斯基等在内的优秀学者，并在事实上成为现代俄罗斯民事诉讼法的奠基人。他们的著作在很大程度上奠定了俄国立法活动的基础，对立法施加了重要的间接影响，而这些理论也在苏维埃时期的法学研究中被广泛使用，2000 年后的俄罗斯法学界更是将其称为俄罗斯民事诉讼经典。

《民事诉讼条例》的立法基础是当时西欧先进的立法经验和民事诉讼法学说。改革家 C. И. 扎鲁特内伊提出："一个国家不允许引入其他

① Васьковский Е. В. Учебник гражданского процесса. Краснодар. 2003 г. С. 25.

国家已经被证明完善的普适共同原则,仅仅因为他是外国的而非民族的,那么这就几乎等同于不允许引入铁路和电话,使得民众没有可能接触到人类文明的共同优秀成果。”①尽管司法改革也产生过一系列社会经济的负面效果,但总体而言,1864 年司法改革仍然是俄罗斯法律体系和民事诉讼部门法发展的转折点。其价值不仅在于彻底改变了当时俄罗斯的法律制度,更在于由于其现代性特质而为俄罗斯民事诉讼法发展留下的宝贵历史遗产。尽管 150 余年过去了,但当时所确定的原则和法律模式继续运行至今,而其理念更是直到今天仍生机勃勃。尽管随着之后一系列重大政治历史事件的发生,使俄国民事诉讼演进在拥有继承性和创新性特质的同时,也产生了断裂性特征,但仍然保持了其延续性。

首先,时间上的继承性特征。1917 年十月革命之后,《民事诉讼条例》逐步被废除。苏维埃法学奠基人 П. И. 斯图奇卡(П. И Стучка)提出:“所有带有旧帝国参政院烙印的法院,都是对革命的忽视,根据已被推翻政府的诏令作出的判决是无法容忍的。”尽管苏俄《关于法院第 1 号令》和《关于法院第 2 号令》都规定了对《民事诉讼条例》适用的限制,但却无法实际从司法实践中将其废除,以至于在相当长一段时间内其仍然具有直接效力。而此后所制定的新诉讼法规范草案在本质上仍是对当时尚在运行的《民事诉讼条例》条款的汇纂。1917 年临时政府司法部甚至建立了恢复诉讼条例委员会,由 А. Н. 科伊巴尔克主持修订旧诉讼条例,使其符合国家制度转型的需要,并最终创制了新的《民事诉讼条例草案》。1923 年 1 月 5 日,公布了人民司法委员会《民事诉讼基本规范临时指南》,通过这一规范新版“苏维埃民事诉讼条例”获得了进一步发展,其中补充规定了上诉驳回制度、法院对诉讼程序的积极作用、法院对弱势当事人的程序协助义务等,这一临时条例直到 1923 年《苏俄民事诉讼法典》通过生效后才被彻底替代。尽管工农政府对司法体制进行了重新建构,但 1864 年《民事诉讼条例》仍不可避免地对新民事诉讼法典制定产生了重要影响。

其次,随帝国领土扩张而拓展的法律空间。1864 年《民事诉讼条

---

① Щегловитов И. Г. Влияние иностранных законодательств на составление судебных уставов 20 ноября 1864 г. Пг. 1915 г. С. 32.

例》在俄罗斯帝国崩溃后的很长一段时间内，仍然在俄罗斯帝国原有广大地域空间内继续运行。如果按照现代国家边界划分标准，其中包括欧洲大部分地区、高加索地区和中亚地区。由此也体现出这部法典的优势，即立法者贯彻了尊重区域特点原则，其中安排了适合某些地区运行的例外规定。因此，在帝国西部行省、高加索地区、中亚省份，《民事诉讼条例》根据特定地区的文化、历史、民族和组织特点，采取不同运行方式。

因此，不仅在俄罗斯，还包括在波兰、芬兰、乌克兰、波罗的海国家在内的其他原俄罗斯帝国疆域范围内的现代国家法治建设过程中，都继承了《民事诉讼条例》的宝贵遗产，甚至在很多国家运行时间比俄罗斯更长。它不仅对这些国家立法发展施加了影响，甚至奠定了这些国家民事诉讼学说的理论基础。例如，波兰 1918 年独立后《民事诉讼条例》仍然继续有效，直到 1933 年新的《波兰民事诉讼法典》通过，而其中很多条款也被吸收到新法典中。立陶宛 1918 年就宣布独立，但《民事诉讼条例》同样也继续运行到 1940 年，因此，现代立陶宛学者将 1864 年《民事诉讼条例》视作"民事诉讼通用化、协调化和欧洲化的范例"。①20 世纪 90 年代波罗的海国家、俄罗斯和乌克兰等国再次掀起了《民事诉讼条例》研究的浪潮，各国在制定新民事诉讼法典时都广泛借鉴了其中的规范。

1864 年《民事诉讼条例》最初仅在彼得堡和莫斯科运行，并在 1899 年前逐渐推行至俄国其他地区。作为具有独创性的规范，除法国法基调外，它吸收了同一政治空间不同来源的法律规范，包括传统俄罗斯法、波兰法、立陶宛法、瑞典法、中亚和外高加索条例。独联体国家与波罗的海国家法律体系具有很多相似性，但也存在各自特点，民事诉讼法领域相对于其他部门法存在更多共同点。首先，这种相似性体现在共同的历史根源。从 18 世纪下半叶开始，这些国家民事司法就在某种程度上处于共同社会经济和政治条件下并协同发展，这一直持续到 20 世纪 90 年代苏联解体。尽管这一庞大帝国内不同地区的诉讼体系发展水平各异，但这也使得这些地区司法能够彼此之间相互丰富和补充。

---

① Микеленас В. Устав гражданского судопроизводства Росии 1864 года как пример "европеизации" гражданского процесса. Сборник научных статей/под ред. Д. Я. Малешина. М. 2014 г. С. 25-38.

各种区域法在共同法律空间内相互交织影响,这些彼此间产生过重要影响的法典包括:1649年《国民会议法典》,1588年《立陶宛条例》,1734年《瑞典法律汇编》,中亚、远东和外高加索民族的法律传统和仪式。即使在《民事诉讼条例》通过以后,这些法规仍然在某些地方司法实践中继续运行,直到1917年十月革命。此种立法互动很大程度上是由共同的立法者沙皇来推动的,旨在将某一地区高效运行的法律规范推行至帝国其他地区。

正如前文所述,1864年《民事诉讼条例》是独立国家联合体(以下简称独联体)和波罗的海国家民事诉讼共同性的重要组成部分,原因在于诉讼条例考虑到了这些地区的不同社会特点,各异的风俗、习惯、不成文法律规范和传统以及由此形成的不同诉讼程式。不同的社会文化和法律文化确定的不仅是法律制度的功能特点,也决定了整个民事司法体系的所有因素,这些也构成了区域民事司法体系存在的独特土壤。仅仅适用社会文化分析相对于法律分析显然更多具有偶然性,因此立法过程中传统上使用成文法化、体系化和比较法等方法加以调整,但只有在司法审判符合社会普遍认可的道德倾向、信仰以及社会学属性的情况下,才能有效实施并发挥其作用,而《民事诉讼条例》就具有此种特质。在社会文化如此多元的地区建立统一规范,是一项极为复杂的工作。因此,条例通过后立法修订工作一直在持续进行。在其施行的30余年时间里,共进行了700余次修改、补充和修订。因此这部法典的功绩也在于立法者为俄国多元的社会文化形态建立了统一的法典。可以与之相比较的是现代欧盟统一民事诉讼法典进程,虽然条件存在某种类似,但其还远远尚未取得如此成功。正如1993年欧盟国家统一民事诉讼工作组基本报告中指出的,欧洲各国对诉讼主要原则很难达成妥协,即使通过了共同法,那么“也无法保障共同规范在司法实践上的统一适用”。①

《民事诉讼条例》中照顾了俄罗斯帝国各区域诉讼程序由于社会文化、民族和历史差异所形成的不同特征,这一合理方法在十月革命之后被保留下来,并成为苏维埃法的立法依据。虽然这一时期诉讼程序的

① Van Rhee C. H. Civil Procedure: A European lus Commune?. European Review of Private Law. 2000. vol. No. 4. P. 606.

区域独立化特征被弱化了,但民事争讼审理的区域习惯在十月革命前及其之后都继续运行。由此我们也可以发现苏维埃法为照顾各地区特点而形成的具有形式性、宣言性,甚至独立于现实社会关系的特征。因此,如果说十月革命前立法者考虑到区域化特点并试图在立法中实现,那么苏维埃时期立法者则更倾向于在司法实践中实际适用,而并非通过立法方式固定下来,由此也导致在某种意义上法律与实践的脱节。但这些诉讼的区域化特点最终也通过各加盟共和国民事诉讼独立立法反映出来。

苏维埃时期在民事诉讼立法上主要采取建立统一的民事法院体系和审理解决民事讼争规范的方法。主要通过制定包括调整司法组织、诉讼程序的苏维埃示范法的方式来实现,如 1958 年《苏维埃司法组织法纲要》、1961 年《民事诉讼纲要》。借此在苏维埃各加盟共和国建立了相同结构的司法组织,但在诉讼程序领域却形成了各具差异的诉讼程序法,各国诉讼法仅在形式上类似,而并非通过彼此复制创制。对此,苏维埃立法者认为:一方面,各共和国统一的司法体系在行政管理上会更加具有效率,司法权的严格垂直管理也符合这一时期的政治制度和国家制度形式;另一方面,也应当吸收诉讼条例的历史经验,保留传统上十月革命前各地区诉讼程序的区域性特征。

因此,苏联解体后,独立后的原苏联各加盟共和国并未急于废除原程序规范。事实上在很多国家原苏维埃法典都继续运行了很多年。同时,各国立法者也并没有试图去恢复十月革命前建立在传统习俗和规范基础上的程序规范,并逐渐形成了三种诉讼立法方式:

第一,在原有苏维埃法基础上进行完善。根据社会关系的改变,填补苏维埃法的空白和缺陷。立法者主要通过修正苏维埃诉讼法司法适用实践中的缺陷,并根据学者和法律实务工作者的建议,以及国家内部法律适用的需求对原苏维埃法加以完善。正如 E. A. 聂菲奇耶夫所言:"应当向诉讼条例的立法者致敬,因为他们没有迷恋于借鉴外国法,而是基于现实需要根据能否符合俄国司法适用实践需要而对外国法加以借鉴。"①

① Нефедьев Е. А. Избранные труды по гражданскому процессу. Краснодар. 2005 г. С. 11.

第二,直接移植外国诉讼制度。此类国家在认可某种民事诉讼制度合理而高效的情况下,就采取直接移植的方式,特别是移植大陆法系和英美法系中带有示范效应的制度。应该说,这两种方式在独联体和波罗的海国家的过去25年都被广泛使用。

第三,本土化改造。更多的原苏联地区国家不仅考虑域外制度的先进性,同时也虑及本民族对法律调整需求而加以改造。正如现代《俄罗斯民事诉讼法典》立法草案指南中所指出的:“民事诉讼领域立法的目的,在于调和对法律具体方案施加影响的不同社会群体的利益。”①

除上述方法外,独联体内部还试图建立“示范性”的调整规范,即建立独联体国家民事诉讼立法的示范性纲要和总则。根据1992年建立的独联体国家跨议会大会决议,成立《民事诉讼示范法典》编纂工作组,试图统一和协调独联体国家民事诉讼立法。2003年通过了《独联体国家民事诉讼示范法构想和结构》。法典共71章,1131条。正如立法者之构想,通过创制这部法典将“大大完善独联体国家诉讼程序,强化辩论原则,为诉讼关系的有效构建和高质量发展创造前提,使得法院和诉讼参与人的行为更具有可预测性和责任感”。②

尽管《民事诉讼条例》立法工作的基础主要是借鉴西欧法律规范,但法典颁布后,通过旨在符合俄国法律现实的司法适用实践的不断调适,最终使其成为俄国近代立法的典范。诉讼条例在俄罗斯法律发展的历史上是独一无二的。此种高度评价的依据在于,其法典编纂较高的立法技术水平,以及通过对诉讼程序的深度变革,在根本上改变了俄罗斯的法律生活,促进了诉讼制度的发展。

因此,俄国学者将诉讼条例称作俄罗斯法治进程的丰碑,其宝贵法制遗产不仅被俄罗斯,也被历史上受其重要影响的其他独联体国家、波罗的海国家、东欧国家所继承。在俄国纪念《民事诉讼条例》通过50周年纪念仪式上,著名俄国法学家А. Ф. 科尼将自己及其他诉讼法学者称作为伟大改革的“孩子”,他认为,“诉讼条例旨在建立俄国社会所渴求的现实意义司法,由具有高度责任感的立法者所奉献的伟大劳动成果。

---

① Путь к закон. под ред. М. К. Треушникова. М. Городец. 2004 г. С. 21.

② Лапин Б. Н. ,Чечина Н. А. О проблеммах реформирования гражданского судопроизводства в странах Содружества Независимых Государст. Правоведение. 2000 г. № 4. С. 145.

就此而言,诉讼条例之父们的成就,是建立起了一座俄国爱国主义丰碑"[①]。应该说,这座丰碑在现代已经成为俄罗斯法律人的骄傲,也是俄罗斯现代民事诉讼制度改革不容忽视的典范。由于俄罗斯近代司法制度所具有的现代性特征,其近代化过程也是对俄罗斯法治现代化宏伟蓝图的勾画,苏联解体后俄罗斯司法改革过程中诸多近代司法制度的"复生"和"再造"正是对这一命题的印证。

第二节　俄罗斯近代民事诉讼制度传统基因的现代发展

2014年正值纪念亚历山大二世伟大司法改革150周年,俄罗斯司法机关最高领导云集俄罗斯国家杜马大厅,充分肯定了1864年司法改革的成果,并决定将其宝贵经验应用于现代司法改革。国家领导层对传统法治经验的珍视,是与法学理论界对民族法治传统发掘与学说创新所凝聚出的法律共识密不可分的。这些共识对民族法治传统和法律文化复兴起到了积极作用,也是诉讼模式转化,证明标准革新,治安法官制度复生和简易程序创变等司法革新的原生动力。对俄罗斯近代民事诉讼制度现代重塑的审视,不仅有助于我们认识俄罗斯现代民事司法改革的指导思想和理念,也为动态预测和思考未来俄罗斯诉讼法制进程提供若干前提性依据。

1864年《民事诉讼条例》的编纂是俄国诉讼法制近代化的标志,其所具有的重要历史意义,直到今天都没有褪色,并形成了影响现代俄罗斯诉讼制度的独特"基因性风格",成为承前启后连接俄罗斯诉讼法制传统性与现代化的纽带。现代俄罗斯民事诉讼制度与《民事诉讼条例》存在规范以及立法理念上的紧密联系。具体表现在两个方面。第一,1864年司法改革引入了当事人主义诉讼模式以及与之关联的原则体系,如辩论原则、不间断审理原则、公开审理原则、直接言词原则等。现代俄罗斯诉讼立法则秉承了这些原则和理念,并对具体制度进行了进

---

① Кони А. Ф. Отцы и дети судебной реформы(к пятидесятилетию судебных уставов). 20 ноября 1864–1914 гг. М. 1914 г. С. 1.

一步改造和创新。第二,1864 年司法改革确立了很多体现现代理念的诉讼制度,如诉讼原则体系、自由心证、证据开示、简易程序、治安法官制度等。

为解决经济转型过程中案件大量涌现,法院案件负担过重的难题,现代俄罗斯司法改革采取了职权主义向当事人主义转化,证据和证明标准革新,恢复治安法官和设立简易程序等一系列改革措施。通过对这种现代与传统间承袭关系的考察,我们可以更加全面地审视这个与我们国家具有众多历史共性和法律现实的转型国家民事司法改革历史进程。

一、现代俄罗斯民事诉讼模式中的近代因子

现代当事人主义诉讼模式的创变。俄罗斯民事诉讼模式经历了古代侦查纠问式诉讼模式,俄罗斯帝国初期的程序秘密主义诉讼模式以及后期的当事人主义诉讼模式,苏联时期的职权主义诉讼模式四个时期,现代俄罗斯民事诉讼法中重新开始贯彻当事人主义,并根据新的社会现实对其加以改造,既注重发挥当事人主导诉讼程序的积极性,限制法院的职权干预,同时也强化对于社会公共利益的保护。

第一,“法院不能在没有利益相关人请求的情况下提起民事诉讼”①。但法院在诉讼程序中也并非完全处于消极地位,面对社会利益受损可以采取积极保护措施。现代《俄罗斯仲裁诉讼法典》和《俄罗斯民事诉讼法典》均秉持这一理念。所有诉讼行为主动权由诉讼参与人掌握,法院只能在诉讼参与人提出请求具有依据的条件下调取证据。《俄罗斯仲裁诉讼法典》为贯彻诉讼程序的辩论性质引入诉讼风险制度,“诉讼参与人对其由于所完成或未完成的诉讼行为所导致的后果承担风险”(《俄罗斯仲裁诉讼法典》第 9 条第 2 款)。在赋予诉讼参与人积极参与诉讼的权利的同时,也规定其在未完成诉讼义务和丧失诉讼权利情况下所导致的不利后果承担一定风险。《俄罗斯民事诉讼法典》中也同样借助拟制规定了与诉讼风险相关的条款,“如果当事人逃避参与鉴定,不向鉴定人提供用以调查的必要的材料和文件,以及如果根据

① Малышев К. Курс гражданского судопроизводства. Т. 1. Санкт-Петербург. 1876 г. С. 350.

案件的情况,在该当事人不参与的情况下无法进行鉴定,则法院有权根据哪方当事人逃避鉴定的事实以及鉴定对于该方当事人所具有法律上的意义,有权认定或推翻鉴定所要查明的事实”(《俄罗斯民事诉讼法典》第 79 条第 3 款)。对此,现代改革者经常引用 1864 年司法改革时期著名法学家 E. A. 涅菲奇耶夫的观点,强调诉讼程序的目的“应当是在尽可能少使用直接强迫当事人手段的情况下实现,而对完成某种诉讼行为的直接强迫,应当被法律中对当事人未完成该行为时承担不利后果的规定所取代”①。

第二,法院不应当超出当事人诉讼请求范围裁判。只有法院存在确定对保护被侵害权利所适用正确方法之必要时,可以超出诉讼请求的范围。这些情况是指,当事人未准确判断自身诉讼请求的性质而请求不当,或者根据法律规定以及最高法院决议方可超出诉讼请求的范围。其中最为典型的是引入了执行逾期罚金制度,这一制度源于法国诉讼法,在 2014 年 4 月 4 日俄罗斯联邦最高仲裁法院全体会议《关于对于未执行法律文书追索金钱罚金若干问题决议》中规定,对于债务人逾期执行法院判决,法院可以根据裁量科处罚金。

第三,法院不应当调查和采纳未经当事人主张的事实和证据。这一规定仅仅关涉到事实材料而不包括法律适用,同时,法院可以向当事人和证人提出问题并行使释明权,即根据现有事实指出证据瑕疵,建议当事人根据其意愿填补瑕疵(1864 年《民事诉讼条例》第 368 条)。② 由于苏联时期职权主义诉讼模式中法院具有主动调查案件实质的义务,导致法院拥有极大范围的自由裁量权,因此,司法改革中首先撤销了法院主动收集证据的权限,而仅仅为当事人提供必要的协助。③

二、现代俄罗斯民事诉讼程序中的近代因子

19 世纪俄国民事诉讼程序根本缺陷在于,案件审结审级过多,审限

---

① Нефедьев Е. А. Учебник русского гражданского судопроизводства. Краснодар. Советская Кубань. 2005 г. С. 225.

② Малышев К. Курс гражданского судопроизводства. Т. 1. Санкт-Петербург. 1876 г. С. 359.

③ Нефедьев Е. А. Учебник русского гражданского судопроизводства. Краснодар. Советская Кубань. 2005 г. С. 36.

不确定以及审限过长，尤其是反复审理造成的诉讼程序迟延。即使民事讼争案情简单，法院和当事人仍需花费大量时间精力完成繁复的诉讼行为。由于民事案件的复杂性，不可能通过一种程序满足所有案件审理需求，因此，1864 年司法改革将案件审理程序分为普通程序和简易程序，并规定了 4 种简易程序：治安法官程序；普通法院简易程序；普通法院速裁程序；强制执行程序。旨在实现民事诉讼程序应当满足的两个基本要求：案件快速审理和案件调查的根据性。

应该说，近代民事诉讼简易程序发展一般遵从两种模式，一种是严格规定适用简易程序案件种类清单的法国模式，另一种是根据案件复杂程度决定是否适用普通程序的日耳曼模式。通过对俄国近代诉讼发展的历史梳理，我们不难在其中发现两种模式的混合特征。1864 年《民事诉讼条例》中规定了必须适用简易程序的案件种类，同时，也规定任何争议都可以根据当事人申请，经由法官许可并适用简易程序审理，但部分案件做了除外规定。可以说，1864 年《民事诉讼条例》是在 1806 年法国民事诉讼法的影响下制定出来的，贯彻自由程序主义思想。在 1864 年之前，俄罗斯民事司法体系中存在诸多不同类型的程序形式，整体上建立在传统罗马法模式的日耳曼民事诉讼原则之上。1864 年 11 月 20 日《民事诉讼条例》颁布后，俄罗斯民事诉讼进行根本革新，区别于旧的诉讼模式，大量吸收法国民事诉讼优秀立法成果，在合议庭案件审理中创设了两种程序：普通程序和简易程序。1891 年，在两种程序的基础上补充了快速程序，而在 1912 年 6 月 15 日法律中又规定了根据文据强制执行程序。最终，在 1914 年 6 月 2 日法律中，根据日耳曼模式将简易程序和普通程序进行融合，塑造了新的普通辩论式诉讼模式，与之相对立的是剥夺了辩论环节的文据强制执行程序。俄罗斯司法改革前的民事诉讼最为显著的特征是多种类型的简易程序。上述程序在历史的浮沉中逐渐蜕去了原有的形态特征，例如，现代俄罗斯民事诉讼中的命令程序，就是 1864 年《民事诉讼条例》中规定的文据强制执行程序。同时，现代仲裁诉讼中规定的快速程序，其中也涵摄了 1864 年《民事诉讼条例》中简易程序和快速程序的部分要素。因此，俄罗斯民事诉讼最初萌发于日耳曼民事诉讼的土壤，并在 150 年的发展过程中，吸收了法国民事诉讼法典的基本原则，并最终又回到了日耳曼民事诉讼法的怀抱，当然，这已经不是 1864 年司法改革所抛弃的旧制度，而是现代法律思想意义上的德国民事诉讼理论。①

20世纪90年代俄罗斯步入社会转型期,法院中民事案件数量开始激增,源于俄国1864年《民事诉讼条例》的简易程序随着现代演化和创变,例如,现代俄罗斯仲裁法院中的简易程序,以及普通法院中的命令程序和缺席审判程序,对于解决书证无争议的民事案件取得了极好效果。现代俄罗斯普通法院命令程序是指法院在审查提交材料后,无须传唤当事人到庭和法庭审理,直接制作向债务人索取金钱或者动产的命令文书。为了获取命令文书,追索人应当提供《民事诉讼条例》中规定的书面债权凭证。命令程序在民事诉讼中广泛使用,特别是在税务案件中。因此,司法命令大多用于税务机关向自然人追索税款,通常由治安法官独任作出。命令程序由于其自身具有的相对无争议性在俄罗斯解决一般民事案件中发挥了极大效用。缺席裁判是指如果被告人已经收到开庭时间和地点的通知而拒绝到庭,被告未提出不到庭的正当原因,则案件可以按照缺席审判程序进行审理,但是只能在原告证明和诉讼请求范围内审理并满足其诉请。如果法院确定,被告人不到庭系出于正当原因,其无法将原因及时通知法院,之后提出可能影响判决内容的情况和证据,则应该撤销法院缺席判决。2002年仲裁法院也引入了简易程序,这一程序类似于司法命令程序,这一程序适用的依据是原告诉讼请求的相对无争议性。案件审理时无须传唤当事人,但应当向当事人调取书证材料,根据书证评价结果作出判决。这一程序很快得到了广泛适用,特别是电子诉讼方式的引入,向一审法院和再审法院递交诉状、提供诉讼答辩以及其他案件材料,都可以通过网络在相应法院网站填写专门表格来实现。② 除此之外,保障民众通过网络了解仲裁法院诉讼文书,这不仅针对诉讼参与人,也使任何公民都可以通过网络跟踪诉讼进程。《俄罗斯仲裁诉讼法典》第29章中规定的民事诉讼简易程序也通过网络技术开启了司法电子化进程,例如,交换证据和案件材料只能通过相应仲裁法院的官方网站进行。在简易程序框架内,法官可以依据通过网络提交的证据作出相应的司法判决。

---

① Судебные Уставы 20 ноября 1864 года за пятьдесят лет. Петроград. 1914 г. С. 522–523.

② Ярков В. В. Арбитражным судам 20 лет. Достижения и персипективы. /Закон. 2012 (1). С. 30–33.

三、现代俄罗斯治安法官制度中的近代因子

世界上很多国家都具有治安法官制度传统,历史上,治安法官(мировой судья)最早根据爱德华三世《治安法令》设立于英国,法国则在大革命之后根据1790年法令设立该制度,审理小额案件并对轻微违法案件进行处罚。英国和法国的立法经验成为俄罗斯治安法官制度创设的基础,俄罗斯治安法官前身是早期审理地主与农民间争议的调解仲裁人,并不属于司法机构。近代随着农奴制的废除,人民要求平等的呼声日益高涨,要求建立真正打破旧有的等级法院以及复杂诉讼程序,使民众接近司法的地方基层法院。因此,1864年《民事诉讼条例》的立法者指出"无论普通法院的程序条例如何简单,如果其距离当事人或者财产所在地、侵权行为发生地遥远,那么对当事人就会造成不利益,因此,跨越较远距离解决小额纠纷也就失去了意义"。[①] "在俄罗斯建立一个迅速、公正、仁慈的司法系统,以及向所有俄国民众平等开放的法院。保障公民接近司法,首要的是使法院接近当事人,简化并加快诉讼程序;提升司法机关地位并赋予其应有的独立地位。将治安法官和治安法官大会同州法院、高等审判院和作为最高再审法院的参政院一样,作为独立于立法权、执法权的司法权载体而设置。"[②]

治安法官制度的建立是俄罗斯近代法律的重要进步,治安法官通过民主选举产生,通过简易程序独任或者合议审理案件,上述要素也被俄罗斯现代治安法官制度承继下来,展现出民族自治传统与强烈国家性诉求相联系的特征,立法上反映为治安法官由社会各阶层选举产生,但其履职必须经由政府确认。[③] 近代治安法官的选举原则既符合当时民主改革的要求,也反映出1861年土地改革的本质属性。近代治安法官无论任何时间(也包括休息日)、身处任何地点都应当亲自接受书面或者口头诉状,不得拒绝接受诉状。治安法官不仅承担司法职责,还应

① Пржевальский В. Судебные Уставы 20 ноября 1864 года, с изложением рассуждений, на коих они основаны. Ч. 1. Санкт-Петербург. 1866 г. С. 41-42.

② Учреждения судебных установлений 1864 г. Судебные Уставы 20 ноября 1864 года. с изложением рассуждений, на коих они основаны. Ч. 3. Санкт-Петербург. 1866 г. С. 1.

③ Ефремова Н. Н. Немытина М. В. Местное самоуправление и юстиция в России (1864-1917) гг. Государство и право. 1994(3). С. 127.

履行行政职权,履行比如司法侦查、政府机构委托等职责。

治安法官重要的功能在于使当事人走向和平。正如著名法学家E. A. 涅菲奇耶夫所言,“无论是立法者还是法律工作者总是对友好解决争议有着特殊的偏好,这也使治安法官更多扮演调解者而非审判者的角色。治安法官最重要的任务,是通过其道德上的影响,降低当事人双方的敌意,使双方趋于冷静并且不带任何偏见地再次观察对方。只有在此之后关于和解的谈判才有可能进行”[①]。《民事诉讼条例》第70条规定:“根据双方当事人预先答辩,治安法官可以建议双方当事人以和解方式终止诉讼,并根据自身意见提出切实可行方案。案件审理中治安法官亦应当采取必要措施促使当事人和解,只有在调解不成的情况下治安法官作出判决。”诉讼程序的可接近性、辩论性、当事人平等、庭外和诉讼中和解制度是俄罗斯法律生活走向法治文明的重要飞跃。无论是1864年司法改革,抑或今日俄罗斯司法改革中的治安法官制度都将目标定位于,减轻法院对微小案件的负担,通过和平方式解决争议问题,简化诉讼程序。

苏联时期治安法官制度被完全抛弃,所有案件由区(市)人民法院作为第一审级审理,法官由人民选举产生,任期5年。在20世纪80年代末出于司法改革需要,苏联再次恢复了治安法官制度。为此制定通过了《苏维埃法官地位法》《苏联及其加盟共和国诉讼程序立法纲要》等法律规范。1991年苏俄总统提请最高委员会决议,并在其支持下通过了《苏俄司法改革方案》。[②] 方案中提出了一系列具体措施旨在恢复治安审级并建立治安法院。根据《治安法院设立方案》,治安法院采取独任审判的方式并作为第一审级。其权限包括:(1)审理行政违法案件;(2)审理自诉刑事案件;(3)审查判决执行相关问题;(4)审理小额民事案件;(5)对审讯进行司法监督。治安法官又分为:(1)区法官,负责审理刑事、民事和行政违法案件;(2)专门法官,或称为监督法官,承担监督职责。因此,现代俄罗斯司法改革中对于治安法官权限的规定,已经超出1864年司法改革中治安法官的规定,仅仅在民事案件审理存在部分契合点,即均针对小额民事案件。但又有所改造,即现代治安法

① Нефедьев Е. А. Избранные труды. Краснодар. 2005 г. С. 122,321.

② Пашин С. А. Концепция судебной реформы в Российской Федерации. Москва. 1992 г. С. 51.

官可以受理大额民事诉讼案件。

俄罗斯现代司法改革背景下治安法官制度的“复活”，旨在使民众最大限度地接近司法，减轻区法院的负担，为民事案件的审理创造良好的司法条件，最终惠及诉讼参加人，减轻其接近司法的阻碍。出于这一考虑，将原区法院负责60%—70%的民事案件划归为治安法官审理权限。同时，为了贯彻民主司法理念，规定了由所在司法区民众选举或联邦主体立法机关任命两种治安法官任命方式。为了和平解决纠纷，出台了联邦性法律《调解员参与替代性争议解决法（调解程序法）》。

治安法官制度的设立有其深厚的历史法制土壤，即传统的调解制度。俄国10世纪时便已经出现调解仲裁制度，旨在给当事人双方带去合法、诚信和安定之生活，终止争议与纠纷，归还各自所属之物，减轻诉累。同时，“感化法院”的设立为当事人的和解创设了条件；治安法官设立的另一基础是民族文化精神的共同性，提倡宽恕和解的基督教精神。

四、现代俄罗斯民事诉讼证明制度中的近代因子

1864年司法改革对证据法进行了根本性的修订，俄国司法开始排斥旧有的法定证据规则，进而采用自由心证制度。这一修订的目的是贯彻当事人主义诉讼原则。在司法改革前的纠问式诉讼模式阶段，法定证据理论作为纠问诉讼模式的基础成为诉讼的基石，证据的效力必须通过法律规定获得，调查和评价被收集证据时，无须法官适用自由裁量。根据法定证据规则评价证据时，诸如书面文件原件等证据具备完全证明力，而如单独证人证言作为证据时则证明力需要加以补充。同时，也根据身份和社会阶层的不同，规定了证言的不同证明力，例如，男性相对于女性，名门显贵相对于普通人，修士相对于平民，其所作证言具有更强证明力。在近代从纠问式诉讼模式向辩论式诉讼模式转型过程中，俄国同其他欧洲国家一样废除了法定证据制度，采纳了更符合当事人主义诉讼精神的自由心证制度。现在俄罗斯法律中所规定的法院可以根据自己内心确信评价被调查的证据，不再规定证据的证明力，应该说这一自由心证传统在150年前就已经存在。

在自认行为的证明力问题上，现代俄罗斯民事诉讼吸收了1864年《民事诉讼条例》的理念，即“民事权利作为诉讼的对象应当属于当事人的处分权利。因此，如果当事人认可了相对方主张的正确性和作出的

保证,那么此种认可就体现了当事人对于诉讼标的的处分权,即使法官确信,当事人自认并非真实,仍然应当认为这些证言符合真实,否则他就侵犯了当事人对诉讼标的的处分权"①。

相较于苏维埃民事诉讼所采用的客观真实原则,尽管从现有公布资料来看,这一原则在苏维埃时期实际上并未经详细讨论,却被确定为一项基本制度,由此也导致了民事诉讼和刑事诉讼中的证明标准一致,即应当查明客观真实(实体真实)。在当时很多苏联学者的著作中,都认为一些种类诸如 DNA 鉴定出现之前的亲子鉴定类型案件是不可能完全查明客观真实的,而且由于民事诉讼当事人之间私法关系的平等性,也由此缺乏查明客观真实的必要。

而现代俄罗斯司法改革中提出了新的证明标准,即刑事诉讼旨在查明客观真实,亦即查明实际发生的真实情况,排除证据中的合理怀疑。民事诉讼中客观真实原则被逐渐排斥,在 2002 年《俄罗斯仲裁诉讼法典》和《俄罗斯民事诉讼法典》中均转向了 1864 年规定的证明标准,即根据当事人提供证据查明的法律真实。如果当事人由于某种原因错失了提供证据的权利或者没有履行证明责任,那么法院依据现有证据作出判决,这一规范亦契合于 1864 年司法改革中提出的证明规范。

现代俄罗斯证据法制度契合于 1864 年司法改革奠定的证据法传统,诸如不同法院判决之间彼此具有法律效力,法律文书具有预决效力;证据评价;证据保全;庭审调查证据程序;如果法官发现,一些情况未被证据证明,应当向当事人行使释明权;法院不主动收集证据,只依据当事人提供的证据作为判决依据;证明责任分配;无须证明事实、众所周知的事实和推定事实;证人作出证言的绝对和相对特权等制度安排。同时,1864 年《民事诉讼条例》将当事人置于证明程序中的积极地位,当事人可以根据协商指定鉴定人,法院根据当事人请求传唤证人到庭,将交换证明文件和证据开示作为证明基础。这些相关规范被现代俄罗斯民事诉讼法完全继承下来,其在司法实践中亦契合于俄罗斯现代法律现实。

---

① Нефедьев Е. А. Учебник русского гражданского судопроизводства. Краснодар. Советская Кубань. 2005 г. С. 220.

1864年《民事诉讼条例》中，同时也严格规定了争议当事人未完成相应诉讼行为义务所承担的责任：如果当事人未现场参与勘验，则其相应失去指出该诉讼行为在程序上存在错误的权利。现代俄罗斯民事诉讼法中也存在类似规定。例如，上诉审仲裁法院在采纳补充证据时，如果诉讼参与人，证明其在一审程序中未提交该证据是由于不能归责于个人的合理原因，或者由于一审法院驳回了关于调取证据的申请，则上诉审法院认可这些原因是合理的并采纳新证据（《俄罗斯仲裁诉讼法典》第268条第2款）。1864年《民事诉讼条例》中亦存在关于法律拟制的规定，例如，如果当事人无法提供另一当事人掌控之证据，而且后者拒绝向法院提供，则法院认为该事实已获得证明（1864年《民事诉讼条例》第444条），现代俄罗斯民事诉讼法中亦作出了此类规定。

虽然现代俄罗斯民事诉讼中贯彻了当事人主义诉讼理念，但是在司法实践中的效果却并非尽如人意。原因在于，如果当事人主义诉讼模式中缺少足够数量的具有专业知识和法学教育背景的诉讼代理人，则这一模式在实践中将毫无意义，现代俄罗斯通过放宽出庭律师的准入资格来解决这一问题，一般民事案件中，出庭律师仅需出具法学高等教育文凭即具有出庭资格。在俄罗斯仲裁法院诉讼代理人参与商事诉讼相对于普通法院更加积极，这很大程度上是由争议当事人性质所决定的，商事纠纷大多参与人是组织、企业和独资企业，在这一情况下作为诉讼代理人参与诉讼的大多是大型律师事务所。而在普通审法院中，公民则很少向职业诉讼代理人寻求帮助，而更多是通过亲自参与诉讼，独立维护自身权益。因此，这种不均衡发展，正如俄罗斯学者所评价的："遗憾的是，俄罗斯的当事人诉讼代理人既不是西方法学家眼中的'法律角斗士'，法官也不是网球比赛中的'裁判员'。"①也正是由于诉讼代理人缺乏职业上的积极性，使诉讼资源分配不均衡，并导致法官在诉讼中不得不发挥更加积极的作用，如在证据调查时自行提出问题等。因此，即使证明标准的松动为当事人主义诉讼模式的落地生根创造了条件，但是由于职权主义的惯性和法律援助机制的不健全，真正实现当事人主导的辩论式诉讼还需要假以时日。

应该说，俄国1864年司法改革在历史发展和现代法治进程中都获

---

① Решетникова И. Судебная реформа：1864 и 2014 гг. М. Статут. 2015 г. С. 78.

得了极其积极的评价，诚如俄罗斯著名法学家 E. B. 瓦西科夫斯基所言，司法条例“如同独特的地理大发现，为俄罗斯法律发展的新纪元奠定了原则性基础，使其展现出新的发展形态，1864 年司法改革帮助俄罗斯在诉讼法领域超越了很多欧洲国家”。俄罗斯社会期待一场如同 19 世纪司法改革的现代司法变革。正如著名法学家 E. A. 涅菲奇耶夫所言：“社会焦急的盼望是自然而然的，很多个世纪以来，我们的法院都充斥着拖延、不公平、受贿和非正义。”

第五章　俄罗斯近代司法改革的现代反思与经验借鉴

《民事诉讼条例》尽管作为一部广泛借鉴欧洲优秀诉讼立法成果和学说,编纂而成的带有民主性质的自由主义法典,但由于其自由主义诉讼观偏离了俄国社会现实,而遭遇到司法运行的困境。本章通过检讨和分析俄国近代诉讼观与社会正义理念的价值冲突、社会诉讼观的转向及现代反思,认识到俄国近代民事诉讼制度改革理想的偏失在于:过于偏重域外经验,忽视本土语境和资源;重视司法的民主性,而忽视司法的民生性。我们在汲取《民事诉讼条例》经验与教训的同时,其优秀立法成果亦可对我国民事司法改革提供有益借鉴,从诉讼基本原则体系、治安法官制度构建、民事审判监督程序定位与完善、司法改革中民族法律理性等维度对近代俄国民事诉讼制度变革与嬗变进行审视时,可以发现其中不乏影响中国诉讼立法之要素,构建现代法治国家民事诉讼制度体系之佑启,法律现实问题解决之有益路径和基本规律。

第一节　俄罗斯近代司法改革的现代反思

俄国近代初期的彼得一世改革,是俄罗斯民事司法近代化的“首战”，可谓是俄国摆脱落后司法面貌，跻身欧洲强国的一种必要措施，目的是希望借助西欧司法模式改变其落后的司法制度。但这种依靠沙皇意志推动，没有任何改革计划，完全复制域外法的方式，最终造成了司法的混乱，并很快被废止。之后叶卡捷琳娜二世及历任沙皇都试图将民事司法改革纳入其维护专制统治的轨道，无论是以等级制度为基础的司法体系，还是纠问式诉讼的广泛使用，都导致司法腐败和诉讼迟缓的现实问题日益尖锐。直到克里米亚战争的失利，让整个俄国社会开始认识到专制制度的腐朽。于是亚历山大二世开始寻求国家各领域的全方位变革，力图建立以君主立宪为基础的新型政体，而司法作为维护社会公平正义和维持社会稳定的重要保障，也当然服务于沙皇“欧化改革”的政治目标。因此，1864 年司法改革具有典型的自由化和民主化色彩。

虽然亚历山大二世的司法改革成效显著，将俄国民事司法带入了近代化轨道，但由于改革自身的局限性，重视自由化和民主化的同时却忽视了民生性，由此也造成了俄国国内矛盾在短期内反而更加尖锐的困难局面，并且这种矛盾也投射到民事司法制度建设上。不可否认，《民事诉讼条例》作为一部伟大的法典，是通过广泛借鉴欧洲诉讼立法优秀成果编纂而成，尽管立法者初衷良好，但这部足够发达的成文法，却在司法运行中遭遇现实的困境：居民更多仍然使用民族和地方独特法律习惯解决讼争，这与亚历山大二世立法目标背道而驰。以广受民众好评的治安法院制度为例，这一司法机关由非专业法律工作者组成，并且普遍使用习惯法依据良知来实施审判，并以此达成公平正义，由此也就强调法院在诉讼程序中的积极性。这与贯彻自由主义诉讼观的《民事诉讼条例》中严格限制法院在诉讼程序中积极性相矛盾，进一步造成了成文立法与司法实践的冲突。因此，《民事诉讼条例》成为一个矛盾体，一方面从法律技术观点来看，成为了那个时代较为完善的法律规范；另一方面其适用条件又不完全符合俄国当时的社会条件，这也导致在之后的“反改革”浪潮中，其中的很多制度被废止。仅从司法制度本身的分析无法让我们真正认识其中深刻的原因，因此，还需要我们从社会学角度展开分析，揭示俄国司法制度发展的内在规律。本节从诉讼观和正义价值理念两个方面，对俄罗斯近代民事司法制度改革检讨并重新认识，分析并认识改革取得的巨大成就的同时，由此所产生的副作用以及付出的代价，力求从改革失败的教训中汲取有益的启示。

一、近代俄国自由主义诉讼观与正义理念的价值冲突

在西方学者看来，多数西方国家进行的民事司法改革源起于所谓的“司法危机”。这种“司法危机”表现为许多国家都经历了其民事司法制度在实际运作上的困难。在西方语境里，司法与正义本来就共享一个指称的符号——justice，俄语中则使用 правосудие 这一复合词，表示司法和公正裁判，право 一词既表示法，也表示正义。所有诉讼制度的目的都在于寻求正义的实现。而诉讼观是与民事诉讼目的密切联系的，不同的诉讼观代表了不同民事诉讼目的，同时民事诉讼目的又决定了司法改革的方向和制度设计的标准。民事诉讼观不仅是原始复仇的替代手段也是对社会不公正的替代手段。因此民事诉讼法也成为实现社会正义的工具，即使正义不可能是完美的，但是诉讼程序却必须是正义的。正义判决的作出不仅要依据正确的事实和法律，还需要保护社会平常人的权利，因此，司法的危机也可以说是正义的危机。司法只有当其从根本上偏离了正义为它的运行设定要求时，才会真正出现所谓的危机问题。

发生在 1864 年的这场伟大的民事司法改革，是在近代民事司法运行遭遇危机的情况下，参照欧洲模式而实施的自由主义和民主性质的改革。19 世纪下半叶的俄罗斯民事诉讼近代化变革经历了两个阶段，都具有共同的辩论主义性质：1864 年至 1889 年，形成了自由主义类型的民事诉讼，其主要是借鉴了 1806 年《法国民事诉讼法典》中的自由主义诉讼观；1889 年至 20 世纪初，形成了社会本位类型的民事诉讼，借鉴了 1895 年《奥地利民事诉讼法》中的社会本位主义诉讼观。

自由主义作为一支有效的历史力量，是在资产阶级反对封建主义的斗争中产生的，其几乎在各个方面都赋予了人民更多的自由和地位，同时也或多或少地改变了旧的专制社会。随着自由主义在法治中的渗透，自由主义诉讼观随之形成。其被贯彻到诉讼程序中，使诉讼成为当事人在法官面前的一种决斗，而民事诉讼法则成为决斗规则。在诉讼程序中，法官不再高高在上，而只是一名旁观的中立角色。1806 年的《法国民事诉讼法典》塑造的自由主义诉讼观，在法官与当事人的关系上奠定了消极法官、积极当事人的基调。19 世纪末 20 世纪初，以 1895

年《奥地利民事诉讼法典》为代表的社会本位民事诉讼观开始兴起，这一时期强化法官的职权成为清晰的改革主线。诉讼法学界也清楚地认识到，法官权力的增加，当事人自由的弱化已经成为几乎所有国家都认同的改革思想潮流，同时消极法官的地位也受到质疑，积极法官的思想则获得了理论上的支撑和依据。

俄罗斯诉讼观念上的转型与俄国社会普遍要求的正义理念具有紧密的联系，而非单纯受法学理论发展趋势和域外学说的影响。美国法学家博登海默认为，"正义具有着一张普洛透斯似的脸，变幻无常、随时可呈不同形状，并具有极不相同的面貌"。但是，不管这张普洛透斯似的脸如何变幻无常，"给予每个人以其应得的东西的意愿乃是正义概念的一个重要的和普遍有的组成部分"①。因此，分析近代诉讼观转型在俄国的正义性，需要从司法改革的历史背景和社会背景出发，认识到司法制度被民众接纳并不取决于统治者的意志，而是应当符合民众和社会的需求，否则无论多么先进的制度都将在历史发展中遭遇阻力，并最终在历史的选择中湮没。

俄国借鉴法国诉讼法制经验实施的民事司法改革所取得的正面效果，对其民事诉讼法的发展而言是毋庸置疑的，但却未必符合当时社会和民众的需求，由此也导致了条例在实践运行中的困境。正如上文所述，民众往往选择在治安法院使用习惯法裁判，而非成文法条例。导致出现这种情况的原因在于：《民事诉讼条例》与当时社会文化基础相矛盾。尽管立法者将改革希望寄托于欧洲社会文化模式，坚信欧洲自由主义民事诉讼思想的伟大成就在俄罗斯能够发挥其有效作用，但这种忽视俄罗斯民族特点的理想却遭遇了司法实践的否定。Ш. 蒙泰斯科耶指出，"法律应当紧密契合于民族特点，仅在极少情况下，一个民族的法律才可能同样适合于另一个民族"②。杰·托克威利认为，"法律只有依照民族风俗习惯而设，才可以视之为可靠，因为民族风俗习惯，是一个民族拥有的唯一永恒且坚定的力量"③。遗憾的是，纵观俄国近代

---

① ［美］E. 博登海默：《法理学：法律哲学与法律方法》，邓正来译，中国政法大学出版社2004年版，第261页。

② Монтескье Ш. Избранные произведения. М. 1999 г. С. 16.

③ Де Токвиль А. Демократия в Америке. Перевод с французкого языка. М. 2000 г. С. 211.

甚至现代的司法改革，上述原则并未被俄罗斯立法者所重视，这也就论证了近代俄国为何长期法律虚无主义泛滥的一个重要原因，就在于"这一改革的结果在俄罗斯广大民众意识看来是极为不公平的"[①]，这体现在以下三个方面。

第一，诉讼条例效力仅适用于一定范围公民，这些获得保护的公民仅占少数，并且主要集中在城市市民阶层，而当时占到俄罗斯帝国居民总数80%的农民仍继续使用当地传统法律习惯进行裁判。俄国农民更感兴趣的是解决改革后的土地所有权问题，而不是司法改革的问题。司法改革在推行10年之后，由于诉讼条例在实践运行中的阻力和限制，使立法者开始意识到，条例中很多制度和规范仍然仅仅停留在纸面上，并无法在现实中施行，只有在进行较大规模修订的情况下，才能使其符合社会现实。正是由于立法虽然符合立法者的初衷，却与社会的期望相矛盾，于是，使得统治者不得不如B. Д. 卓林金所言，"采取措施限制或者甚至'阉割'司法改革中的自由主义和民主内容"。[②] 由此，不禁让我们联想到19世纪下半叶日本的明治维新，当时日本编纂新式法典并不是为了满足居民司法保护的需要，而是为了引入西方的标准，实现国家的现代化，建立能够被西方理解和接受的"游戏规则"。

第二，自由主义应当以真正享有自由的民众为前提。150年前亚历山大二世在俄罗斯历史上第一次对国家生活和社会生活进行体系化和制度化的改革，通过废除农奴制，使农奴成为了"自由人"。由于这一伟大功绩，他获得了"亚历山大改革者"的称号。但是这种自由却是"无法承受的自由"，最终也导致了民事司法改革的停滞，原因在于：

首先，农奴制改革的不彻底性。农奴制改革仅在形式上赋予了农民自由权利，却没有为农民能够真正享有这些自由创造条件。这次改革将农奴从地主手中解放出来，却没有强化农民相对于村社集体的独立性，改革后土地仍未属于农民个人所有，而是归村社支配。改革尽管给予了农民以个人自由，但在牢固村社土地依附的社会条件下，这一切

---

① Зорькин В. Д. Экономика и право：новый контекс. Российская газета. 22 мая 2014 г. № 113.

② Зорькин В. Д. Суд скорый, правый и равный для всех. Судебная реформа Александра II：уроки для правового развития России. Российская газета. 2014 г. 26 сентября. №220(6492).

又都失去了意义。

其次，导致原有的俄国社会结构遭到破坏。正如涅克莱索夫所言，"原有农民和地主间的社会关系链条被打破了"，作为俄罗斯民族内部原有统一纽带而存在的农奴制被废除，使得原本具有横向和纵向稳定联系的社会体系被破坏，这种秩序的颠覆使得原有的两个主要社会阶层贵族和农民之间本已弱化的联系被打破。在民众和社会精英阶层之间、民众与作为改革缔造者的沙皇政府之间、在社会精英阶层与沙皇政府之间形成了一个造成彼此疏离的巨大隔离网。最终，作为统治者的沙皇尽管承载了民众对改革的期待，却由于在权力机关和农民大众之间起重要缓冲器功能的地主阶层的缺失，导致社会关系持续紧张。这也成为了 19 世纪末期"反改革"力量增长的重要原因。其中，反对的对象也自然涵盖了"建立高效、公正、仁慈和平等的司法"的改革初衷，并由此导致了俄罗斯帝国后期革命运动的高涨。

再次，司法体制的跨越式发展超越了社会现实的需要。这种高速的发展也预示了改革的失序，俄国由封建主义向资本主义市场经济的迈进充满了痛苦和震荡。但在欧洲，这一过程相较于俄罗斯却更为平稳。原因在于，欧洲的城市资产阶级主要源于封建领地的农民和城市市民阶层分化出的富裕商人，欧洲城市资产阶级在封建时期就已经能够保障自身和农民的自由，免受封建领主制度的侵扰，并同时享有足够的司法保护，由此逐渐摆脱了村社集体主义的庇护，形成了资产阶级道德体系和商业习俗，从而降低了向以《拿破仑法典》代表的资本主义法律和司法体系转型的阻力。同一时期的俄国显然未向亚历山大二世提供这些社会基础以及适应的时间，急剧转型使得广大群众完全是在震荡中接受了新的生活准则。改革因为不具备适应新现实的社会文化资源，并在新的规范体系尚未建立的条件下，就以立法形式急速废除了旧的社会规范体系，这就造成了法律秩序的混乱和社会的失序。同时也为自由主义和民主性质司法改革的进展迟缓和最终失败埋下了伏笔。

最后，公社正义理念的忽视。伟大的改革家 П. 斯托雷平试图打破原有的公社土地所有制，建立自耕农阶层。他曾说过，"给国家二十年的内外稳定，我将会给你们一个全新的俄罗斯"。然而，历史显然没有给当时的改革家足够的时间，当改革的一系列举措最终错失了宝贵的时机，而使国家和社会间的紧张达到了临界点，巨大的动荡就已经无可避免了。更为重要的是以斯托雷平为首的改革家们忽视了对主要农民阶层而言,公社的义务性互助型体系具有极其重要的意义,这一结构承载着集体主义的传统正义理念,帮助农民在饥饿年代、灾害或者家庭供养人死亡后能够存活下来。延续了几个世纪的公社伦理规范和个人道德体系,催生出了这种集体主义的互助型规范,也由此衍生出社会个体的正义感以及社会秩序的正义。但是斯托雷平改革却摧毁了这种公社正义,虽然赋予了农民个人自由,但却使其中很多人都丧失了生活能力,甚至剥夺了他们赖以生存的公社保障体系,因此,佛洛姆(Эрих Фромм)将其称之为"无法承受的自由",即失去旧规范、道德、公平和义务理念后无处安放的自由。

第三,资产阶级民主性质的民事诉讼程序能够真正有效实施的另一个重要条件是,民众拥有较高的法律意识,尊重法律和权利。俄罗斯相较西欧而言大学出现较晚,职业法学家群体也较晚出现。1864 年司法改革前,司法权与行政权尚未分离。著名的法国法学家 P. 达维特指出,"俄罗斯成文法与民众的法律意识相疏离,他更多是一种行政性法律,不具备私法基础。法律中包含的私法部分,完全无法吸引大多数民众,广大农民阶层继续按照习惯法生活,对于他们而言重要的不是私有权,而是家族和村社"①。

综上,近代俄国民事司法改革是在农奴制废除后,农民尚未获得真正自由摆脱对村社土地的依附性,其生存还深深依赖于具有集体主义色彩的公社体系以及由此形成的互助型朴素正义观,并且,自由的市民阶层尚处于形成阶段。在各阶层社会矛盾尖锐的情况下,由沙皇主导依照欧洲自由主义理念,超越社会现实而实施的民事司法体制跨越性变革,也导致了自由主义诉讼观与专制主义、集体主义的社会现实无法兼容,这种跨越式的发展使得这一转型丧失了彼此调适的时间,并造成司法运行的困境。

这一时期法律借鉴与社会现实缺乏调适的最典型的例子是治安法官制度和未参与诉讼第三人请求再审制度。

治安法官制度相较于其他制度在当时得到了广大民众特别是农村

---

① Давид Р. Жоффре-Спинози К. Основные правовые системы современности. М. 1999 г. С. 118-119.

底层民众的普遍欢迎。其原因在于,农村传统的日常生活准则的统治地位以及农村底层民众法律知识的缺乏,这也使得以良知和和平调解作为基础的治安法官,更能得到民众朴素情感的认可和接纳。根据1864年《民事诉讼条例》的规定,治安法官依据良知评价证据,可以在不违反法律规定的情况下,使用地方习俗来解决案件,尤其是治安法官的前身是审理地主与农民之间争议的调解仲裁人,所以,当其以新的形式被赋予司法机关地位的时候,很快就成为解决纠纷的有效手段。因此,俄罗斯著名法学家E. B. 瓦西科夫斯基在评价治安官制度时说:"治安法官的设立,首先,有其深厚的历史法制土壤,即10世纪时出现的调解仲裁制度;其次,旨在给当事人双方带来合法、诚信和安定的生活,使双方定分止争,归还各自所属之物,减轻诉累;最后,治安法官的设立也源于俄罗斯民族文化精神的共同性,即提倡宽恕和和解的基督教精神。"治安法官审理解决纠纷虽然同样使用辩论原则,但其主要依据理性与良知审理案件,这也必然要求探求真实以及法官积极参与诉讼。由于这一制度契合于俄罗斯民族法律传统,因而被基层民众所接受。即使在俄罗斯帝国后期沙皇为了加强其专制统治,废除治安法官制度,任命地方行政长官兼理司法职权,这一制度仍然表现出旺盛的历史生命力,并于1905年再次恢复使用。苏联时期尽管再次被废除,却在现代俄罗斯司法改革中又一次复生,这种历史的轮回证明了契合于民族风俗习惯和文化土壤的治安法官制度具有其内在的合理性。

与上述情况形成鲜明对比的是未参与诉讼第三人的再审请求。这一制度完全借鉴了域外法,也因为法律体系不兼容和民众的不认可,使这一制度相关规范成为僵尸条款,以此审理的相关案件在一年中不过十几件。上述主体通过另行起诉,相较于提出撤销判决请求,更容易达成自己的目的。这一制度旨在撤销和中止侵害第三人权利的执行程序,但司法实务界认为,这一程序无论如何都不应当视作判决申诉的一种方法,而只能将其视作一种特殊的第三人参与执行程序,并且具有典型的日耳曼法特征。因此,在新版本《民事诉讼条例》编纂过程中,提出了用第三人参与执行制度代替第三人申请撤销判决请求制度。正如司法条例的立法者所言,引入的所有新的原则和制度必须以适用于司法实践为前提条件,并在司法改革"建立对民众快捷、正义和平等司法理念"的指导下加以改造,这些引入的原则和制度如果无益则不能成为俄国立法指导[1]。

除此之外,近代初期彼得一世司法改革的命运也是上述观点的一个典型例证。1700 年,彼得一世下令贵族波雅尔编纂新的法律汇编,并将司法改革的准备工作委托给 A. A. 马特维耶夫公爵以及外籍大臣 Г. 菲克。1718 年两个草案制定出来后,Г. 菲克提出仿照瑞典法创制法典,而 A. A. 马特维耶夫公爵则强调俄罗斯和瑞典的社会条件不尽相同,因此必须对瑞典法加以改造,而非简单复制。[2] 彼得一世未采纳反对观点,最终从瑞典法、丹麦法、德意志法和法国法中,选择了瑞典法作为未来司法组织和诉讼程序的模板,同时,大量借鉴了德国法律术语,并于 1723—1726 年制定了新的法典草案。由于新法全盘复制外国法而未考虑到民族法律传统,所以导致了社会所产生的"排异反应",即诉讼体系在现实运行中效率低下,诉讼程序未能得到有效使用,也导致司法实践中更多运用原有诉讼程序。[3] 因此叶卡捷琳娜一世即位后很快撤销了彼得一世的诏令,恢复了原有的司法体制。由此,俄国统治者开始重视民族的法律传统和习惯,正如反对移植外国法的著名俄国改革家 M. M. 斯佩兰斯基所言:"我们国家的法律应当从本国法律渊源中汲取养分。"[4]

二、19 世纪下半叶的反改革浪潮与诉讼价值观转向

俄国国内矛盾的尖锐导致了政治方针的改变,也引起了 19 世纪下半叶俄罗斯诉讼观的重塑。这种转变以"反改革"的形态出现,让原有的自由主义和民主性质的改革成果遭到了破坏。随着"反改革"浪潮的高涨,亚历山大二世也成为了"遭人痛恨的解放者",其中俄国统治阶层内部的地主反对声音最为强烈,甚至连被解放的农民也因为失去土地而屡屡发动暴乱。与这些相比,更危险的是俄国国内的革命运动者们,伴随着改革带来的自由化趋势,社会革命党派的恐怖行动开始抬头,亚

---

① Нефедьев Е. А. Учебник русского гражданского судопроизводства. Краснодар. Советская Кубань. 2005 г. С. 141.

② Серов Д. О. Судебная реформа Петра I: Историко-правовое исследование. С. 188-189.

③ Н. Н. Ефремова. Судоустройство в России в XVII - первой половине XIX вв. Государство и право. 1997 г. №1. С. 124.

④ Сперанский М. М. Руководство к познанию законов. СПБ. 2002 г. С. 146.

历山大二世也因此被暗杀,这些革命者们试图为人民推翻沙皇政府,建立一个真正属于人民的光明前景。继任者沙皇亚历山大三世,转而采取保障独裁政体秩序与现代化进程同时进行的方式,并在初期采取了进一步的改革措施。但随着保守派势力的日益强大,为了维护沙皇专制和贵族既得利益,转而在相关领域采取废除以往改革的措施。所以,这一历史时期也称之为“反改革”时期。这一时期的变化主要表现为司法权控制的加强和 1864 年司法改革措施的废除。

首先,俄国于 1889 年 12 月 29 日通过了《司法和地方诉讼程序条例》《地方行政长官条例》《波罗的海各省县司法条例》。其中基层治安法院被司法行政机关(судебно-административные учреждения)所代替,同时恢复了已被撤销的地方行政长官和城市法官,并由地方长官和市法官代替其履行审判权,这也就缩小了诉讼条例的适用范围,同时规定了带有强烈行政干预色彩的诉讼程序。恢复和确立了贵族地主在地方自治区中的特权地位,增加了许多强化职权干预的条款。于是,地方行政长官在所在辖区内再次集行政和司法权力于一身,原县治安法院的大部分案件被直接转交给完全服从地方长官领导的乡法院审理,而最终的司法裁决权也集中在地方长官手中。

其次,俄国为了强化行政管理机关对于司法程序的影响,于 19 世纪末和 20 世纪初,对 1864 年《民事诉讼条例》进行了大规模的修改。从 1889 年开始,对当时的一系列民主司法制度采取限制措施,例如,如前文所述,陪审员制度的设立是为了保证社会公众对司法审判的参与,但在 19 世纪 70 年代至 80 年代由于采取陪审员财产资格的审查制度,进而严格限制了普通民众成为陪审员的资格以及陪审员制度适用的范围。在此之后,1885—1887 年颁布的法律又对法官的独立性和诉讼程序的公开性进行了严格的限制,除此之外还规定:不允许未成年人和在校学生参加庭审;对证人未出庭作证科处罚款;凡是诉讼金额不超过 30 卢布的案件,不允许提出上诉;允许第三人提出撤销判决的请求;对治安法官大会判决的撤销请求向区法院提出,并由省级机关不开庭审理。

因此,随着“反改革运动”的高涨,自由主义和民主化倾向也因此被打压,而保守主义力量却愈加强大,并将地方自治机关、司法机关等部门直接控制在手中。1889 年之后,民事诉讼观念也随着“反改革运动”

而开始向"诉讼应当通过合法形式运行,法庭应当监督其合法性,而不应当服从当事人对诉讼运行的指示或催促。作为权力机关的法院应当承担对当事人诉讼行为的核准职责"[1]发生转向。由此,俄国民事诉讼观开始向社会本位转变,在程序制度上表现为快速程序和文书强制执行程序的确立。

在原有的自由主义辩论式诉讼中,职业法律工作者发挥着重要作用。其原因在于,判决的最终作出依赖于诉讼文件的准备和诉讼的实施,在不具备专业法律知识的情况下,当事人很难参与到诉讼中并获得支持。所以,自由主义诉讼模式也对律师和其他诉讼代理人提出了较高要求,这显然不符合俄国农村民众文化水平较低、地域广大、经济发展不均衡、法学教育尚未普及、司法人员职业技能水平低下的社会现实。因此,俄国法学界开始提倡诉讼社会功能的构建,并不再将解决具体民事案件作为民事诉讼的唯一目的,强调其应当服务于创造社会福祉的功能。其主要依据在于:国家作为社会共同利益的代表,为满足社会需求,必须为合法权益提供司法保护而建立必要机制。借助于解决具体讼争,法庭满足的不仅是争议主体的需求,也是为满足社会正义的需求。由此,俄国民事诉讼转向了社会本位诉讼观念,其与自由主义类型诉讼的主要区别在于:法庭具有参与案件审前准备、交换诉讼文书以及监督诉讼期限的职权;法官拥有行使释明权义务;被告拥有答辩的义务。

在1889年12月29日颁布的《地方长官和城市法官诉讼条例》中,规定了文书强制执行程序,这一程序用于无须依据当事人双方辩论直接作出判决的非讼案件,法庭在对文书的非讼性质作出判断后,就可以赋予文书以强制执行力。[2] 从本质上来说,强制执行程序是诉讼程序和判决执行程序的复合体,并在国家机关作为被告或者债权超过诉讼时效的情况下排除适用强制程序。如果文据被认为不存在瑕疵,或者能由国家权力机关公证证明,就可以直接要求法庭背书文据使其具有强制执行力,该文据在法官直接附加法院执行决定并签名后生效。上述

---

① Анненков К. Усмотрение суда в гражданском процессе. Журнал гражданского и уголовного права. 1889 г. Кн. III. С. 69.

② Энгельман И. Е. Курс русского гражданского судопроизводства. Юрьев1912 г. С. 437.

诉讼行为无须传唤被告到庭,被告有权在收到文书副本的6个月之内,提起执行异议之诉,要求申请认定原告依据文据提起的诉讼请求不成立。

《民事诉讼条例》第367条规定了快速程序,旨在案件不存在争议的情况下通过简易程序来加快案件审理。其中法官相较于普通程序拥有更广泛的职权,并拥有确定案件是否通过快速程序审理的自由裁量权,但前提是必须根据辩论原则依据原告的申请启动。程序特征在于:缩短审理期限,直接传唤被告到庭;原告提交诉状同时提交所有证据,被告开庭审理前提交所有证据,当事人只能援引出示过的书面证据;无须交换辩论文件;不允许诉讼延期;当事人缺席审判不妨碍判决的作出,可据此作出缺席判决。

文书强制执行程序同快速程序一样,其中不乏日耳曼法影响。该程序由追索人发起,法庭或者地方长官可以在不传唤被告到庭的情况下,在申请书上添加核准背书,由追索人自行决定是否执行文书。因此,这一程序也具备了作为辩论主义民事诉讼基础的处分性,同时还具有社会本位诉讼观的特征:首先,被告可以缺席诉讼,并在证明不存在权利争议,且证明债权文书未履行的情况下,由法庭直接赋予该文书强制执行力。此时法庭作为国家机关将保护追索人债权作为首要任务,其目的不仅限于争议解决,还包括强制非善意当事人履行债务,行使社会保护职能,并且,追索人可以在强制执行和普通执行程序两者间进行选择。该程序的设立旨在实现结果与实现方式之间诉讼程序的最优组合,法院不仅是中立裁判者,更是保护社会利益的国家机关。① 这一时期法院所具有的核准职权更多具有监督性质,旨在保障当事人和社会利益,承载避免原告当事人滥用权利,审查诉讼是否存在争议职能。

上述两种程序的社会本位诉讼特征还体现在审前准备程序中。自由主义类型诉讼排除了法庭参与案件审前准备阶段,当事人是这一阶段的主导者。改革初期,参照《法国民事诉讼法典》的规定:“诉讼审前准备,由司法警察通知当事人,通过辩护人交换书面文件完成,法庭不予参与。”其立法依据在于,法庭参与调解会弱化法官裁判争议的主要

---

① Захаров В. В. Реформирование отечественного гражданского судопроизводства в конце XIX в. История государства и права. 2012 г. N 15. С. 22.

职责。《民事诉讼条例》受其影响,在第 305 条和第 308 条规定了两种辩论文件交换方式:通过法庭组织交换或者自行交换。由当事人自行选择诉讼对接的路径,法庭可否作为审前准备阶段主体取决于当事人意志。直到 19 世纪下半叶前述两种社会本位类型程序被确立,将审前准备程序和辩论文件交换程序直接取消。需要强调的是,诉讼类型转向之后虽然增强了法院的积极性,但法院作为诉讼管理主体所实施的诉讼行为仍然服从于当事人的意志。

此外,在原自由主义诉讼中,诉讼行为期限的监督权由当事人行使,如相对方未提出超期主张,则超出期限无法作为法院对诉讼运行实施进一步行为的依据。而在依据社会本位主义设立的三种简易程序中,法庭则有权指定当事人出庭期限,快速程序中将这一期限进一步缩短,甚至如当事人同意适用强制文书执行程序,则可以立即开始案件审理。可以说,快速程序和强制文书执行程序中法庭被赋予了指定期限和实施监督权的职能。同时,自由主义类型诉讼中要求被告承担答辩义务,而强制文书执行程序则可以完全无须传唤被告,快速程序为缩短诉讼期限也排除了这一义务。应该说,社会类型诉讼程序的确立反映出由于当时俄国经济快速流转所导致非诉案件数量激增,进而普遍要求建立速裁程序的社会需求。

1914 年 6 月 2 日,沙皇政府为了进一步加强对司法的国家干预,强调法院院长在诉讼指挥中的作用,决定将原有两立的诉讼程序再次合并统一,通过立法形成了具有独特性质的简易程序:(1)废除原有普通程序和简易程序,将其合二为一,赋予法院院长在具体案件中的裁量权,法院院长仅仅依起诉状和案件性质决定是否进行书面准备,而无须传唤被告到庭。同时,法庭也保留了第一次开庭审理前要求进行书面辩论文件交换的权利。(2)根据普通程序传唤当事人直接到庭,在需要进行书面准备的情况下,传唤被告到庭提交书面陈述,并告知有效地址。(3)原简易程序规定的 1 个月的上诉期间以及缺席判决的两周申诉期间通过修订后的普通程序被保留下来。提起再审的期间由 4 个月缩减为 2 个月。(4)规定所有案件均可以适用简易程序,但必须在第一次庭审前提交所有的文件。而且,这一规定范围扩大到所有证据,对没有及时提交证据导致案件审理拖延的行为规定了制裁措施,法院可以要求过错一方当事人承担全部或者部分诉讼费用,即使判决结果可能对过错一方当事人是有利的。同时,类似规范也同样适用于上诉审。

综上所述,可以得出结论,1864 年《民事诉讼条例》彻底改变了俄罗斯民事诉讼程序的面貌,回归到传统的对抗式诉讼模式,取代了近代初期的纠问式诉讼。从古罗斯到 1864 年司法改革,民事诉讼经历了两个历史循环:从辩论式诉讼主导到纠问式诉讼主导,1864 年又再次恢复辩论式诉讼。而 19 世纪末的辩论式诉讼在自身发展中又经历了两个阶段:自由主义类型辩论式诉讼和社会本位主义类型辩论式诉讼。第一个阶段从 1864 年至 1889 年,诉讼程序被理解为独立当事人之间的对抗,当事人应当论证自己的主张,诉讼结果很大程度上取决于当事人的诉讼行为;第二阶段从 1889 年至 20 世纪初,对诉讼本质的理解发生了改变,立法者开始注意诉讼本身促进社会经济发展的社会本位意义,因此,很多自由主义诉讼制度和要素被消除或重塑。

三、历史法学派在近代司法改革理念塑造中的积极作用

近代俄罗斯民事诉讼改革是在借鉴欧洲优秀诉讼法制经验的基础上完成的,这一时期历史法学派的勃兴有助于立法者们在法律移植过程中保持足够的民族理性,并将这一精神传递到现代改革中。俄罗斯历史法学派源自对民族文化、传统、习俗和习惯的珍视,着力于研究俄罗斯法律的传统和历史,力图从中发现俄罗斯法治发展的自然法则。俄罗斯帝国形成之后,法制发展进入了快车道,但在帝国建立的初期,法学著作大都拘泥于对当时成文法典的体系化建设和法律解释,法学理论界在法学理论创新和学说构建面前集体“失语”。直到德国法学家萨维尼的历史法学派思想传入俄罗斯,使这个国家很快出现了大量的狂热追随者,俄罗斯法学开始迎来新的繁荣时期。以瓦西里耶娃为代表的一批俄国学者开始将回应生活和司法实践需要作为法学研究的主题,批判教条式的对制定法体系化构建和解释的研究方法,一批兼顾理论和国家法制史研究的历史法学家开始登上历史舞台。

学者对于诉讼法史的关注为俄罗斯诉讼法学的建立迈出了历史性的第一步。历史法学派对民族情感和民族意识的维护与珍视,满足了俄罗斯统治阶级的需要,并因此获得了沙皇政府的支持。1829 年,大批圣彼得堡大学学生赴柏林求学,师从于萨维尼(1779—1861 年)等历史法学派学者,由此也清晰地表达出了俄罗斯帝国政府对历史法学派观

点的青睐，这为近代俄国法学的发展指明了路径。这一时期莫斯科大学作为俄罗斯法学研究的最高学府，开始详细研究并深入分析俄罗斯民族法律传统和法制史，对于诉讼法史的研究也奠定了未来诉讼法学的基础。从1834年开始，陆续开设了如《俄罗斯法制史》《俄罗斯法制形成阶段初论》等课程。正如当时著名的法学家Ю. С. 格姆巴罗夫所指出的，为了法学的发展"必须根据俄罗斯民事诉讼理论而进行历史比较研究"。①

得益于对历史法学派理论的接纳和利用，俄罗斯帝国立法者在司法改革过程中保持了足够的理性，合理调和了民族法律传统习俗与借鉴域外法律之间的关系，正如К. Г. 吉恩斯所指出的，"无论我们如何对待对陈旧法律和古代制度持有保守和珍视态度的历史法学派，但我们仍然应当满怀谢意看待其影响。当改革时代来临，而其最宝贵的遗产在于，在伟大的变革时代，使统治者对外国的优秀法律的借鉴保持清醒的态度"②。通过对往日民族生活的历史考察，立法者认可了民族存在、民族性格和法律之间的有机联系，这种联系不仅沉淀于历史之中，亦同样展现在时代进步中。在当时迫切要求司法改革的背景下，立法者仍然重新审视民族民事诉讼法的宝贵遗产。这种对民族历史凝结成的生活方式的深刻认知，使立法者保持了足够的清醒和理性，即使19世纪60年代俄罗斯诉讼法学中具有现代意义诉讼理论极度匮乏，但立法者仍然没有迷失在外国民事诉讼法律条文的先进性之中。

四、俄罗斯近代民事司法改革教训的现代反思

1917年十月革命后的民事司法改革吸取了近代改革中的经验教训，利用自古以来在俄罗斯广大民众中扎根的公社集体主义精神，将个人自由置于集体主义和互助前提之下。不得不承认，也正是由于这种修正后与新时代相适应的公社集体主义以及与之相适应的严格道德规范，保障了苏维埃时期伟大成就的实现，也塑造了苏维埃民事诉讼的职权主义品格。为了强调国家对司法的干预，苏维埃时期创制了很多如法院院长和检察长积极主动参与民事诉讼；法庭不受当事人诉讼请求

---

① Гамбаров Ю. С. Гражданский процесс. Курс лекций за 1894–1895 акад. год. С. 17.

② Гинс Г. К. Старые русские цивилисты. Вестник гражданского права. 1916 г. № 7. С. 13.

的拘束,可以超出诉讼请求范围进行裁判;客观真实原则;法院主动调查收集证据;审判监督程序;检察院、国家和社会组织为了保护他人利益参与民事诉讼等特有的制度。① 苏联建国初期通过第 1 号法令废除了俄罗斯帝国旧时代的司法体系,但面对社会现实的要求以及 1864 年《民事诉讼条例》自身的先进性,其中很多内容仍然被保留了下来,如辩论原则、言词原则、公开原则,以及法官独立原则等基本原则,并通过 1923 年和 1964 年《苏俄民事诉讼法典》确立下来。

1917 年十月革命之后,诉讼立法中反映出浓重的职权主义色彩。在马克思主义"客观真实说"认识论影响下,根据物质第一性、意识第二性的原理,普遍接受了民事诉讼活动中人们能够而且必须发现案件的客观真实的诉讼理念,认为只有这样,才能保证裁判正确,体现出实体正义与公平的诉讼观。因此法院往往积极参与证据的收集和调查。在证明标准方面采取客观真实原则,即每个案件必须查明其客观事实,客观真实原则主导下的民事诉讼程序导致了苏维埃民事诉讼丧失部分辩论性质特征,但亦没有回转到传统的纠问诉讼模式。② 卫国战争结束后,新的民法典和诉讼法典编纂委员会成立,并于 1964 年 6 月 11 日出台了新的《苏俄民事诉讼法典》。在这一立法过程中进一步明确了法院查明客观真实的义务,法院职权干预积极性继续扩大,形成了社会团体参与民事诉讼,法院拥有超出诉讼请求范围裁判、变更诉讼对象和依据的职权等特殊制度。

1991 年苏联解体后,俄罗斯进入政治和经济制度转型时期,俄罗斯社会发生重大改变,此时个人主义价值观开始兴起,民众不满于苏联不公正的官僚体系和"电话司法",接受了法律面前人人平等的观念。此时的正义观是要求推翻任何形式的与个人劳动、知识和文化成果无关的社会和经济上的不平等。即使如此,集权思想的传统影响、东正教的"聚合性"文化根源、村社文化造成的俄罗斯民族思维定式仍然在俄罗斯社会文化中根深蒂固,忽视这一点必将导致对社会正义的侵蚀。因此,当叶利钦总统要求社会及政府在 5 年内实现向资本主义跃进时,这

---

① Клейнман А. Ф. К разработке проекта Гражданского процессуального кодекса СССР. 1974 г. С. 35.

② Решетникова И. В. Судебные реформы XIX и XXI вв. в области гражданского судопроизводства. Кодификация российского частного права. М. Статут. 2008 г. С. 307–333.

对广大民众而言,与150年前俄罗斯乡村农民遭受到的“休克”如出一辙。这种“休克”试图彻底摧毁苏维埃道德规范和苏维埃式公平理念,包括毁弃集体主义规范基础,试图用新的崇尚竞争和自私的个人主义来代替,而没有任何互助性的社会义务加以约束。其导致的结果是社会价值体系的崩溃。在司法领域,虽然通过改革借鉴了许多域外先进立法成果,却也导致法律体系充满着矛盾,司法腐败严重、效率低下。因此,俄罗斯宪法法院院长评价道:“俄罗斯人是充满忍耐精神的,面对1991年时代带来的西方社会、经济、政治和文化生活,民众仅仅接受了这一客观现实,但是内心却不认为是公平和正义的。大部分不认可来源于对立法创新的否定,这些新的规范冲击了社会日常生活的道德领域。使得东正教广大信徒脱离了宗教信仰的价值庇护,这在中老年人中表现尤为突出。”①

俄罗斯社会已经意识到,任何试图通过“跃进”克服法律与民众公平和幸福理念间鸿沟的方式,都会导致社会休克的不良后果,使得社会阶层出现疏离,这也包括社会与国家权力机关之间,由此必将导致司法混乱,通常也就会导致“反改革”保守力量的反扑。因此,现代俄罗斯司法领域的改革,相较于政治和经济领域采取的“休克式”改革方式,采用了更加审慎的态度,避免急剧变革而出现的“排异反应”。在21世纪的民事司法改革中,俄罗斯在2002年通过了《俄罗斯民事诉讼法典》和《俄罗斯仲裁诉讼法典》,这两部法典推动了俄罗斯民事诉讼向当事人主义诉讼模式的发展,并随着法律发展逐步稳定下来。溯其根源,两部法典的颁布除契合俄罗斯法律现实需要外,亦有其社会正义的考量。由于经济纠纷所具有的专业性,根据纠纷性质(经济纠纷案件抑或非经济纠纷案件)形成了二元法院组织体系结构,即普通法院体系(民事法院)和仲裁法院体系(商事法院),并分别适用《俄罗斯民事诉讼法典》和《俄罗斯仲裁诉讼法典》,民事诉讼主要针对身份关系的争议,与审理经济纠纷的仲裁诉讼主要区别在于当事人处分权受到限制,因此,宜适用职权进行主义原则兼顾程序的辩论性,而仲裁法院则强调私权关系中当事人处分主义原则,法院与法官在诉讼中扮演严格的中立者,因而

---

① Реформирование гражданского судопроизводства в России в конце XIX века: признаки социализации процесса. Золотова О. И.

在规范上适用辩论主义原则。俄罗斯试图通过司法体系双轨制,逐步向适应市场经济体制的当事人主义诉讼模式过渡,并最终形成统一的民事诉讼法典和民事司法体系。这一目的最终亦为现实所印证:2014年8月6日,俄罗斯联邦实现了最高法院和最高仲裁法院的合并,为统一司法体系的建立奠定了组织基础;2014年12月8日,提出了俄罗斯联邦构建统一民事诉讼法典的基本构想,标志着俄罗斯民事诉讼法典统一化进程正式开启。现在已经形成了当事人主义诉讼模式和职权主义诉讼模式彼此接近的独特混合式诉讼模式。

通常认为,很难将改革失败以及由此导致的负面结果归罪于人民,因为历史永远无法赋予改革者符合期望的民众。我们在对伟大改革者的成就表示敬意的同时,也有权对其错误进行分析解读。实际上,建构一个法治国家是所有文明国家改革的目标,并且需要在有意识的基础上去完成,然而俄国沙皇亚历山大二世却始终都是在无意识、冲动的"愿望"之下去建构法治国家的,而当其改革措施实施之后,他也已经精疲力竭。俄国的法律现实并没有完全依照1864年《民事诉讼条例》的预期目标去实现,这显示了专制政体的无能,尽管法制改革不断进行,但并没有与社会正义相协调。[①] 1864年司法改革所创设的司法制度一直运行到1917年革命前,但它们无法解决19世纪下半叶到20世纪初社会尖锐的矛盾,无法对时代要求和民众需求作出合理的回应。改革理想的偏失,在于过于偏重域外经验,忽视本土语境和资源;重视学者对策的同时,忽视了民众的诉求;重视司法的民主性,却忽视了司法的民生性。改革进路中没有贯彻本土意识,实现社会正义与改造相结合,创新与传统相结合。这些经验教训也为构建我国现代法治国家民事诉讼制度体系提供了有益的启示。

第二节　俄罗斯近代民事司法改革的经验借鉴

中国从20世纪初开始移植西方大陆法。20世纪50年代以后全面学习苏联,废除旧法统,一切从头开始,并由此全面接受了苏联法的影

---

① 参见王海军:《近代俄国司法改革史》,法律出版社2016年版,第195页。

响，苏联法对中国的法制发展产生了深远的影响。其中在民事诉讼法学领域表现尤为突出：直接聘请苏联法学专家来华讲学，直接采用苏联法教材，翻译出版了很多苏俄民事诉讼法的教材、论文、专著以及民事诉讼法典。其中不乏相关领域的理论经典，例如，克林曼、阿布拉莫夫的苏维埃民事诉讼理论，顾尔维奇的诉权论，维辛斯基的证据法等。由于新中国第一代法律学科学生都是在苏联法的影响下成长的，加之高等法学教育被中断了 10 年，及至 1978 年恢复高等法学教育之时，国门尚未开放，所以，我们的第一部民事诉讼权威教材全面接受了苏联法理，并且影响至今。20 世纪 80 年代以后，随着经济体制改革的不断深入，中国的法治建设开始了新的一轮向西方学习的过程，在苏联法铸造的体系基础上逐渐加入西方大陆法与英美法的内容。但苏联法的影响根深蒂固，从形式、内容到精神，无所不在。虽然这不是一个单纯的法律问题，却实际影响着中国现代的法制发展进程。

苏维埃法并非无源之水、无本之木，不会凭空生长出来。虽然十月革命之后，苏联法学界对革命前俄罗斯帝国的立法和法学理论采取了否定的态度，通过法院 1 号令限制了《民事诉讼条例》的效力，并逐渐废除，但并没有消除其对苏维埃民事诉讼理论形成和立法的影响。正如苏维埃民事诉讼法典编委会主席 A. Ф. 克里曼所言，“苏维埃民事诉讼法典草案的制定，应当把之前法典中最优秀的成果借用到新法典中”①。由此，近代《民事诉讼条例》中很多诉讼原则和诉讼制度被承继下来并加以改造，如法官独立审判原则、直接言词原则、内心确信原则、不间断审理原则、辩论原则、公开原则、陪审员制度、检察长参与民事诉讼、简易程序等制度和原则。这种影响渗透到苏维埃诉讼法制的基因中，并通过借鉴与移植苏联法融入我国法治建设中，现在我国和俄罗斯民事诉讼都面临着从职权主义向当事人主义诉讼模式的转向，俄罗斯在改革路径选择中把目光投向了俄罗斯近代资本主义改革时期的民事诉讼改革经验，特别是生发于民族法治土壤，借鉴法国法、奥地利条例、瑞典法、英国法编纂的《民事诉讼条例》中的优秀立法成果。正如现代《俄罗斯联邦民事诉讼法典》立法者 M. K. 特列乌什尼科夫教授所强调的，新

---

① Клейнман А. Ф. К разработке проекта Гражданского процессуального кодекса СССР. 1974 г. С. 47.

法典编纂中“珍视地保留了俄罗斯法律传统以及俄罗斯诉讼思想的宝贵遗产”。① 应该说，中国与俄罗斯民事诉讼历史发展具有某种同构性，加之转型期共同面对的法律现实和社会问题，这使得在诉讼原则体系确立、再审功能重塑、便于民众接近司法、应对民事案件激增问题上，形成了较强的相互借鉴意义。对俄罗斯近代司法改革中改革理念、制度改造、法治建设的反思、解读和分析，可以为我国深化民事司法改革提供新的思路。

一、俄罗斯近代民事诉讼原则的借鉴

新中国在成立初期由于法制不完备、法官业务水平不高等多种历史原因，宪法和法院组织法都没有规定法官独立审判原则，并在各级法院设立了审判委员会制度。虽然借鉴苏维埃民事诉讼理论，但同时却没有引入直接原则、言词原则、内心确定原则和不间断审理等传统诉讼原则理论。上述原则的缺位，导致民商事审判实践中，存在诸多因素（外部的、内部的）阻碍着法官独立审判的实现以及导致诉讼的迟延。理论转型中也面临着难以用西方理论解释移植的苏联法制度的困境。我国民事诉讼法基本原则体系构建的缺陷也表现为确立标准不统一、体系不科学、内容局限性。通过对俄罗斯传统民事诉讼原则体系的审视和分析，可以对我国民事诉讼体系化建设提供一定的启示。

1. 诉讼基本原则的标准化与体系化

我国民事诉讼的主要缺陷之一，在于基本原则的标准不统一，致使范围宽泛、体系混乱。全国人大常委会原副委员长王汉斌概括了 12 项基本原则：(1) 人民法院独立审判；(2) 以事实为根据，以法律为准绳；(3) 当事人有平等的诉讼权利；(4) 自愿合法调解；(5) 合议；(6) 回避；(7) 公开审判；(8) 两审终审；(9) 各民族公民都有适用本民族通用的语言文字进行民事诉讼的权利；(10) 当事人有权辩论；(11) 当事人有权在法律规定的范围内处分自己的民事权利和诉讼权利；(12) 检察监督原则。除上述 12 项原则外，还包括支持起诉、人民调解、同等原则、对等原则以及民族自治地方制定变通或补充规定等原则，从中可以发现

---

① Нефедьев Е. А. Учебник русского гражданского судопроизводства. Краснодар. Советская Кубань. 2005 г. С. 3.

我国民事诉讼法对基本原则规定比较杂乱，将共有原则和特有原则、基本制度、一般原则、具体原则混合在一起规定，造成了诉讼原则体系的混乱，诉讼原则的范围过于宽泛。其原因在于，缺乏界定和识别基本原则的统一标准。基本原则是用来指导和规范整个民事诉讼程序的，因此其效力应当贯彻民事诉讼程序始终，内容带有根本性，贯穿于民事诉讼全过程，高度概括当事人与法院之间的关系。把一些非原则性的规范或具体规则规定在基本原则之中，使得基本原则的范围过于宽泛，实际上降低了基本原则的地位。

传统俄罗斯诉讼法理认为，民事诉讼体系各原则间应当紧密联系与协调，共同构成有机的原则体系。每个原则在体系中通过占据着独特位置，覆盖某些阶段或诉讼制度，由此发挥着独立作用。此种相互联系与协调是由民事诉讼统一目标和任务所决定的。每种原则的顺畅运行都以其他原则的运行为前提。俄国民事诉讼原则依据统一标准分类，并进行体系化构建，俄国传统法理上基本原则主要包括前文所述的辩论原则、处分原则、言词原则、直接原则、公开原则、不间断审理原则。现代俄罗斯进一步将诉讼原则上升到宪法高度，根据确定原则的法律来源，区分为宪法原则和诉讼法原则。宪法性原则规定了所有法院组织和诉讼程序的重要原则，其中包括合法性原则、法院实施司法审判原则、法律和法院面前人人平等原则、法官独立原则、诉讼民族语言原则、基于辩论原则和当事人平等基础上司法审判原则。上述原则对所有类型诉讼和所有法院均作为基本原则，适用于宪法、民事、行政和刑事所有案件诉讼。而诉讼法原则仅指在诉讼法规范中规定的原则，因此，诉讼法原则数量较少，包括独任和合议审理民事诉讼原则、民事诉讼民族语言原则、处分原则、言词和书面相结合原则、直接审理原则、不间断审理原则。

除此之外，原苏联一系列原则在现代社会法律现实和立法影响下发生形变，并借鉴近代民事诉讼法制传统经验加以改造，表现为：法院积极参与诉讼原则向法院指挥诉讼原则逐步转变，客观真实原则事实上向根据诉讼资料确定的法律真实原则转换。这一系列发展反映出了俄罗斯政治经济转型的社会现实，同时也是近代司法改革对现代诉讼法治建设深刻影响的历史延伸。现代俄罗斯民事诉讼基本原则普遍使用依据职能定位的分类标准，将基本原则区分为：规定诉讼程序的组织基础原则,称为组织原则;直接适用于审判活动的原则,称为职能原则。其中组织原则包括法院实施审判原则、独任和合议审理民事诉讼原则(以审判庭名义独任审理)、公民和组织法律和法院面前平等原则、民族诉讼语言原则、法官独立和仅服从法律原则、法院公开审理原则。职权原则包括合法性原则、处分原则、辩论原则、言词原则、不间断审理原则、直接审理原则、客观真实原则。

要改变民事诉讼基本原则体系混乱的局面,就需要按照统一的标准规范基本原则。俄罗斯两种分类标准都具有一定的借鉴意义。

首先,可以依据渊源标准,将贯彻于法院组织和诉讼程序的重要原则宪法化,宪法化的诉讼原则反映了其基本属性,实施机制则是通过具体部门法的规范间接表现出来。其优势在于,由于宪法具有最高效力,其规定了国家权力组织原则和个人法律地位,而构成宪法的法律规范则是反映国家、社会和个人之间基础关系的原则规范。因此,通过宪法固定的原则,作为民事诉讼法重要组成部分对普通法律和其他规范具有上位法效力和最高权威,可以由此框定法院审理具体案件时应当遵循的宪法规范,而排除适用不符合宪法的法律和下位法规范。俄罗斯民事诉讼法理认为:民事诉讼法宪法原则是所有国家机关立法、法律适用和护法活动的主要标准,民事诉讼的协调性、稳定性和效力也取决于对宪法原则的遵守水平。因此,按照上位法优先于下位法的原理,假如宪法已规定的基本原则,在《民事诉讼法》及相关法律中又予以规定的,就应当以渊源不当否定其基本原则地位。

其次,也可以调整对象为标准,依据职能定位,按照诉讼程序的组织基础原则和审判活动原则进行划分。两者区别在于,前者又被称为法院组织原则,确定了司法体系组织构造和实施司法审判的一般原则;后者又被称为诉讼程序原则,调整每个诉讼参与人的具体诉讼活动。笔者认为,我国基本原则体系中的人民法院独立审判、当事人有平等的诉讼权利、合议、公开审判、各民族公民都有适用本民族通用的语言文字进行民事诉讼的权利、检察监督、两审终审等原则,作为规范诉讼程序的基础,当事人与第三人关系或法院与其他诉讼参与人关系的准则,完全可以归入组织原则。而规定辩论权、处分权等基本诉讼权利的原则可以归入诉讼程序原则。由于基本原则效力应当贯彻民事诉讼程序始终,内容带有根本性,因此,如果只涉及诉讼程序或审判程序的某个阶段或过程，或者内容不具根本性，则不应属于基本原则。而其余内容不具根本性、不具有通则意义的原则和具体制度，则不应属于基本原则，如平等、对等或调解等原则可以分别安排在其他有关章节或者编入“附则”之中，或排除出基本原则之列。

如上所述，我国民事诉讼法基本原则之所以存在缺陷与不足，其中一个重要原因是确立和识别基本原则的标准不统一。笔者认为，确立与界定基本原则，应当结合基本原则的根本属性和基本特征去衡量，俄罗斯传统原则体系的现代分类模式可以为我国民事诉讼原则体系的构建提供一定的借鉴意义。

2. 民事诉讼基本原则体系的完善

从价值取向上看，我国现行民事诉讼法基本原则体现出较为浓厚的职权主义色彩。这也与整部现行民事诉讼法所体现出来的职权主义色彩相契合，作为其中重要角色的民事诉讼法基本原则概不例外。或者说，正是因为民事诉讼法基本原则所具有的基础性、前提性地位，整部民事诉讼法所体现出来的职权主义色彩也根源于此。随着市场经济的发展，诉讼模式开始从职权主义向当事人主义转变，而直接原则、言词原则、内心确定原则和不间断审理原则的缺位则束缚了民事诉讼原则体系整体功能的发挥，也妨碍了法官依法独立行使审判权。

(1)合理引进不间断审理原则

我国民商事司法审判实践中，不少案件常常需要经过数次开庭方可审结，而每次庭审之间又往往间隔过长，由此造成了“审限内的诉讼迟延”并引发多种弊害。究其原因，乃是由于我国《民事诉讼法》未作开庭审理应连续进行之规定，法官在决定开庭期日及审理次数上的主观随意性过大造成的。对此，有必要参考俄罗斯传统民事诉讼原则体系中的不间断审理原则以作矫正。

从俄罗斯国家形成之初，其在自身民事诉讼传统中就形成了独特的不间断审理原则，并在民事诉讼演进历史中成为俄罗斯民事诉讼体系不可或缺的一部分。按照传统俄罗斯法学理论，通过司法程序审理解决案件，要求审判者在确定审判地点不间断审理解决争讼案件，言词辩论应当持续、集中进行，直到审结案件。当然，如果案件审理时间较长，可以宣布休庭，但不能违反不间断审理原则。案件的审理从开始到结束（或者到案件的延期审理）之前，法庭无权同时审理其他案件。与此密切相关的还有直接原则和言词原则。由不间断原则出发，具体衍生出以下规则：从案件开始审理到判决作出，法庭成员组成不能改变，如果某位法官因故退出（例如因病退出）则案件的审理应当延期；如果案件由于某种原因延期审理，案件再次审理时应当重新进行；不间断审理原则不意味着不能就休息和其他原因宣布休庭，但不允许该审判庭法官在休庭期间，审理解决其他案件；最后，判决应当在案件审理结束后迅速作出。[①]

不间断审理原则的违背，则会导致诸如言词原则、直接原则遭到破坏。原因在于，法官采取间断审理，并行审理多个案件，由于同一案件数次开庭审理期日间隔时间较长，这会造成案件相关人员记忆随之逐渐模糊，使得法官可能会倾向于依据之前自己书面记录所形成的主张和证据来认定案件，这有违民事诉讼所奉行之言词原则和直接原则。所谓言词原则，系指法院与当事人之诉讼行为均须以言词方式为之；所谓直接原则，则指作出裁判的法官应当是此前直接听审的法官，也即只有亲自参与了调查证据以及听取了当事人双方法庭辩论的法官才可以作出本案裁判。上述两项原则乃是现代民事诉讼基本法理，对于防止法官擅断、实现诉讼公正具有重要意义。相比之下，对诉讼案件多次间隔开庭的，极有可能造成案件承办法官对数度搁置涉讼事实的记忆模糊，从而不得不借助查阅卷宗来“恢复记忆”，并以此作为裁判依据，这样一来，其实质已经与间接审理和书面审理并无差异。当法院在一次开庭审理中，作出判决之前，直接询问所有证人，要求他们在供词出现分歧时进行当面对质，审查所有的文件，并将这些和证人证言彼此间相互印证，要求当事人和证人进行解释。据此，法院才能对案件作出最为清楚和正确的判决。诉讼材料集中审理时，法官的内心中自动形成完整而生动的案件画面；如果法院对于诉讼材料切割进行调查，法官不得不重新弥合头脑中记忆的片段，也就是头脑记忆中独立的诉讼片段，这将会使法官难以把握核心问题，对案件的认定也由此可能会出现偏差。此种分心会间接影响对该案件的正确判决，并使得审判的进程因为不连贯而变得拖沓乃至迟缓。由此可见，“不间断原则”既有助于保障诉

---

① Абрамов С. Н. Гражданский процесс：Библиотека народного судьи. Кн. 5. М. 1950 г. С. 19.

讼公正,亦有利于提高诉讼效率,具有双重意义。

为了尽量避免上述并无实际意义的间隔性多次开庭所引发的“审限内诉讼迟延”及其他方面弊端,我国法院不应该再续现行实务之偏颇操作,主要由案件承办法官凭借自由裁量来决定搁置法庭审理之事由以及下次开庭之期日。笔者认为,为合理加快诉讼进程应当限制法官在决定开庭审理期日以及审理次数上的主观随意性,作为应对方案,引入“不间断原则”应当是极具针对性的。通过审视俄罗斯传统不间断审理原则的演进,可以发现“延期审理制度”实际上限制了这一原则效用的发挥,因此,我国立法时应当严格审前准备程序,确立举证时限制度和证据交换制度,避免证据突袭,改变证据随时提出主义为适时提出主义,这样才能保障这一原则的实际效用。

(2)完善直接言词原则

审判委员会制度是在新中国成立初期法制不完备,法官业务水平不高的情况下而设立的。随着法官素质的提高,审判委员会的弊端日益明显,其作用也日益下降,上级法院直接或间接干预法官作出判决,侵犯了合议庭的依法独立行使审判权,增加了社会因素干预司法的渠道和司法腐败的可能性,违背了“只有庭审法官才得制作裁判”的现代诉讼原则。同时,证人出庭作证率低在我国民事诉讼中也是普遍现象,这些无疑都将直接或间接影响直接言词原则的运行。随着司法改革尤其是民事审判方式改革的深入,完善和加强民事诉讼中的直接言词显得尤为迫切和重要,直接言词原则是现代民事诉讼的基本原则,贯彻直接言词原则有助于实现现代司法的公正和效率价值。而证据制度的完善也应以直接言词原则为指导思想,我国应在本国国情和现有诉讼制度之上加以改进。对此,俄国近代民事诉讼证据制度为我们提供了有益的借鉴:

首先,俄国《民事诉讼条例》规定,“任何人无权拒绝作证”,即在当事人援引其证言的情况下,出庭作证成为每个居住在俄国寻求其法律庇护的公民对国家的义务和职责。因此,条例规定了对公民未履行作证义务的制裁措施:如果证人被传唤后未提出正当原因而拒绝出庭作证将会被科处罚款。并且,只有在其证言被法庭认为对解决案件具有重要意义的情况下,才会重新指定证人出庭日期,并对经两次通知未出庭作证的证人科处罚款。

《民事诉讼条例》对因客观原因确实无法出庭作证的证人，也规定了一系列保障措施，即法院可以采取变通方式委托合议庭一名法官询问证人，其前提包括：①证人由于年迈、重病、岗位职责或者其他合理原因，无法出庭接受询问。这既可以委托合议庭法官在证人居住地进行询问，申请由当事人提出，也可以由证人在说明具体原因的情况下提出申请，提出申请是否具有根据由法院自行裁量判断。②确有必要时，法官可以根据情况在事件发生地、证据所在地进行询问。③在异地可以询问身处同一地点的大量证人。这一制度立法初衷在于：避免使大量居民脱离其日常工作接受询问，减轻当事人承担证人往来法院所在地所需费用的负担。20世纪初，《民事诉讼条例》中作出了补充规定，在就地询问可以加快案件审理情况下可以委托合议庭成员在住所地进行询问。但是，如果证人未居住在管辖法院区域，那么则委托所在区域法院根据原法院裁定进行询问。对此，《民事诉讼条例》规定了具体询问方式。根据规定，每个证人都应当在当事人在场的情况下进行问询，如当事人未出席问询不妨碍问询程序进行，但必须告知当事人问询时间和地点。询问证人时，其他证人不能在场，旨在尽可能消除作出证人证言对于其他证人的影响，使得证言获得足够信度。

其次，《民事诉讼条例》规定，询问证人应当在当事人参与的公开庭审中进行。立法者认为，法官审理解决纠纷必须直接接触证人证言所包含信息。诉讼中法庭无权依据其他民事案件或者刑事案件预审阶段以及警察局侦查阶段获取的证词作出判决。民事案件审理中必须通过开庭审理对证人直接进行重新询问。[①] 原因在于，法官在没有听取证人证言时，任何情况下都不应当对记载于书面笔录的证人证言的准确性和全面性产生内心确信。只有在当事人和证人共同出席庭审的情况下，法官才能够感觉到证言中的矛盾和不足，并通过提出问题获取答辩的方式进而形成所需的完整信息。如果法官仅仅了解书面文书，则无法填补任何信息漏洞，也不能排除由于证词矛盾而使其产生的怀疑。公开的庭审是对诉讼程序最好的保障，因为在这一情况下法官只会提出合理的问题，不会对证人实施恫吓，这样的程序是最好的征服谎言的

---

① Боровиковский А. Устав гражданского судопроис объяснениями по решениям Гражданского кассационного департамента Правительствующего Сената. СПБ. 1899 г. С. 384.

方式。① 只有法官亲自就案件本质询问证人，才能保障法官根据证人证言对于争议解决给予准确评价。司法人员作出的询问笔录，任何时候都不能如同证人在法庭作出活的证言那样，对于揭示案件真实具有同等意义。由审判合议庭 3 名法官共同参与询问证人，特别是由承担对案件进行实质审理作出判决的法官参与询问证人，才能够保障实施更加全面的案件调查。②

笔者认为，为解决直接言词原则运行过程中的实际困境，可以参照《民事诉讼条例》规定采取下列措施：

首先，适当规定强制证人出庭作证义务。因为由于证人证言的不可替代性及特殊性，要求证人在法庭上将其所知的事实如实地向法庭陈述，并由当事人相互质证，法官听其言，观其态，通过自由心证对证人证言加以判断确认，尤其在某些非证人出庭不能查清案件事实的案件中，证人不出庭作证将会影响案件的审理，如果证人没有正当理由拒不出庭作证，而仅向法庭提交书面证言，很大程度上将削弱甚至剥夺当事人的质证权，对诉讼公开制度、直接言词制度的施行构成妨碍。因此出于维护法律尊严、实现法治考虑，强制证人出庭作证是尤为必要的。因此，建立健全强制证人出庭作证的规定，可在立法时扩大必要时可采取相应拘传措施的情形，情节严重的，可并处罚款和拘留。

其次，实施强制证人出庭制度的前提是完善对证人相应权利的保障，为体现权利义务的一致性，在法律规定证人出庭作证是知道案件真实的公民的法定义务的同时，立法也应重视对证人利益的保护。除在证人出庭的交通费、住宿费、生活费和误工补贴费方面予以保障外，在当事人确有客观实际困难或不便出庭作证时，可以采取委托法官在当事人在场的情况下现场询问，或者使用现代远程电子设备远程质询，同时告知证人如果证人拒绝出庭作证或作虚假证明，该费用除由其本人自行负担外，还应根据情节轻重，依照作伪证的有关法律规定承担法律责任。

最后，完善审判委员会制度。审判是一项讲究亲力亲为的活动。

---

① Бентам И. О судебных доказательствах. Киев. 1876 г. С. 100–102.

② Тютрюмов И. М. Производство местных действий по гражданским делам. Право. 1902 г. № 9. С. 415–418.

审判委员会制度作为一种集体议事规则,是司法行政化的典型体现,在不亲历庭审控辩的情况仅凭案件承办人的审理报告来作出判断,这是一种典型的“审”“判”分离的模式,这无疑违反了现代诉讼程序的言词原则、直接原则,背离了司法的亲历性。但是鉴于在我国当前的法治现状,笔者建议首先应明确一点,即总结审判经验是审判委员会的首要任务和工作重心,在严格限定审判委员会讨论案件范围的前提下,可以尝试转换审判委员会职能,将审判委员会变为以指导性或者咨询性为主的内部议事机构。在提请审判委员会讨论的案件中,必须符合“疑难、复杂、重大、新类型”的要求,当办案法官对案件如何定性、判决、如何适用法律不能确定时,可以向审判委员会咨询或与其探讨,发挥审判委员会集思广益的优势,但是只作为一种咨询意见而非判决结论,最终由法官决定对这种意见采纳与否,在该咨询或请教的基础上形成自己的观点、看法,并作出判决。

二、俄罗斯近代上诉审程序的借鉴

我国审判监督程序的功能定位、举证期限等问题,导致法院生效判决的既判力和终审判决的终局性无法得到很好落实,各地判决相互矛盾所形成的司法实践不统一等问题也影响了法院的公正形象和社会经济活动的稳定。应该说,我国审判监督制度受到苏维埃民事诉讼理论的深刻影响。苏联解体后,俄罗斯对审判监督程序进行重新审视和功能重塑,其中,1864 年司法改革中借鉴欧洲诉讼法理论加以改造后形成的再审制度,无疑为俄罗斯现代司法改革提供了宝贵的历史经验,并产生了重要影响,其中不乏一些对我国审级制度构建的有益经验和启迪。

首先,《民事诉讼条例》中规定了两审实质审理制,即只有两个审级法院可以进行案件实质审理(实体审理),一般只能由作为第一审级的区法院和作为第二审级的高等审判院审查与诉讼有关的事实问题,这一规定旨在消除当时上级法院随意启动补充再审的弊端。其目的在于:避免多重设定的上诉审级以及最高审级的重复审理,引发围绕司法判决再审和撤销展开的复杂诉讼活动,造成诉讼上迟延。将注意力集中于诉讼活动的质量而非数量上,对司法功能作出重新定位。维护争讼人之利益,通过完备而准确的程序设计,尤其是在一审程序应当通过一切必要的手段搜集对调查和解决案件所必需相关文件和诉讼材料,借此发现真实并保护当事人合法权益。而审判监督职能则由最高司法机关参政院承担,参政院作为最高审级承担了对上诉审判决再审以及下级法院判决的审查监督功能。其传统上并不具备修正诉讼权能,仅能够监督法律的严格执行,保证法律的统一适用,维护法律的稳定性。简言之,职能集中于为实现最高监督而进行法律审,作为帝国统一司法裁判的最高维护者,参政院自身不能作出判决。因此,参政院民事破弃审司只能依据申请人提出的撤销二审法院判决请求,将案件移交至二审法院重新审理。参政院再审依据于违反诉讼程序和形式的行为,或称之为违反诉讼法规范的行为。其中严重违反诉讼程序和形式的诉讼行为,被视作严重影响发现真实和实现正义的违法行为,并作为撤销发生法律效力判决的依据。但这一依据成立的条件应当是影响最终判决的结论,即由于违反程序造成了相反的判决结果或导致无法作出判决。因此,法律规定的严重违法行为是指影响诉讼结论的严重违反诉讼规范的行为。

其次,根据《民事诉讼条例》第 792 条规定,将撤销判决请求分为三类:(1)对发生法律效力判决的撤销请求,或称之为毁弃请求;(2)对判决再审的请求;(3)未参与诉讼第三人要求撤销发生法律效力判决的请求。根据《民事诉讼条例》第 194 条规定,这些请求提出的共同效果在于,导致作为二审法院的高等审判院和治安法官大会判决通过撤销原判程序被撤销。高等审判院案件被移交至其他与初审法院地理位置上较为接近的高等审判院重新审理。治安法官大会判决撤销则导致由重新组成的治安法官大会重新审理。所有案件破弃审级及其撤销程序都是法定必要救济手段,也同样适用于提出的再审请求和未参与诉讼第三人再审请求。同时,规定了诉讼保证金制度,在这一制度前提下,当事人提出的有依据上诉,可以在上级法院寻求到对自身权利的合理救济,同时也能够排除无依据上诉给法院造成的负担,并且规定了宣布判决之日起 4 个月的上诉期限,超出这一期限将造成失权。

我国再审制度在价值定位上,保障司法公正相对于维护裁判效力的稳定性仍然处于优先地位,为实现这一目标在一定程度上需要牺牲程序的安定性和裁判的稳定性。但是,这种牺牲必须要有限度,即决不能从根本上危及到裁判效力的稳定性。因此需要从提出条件、主体、依据、期限等方面严格加以限制。俄国《民事诉讼条例》规定再审申诉必须在较短期限内提出,同时规定自裁判确定之日起经过一定时限后,无论存在任何再审事由均不得申请再审,甚至通过上诉保证金制度严格限制案件进入再审程序,以此认可裁判的既判力保证在司法中具有更为重要的意义。诸如严格再审案件的准入,保护当事人处分权,将再审功能限定为法律审等规定也同样契合于我国司法实务要求,适合我国国情。

三、俄罗斯近代治安法官制度的借鉴

随着我国经济快速发展,当事人之间一些简单的、数额不大的纠纷往往因为进行诉讼所需花费太大、耗时太长而不得不放弃诉诸法院解决的念头。这种情况若长此以往,必然会造成人民守法观念的淡化,损害民众对司法的信赖。因此,一种能够对大量简易、小额的案件快速审理的合理程序显得很有必要。对大多数的案件适用普通程序审理,已经使得法院的审判力量不足以应对日益增多的案件。在这一问题上,俄罗斯传统治安法官制度的良好运行,为我们提供了有益的经验。

治安法官制度诞生于 1864 年亚历山大二世近代司法改革中,其重要的功能在于使当事人走向和平。治安法官采取选举制,法官通过民主选举产生,虽然经由政府确认,但并非由政府指定,社会各界普遍参与,公民对于担任调解员品格的信任,为和平方式解决纠纷创造了条件。这一制度在当时得到了广大民众特别是农村底层民众的普遍欢迎。究其原因,由于农村传统的日常生活准则的统治地位以及法律知识的缺乏,以良知和和平调解作为基础的治安法官,更能得到民众朴素情感的认可和接纳,作为治安法官前身的是审理地主与农民之间争议的调解仲裁人,因此,当其以新的形式被赋予司机关地位的时候,很快成为解决纠纷的有效手段。根据 1864 年《民事诉讼条例》的规定,治安法官应当根据良知评价证据,法律问题的解决不应当违反法律,地方习俗只能在法律允许或不违反法律规定的情形下适用。

虽然治安法官制度在苏联时期被旨在打破旧司法体系的法院 1 号令所废除,但苏联解体后俄罗斯全面实施司法改革的 25 年间,调解法院制度通过 1998 年颁布的《俄罗斯联邦治安法官法》再次恢复。治安法官已经成为基层法院最主要的审判力量。治安法官对微小民事案件和轻微刑事案件起到了很好的分流和过滤作用,这既减轻了上级法院负担,也便于普通民众接近司法。借助于诉讼程序中的可接近性、辩论性、当事人平等、庭外和诉讼中和解制度,充分保留了俄罗斯原初社会争议解决的基本理念,契合于俄罗斯民族文化传统、精神与习俗,是俄罗斯法律生活走向法治文明的重要飞跃。

俄罗斯治安法官的组织和活动经验,对我国新一轮深化司法改革中,解决基层法院案多人少的困境具有很好的借鉴意义。俄罗斯根据行政区划划分治安法官司法区,同时,无论是普通法院体系还是仲裁法院体系也都将习惯法作为司法审判的法律渊源,在规范性法律文件认可的情况下,法院可以按照交易习惯解决民事案件。应该说,面对案多人少的困境,在法官员额制改革的大背景下,我国是否可能设置类似治安法官的地方调解法官值得商榷,就我国现行的法院机构设置来看,除了四级法院以外,基层人民法院可根据情况下设若干人民法庭,并将其改造为简易法庭,适用简易程序和小额诉讼程序,主要审理小微民事案件,这在一定程度上已经为调解法官制度建立奠定了组织基础。按照员额制要求,已被任命为审判人员并且进入法官员额要求的法官仍应作为专业法官,留在普通法庭或者简易法庭担任职业法官,但其他未入员额具有一定法律专业知识的助理审判员或者书记员则面临分流的难题,是否应视情况或者作为调解法官在地方派出法庭解决小微民事案件,或者作为庭审前置程序专门调解法官,或者发展为专门的司法辅助人员为职业法官和调解法官提供辅助,借此一方面可以减轻因为机构改革而带来的人员分流的阻力,克服案多人少的困境,为调解法官及司法辅助人员提供了来源;另一方面,由于我国现行法律没有明确赋予习惯法的法律渊源地位,导致我国人民法庭无法灵活运用习惯法解决传统民间民事纠纷,诸如彩礼返还纠纷、凶宅交易纠纷、宅基地纠纷常常面临着无法可依的困境,而俄罗斯治安法院法律适用的灵活性和依据理性良知进行裁判,也为我国基层人民法庭建设提供了借鉴意义。

综上所述,“制度是历史的产物,民事诉讼制度作为国家制度之一部,亦然如此”。正如梅耶所说,在这些纯理论中,都忽视了在它们出现的特定时间,即以前很遥远的时代中法律在实际上究竟是怎样的,这些纯理论的创造者详细地观察了自己时代的各种制度和文明,但是当他们把注意力转向和他们自己的在表面上有极大差别的古代社会状态时,他们便一致地停止观察开始猜想了。因此,他们所犯的错误,类似于一个考察物质宇宙规律的人,把他的考虑从作为一个统一体的现存物理世界开始而不从作为其最简单构成要素的各个分子着手时所犯的错误。这种在科学上违背常理的方法,在任何其他思想领域中不可采用,那在法律学中当然也是同样不足取的。我们应该从最简单的社会形式开始,并且越接近其原始条件的一个状态越好。当人们用一种现代的观点来观察这些现象时必然会引起不易克服的惊奇;但当惊奇被克服时,他们就将很少也很简单了(梅因《古代法》)[①]。因此,只有深入俄罗斯民事诉讼制度具体生成的历史背景以及演进过程,我们才能对俄罗斯司法改革产生深刻的认识,并由此预测其未来的发展方向,诚如日本著名法学家中村宗雄先生所言:制度是历史的产物,只有通过追溯其演进史以正确把握其具有的意义,才能预知其未来的发展动向。[②] 概言之,论及现代俄罗斯司法制度之源起,必将溯及俄罗斯 1864 年《民事诉讼条例》,特别是十月革命前具有资产阶级民主性质司法改革的经验,被视为最为宝贵的民族法律传统,再次成为解决俄罗斯深刻社会问题,保障真正确立其政体最有力的工具,于是,我们在后苏联时代看到了治安法院、陪审法院、对抗制诉讼模式等众多制度的"重生"。

1864 年俄罗斯帝国司法改革作为俄罗斯法治进程的里程碑,将建立法治国家作为改革的目标,民事司法改革领域根据俄罗斯社会法律现实引入了更加注重当事人诉讼积极参与的当事人主义诉讼模式,法官开始处于相对消极的地位,允许诉讼代理人参与法庭审理,自由评价证据,民事诉讼成为言词和公开的诉讼程序,其中最为重要的一点就是保障司法权的独立与自主。1864 年司法改革的基本特征包括:司法审判的独立,赋予法官独立地位,引入辩论式诉讼程序,诉讼的公开原则和言词原则,改革司法判决不服的上诉法院体系。[③] 这是俄罗斯民事诉讼领域的巨大革命,亦符合当时大多数欧洲国家纠问式诉讼模式向当事人主义诉讼模式转变的总体趋势。

---

① 参见陈刚:《法系意识在民事诉讼法学研究中的重要意义》,载《法学研究》2012 年第 5 期。

② 参见[日]中村宗雄、[日]中村英郎:《诉讼法学方法论》,陈刚等译,中国法制出版社 2009 年版,第 173 页。

③ Нефедьев Е. А. Учебник русского гражданского судопроизводства. Краснодар. Советская Кубань. 2005 г. С. 40.

总而言之，任何司法制度的确立都需要民族内生的发展动力，法律发展从传统走向现代化的历史起点、过程、条件以及主体选择是各不相同的，因而法制现代化进程中不能不打上特定民族或国度的印记，从而具有特定的发展过程的诸多具体历史个性，法律发展的国际化与法律发展的本土化，乃是同一个过程的不可分割的两个侧面。通过审视俄罗斯近代民事诉讼制度历史嬗变和发展，能够帮助我们重新认识一个民族法律传统、法律思维以及风俗习惯对于本民族法律演进的影响，了解司法体系改革的困难性与复杂性，从而揭示了如何选择不同机制以完善民事诉讼制度的客观属性。近代和现代俄罗斯无论是对民族法制经验的扬弃抑或外国优秀法制经验的本土化，都在不同的路径选择中，不约而同地将俄罗斯民事司法改革目标契合于沙皇亚历山大二世 1864 年司法改革中的训令："建立一个迅速、公正、仁慈，向所有俄国民众平等开放的司法体系。""提高司法权的地位，给予其当然之独立地位，得到民众认同。以此获得对于法律之尊重，而失去此种尊重，国家之富足亦无法实现。"这一理想目标亦可作为构建现代法治国家目标之佑启。

参考文献

一、著作及译著类

1. 陈刚等主编:《移植与创新:混合法制下的民事诉讼》,中国法制出版社 2005 年版。

2. 王海军:《从传统走向近代 :帝俄时代司法制度及其变迁研究》,法律出版社 2016 年版。

3. 王海军:《近代俄国司法改革史》,法律出版社 2016 年版。

4. 杨昌宇:《俄罗斯法治进程中的文化影响力研究》,法律出版社 2016 年版。

5. 王海军:《古代俄罗斯民商法研究:以〈罗斯法典〉时代为考察中心》,上海人民出版社 2014 年版。

6. 张寿民:《俄罗斯法律发达史》,法律出版社 2000 年版。

7. 雷永生:《东西文化碰撞中的人:东正教与俄罗斯人道主义》,华夏出版社 2007 年版。

8. 杨建华:《大陆民事诉讼法比较与评析》,台北,三民书局 1991 年版。

9. 张家慧:《俄罗斯民事诉讼法研究》,法律出版社 2004 年版。

10.《俄罗斯联邦民事诉讼法典》,黄道秀译,中国人民公安大学出版社 2003 年版。

11. 李昕:《俄罗斯民事检察制度研究》,中国检察出版社 2012 年版。

12. 曹维安:《俄国史新论:影响俄国历史发展的基本问题》,中国社会科学出版社 2002 年版。

13. 何汉文:《俄国史》,商务印书馆 1939 年版。

14. 张建华:《俄国史》,人民出版社 2004 年版。

15. 娄壮行:《俄国史》,岳麓书社 2011 年版。

16. 贺允宜:《俄国史》,三民书局股份有限公司 2004 年版。

17. 王海军:《苏维埃政权下的俄罗斯司法》,法律出版社 2016 年版。

18. 刘向文主编:《转型期国家司法改革热点问题研究》,中国检察出版社 2015 年版。

19. 张卫平:《诉讼构架与程式:民事诉讼的法理分析》,清华大学出版社 2000 年版。

20. 张卫平:《探究与构想:民事司法改革引论》,人民法院出版社 2003 年版。

21. 张卫平:《转换的逻辑:民事诉讼体制转型分析》,法律出版社 2004 年版。

22. 王亚新:《社会变革中的民事诉讼》,中国法制出版社 2001 年版。

23. 肖建华主编:《民事诉讼立法研讨与理论探索》,法律出版社 2008 年版。

24. 李祖军:《契合与超越:民事诉讼若干理论与实践》,厦门大学出版社 2007 年版。

25. 廖永安:《民事诉讼理论探索与程序整合》,中国法制出版社 2005 年版。

26. 何文燕等:《民事诉讼理念变革与制度创新》,中国法制出版社 2007 年版。

27. 冉升富:《当代中国民事诉讼率变迁研究:一个比较法社会学的视角》,中国人民大学出版社 2005 年版。

28. 何文燕、廖永安:《民事诉讼理论与改革的探索》,中国检察出版社 2002 年版。

29. 李交发:《中国诉讼法史》,中国检察出版社 2002 年版。

30. 吴英姿编著:《民事诉讼法:问题与原理》,科学出版社 2008 年版。

31. 左凤荣:《俄罗斯:走向新型现代化之路》,商务印书馆 2014 年版。

32. 张慧君:《俄罗斯转型进程中的国家治理模式演进》,经济管理出版社 2009 年版。

33. [俄]安德兰尼克·米格拉尼扬:《俄罗斯现代化与公民社会》,徐葵等译,新华出版社 2003 年版。

34. [俄]尼·别尔嘉耶夫:《俄罗斯思想:19 世纪至 20 世纪初俄罗斯思想的主要问题》,雷永生、邱守娟译,生活·读书·新知三联书店 1995 年版。

35. [俄]O. И. 奇斯佳科夫主编:《俄罗斯国家与法的历史》,徐晓晴译,法律出版社 2014 年版。

36. [法]艾涅斯特·格拉松:《法国民事诉讼程序的起源》,巢志雄译,北京大学出版社 2013 年版。

37. [日]中村宗雄、[日]中村英郎:《诉讼法学方法论——中村民事诉讼理论精要》,陈刚等译,中国法制出版社 2009 年版。

38. [俄]瓦·奥·克柳切夫斯基:《俄国史》(全 5 卷),张草纫等译,商务印书馆 2013 年版。

39. [英]霍布斯:《利维坦》,黎思复、黎廷弼译,商务印书馆 2009 年版。

40. [古希腊]柏拉图:《理想国》,郭斌和、张竹明译,商务印书馆 1996 年版。

41. [美]查尔斯·蒂利:《集体暴力的政治》,谢岳译,上海人民出版社 2006 年版。

42. [美]塞缪尔·亨廷顿:《文明的冲突与世界秩序的重建》,周琪等译,新华出版社 2002 年版。

43.《马克思恩格斯选集》(第 4 卷),中共中央马克思恩格斯列宁斯大林著作编译局译,人民出版社 1972 年版。

44. [法]卢梭:《社会契约论》,何兆武译,商务印书馆 2003 年版。

45. 何勤华主编:《法国法律发达史》,法律出版社 2001 年版。

二、外文论著类

1. Борисова. Е. А. Великая реформа к 150 - летию судебных уставов. том 1. М. Юс ицинформ. 2014 г.

2. Уортман. Р. Властители и судии. Развитие правового сознания в императорской России. М. 2004 г.

3. Дювернуа Н. Источники права и суд в древней России. СПБ. 2004 г.

4. Момотов В. В. Формирование русского средневекового права. М. 2003 г.

5. Васьковский Е. В. Учебник гражданского процесса (по изд. 1917 г.). М. 2003 г.

6. Ковалевский М. М. Очерки по истории политических учреждсний в России. СПБ. 2007 г.

7. И. А. Исаев История государства и права России М. 2004 г.

8. Куницын А. П. Историческое изображение древнего судопроизводства в России. С. - Петербург. 1843 г.

9. Пушкарева В. М. История мировой и русской финансовой науки и политики. М. 2003 г.

10. Давид Р. , Жоффре-Спинози К. Основные правовые системы современности. М. 1999 г.

11. Бабенко В. Н. Судебная система России: история и современность. М. 2007 г.

12. Давид. Р. Жоффре-Спинози К. Основные правовые системы современности. М. 1999 г.

13. В. В. Лазарева. Общая теория права и государства. под ред. М. 1996 г.

14. Вернадский Г. В. Очерк истории права Русского государства 18-19 вв. (Период империи). М. 1998 г.

15. Джаншиев Г. А. Основы судебной реформы М. 2004 г.

16. Судебные уставы 20 ноября 1864 года с изложением рассуждений, на коих они основаны. Ч. 1. Уст. Гражд. суд. СПБ. 1867 г.

17. Филипоов М. А. Судебная реформа в России. Т. 1：Судоустройство. Ч. 1. СПБ. 1871 г.

18. Кавелин К. Основные начала русского судоустройства и гражданского судопроизводства, в период от Гложения до Учреждения о губерниях. М. 1844 г.

19. Дмитриев Ф. М. История судебных инстанций и гражданского апелляционного производства от Судебника до Учреждения о губерниях. М. 1859 г.

20. Куницын А. Историческое изображение древнего судопроизводства в России. СПБ. 1843 г.

21. Пахман С. В. О судебных дказательствах по древнему русскому праву, преимущественно гражданскому. в историческом их развитии М. 1851 г.

22. Энгельман И. Е. Курс русского граждансокго судопроизводства. Юрьев. 1912 г.

23. Лапинский И. Практическое руководство к русскому гражданскому судопроизводству. СПБ. 1859 г.

24. Судебные Уставы 20 ноября 1864 года за пятьдесят лет. Т. 2. Пг. 1914 г.

25. Малышев К. Курс гражданского судопроизводства. Т. 1. СПБ. 1874 г.

26. Загоровский А. Очерки гражданского судопроизвоства в новых административно-судебных и судебных учреждениях. Одесса. 1892 г.

27. Яблочков Т. М. Практический комментарий на Устав гражданского судопроизводства. Т. 1. Ярославль. 1913 г.

28. Энгальма И. Е. Курс русского гражданского судопроизводства. Юрьев. 1912 г.

29. Дмитриев Ф. М. История судебных инстанций и гражданского апелляционного судопроизводства от Судебника до Учреждения о губерниях. М. ,1899.

30. Кунищин А. Историческое изображение древнего судопроиз-

водства в России. СПБ. 1843 г.

31. Кавелин К. Основные начала русского судоустройства и гражданского судопроизводства в период времени от Уложения до Учреждения о Губерниях. М. 1844 г.

32. Владимирский-Буданов М. Ф. Обзор истории русского права. М. 2005 г.

33. В. И. Буковский. Устав гражданского судопроизводства. Рига. 1925 г.

34. Н. А. Петровский. Сборник 200 гражданских и уголовных дел. производившихся по С. - Петербургским столичным мировым учреждениям с 1866 по 1874 год. 2-е изд. СПб. 1875 г.

35. Гольмстен А. Х. Учебник русского гражданского судопроизводства. 2-е изд. СПб. 1894 г.

36. Адамович В. И. Очерк русского гражданского процесса. 2-е изд. испр. и доп. СПб. 1895 г.

37. Михайлов М. История образования и развития системы русского гражданского судопроизводства до Уложения 1864 года. СПБ. 1848 г.

38. Н. В. Давыдова, Н. Н. Полянского. Судебная реформа. Т. 1. М. 1915 г.

39. Гамбаров Ю. С. Гражданский процесс. Курс лекций за 1894-1985 академический год. М. 1895 г.

40. Гойхбарг А. Г. Курс граждансого процесса. М. 1928 г.

41. Кавелин К. Основные начала русского судоустройства и гражданского судопроизводства в период времени от Уложения до Учреждения о губерниях. М. 1844 г.

42. Адамович В. И. Очерк русского гражданского процесса. 2-е изд. ,испр. и доп.

43. Абрамов С. Н. Гражданский процесс：Библиотека народного судьи. Кн. 5. М. 1950 г.

44. Абрамов С. Н. Советский гражданский процесс：Учебник. М. 1952г.

45. Малышев К. И. Курс гражданского судопроиизводства.

46. Васьковский Е. В. Курс гражданского судопроизводства.

47. Тютрюмов И. М. Устав гражданского судопроизводства смотивами. разъяснениями Правительствующего Сената. с комментариями русских юристов. Пг. 1916 г.

48. Чичерин Б. Несколько современных вопросов. М. 1862 г.

49. Дегай П. Учебная книга российского гражданского судопроизводства губерний и областей, на общих правах состоящих, составленная для Императорского училища правоведения. СПБ. 1840 г.

50. Тютрюмов И. М. Устав гражданского судопроизводства с мотивами, разъяснениями Правительствующего Сената и комментариями русских юристов, извлеченных из научных и практических трудов по гражданскому праву и судопроизводству. Т. 1. Пг. 1916 г.

51. Думашевский А. Систематический свод решений кассационных департаментов сената с подлинным текстом решений, извлеченными из них тезисами и критическим разбором их. СПБ. 1873 г.

52. Носенко Д. А. Устав гражаданского судопроиизводства. М. 1894 г.

53. Боровиковский А. Устав гражданского судопроис объяснениями по решениям Гражданского кассационного департамента Правительствующего Сената. СПБ. 1899 г.

54. Бентам И. О судебных доказательствах. Киев. 1876 г.

55. Терновский Н. А. Юридические основания к суждению о силе доказательств и мысли из речей председательствующего по уголовным делам: Пособие для юристов－практиков и присяжных заседателей. Тула. 1901 г.

56. Адамов Ю. П., Ратинов А. Р. Лжесвидетельство: происхождение, предотвращение и разоблачекние ложных показаний. М. 1976 г.

57. Гордон В. Устав гражданского судопроизводства с позднейшими узаконениями. законодательными мотивами и разъяснениями:

Систематический сборник. СПБ. 1911 г.

58. Гамбаров Ю. С. Курс лекций. 1894–95 академимческий год.

59. Васьковский Е. В. Учебник гражданского процесса. М. 1917 г.

三、中文杂志类

1. 陈刚:《法系意识在民事诉讼法学研究中的重要意义》,载《法学研究》2012 年第 5 期。

2. 陈刚:《我国民事上诉法院审级职能再认识》,载《中国法学》2009 年第 1 期。

3. 郭响宏:《俄国 1864 年司法改革与帝俄晚期法治国家建设》,载《陕西师范大学学报(哲学社会科学版)》2014 年第 1 期。

4. 曹维安:《评亚历山大二世的俄国大改革》,载《兰州大学学报》2000 年第 5 期。

5. 吴来山:《试论斯托雷平改革对俄国近代现代化进程的影响》,载《吉林师范大学学报(人文社会科学版)》2004 年第 2 期。

6. 张建华:《俄国贵族阶层的起源、形成及其政治觉醒》,载《理论学刊》2008 年第 6 期。

7. 黄永鹏:《俄罗斯刑事诉讼制度改革评述》,载《东北亚论坛》2003 年第 3 期。

8. 杨翠红、张晓华:《东正教对罗斯封建制度发展的促进作用》,载《西伯利亚研究》2009 年第 1 期。

9. 李昕:《俄罗斯民事诉讼中提起诉讼的检察机关的地位》,载《普洱学院学报》2016 年第 5 期。

10. 许亚庆:《俄罗斯民事诉讼中的缺席审判救济》,载《学术交流》2012 年第 7 期。

11. 王次宝:《从"职权干预式"走向"当事人主导式"——解读俄罗斯对民事诉讼处分原则相关条款的修订》,载《法治研究》2012 年第 1 期。

12. 李昕:《俄罗斯民事诉讼中检察机关地位的角色嬗变及其启示》,载《理论导刊》2009 年第 11 期。

13. 王丹:《试论俄罗斯刑事附带民事诉讼赔偿制度》,载《黑龙江省政法管理干部学院学报》2008 年第 1 期。

14. 陈桂明、刘鹏:《俄罗斯民事诉讼法典的修改》,载《比较法研究》2005 年第 3 期。

15. 张家慧:《俄罗斯民事诉讼中的管辖》,载《法律适用》2003 年第 5 期。

16. 徐青森:《俄罗斯民事诉讼立法改革》,载《诉讼法论丛》2000 年第 1 期。

17. 杨海波:《转型期俄罗斯司法改革研究综述》,载《河南财政税务高等专科学校学报》2016 年第 3 期。

18. 王海雷:《沙俄第一届国家杜马解散原因解析》,载《西伯利亚研究》2009 年第 1 期。

19. 谭天宇:《简论古罗斯文化自觉意识的产生》,载《黑龙江史志》2013 年第 17 期。

20. 马骊:《关于古罗斯编年史中"邀请瓦良格王公传说"的探讨》,载《东北师大学报(哲学社会科学版)》2013 年第 2 期。

21. 陶海燕:《古罗斯维切制度探秘》,载《江苏广播电视大学学报》2012 年第 4 期。

22. 齐嘉、曹维安:《"罗斯"名称的起源与古罗斯国家的形成》,载《历史研究》2012 年第 3 期。

23. 毛晨岚:《从蛮族战争到国家贸易看古罗斯与拜占廷早期关系》,载《湖南科技学院学报》2011 年第 1 期。

24. 齐嘉:《古罗斯起源问题中的反诺曼理论——评述以 Б. Д. 格列科夫为代表的"农业罗斯"说》,载《辽宁大学学报(哲学社会科学版)》2010 年第 2 期。

25. 王小波:《拜占庭影响古罗斯法律形成的途径探析》,载《前沿》2008 年第 9 期。

26. 杜立克:《论俄皇彼得一世改革的"欧化"与"专制化"》,载《内蒙古大学学报(哲学社会科学版)》2009 年第 4 期。

27. 谭静、廖政华:《彼得一世改革中的国内阻力问题探究》,载《西伯利亚研究》2008 年第 1 期。

28. 孙国军:《论彼得一世宗教改革的背景、内容和历史作用》,载《赤峰学院学报(汉文哲学社会科学版)》2006 年第 3 期。

29. 张广翔、李振文:《再论亚历山大二世与俄国 1861 年农民改革》,载《外国问题研究》2016 年第 4 期。

30. 张建华:《亚历山大二世和农奴制改革》,载《俄罗斯文艺》2001 年第 3 期。

31. 李欣:《俄国近代化的困窘——亚历山大二世诸改革述评》,载《复旦学报(社会科学版)》1988 年第 4 期。

32. 张广翔:《俄国 1861 年改革新论》,载《社会科学战线》1996 年第 4 期。

33. 隋旭升:《"解放者"的命运——亚历山大二世的另一面》,载《俄罗斯文艺》2004 年第 2 期。

34. 齐小艳:《论亚历山大二世地方自治改革之动因》,载《长治学院学报》2007 年第 4 期。

35. 刘文:《从查苏里奇案件看亚历山大二世的司法改革》,载《苏州科技学院学报(社会科学版)》2011 年第 2 期。

36. 张建华:《叶卡捷琳娜二世的治国方略》,载《俄罗斯文艺》2001 年第 4 期。

37. 赵西巨、王云、刘军生:《言词原则与民事诉讼改革:基于域外法的观察》,载《证据科学》2015 年第 5 期。

38. 张晋红、余明永:《民事诉讼改革与当事人诉讼权利的检讨和完善》,载《法学评论》2000 年第 6 期。

39. 宋明志:《民事诉讼改革中的法官程序裁量权》,载《东方法学》2009 年第 6 期。

40. 吴杰:《法国民事诉讼改革概观》,载《河北法学》2002 年第 2 期。

41. 田鹏慧:《当事人主义与我国民事诉讼改革方向》,载《河北师范大学学报(哲学社会科学版)》2001 年第 3 期。

42. 赵一:《论我国民事诉讼改革的价值取向》,载《涪陵师范学院学报》2007 年第 1 期。

43. 王春丽:《意大利民事诉讼改革之旅》,载《前沿》2012 年第 22 期。

44. 刘少军:《论"先民后刑"刑事附带民事诉讼程序的构建——兼论〈刑事诉讼法修正案〉对附带民事诉讼制度的改革》,载《政治与法律》2012 年第 11 期。

45. 税宗瑜:《德国民事诉讼改革的动向》,载《康定民族师范高等专科学校学报》2007 年第 6 期。

46. 李霄:《浅析民事诉讼改革中执行理念的错位及矫正》,载《法律适用》2003 年第 5 期。

47. 白绿铉:《论现代民事诉讼的基本法理——对我国民事诉讼制度改革的浅见》,载《中外法学》1999 年第 1 期。

48. 徐昕:《英国民事司法改革之借鉴——以英国民事诉讼基本目标及其贯彻作为考察主线》,载《法学》2001 年第 5 期。

49. 王欣:《民事诉讼调解制度的改革与完善》,载《中山大学学报论丛》2005 年第 2 期。

50. 张曦:《立案制度改革中民事诉讼公正与效率的价值博弈》,载《河南科技大学学报(社会科学版)》2015 年第 6 期。

51. 郑夏:《民事诉讼审前程序改革研究》,载《兰州学刊》2013 年第 2 期。

52. 周永坤:《有关司法改革方向的几个司法理念与实践问题》,载《政治与法律》2017 年第 1 期。

53. 吴洪淇:《司法改革转型期的失序困境及其克服——以司法员额制和司法责任制为考察对象》,载《四川大学学报(哲学社会科学版)》2017 年第 3 期。

54. 孙谦:《司法改革背景下逮捕的若干问题研究》,载《中国法学》2017 年第 3 期。

55. 李拥军:《司法改革中的体制性冲突及其解决路径》,载《法商研究》2017 年第 2 期。

四、外文论文类

1. Костылев П. Заметка о суде по форме. Юридический вестник. СПБ. 1860 г. вып. 1.

2. Грошевой Н. Е. Присяга как самостоятельное доказательство по старому процессу и по судебным уставам. Журнал Петроградского юридического общества. 1894. Кн. 1.

3. Вестник Европы. 1867. № 12. Джаншиев Гр. Основы судебной реформы (к 25-летию нового суда); Историко-правовые этюды.

М. 1891. Переизд. М. 2004 г.

4. Дигесты Юстиниана. Титул V “ О свидетелях”. Памятники римского права. М. 1997. С. 522.

5. Щегловитов С. О значении начал устности и непосредственности в уголовном процессе. Журнал гражданского и уголовного права. СПб. 1888 г. № 8.

6. Журнал Министерства Юстиции. СПБ. 1862. №65.

7. Победоносцев К. Юридические заметки и вопросы. Журнал Министерства Юстиции. 1866 г. Т. 27.

8. Победоносцев К. П. О реформах в гражданском судопроизводстве. Русский вестник. Журнал литературный и политический. издаваемый М. Катковым. 1859 г. Т21. Июнь. Кн. 2.

9. Состояние исполнительного производства за первое полугодие 1998 г. Бюллетень Министерства юстиции Российской Федерации. 1998 г. № 10.

10. Мельников А. Актуальные вопросы деятельности службы судебных приставов. Бюллетень Министерства юстиции Российской Федерации. 2000 г. № 7.

11. Зейдер Н. Б. Исполнение судебных решений. Советская юстиция. 1937 г. №18.

12. Дегай П. Учебная книга российского гражданского судопроизводства губерний и областей на общих правах состоящих. Составлена для Императорского училища правоведения Павлом Дегаем. СПБ. 1840г.

13. Тютрюмов И. М. Производство местных действий по гражданским делам. Право. 1902. No 9.

14. Катков М. Н. Собрание передовых статей “ Московских ведомостей” за 1865 г. М. 1897 г. № 82. 16 апреля 1865 г.

15. Щегловитов И. Г. К сорокалетию судебных уставов 20 ноября 1864 г. Вестник права. 1904 г. №9.

16. БалугьянскийМ. А. Проект судебного устройства 1828 года. Журнал Министерства Юстиции. 1895 г. №8.

17. Ефремова Н. Н. ,Немытина М. В. Местное самоуправление и юстиция в России,1864–1917 гг. Государство и право. 1994 г. № 3.

18. Трофимова. Н. Н. Специфика правового статуса мировых судей и их съездов в губерниях Центрального промышленного района России в 1864–1889 гг. Судебная реформа в России:история и современность. К 140–летию судебной реформы 1864 г. Новгород. 2005.

19. Обзор деятельности судов общей юрисдикции и мировых судей в 2013 году (расмотрение гражданских дел). Российская юстиция. 2014 г. №7.

20. Хорошилов. А. Н. Проблемы исследования российской правовой системы как объекта общей теории прав. Ученые записи МГСУ. 1997 г. №1.

21. Думашевский. А. Наше правоведение. что оно и чем оно и чем оно должно быть. Журнал Министерства Юстиции. 1867 г. №1. Т. 16.

22. Думашевский. А. Наше правоведение. что оно и чем оно должно быть. Журнал Министерства Юстиции. 1867 г. №1.

23. Гинс. Г. К. Старые русские цивилисты. Вестник гражданского права. 1916 г. № 7. С. 13.

24. Горская. Н. И. Правовое государство и цели судебной реформы 1864 г. Вопросы истории. 2014 г. №6.

25. Устав Владимира Проф. Неволиный. О пространстве Церковного Суда в России до Петра Великого см. Жур. Мин. Народ. Просв. 1847 г.

26. Министерство юстиции за сто лет. 1802–1902. Исторический очерк. СПБ. 1902. Переизд. М. 2001 г.

五、中文学位论文类

1. 王海军:《〈罗斯法典〉研究》,华东政法大学 2012 年博士学位论文。

2. 程丽庄:《俄罗斯联邦司法权研究》,重庆大学 2008 年博士学位论文。

3. 刘鹏:《论俄罗斯民事诉讼法的变革》，中国政法大学2006年博士学位论文。

4. 李昕:《俄罗斯民事检察制度研究》,西南政法大学2008年博士学位论文。

5. 郭响宏:《俄国1864年司法改革研究》，陕西师范大学2011年博士学位论文。

6. 李桂英:《亚历山大二世1861年农民改革研究》,吉林大学2008年博士学位论文。

7. 周厚琴:《俄国专制君主制起源与形成研究》,陕西师范大学2014年博士学位论文。

8. 李青:《论1865年—1913年俄国地方自治机构的民生活动》,吉林大学2012年博士学位论文。

9. 梁红刚:《1861年—1914年俄国工商业政策研究》,吉林大学2015年博士学位论文。

10. 唐艳凤:《俄国1861年改革后农民经济研究》,东北师范大学2011年博士学位论文。

11. 齐嘉:《"罗斯"名称的起源与古罗斯国家的形成》,陕西师范大学2012年博士学位论文。

后　记

本书撰写源自恩师陈刚教授所提出的法系意识论，并将此种研究方法贯穿全书。

学说及制度之创新发展，非秉承历史成果而不可为，然若置历史积淀于不顾，其结果或是“创新”沦为自言自语，或是“新举措”“新制度”于实务上昙花一现。因此，倘若承继历史成果以前行，我国民事诉讼法学研究则难脱法系意识之佑启。我国民事诉讼法制现代化的过程，深受苏联法的影响。苏联民事诉讼法保有沙俄时期《民事诉讼条例》之“遗风”，而这部条例又以法国法为主干写成。改革开放以后，随着外国法的移入，外国民事诉讼法理也相伴而来，我国民事诉讼法学之基本落于德日法学、苏联法学、法国法学之上，兼具美国法理。虽然学理上通常将德日法、苏联法、法国法划归大陆法系，但德日民事诉讼法与苏联及法国的民事诉讼法之间差别甚大，法理上也不直达。因此，未来我国民事制度如何改革及前行，苏联法及俄国法研究乃不可逾越之前提，此乃法系意识使然，也承载着澄清我国民事诉讼理论渊薮，纠正理论误区之重任。

俄罗斯近代民事诉讼制度作为斯拉夫法系的典型代表，除具有混合性质外，兼具民族性、融合性和现代性等典型特征。通过对近代俄罗斯民事司法改革中蕴含的1864年“传统法制基因”的破解，可以帮助我们破译现代俄罗斯法治进程的“基因图谱”。对于我们准确理解和把握苏联民事诉讼法理,在职权主义与当事人主义之间找到平衡点,更加合理和科学地完善我国民事诉讼法制,使之与新时代中国特色社会主义国家建设相适应,将不无助益。本书撰写还有很多不足之处,难免挂一漏万,还请各位专家同仁批评指正!

本书能够最终问世,要感谢为其出版提供帮助的恩师、领导与挚友。在本书写作过程中,广州大学陈刚教授从选题、研究方法到具体内容给予了全面细致的指导,华东政法大学马长山教授对本书框架结构提出了重要意见,天津师范大学王春梅教授,苏州城市学院孔令秋教授、郭海霞教授对本书提出了宝贵建议和重要修改意见,上海政法学院贾少学教授给予了大力支持,在这里我要衷心的感谢他们。本书能够出版还要感谢黑龙江大学法学院院长哈书菊教授对出版资金的大力支持,感谢法学院领导的关心关爱!法律出版社的排版、编辑、校对等人员,为本书的出版付出了艰辛的劳动,给予了大力支持,在此一并致以诚挚感谢!

宫 楠

2024 年 3 月 27 日